L'ADMINISTRATION DES MENUS

JOURNAL

DE

PAPILLON DE LA FERTÉ

1756 1780

PARIS

TYPOGRAPHIE GEORGES CHAMEROT

19, RUE DES SAINTS-PÈRES, 19

L'ADMINISTRATION DES MENUS

JOURNAL

DE

PAPILLON DE LA FERTÉ

INTENDANT ET CONTRÔLEUR DE L'ARGENTERIE

MENUS-PLAISIRS

ET AFFAIRES DE LA CHAMBRE DU ROI

(1756-1780)

PUBLIÉ AVEC UNE INTRODUCTION ET DES NOTES

PAR

ERNEST BOYSSE

PARIS

PAUL OLLENDORFF, ÉDITEUR

28 *bis*, RUE DE RICHELIEU, 28 *bis*

1887

Tous droits réservés.

JOURNAL DE LA FERTÉ

INTRODUCTION

La *Notice* que Papillon de La Ferté rédigea dans sa prison, quelques jours avant de comparaître devant le tribunal révolutionnaire, contient les lignes suivantes :

Comme M. de Curis ne m'avait cédé sa charge que par suite de dégoûts que MM. les Premiers Gentilshommes de la Chambre lui avaient fait éprouver et qui compromirent même son honneur, je crus devoir me mettre à l'abri de pareils événements, dès le commencement de ma gestion, en faisant régulièrement le Journal de mes opérations, des ordres que je recevais, ainsi que des contrariétés que j'éprouvais, ne dissimulant pas même les torts que je pouvais avoir, afin qu'à tout événement je pusse, dans tous les temps, me rappeler les faits et mettre à jour ma conduite (peut-être tout administrateur eût dû en faire autant). Je n'ai pas même laissé ignorer depuis aux Premiers Gentilshommes de la Chambre cette précaution de ma part. Ils en ont paru badiner en me disant quelquefois, surtout en sortant de leurs assemblées, que mon Journal devait renfermer de belles contradictions entre eux, ce que je leur avouais de bonne foi, mais en leur disant aussi, sur le même ton, que ce Journal pouvait être un préservatif contre la Bastille, mais qu'il ne verrait jamais le jour ni pour eux, ni pour personne que dans ce cas. Ces Messieurs en riaient ou du moins le feignaient. Au reste, pas un d'eux ne m'a demandé à le voir et je ne l'ai montré à personne.

C'est ce journal dont nous publions aujourd'hui les parties principales et dont nous essaierons, dans cette « Introduction », de faire ressortir l'intérêt et l'originalité.

L'ADMINISTRATION DES MENUS, SON PERSONNEL ET SES ATTRIBUTIONS

L'administration de l'Argenterie, Menus Plaisirs et Affaires de la Chambre du Roi, était, de tous les services de la Maison, le plus intime, celui qui touchait de plus près à la personne royale. Elle avait un budget variable, comprenant des dépenses ordinaires et des dépenses extraordinaires. Dans les premières figuraient d'abord les gages et émoluments des charges dont l'état était arrêté par le ministre de la Maison du Roi. Le Grand Maître de la Garde-Robe, les Premiers Gentilshommes de la Chambre, le médecin de la Chambre, les musiciens du Roi sont portés sur cet état.

Les dépenses ordinaires comprennent, en outre, le renouvellement des toilettes du Roi et du Dauphin, les fêtes religieuses, les menues fournitures de la Chambre, les voitures de la Cour, l'entretien des magasins, les gages du personnel des Menus, les dépenses de la Chambre et de la Garde-Robe du Dauphin et de Mesdames, filles du Roi, l'entretien des tentes et maisons de bois du Roi, les voyages à Compiègne et à Fontainebleau, les spectacles ordinaires de la Cour. Dans ce chapitre entrent encore certaines dépenses imprévues, comme les présents faits par les membres de la famille royale à des personnages de la Cour, à des auteurs, à des artistes, ou à des églises.

Les cérémonies funèbres et la construction des catafalques qu'elles entraînaient, les mariages dans la famille royale, l'installation des Lits de Justice et les réjouissances publiques, constituent les dépenses extraordinaires.

Tels sont les principaux chapitres de ce budget qui déterminent en même temps les attributions des Intendants des Menus. Il faut y joindre, non plus au point de vue budgétaire, mais au point de vue administratif, la direction de la Comédie-Française et de la Comédie-Italienne, qui incomba, vers cette époque, à l'Intendant des Menus, comme intermédiaire et agent d'exécution des Premiers Gentilshommes de la Chambre.

Toutes les opérations des Menus relevaient, d'ailleurs, de ces grands officiers de la Couronne, au nombre de six, dont deux en survivance. C'est le sommet de la hiérarchie. Après eux, comme ordonnateurs, viennent les Intendants des Menus, au nombre de trois d'abord, servant une année comme Intendant et une année comme Contrôleur. On verra, dans le « Journal », par suite de quelles circonstances le nombre des Intendants fut réduit à deux. Papillon de La Ferté fut alors exclusivement chargé de l'intendance, son collègue n'ayant gardé que le contrôle. Il eut, en réalité, toute la direction, toute la responsabilité de l'administration. Il est toujours en scène dans son « Journal ». Ce sont ses propres opérations qu'il raconte. Il est à la fois l'acteur et le narrateur.

Le prix de la charge était d'environ 260 000 livres; les émoluments de 10 000 livres par an, avec une gratification de 6000 livres pour les années d'exercice. Ces émoluments, insuffisants pour une charge de cette nature qui obligeait le titulaire à de grandes dépenses, s'augmentaient de gratifications extraordinaires ou annuelles.

Le personnel de l'administration, sous les ordres directs de l'Intendant, comprenait deux secrétaires, l'un à Paris, l'autre à Versailles, des inspecteurs et contrôleurs pour les travaux des machines; des décorations et des habits, des employés de bureau, gardes-magasins et ouvriers en grand nombre. A côté de l'Intendant était le Trésorier des Menus qui recevait les fonds du Trésor Royal et payait, sur les mandements de l'Intendant, les factures des fournisseurs.

Il s'appelait Hébert. Il est mêlé à toutes les affaires des Menus, non seulement comme trésorier, mais aussi comme conseil. Il était très écouté par le duc d'Aumont, le plus ancien des Premiers Gentilshommes de la Chambre. Il était lui-même en charge depuis 1725. Bien qu'en 1789 il eût certainement l'âge de la retraite, il se plaignit fort d'être congédié à cette époque, lorsque Necker réunit en une seule toutes les caisses de la Maison du Roi. A quelques froissements près, ses rapports furent bons avec La Ferté qui avait des égards pour son âge et son expérience.

Le garde-magasin général Lévêque était un des principaux fonctionnaires de l'administration. C'est en son nom et beaucoup à son instigation que sont achetés les terrains de la rue Bergère sur lesquels fut, à cette époque, édifié l'Hôtel des Menus. Il passait pour fort riche. Il mourut en 1767, laissant une jeune veuve qui devint la seconde femme de Beaumarchais. L'auteur du *Mariage de Figaro* fut ainsi mêlé aux affaires de la succession de Lévêque qui se trouva moins opulente qu'on ne l'avait cru d'abord. Le défunt possédait une grande quantité de pierres fausses, représentant néanmoins une valeur importante. Ces pierres, qu'il louait à l'administration des Menus, étaient employées dans les habits de théâtre, et surtout dans la fameuse décoration en diamants dont il est souvent question dans le « Journal ». Le duc d'Aumont eut l'idée de les revendiquer comme appartenant aux Menus, et bien que toutes les recherches faites par La Ferté démontrassent le contraire, le duc persista dans cette résolution. Beaumarchais qui, comme on sait, n'était pas un médiocre homme d'affaires, se défendit de son mieux et négocia longtemps pour arracher cette proie au duc d'Aumont. Il eut, toutefois, le dessous dans cette lutte inégale et les pierres de Lévêque devinrent, contre toute justice, il faut bien le dire, la propriété des Menus.

On verra figurer dans le personnel des Menus le machiniste Arnoult, homme aussi distingué que modeste, qui eut la plus grande part à la construction de la grande salle de théâtre à Versailles ; Girault, également machiniste, qui dirigea les travaux à l'évêché et à la cathédrale de Reims, pour le sacre de Louis XVI ; les sculpteurs Slodtz et Bocciardi, chargés des figures allégoriques des catafalques ; le peintre de Machy, le peintre Durameau, auteur du plafond de la salle de Versailles ; les dessinateurs Challe, Paris, Moreau et Boquet, ce dernier chargé principalement des costumes, artiste plein d'esprit et de goût et dont les charmants croquis sont aujourd'hui si recherchés. Il ne faut point s'étonner si, grâce à ce concours de talents, les grandes fêtes royales de cette époque eurent un éclat et une élégance incomparables.

C'est en 1756 que Papillon de La Ferté, l'auteur de ce « Journal », acquit l'une des trois charges d'Intendant des Menus qui existaient alors. Ce ne fut toutefois qu'au commencement de 1762, alors qu'il fut chargé seul de tous les exercices, qu'il commença à écrire au jour le jour, pour sa propre instruction, le récit de ses opérations. Mais, avant d'entrer dans ce détail, il a jeté un coup d'œil rétrospectif sur son administration depuis 1756. Son « Journal » comprend donc, en réalité, une période de 24 ans, de 1756 à 1780, époque à laquelle les Intendants des Menus furent supprimés et remplacés par des Commissaires de la Maison du Roi. Papillon de La Ferté continua ses fonctions sous ce nouveau titre, et fut en même temps chargé de la direction de l'Opéra. Il cessa alors de tenir son « Journal ». En le terminant, il annonce qu'il en tiendra deux autres, l'un pour les affaires des Menus, l'autre pour celles de l'Opéra. Mais, trop occupé sans doute par ces doubles fonctions, il est probable qu'il ne put remplir l'engagement qu'il avait pris avec lui-même. On le regrettera vivement quand on aura lu le travail si curieux et si original qu'il nous a laissé.

Cette période de 24 ans présente un concours d'événements qui lui donnent un intérêt particulier. Elle a offert à l'Intendant des Menus toutes les occasions possibles de développer toutes ses ressources, tous ses talents d'administrateur et d'organisateur. On y trouve, en effet, six mariages dans la famille royale, dont trois, ceux des petits-fils de Louis XV, donnèrent lieu à un grand déploiement de fêtes et de spectacles, dirigés par l'Intendant des Menus qui leur a consacré une grande place dans son « Journal ». Le Dauphin, la Dauphine, la Reine, le Roi meurent successivement dans l'espace de quelques années, et les cérémonies funèbres à Notre-Dame, à Saint-Denis, à Sens, relèvent des Menus. Enfin, le sacre de Louis XVI fut la dernière, mais aussi la plus compliquée, la plus considérable des opérations qui signalèrent l'administration de Papillon de La Ferté.

L'époque n'est pas moins féconde en événements pour l'histoire des théâtres. La première salle de l'Opéra, au

Palais-Royal, est détruite par un incendie, en 1763. L'Opéra s'installe aux Tuileries pendant la construction de son nouveau théâtre qu'on édifie sur l'emplacement de l'ancien. La Comédie-Française abandonne la salle de la rue des Fossés-Saint-Germain-des-Prés et remplace l'Opéra aux Tuileries. Une foule de projets sont proposés, examinés, discutés pour la construction d'une nouvelle salle. Enfin, l'Opéra-Comique, jusqu'alors relégué à la Foire, est réuni à la Comédie-Italienne, et une nouvelle société est formée sur le modèle de celle de la Comédie-Française.

D'innombrables règlements sont sans cesse faits et refaits pour l'administration intérieure des deux Comédies. De laborieuses négociations sont engagées pour le droit des pauvres et pour les droits des auteurs. La construction de la salle de Versailles et celle de l'Hôtel des Menus, qui devint plus tard celui du Conservatoire, appartiennent aussi à cette période.

Enfin, au milieu des agitations constantes qui troublaient le monde des comédiens, cette période offre deux des épisodes les plus tumultueux de l'histoire du Théâtre-Français ; la retraite de Mlle Clairon, en 1766, et la querelle entre Mme Vestris et Mlle Sainval l'aînée, en 1779. Toutes ces affaires, auxquelles l'Intendant des Menus est intimement mêlé, sont rapportées en grand détail dans son « Journal ».

LES PREMIERS GENTILSHOMMES DE LA CHAMBRE

Les Premiers Gentilshommes de la Chambre, chefs immédiats de l'Intendant des Menus, sont toujours au premier plan dans le « Journal ». C'est par eux que nous commencerons une rapide revue des personnages avec lesquels La Ferté est mis en rapport par sa charge.

Ils sont au nombre de quatre titulaires :

Le duc d'Aumont, né en 1709, en fonctions depuis 1723 ;

Le duc de Fleury, né en 1715, en fonctions depuis 1741 ;

Le maréchal duc de Richelieu, né en 1696, en fonctions depuis 1744 ;

Le duc, puis maréchal de Duras, né en 1715, en fonctions depuis 1757.

Les deux Premiers Gentilshommes de la Chambre en survivance sont :

Le duc de Fronsac, fils du maréchal de Richelieu, né en 1736, en fonctions depuis 1756 ;

Le duc de Villequier, fils du duc d'Aumont, en fonctions depuis 1762.

Les Premiers Gentilshommes de la Chambre étaient de service une année sur quatre. Antérieurement à l'année 1763, le Premier Gentilhomme en exercice avait la plénitude des attributions, non seulement pour le service de la Cour, mais encore pour tout ce qui concernait l'administration des Menus. Toutefois, en 1759, un accord était intervenu par lequel ils s'engageaient d'honneur à ne rien traiter les uns sans les autres et seulement après s'être assemblés.

Une nouvelle convention fut faite en 1763, à l'instigation du duc d'Aumont, pour le partage des attributions. Le Premier Gentilhomme en exercice conserva exclusivement le service de la Cour et la direction des spectacles de la Cour ; mais chacun d'eux se créa un district séparé dans l'administration des Menus. Le « Journal » ne nous donne pas le texte précis de cet accord auquel il est fait fréquemment allusion et que l'on consultait dans les conflits. Toutefois on peut en retracer les points principaux. Le duc d'Aumont se réservait la comptabilité, l'examen des états, la surveillance des magasins et la nomination à tous les emplois des bureaux. Le duc de Fleury se consacrait à la musique du Roi et aux pompes funèbres. Les théâtres étaient du ressort du maréchal de Richelieu et du duc de Duras. Ce district, le plus délicat et le plus difficile à gouverner, paraît être resté indivis entre eux pendant très longtemps. Ce n'est que vers la fin du « Journal » qu'il est question d'un partage, le duc de Duras ayant la Comédie-Française plus particulièrement sous ses ordres, et le duc de Richelieu la Comédie-Italienne.

La convention de 1763 ne fut jamais acceptée complètement et sans arrière-pensée par les quatre Premiers Gentilshommes. Elle devint bien vite et ne cessa jamais d'être l'objet de nombreuses contestations, quelquefois très vives et très longues. Ce fut surtout de la part du maréchal de Richelieu que vinrent les difficultés qui mirent à une rude épreuve la patience de l'auteur du « Journal ». C'était lui, en effet, qui recevait le premier contre-coup de ces querelles, de ces froissements d'amour-propre, qui était chargé de porter de l'un à l'autre les plaintes et les griefs de chacun. Il s'efforçait de les apaiser, de les concilier, se plaignant souvent du fâcheux métier qu'on lui faisait faire. « Telle est ma position, s'écrie-t-il, après une de ces bourrasques, sans cesse, pour ainsi dire, entre l'enclume et le marteau, et devant être assez prudent pour garder le silence sur les choses qui peuvent aigrir 'es esprits. Ce parti me paraît le plus sage pour moi et le plus honnête pour tout le monde. »

Le maréchal de Richelieu et le duc de Duras n'étaient jamais d'accord sur les choses de théâtre. Ils étaient accessibles à des influences qui n'étaient pas faites pour maintenir entre eux la bonne intelligence. « Ces Messieurs, dit encore La Ferté, ne veulent jamais approfondir les choses et se laissent aller à des intrigues particulières, surtout du côté des femmes. » Mais il y avait bien d'autres occasions de querelles. Elles surgissent à chaque instant, à propos de la nomination aux emplois, des loges qu'ils avaient aux deux Comédies, des grâces que chacun d'eux accordait à ses protégés, à propos d'affaires plus futiles encore. Le maréchal ne veut plus entendre parler de la convention; il veut reprendre la plénitude de ses attributions pendant son année; il menace de défaire tout ce qu'ont fait ses camarades, de renvoyer les employés placés par le duc d'Aumont. Celui-ci répond qu'il portera la question devant le Roi et le fera juge des prétentions de chacun. Il se fonde sur son ancienneté pour revendiquer le droit de choisir ses attributions et déclare qu'il se retirera si on lui refuse satisfaction. A plusieurs reprises une rupture paraît imminente.

Au milieu de ces conflits perpétuels, la position de l'Intendant des Menus était fort délicate. On ne se cachait pas devant lui; on lui disait tout ce qu'on avait sur le cœur. A force de réserve, de tact, de politique, La Ferté sut non seulement se tirer lui-même de ces mauvais pas, mais encore rapprocher souvent ses supérieurs. Il remplit son rôle de messager en omettant ce qui pouvait accroître la division, et en disant ce qui pouvait concilier les esprits. Il s'explique un jour sur cette façon d'agir avec le duc de Duras qui lui reprochait de ne pas soutenir ses prétentions avec assez de chaleur. « Je lui ai représenté, écrit-il, que je croyais répondre aux vues et à la confiance de MM. les Premiers Gentilshommes de la Chambre, en ne prenant pas sur moi de leur faire le rapport de tout ce qu'ils se disaient réciproquement dans leur première vivacité, puisque ce serait le moyen de les diviser davantage. J'ai ajouté que je cherchais, au contraire, à adoucir leurs impressions et que cette conduite m'avait réussi jusqu'à présent. »

Il ne cessait, en outre, de leur représenter combien leur bonne entente était nécessaire à ce qu'il appelle « le bien de la chose », et combien leurs dissentiments nuisaient à leur prestige dans le public et à leur autorité sur les comédiens. Il évita ainsi bien des éclats et sut conserver jusqu'au bout la confiance et l'amitié de ces quatre grands seigneurs dont trois au moins étaient très difficiles à manier.

Examinons d'un peu plus près leurs caractères tels qu'ils nous apparaissent dans le « Journal ».

Le duc d'Aumont, le plus ancien en charge des Gentilshommes de la Chambre, n'était point d'un abord facile. Pendant quelque temps, il reçut avec beaucoup de froideur La Ferté qui avait traité de la charge d'Intendant sans lui demander son agrément. Cependant il ne tarda pas à reconnaître son intelligence, son zèle et son dévouement, et il lui accorda sa confiance. Ce fut lui qui l'engagea à acheter une seconde charge d'Intendant, lui promettant de s'occuper de sa fortune et même de le traiter comme un fils. Ces promesses ne furent pas complètement tenues, mais Papillon de La Ferté n'en eut pas moins, jusqu'au bout, une déférence particulière pour le duc d'Aumont.

Dès le début du « Journal » nous voyons le duc d'Aumont préparer la séparation des pouvoirs entre ses camarades et déclarer qu'il ne veut, à aucun prix, s'occuper des Comédies. Sa sœur, la duchesse de Villeroy, ne partageait pas cette répugnance. Elle était l'amie et la protectrice de Mlle Clairon, et passionnée pour les spectacles. Elle avait voix au chapitre pour ceux de la Cour. C'est chez elle que se tiennent de nombreuses conférences, auxquelles assistent les chefs des Menus, pour l'organisation des fêtes et des spectacles qui eurent lieu à l'occasion du mariage du Dauphin. Elle se piquait même d'être auteur et l'on représenta, à cette époque, sur le grand théâtre de Versailles, un opéra dont elle avait fourni au moins l'idée et dont elle surveilla la mise en scène avec une sollicitude toute maternelle.

Nous avons dit quelle était la part que le duc d'Aumont s'était réservée dans l'administration des Menus. Dans ces limites, il était très jaloux de son autorité et ne souffrait point qu'on la lui contestât. Il en usait cependant avec peu de modération, en ce sens qu'il plaçait successivement dans les Menus tous les gens de sa maison, depuis ses secrétaires jusqu'à ses cochers et ses valets de chambre. Cette habitude ou, si l'on veut, cet abus n'était pas sans inconvénients. La Ferté ne peut s'empêcher de s'en plaindre quand il voit le budget des Menus chargé d'emplois qui n'étaient pas toujours utiles. Les camarades du duc d'Aumont, le maréchal de Richelieu surtout, se formalisent de cet accaparement de toutes les fonctions et font des difficultés pour contresigner des décisions sur lesquelles ils n'avaient pas été consultés. Enfin, le personnel des bureaux protestait contre cette invasion de favoris mieux traités et mieux payés que les anciens serviteurs de l'administration.

Marmontel, qui eut quelque raison de se plaindre du duc d'Aumont, dit, dans ses *Mémoires,* qu'il était « le plus sot, le plus vain, le plus colérique » des Premiers Gentilshommes de la Chambre. Ce jugement est dicté par le ressentiment et il est trop sévère. Le duc d'Aumont, tel qu'il nous apparaît dans le « Journal », n'est pas un sot; il s'en faut de beaucoup. Il avait de la vanité, si l'on peut donner ce nom à un sentiment très vif des prérogatives de sa naissance et de sa charge. Il avait enfin plus d'entêtement que de colère. Encore se rendait-il souvent aux bonnes raisons que La Ferté lui donnait avec beaucoup de franchise et de liberté. Il avait le goût de l'ordre et secondait volontiers l'Intendant des Menus dans ses projets d'économies. On ne peut lui refuser des qualités d'administrateur.

Le duc de Fleury joue un rôle volontairement effacé. C'était un esprit calme, exempt de toute velléité de domination et ennemi des querelles. Aussi ne prend-il aucune part à celles qui divisent trop souvent ses trois camarades. Le district modeste qu'il s'était attribué dans les affaires des Menus n'était envié et contesté par personne, et il n'avait nul désir d'empiéter sur le district des autres. Ses années d'exercice sont pour l'Intendant des Menus des années de repos relatif. Pour les spectacles de la cour, il s'en rapporte à La Ferté et accepte le répertoire qui lui est proposé. Il ne cherche point, dans des spectacles extraordinaires et coûteux, l'occasion de briller et de se faire valoir. Il est ménager de l'argent du Roi et partisan de toutes les mesures d'économie.

Brouillon, taquin, dépensier, le maréchal de Richelieu met, au contraire, à de rudes épreuves la patience de l'auteur du « Journal ». Ses années d'exercice sont des périodes de troubles et d'agitations incessantes. Il fait et refait cinq ou six fois le répertoire des spectacles de la Cour, sans s'inquiéter de ce qu'on a pu dépenser pour les préparatifs, et de la difficulté de combiner, au dernier moment, de nouveaux spectacles. Il ne fait aucun cas des représentations qu'on lui adresse de vive voix ou par écrit. « La vérité est qu'il ne se donne pas la peine de lire ce qu'on lui présente et que sa surdité lui fait souvent entendre une chose pour une autre chose. »

Il n'a aucun souci des embarras financiers des Menus, de la difficulté extrême d'obtenir de l'argent du Contrôleur général. Il se fâche quand l'Intendant lui soumet des devis détaillés pour le détourner de donner des spectacles extraordinaires. Avec cela, ses choix de pièces ne sont pas toujours heureux. Il se rappelle trop les ouvrages qui ont amusé sa jeunesse et veut que la Cour s'en amuse encore. La Cour ne s'en amuse pas, et quand on se plaint de toutes ces vieilleries, il en rejette lestement toute la responsabilité sur La Ferté.

Il aime à quereller; il soulève sans cesse des difficultés à ses deux camarades, au duc d'Aumont pour la nomination aux emplois, au duc de Duras, pour les Comédies. Il se croyait seul capable de les diriger quand il faisait, au contraire, tout ce qu'il fallait pour encourager le désordre et l'insubordination. Il était entiché de Molé et ne voyait que par lui dans toutes les affaires du Théâtre-Français. Voici deux exemples, entre beaucoup d'autres, de sa façon d'administrer. Il reçoit les comédiens chez lui pour la préparation du répertoire de Fontainebleau. « Cette assemblée, écrit La Ferté, a été peu décente, car les comédiens étaient comme pair à compagnon avec lui, les uns le prenant par le bras et lui demandant à déjeuner, les autres des bonbons. Il a été leur chercher des confitures et des dragées qu'ils s'arrachaient les uns aux autres. Je rougissais pour lui de cette scène indécente à son âge et dans son rang. » Un autre jour, il le trouve avec Mlle Colombe, de la Comédie-Italienne. « Le maréchal est émerveillé de son prétendu talent, au point qu'il lui a dit, devant moi, qu'il voulait lui faire répéter ses rôles. » Et il ajoute mélancoliquement : « Doit-on s'étonner qu'un Intendant des Menus soit si peu en mesure de faire ce qui conviendrait pour le bien des spectacles, lorsqu'un grand seigneur, de l'âge de M. de Richelieu, veut descendre à faire répéter des rôles à une débutante. »

A tout moment, avec une intention maligne, il cherche dispute à l'Intendant. Il traite ses mémoires de pur verbiage; il le déclare incapable de juger du talent des acteurs; il l'accuse même, contre toute raison, de vouloir enlever l'administration des Comédies aux Premiers Gentilshommes pour la faire passer sous la direction du Procureur général. La Ferté gémit de ces tracasseries, de ces injustices, mais il n'en est point découragé, et il cherche à tirer le meilleur parti possible des difficultés dans lesquelles les caprices du maréchal le placent incessamment.

On trouvera dans le « Journal » mille traits qui achèvent de peindre ce singulier caractère. Il s'y montre tout à fait en déshabillé, avec sa légèreté, son esprit de contradiction, sa mauvaise humeur. Ce n'est assurément pas tout l'homme et il y a bien autre chose dans l'histoire du brillant vainqueur de Mahon. Mais tous ces détails intimes ne sont pas indifférents, quand il s'agit de l'homme dans lequel on a voulu voir, avec quelque raison, la personnification des qualités et des vices de son siècle.

Le duc de Duras, qui devint maréchal de France en 1772, était un homme de cour accompli. Il avait du goût pour les lettres et fut, comme son camarade, le duc de Richelieu, membre de l'Académie française. Il se piquait surtout d'exceller dans l'organisation des fêtes et des spectacles de la

Cour et il tirait quelque vanité de ce talent. Il avait de l'affabilité, de la bonne grâce dans ses rapports avec ses inférieurs et La Ferté loue fréquemment les discours pleins d'agrément et de politesse qu'il adressait aux comédiens assemblés. Il écoutait aussi les conseils de modération dans les dépenses que lui donnait l'Intendant des Menus ; il les écoutait autant que son désir de briller et de faire de grandes choses le lui permettait, c'est-à-dire beaucoup moins qu'il n'eût fallu pour être bon ménager de l'argent du Roi.

Son côté faible était sa passion pour le théâtre. Les spectacles de la Cour ne suffisaient point pour satisfaire ce goût dominant. Il voulait être le maître de ceux de Paris et souffrait impatiemment sur ce point le partage avec le maréchal de Richelieu. Il était sans contredit meilleur administrateur que ce dernier, mais pas plus que lui il ne savait se soustraire à des influences qui obscurcissaient son jugement. Il avait laissé prendre à l'une des reines tragiques de la Comédie un trop grand empire sur ses volontés, et il se montra trop porté à la favoriser au détriment de celles qu'elle considérait comme des rivales de son talent ou de sa beauté. Cette partialité fut la cause de beaucoup de troubles dans la Comédie-Française et enfin du grand éclat qui amena, en 1779, la retraite de Mlle Sainval. Le public prit parti dans cette querelle et ne fut pas du côté du duc de Duras dont le prestige se trouva sensiblement atteint.

Ses discussions avec le maréchal de Richelieu sur tous les détails de l'administration des Comédies, occupent une grande place dans le « Journal ». Elles ont souvent un caractère très aigu. L'on voit aisément que le maréchal de Richelieu y mettait de la malice, et que son goût pour la contradiction y entrait pour une part plus grande que son amour pour l'observation des règlements.

La passion du duc de Duras pour les spectacles était telle qu'il ne se contentait pas d'avoir sous la main les deux Comédies. Il eut la pensée d'y joindre l'Opéra et fit d'actives démarches pour obtenir cette réunion. Il se flatta pendant longtemps du succès. La Ferté, plus perspicace, ne partagea jamais ses illusions et il eut raison. Le ministre de la Maison du Roi ne consentit point à se dessaisir de l'Opéra qui était dans ses attributions. L'austère M. de Malesherbes s'y refusa lui-même, et lorsque l'auteur du « Journal » devint à deux reprises le directeur effectif de ce théâtre, ce fut sous les ordres du ministre. Il s'étonnait d'ailleurs, que les Premiers Gentilshommes de la Chambre, qui avaient tant de peine à maintenir le bon ordre dans les Comédies, voulussent assumer la charge d'un troisième théâtre, plus difficile peut-être à conduire que les deux autres.

Les deux Premiers Gentilshommes de la Chambre en survivance n'apparaissent qu'accessoirement et au second plan dans le « Journal ». Ce n'est que dans les dernières années qu'ils commencent à prendre quelque part aux affaires des Menus. Le duc de Fronsac est tracassier, querelleur et railleur comme son père qui le jugeait bien. On conseillait au maréchal de se décharger sur son fils des affaires des théâtres. « Il m'a dit et répété, écrit La Ferté, tout ce qu'il m'avait déjà dit sur le duc de Duras et sur le duc de Fronsac, en ajoutant qu'ils ne seraient pas trois mois à s'occuper des Comédies sans se couper la gorge. » Le duc de Villequier est, au contraire, calme et de bon jugement, partisan des réformes et des économies proposées par l'Intendant des Menus, très disposé à les défendre et cherchant le plus souvent sans succès, à les faire prévaloir. L'un et l'autre, le duc de Fronsac et le duc de Villequier, offrent un reflet assez exact du caractère paternel.

LA FAMILLE ROYALE

L'Intendant des Menus, par la nature de son service à la Cour, a de constants rapports avec toute la famille royale. Il a ses entrées dans la Chambre du Roi qui apprécie son zèle et son activité et lui témoigne beaucoup de bienveillance. En maintes circonstances il lui adresse des compliments que La Ferté consigne dans son « Journal ». Après un spectacle à Choisy, « le Roi, écrit-il, la famille royale, toute la Cour ont été très satisfaits. Sa Majesté, Madame la Dauphine, et Madame Victoire m'ont fait l'honneur de m'entretenir longtemps, à leur souper, de ce spectacle, et de la fatigue que j'avais dû avoir pendant le voyage. Le Roi m'a fait l'honneur de me demander si cela ne m'empêcherait pas d'aller le lendemain à Fontainebleau. J'ai répondu, comme je devais à tant de bontés. » Et ailleurs : « Le Roi, à sa toilette, m'a fait l'honneur de me faire plusieurs questions relatives aux spectacles et à la fatigue que cela devait me donner, en me disant que je devais être même fatigué de recevoir, après les spectacles, tant de monde à souper. Sa Majesté paraît s'amuser beaucoup de ces spectacles, ce qui ne peut manquer de faire un grand effet pour les talents. » Cette même pensée était délicatement exprimée dans l'encadrement que La Ferté avait fait graver pour les répertoires qu'il distribuait à la Cour, en arrivant à Fontainebleau. On y voyait les différents arts et au sommet la tête du

Roi en Apollon, avec cette devise : *Aspicit et fulgent*.

Après le feu d'artifice tiré au mariage du Dauphin, toute la Cour le félicite. « Sa Majesté, ajoute-t-il, a eu la bonté de me marquer aussi sa satisfaction, ayant été appuyée sur moi pendant toute la durée du feu. » Le Roi lui donne une mission de confiance en le nommant pour faire la recette des charges de la maison du comte de Provence et du comte d'Artois. Enfin, après le mariage de ce dernier, « le Roi a daigné me donner, dans cette occasion, une nouvelle preuve de bonté, en faisant passer sur ma tête la charge d'Intendant de l'ordre royal militaire de Saint-Louis, et j'ai été décoré du cordon rouge avant-hier matin. Sa Majesté a mis le comble à cette grâce par la manière dont elle a bien voulu me l'accorder, et j'ai eu la satisfaction de voir que tout le monde a bien voulu y prendre part par les compliments que j'en ai reçus. »

Après la mort du Roi, il assiste officiellement, comme l'un des témoins, à la levée des scellés, à Versailles. Cette opération lui inspire les réflexions suivantes : « J'avoue que j'ai vu avec plaisir la calomnie confondue, puisque, au lieu des grands trésors qu'on disait que le feu Roi avait amassés, nous n'avons trouvé que 44 000 livres d'argent et des bijoux de mince valeur. Cependant, dans le temps que nous étions occupés à inventorier tous les effets, on prétendait, dans les pièces à côté, qu'on était obligé de faire étayer le cabinet, pour soutenir tout l'or que nous entassions dans les coffres. Tout cela s'est cependant transporté très facilement, ainsi que les bijoux et les papiers, dans le carrosse du Roi, à la Muette. Mais la méchanceté aura bien de la peine à avouer sa défaite. »

Le caractère de la pieuse Reine de France se peint assez

bien dans une réflexion qui lui inspire la représentation du *Devin du Village*. « Sa Majesté m'a fait l'honneur de me dire qu'elle était fâchée que ce fut Jean-Jacques Rousseau qui eût fait cet ouvrage, ou qu'il aurait dû ne jamais faire que cela. »

Le Dauphin témoigne beaucoup de bienveillance à La Ferté et s'occupe de sa fortune. « Mgr le Dauphin, écrit-il, a eu la bonté de me recommander vivement, au lever, à M. le Contrôleur général qui lui a répondu, en ma présence, qu'il était sérieusement occupé de mon avancement parce que j'étais méritant et qu'il m'aimait beaucoup. » Voici maintenant la contre-partie de l'anecdote : « Mais Mgr le Dauphin était à peine sorti que M. le Contrôleur général m'a dit avec beaucoup d'humeur que c'était à MM. les Premiers Gentilshommes de la Chambre à lui fournir l'occasion de me placer avantageusement. » La scène est piquante et bien dans l'esprit de la Cour. La Ferté sollicitait une place de finance qui le mettrait à même de faire honorablement sa charge sans grever le budget des Menus. Il garde une vive reconnaissance au Dauphin de l'intérêt que ce Prince lui portait, et déplore amèrement sa fin prématurée. « C'est, dit-il, une perte affreuse pour la France et immense pour moi, ce prince n'ayant cessé, dans toutes les occasions, de m'honorer de ses bontés, et ayant toujours loué mon zèle pour son service personnel toutes les fois qu'il a bien voulu m'employer. Il est bien digne des regrets de tous les honnêtes gens, car ses vertus égalaient sa haute naissance. »

Il rend à la Dauphine et aux filles du Roi quelques petits services qui le font bien venir de ces Princesses. Il réussit à placer les protégés qu'elles lui recommandent. La Dauphine a la curiosité de voir de près les acteurs et actrices de la

Comédie-Italienne. La Ferté, le lendemain, mène ces comédiens au dîner de la Dauphine qui, dit-il, « ne pouvait presque se lasser de me parler du sieur Laruette ».

Le duc d'Orléans a recours à l'Intendant des Menus afin d'obtenir un tour de faveur à la Comédie-Française pour la pièce de Collé, *Dupuis et Desronais*. Le prince de Conti, grand prieur de France, et encore plus grand amateur de spectacles, se sert de lui pour avoir les comédiens dont il a besoin à son théâtre particulier de Paris et à celui de l'Isle-Adam, dont Audinot était le directeur. La Ferté combine en conséquence le répertoire du Théâtre-Italien pour permettre au Prince de prendre les sujets qu'il désire.

Il voit assidument Mme de Pompadour, qui s'occupe de lui et plaide sa cause auprès des ministres. « Mme de Pompadour, dit-il, m'a témoigné de nouveau l'intérêt qu'elle prenait à ce que M. le Contrôleur général pût faire un arrangement convenable pour ma fortune. » Ne pouvant obtenir pour lui la place de finance qu'il désirait, elle fait en sorte qu'on lui accorde une indemnité annuelle considérable. Dans une foule d'affaires de pure administration, il a recours à la favorite, qui l'aide à lever bien des difficultés. Par elle, il obtient des fonds pour les dépenses des Menus. Elle fait écarter des spectacles qu'il lui signale comme trop coûteux. Elle s'occupe des embarras que la perception trop rigoureuse du droit des pauvres cause aux comédiens, et cherche les moyens d'alléger pour eux le poids de ce lourd impôt. On ne voit son influence s'exercer que pour le bien. Aussi, La Ferté est-il douloureusement affecté quand elle vient à mourir. « J'ai reçu, écrit-il, hier, à minuit, la malheureuse nouvelle de la mort de Mme de Pompadour que je regrette infiniment, car elle m'avait toujours comblé de bontés. »

La comtesse Du Barry joue un rôle analogue dans les affaires des Menus. Elle s'occupe aussi du droit des pauvres; on la consulte sur la réunion de l'Opéra aux deux Comédies sous l'administration des Premiers Gentilshommes de la Chambre. Elle donne son avis sur les projets pour la construction de la nouvelle salle des Français, elle lit des mémoires et confère avec les architectes. Elle est au courant de la situation financière des Menus, et promet de faire donner les fonds nécessaires. « Elle a fort bien entendu tout ce que je lui ai dit, écrit La Ferté à ce sujet, et m'a promis de parler au ministre en conséquence. » Elle intervient dans le choix des bijoux pour la corbeille de la Dauphine. Elle se charge de faire entendre raison au maréchal de Richelieu qui est son ami. Les fêtes particulières qu'elle donne dans sa maison de Versailles sont organisées par les Menus.

L'auteur du «Journal» conserve, à la nouvelle Cour, la faveur et le crédit dont il jouissait sous Louis XV. Au moment du sacre, il est chargé d'une mission très flatteuse. Il va porter, à Aix-la-Chapelle, sur le tombeau de Charlemagne, le poêle mortuaire du roi défunt. C'est presque une mission diplomatique. Il est harangué par le Chapitre qu'il harangue à son tour. Il est fêté comme le représentant du Roi par les notables de la ville.

Les fêtes et les spectacles reprennent de plus belle à la nouvelle Cour. La jeune Reine s'en montrait insatiable, et l'Intendant des Menus avait fort à faire pour répondre à ce goût. Il y a des spectacles à Trianon, à Choisy, à Bellevue, dans l'orangerie de Versailles, dans les appartements de la Reine. Cependant, on parlait de réformes et d'économies. Turgot avait passé par le Contrôle général. Necker y était à son tour. Mais ces sévères financiers étaient impuissants à lutter contre cet entraînement, et l'on allait gaiement au déficit et à tout ce qui devait en résulter.

Après le sacre, où l'administration des Menus s'était particulièrement distinguée, La Ferté enregistre les marques de la satisfaction du Roi. « Sa Majesté a daigné, dit-il, me témoigner, à son lever, son contentement sur tout ce qui a été fait par les Menus. La Reine ayant eu aussi la bonté de me marquer sa satisfaction, je me trouve ainsi très dédommagé de toute la peine que j'ai eue. » Le Roi ne se borne pas à des félicitations platoniques, il demande au Contrôleur général, pour l'Intendant, un intérêt dans les Poudres.

LES MINISTRES

L'Intendant des Menus est en relations directes avec le ministre de la Maison du Roi qui arrête les états de paiement des officiers et du personnel de la Chambre. Ce ministre fut d'abord le comte de Saint-Florentin, qui prit, plus tard, le nom du duc de La Vrillière. Il resta dans ce poste, qu'il occupait depuis 1749, jusqu'à la mort de Louis XV, et le jeune Roi eut beaucoup de peine à se défaire de lui quand il voulut rompre avec les traditions et les hommes du gouvernement de son aïeul. Le duc de La Vrillière donna donc, bien malgré lui, sa démission, et céda la place à M. de Malesherbes, qui appartenait à la Cour des Aides, où il s'était signalé par son indépendance et ses lumières. Mais ce magistrat n'était pas fait pour une place qui demandait surtout des qualités de courtisan qu'il ne possédait point. Entré au ministère avec Turgot, il en sortit après un très court séjour.

Ce fut M. de Malesherbes qui engagea La Ferté à prendre en main la direction de l'Opéra. Bien qu'il eût à plusieurs reprises déclaré, comme on le verra dans son « Journal », qu'il était las de s'occuper des comédiens, l'Intendant des Menus accepta la place qui lui était offerte. Mais il ne la remplit que pendant une année. L'expérience ne fut pas malheureuse au point de vue financier, mais les embarras que lui créait l'insubordination des sujets, encouragés par de puissants protecteurs, le dégoûtèrent de cette mission qu'il abandonna provisoirement.

Il la reprit, en effet, en 1780, à l'instigation de M. Amelot qui avait remplacé M. de Malesherbes au ministère de la Maison du Roi. M. Amelot avait été Intendant de Bourgogne et appartenait au Conseil d'État. Il devait sa place à l'amitié du comte de Maurepas que le jeune Roi avait rappelé aux affaires et qu'on appelait le Mentor de ce nouveau Télémaque. Ce ministre, grand amateur de l'Opéra, et qui n'avait que l'âge de Mentor, prit une part active aux négociations qui aboutirent à l'installation définitive de l'Intendant des Menus à la tête de l'Opéra. Il est aussi consulté sur les mesures préparatoires du sacre de Louis XVI.

On voit encore passer accidentellement dans le « Journal » le brillant ministre de Louis XV, le duc de Choiseul. Il se moque agréablement de quelques costumes militaires qui avaient figuré dans un ballet. « M. le duc de Choiseul, dans le cabinet du roi, m'a fait, écrit La Ferté, la plaisanterie de me prier de lui vendre à bon compte les habits de ce ballet qu'il prétend être ceux du régiment de Poitou. » Un peu plus tard, il garde quelque temps rancune à l'Intendant des Menus sur la plainte de ses deux secrétaires qui n'avaient pas été placés au spectacle de Fontainebleau. Mais ce petit orage ne dura pas et l'auteur du « Journal » eut bientôt reconquis les bonnes grâces du premier ministre. C'est à sa demande, faite discrètement et sous le sceau du secret, que La Ferté donne à la Cour l'opéra de *Psyché*, pour faire briller le talent de Sophie Arnoult à laquelle le duc portait quelque intérêt.

Mais le ministre qui joue le plus grand rôle dans l'existence de l'Intendant des Menus, celui sur lequel il a toujours les yeux fixés, c'est le Contrôleur général qui tient la clef de la caisse du Trésor royal. Le nombre de Contrôleurs généraux qu'il vit passer, pendant sa gestion, est assez considérable. En voici la liste, sauf omission : de Moras, Silhouette, Bertin, de Laverdy, l'abbé Terray, Turgot, de Clagny, Taboureau des Réaux et Necker. Dans ce nombre on peut en compter trois qui furent des administrateurs d'un grand mérite, l'abbé Terray, Turgot et Necker. Ils ne réussirent cependant pas plus que les autres à rétablir l'équilibre dans les finances.

Chacun de ces ministres arrivait aux affaires sans connaître le premier mot de l'administration des Menus, de ses attributions, de ses besoins. Ils partageaient le plus souvent les préventions qui avaient cours dans le public sur les dépenses de cette partie de la Maison du Roi, et les croyaient infiniment plus élevées qu'elles ne l'étaient en réalité. Ils s'attendaient à y découvrir un gaspillage effréné de l'argent du Roi et la cause principale des embarras financiers auxquels ils avaient mission de remédier. L'Intendant des Menus est donc obligé de faire, sous ce rapport, l'éducation de chaque nouveau venu au Contrôle général. Il fait et refait des mémoires à l'infini pour rétablir la vérité des choses, pour rectifier les idées fausses, les préventions qu'on apportait contre les Menus. Il n'y épargne ni son temps ni sa peine. Aussi lui rend-on bientôt justice; on loue la clarté de ses mémoires, le bon ordre de son administration, et l'on est bien obligé de reconnaître qu'on avait été trompé.

Les ministres, cependant, demandent des économies. Nouveaux mémoires de l'Intendant. Il démontre que les dépenses de son administration sont de deux espèces : ordinaires et extraordinaires. Les premières comprennent les gages et les objets qui touchent au service de la famille royale. De ce côté, bien des retranchements ont été déjà opérés et il n'est pas possible de faire de nouvelles et sérieuses réductions. Mais il y a les dépenses extraordinaires. Ici encore il faut faire une distinction. Certaines de ces dépenses s'imposent, comme celles des mariages et des morts dans la famille royale. C'est donc à peu près uniquement sur les spectacles qu'on peut réaliser quelques économies, en s'abstenant de donner à la Cour de grands opéras qui coûtent fort cher quand il faut transporter, surtout à Fontainebleau, un nombreux personnel et un matériel considérable.

Les Contrôleurs généraux ne pouvaient méconnaître la justesse de ces observations. Le sujet était, d'ailleurs, très délicat, et même les plus décidés aux réformes se sentaient fort embarrassés de toucher aux plaisirs du Roi et de la Cour. Ils n'avaient, d'ailleurs, sur ce point, que des conseils à donner, les dépenses étant ordonnées par les Premiers Gentilshommes de la Chambre. Ils ne pouvaient non plus se montrer plus soucieux de l'économie que ne l'était La Ferté lui-même dont c'était la constante préoccupation et la passion dominante.

Après avoir éclairé les Contrôleurs généraux sur les dépenses des Menus, il fallait obtenir d'eux de l'argent pour les payer. C'est la partie la plus pénible de la tâche de l'Intendant des Menus. Il multiplie les mémoires, les démarches personnelles près des ministres et de leurs premiers commis. Il n'est pas secondé par ses chefs hiérarchiques, les Premiers Gentilshommes de la Chambre, qui se souciaient peu de se livrer à des sollicitations désagréables dans les bureaux et laissaient cette besogne ingrate à leur subordonné. Aussi la caisse des Menus est-elle le plus souvent vide. La Ferté s'en afflige et son chagrin va jusqu'au désespoir. Il a fait des promesses à ses entrepreneurs, à ses fournisseurs ; il a réglé leurs mémoires comme s'ils devaient être payés au comptant et sur les promesses formelles de « la Finance », et les années se passent sans que ces mémoires soient soldés. C'est surtout après les grandes fêtes des trois mariages des petits-fils du Roi, et après le sacre, que les difficultés augmentent et que la situation devient, en quelque sorte, inextricable. Nous reviendrons tout à l'heure, avec un peu plus de détail, sur les dépenses des Menus et la manière dont elles étaient réglées.

M. de Sartines, lieutenant général de police, avait des attributions de surveillance et de police générales sur les spectacles et se trouve, à ce titre, fréquemment en contact avec l'Intendant des Menus. Dans les moments de crise violente, c'est lui qui fait conduire les comédiens insurgés au Fort-l'Évêque. C'est de lui que relève l'assistance publique et il prend part aux négociations pour le règlement du droit des pauvres. Enfin, il protège plus ou moins ouvertement les spectacles forains contre la persécution des théâtres privilégiés.

SPECTACLES DE LA COUR

Pour compléter ce tableau des travaux ordinaires de l'Intendant des Menus, il nous reste à parler des spectacles dont il s'occupait à un double titre. Il était, toujours sous les ordres des Premiers Gentilshommes de la Chambre, chargé de l'organisation des spectacles de la Cour et de l'administration des deux Comédies.

Les spectacles de la Cour avaient lieu dans les résidences royales de Versailles, de Fontainebleau, de Choisy, de Marly et plus tard de Trianon. On en donna aussi dans les appartements de Louis XVI, lorsqu'il était encore Dauphin, et dans ceux de Marie-Antoinette. Les trois théâtres y concouraient. On y fit jouer quelquefois les comédiens d'Audinot et jusqu'à des marionnettes pour amuser les petits-fils du Roi. Il y eut même des danseurs de corde à Trianon. Le nombre des représentations variait chaque année et elles étaient suspendues pendant les deuils. Le chiffre le plus élevé est celui de 1777, où l'on donna quatre-vingt-treize spectacles, quarante-huit de la Comédie-Française, vingt-quatre de la Comédie-Italienne, sept de l'Opéra, dix ballets détachés, deux spectacles de parodies et deux de proverbes.

Le service des spectacles à Versailles pouvait se faire dans des conditions relativement faciles. La distance était courte entre Paris et la résidence royale et l'on pouvait parer sans trop de peine aux changements qui survenaient dans le répertoire. Il n'en était pas de même des spectacles du voyage de Fontainebleau pour lequel le répertoire présentait des complications infinies. Il fallait autant que possible concilier le service de la Cour avec celui de Paris, afin que les théâtres restassent ouverts au public. Il fallait tenir compte des goûts particuliers des Premiers Gentilshommes de la Chambre, des auteurs et des sujets protégés qu'on voulait faire valoir, et surtout des interminables prétentions des acteurs des trois théâtres. Ce n'était qu'après de nombreux projets et des conférences prolongées que le répertoire était arrêté. Et encore, le plus souvent, survenait-il, au dernier moment, des incidents, des maladies, des caprices qui obligeaient l'Intendant à tout changer, à tout refaire avec une activité fiévreuse. L'enfantement laborieux du répertoire de Fontainebleau était pour La Ferté et tout le personnel des Menus une cause de tribulations extrêmes, surtout lorsque le maréchal de Richelieu était d'année.

Pendant le séjour qui durait environ six semaines, les fatigues et les préoccupations de toute nature étaient encore plus grandes pour l'Intendant. Il surveillait les répétitions et la mise en scène. L'installation de grands opéras, avec des changements de décors, sur une scène très étroite, présentait de grandes difficultés. Quelquefois il fallait, après le spectacle, transformer le théâtre en salle de bal. Toutes ces opérations s'accomplissaient avec une exactitude et une rapidité merveilleuses sous l'œil de Papillon de La Ferté, secondé par le personnel exercé et dévoué qu'il avait sous ses ordres. La représentation finie, il recevait à souper les auteurs, les comédiens et travaillait encore la plus grande partie de la nuit.

De grands embarras dans ces voyages lui venaient des comédiens qui ne se trouvaient jamais assez bien traités et assez bien payés. Les principaux sujets avaient des prétentions insupportables. « Le sieur Vestris a fait beaucoup de bruit, voulant être logé et voituré d'une manière plus distinguée que ses camarades. J'ai été obligé de sévir un peu contre lui, car il est toujours le chef de la meute. » Mme Vestris exige, pour aller à Fontainebleau, une chaise de poste que le duc de Duras lui accorde. C'est parmi les sujets de l'Opéra que se trouvent les plus mutins. Ils jouent à Choisy : « Les plaintes et l'insubordination des sujets, écrit ce jour-là La Ferté, ont été à l'excès, sans que j'aie pu rien dire de peur de faire manquer le spectacle... J'ai été le serviteur des serviteurs tous les jours, et ma fatigue est si grande que je craignais une maladie. » Il en est de même à Fontainebleau : « Les danseurs ont été de la dernière insolence, et M. le duc de Duras, dans la crainte de faire manquer le spectacle, a été obligé d'avoir l'air de ne pas s'en apercevoir. J'ai été obligé de suivre son exemple, mais je n'en ai pas moins été impatienté. » Il fallait aussi compter avec le chapitre des accidents, comme celui qui arriva à Mlle Hus, dans un des voyages de Fontainebleau : « La demoiselle Hus, ayant bu en chemin du vin rouge mêlé avec du blanc, par erreur de son domestique, est arrivée, avec les sieurs Brizard et Molé, complètement ivre, et prétendant que ceux-ci l'avaient empoisonnée. Ce n'est qu'à force de café que j'ai pu parvenir à la mettre en état de paraître sur le théâtre. J'avais prévenu le Roi et la Reine de ce petit incident. Cela les a divertis, d'autant que la peur et la présence du public lui ont remis assez bien la tête et qu'elle a joué fort gaiement. » Mais tous les embarras ne se dénouaient pas aussi facilement; nuit et jour, les courriers étaient en route et amenaient les sujets, les décors, les costumes qu'exigeaient des changements inopinés de spectacle.

L'Intendant des Menus a aussi maille à partir avec les

auteurs joués, ou qui veulent être joués à la Cour, les uns titrés, comme le duc de La Vallière et le duc de Nivernois, les autres ayant des charges, comme de La Borde, premier valet de chambre du Roi, et Moncrif, lecteur de la Reine, d'autres enfin, n'ayant ni titres ni charges, mais beaucoup de prétention et de vanité, comme Marmontel « le plus ardent et en même temps le plus intéressé de tous les hommes ». Le duc de La Vallière, qui a laissé un nom respecté des bibliophiles, montre des exigences difficiles à satisfaire pour les costumes et les décorations de ses pièces que Champfort retouchait. Nous le voyons, dans une autre occasion, chercher chicane à l'auteur du « Journal » et lui intenter un mauvais procès, à la suite de la déconfiture du fermier général, Papillon de Fonspertuis, parent de Papillon de La Ferté.

Le compositeur de La Borde fatiguait à cette époque la Cour et la Ville de sa musique et trouvait toujours qu'on ne l'entendait pas assez. Il se plaint amèrement quand ses ouvrages sont écartés du répertoire et s'en prend à l'Intendant qui n'en pouvait mais. C'est Mme Du Barry qui ne veut pas qu'on donne *la Cinquantaine*. « J'ai vainement plaidé, dit La Ferté, la cause de M. de La Borde, devant le duc d'Aiguillon. Elle persista en me disant que, quelque amitié qu'elle eût pour M. de La Borde, elle ne voulait pas s'ennuyer ni ennuyer les autres. » Il a une autre querelle avec Gluck qui n'était pas d'humeur accommodante. Le récit est piquant. La Reine fait jouer l'*Iphigénie* du maître allemand à Fontainebleau. « M. Gluck, raconte La Ferté, m'a fait demander comment et par qui il serait logé, nourri et payé à Fontainebleau, voulant s'assurer de tous ces objets avant de se rendre ici. Il a ajouté que, si l'on n'avait pas besoin de lui, il profiterait du beau temps pour retourner en Allemagne.

J'avais cru devoir profiter de cette proposition pour éviter au Roi une dépense inutile. J'avais, en conséquence, fait répondre à M. Gluck que, comme son opéra avait été joué longtemps à Paris et qu'il était parfaitement su, nous ne voulions pas abuser de sa complaisance en l'empêchant de profiter du beau temps pour se rendre à Vienne. M. Gluck, peu content de ma réponse qui ne s'accordait pas avec ses vues, a jugé à propos de faire dire à la Reine, par M. le comte de Mercy, ambassadeur de l'Empereur, que je lui avais mandé crûment qu'on n'avait pas besoin de lui. J'ai cherché presque inutilement à me justifier d'un pareil mensonge; tant il est vrai qu'en voulant ménager les intérêts du Roi, l'on ne récolte le plus souvent que des tracasseries. »

Comme compensation à ces ennuis de toute nature, l'Intendant recevait beaucoup de compliments et de félicitations des bouches les plus augustes, pour les décorations et les habits qui sortaient des magasins des Menus. Il y est sensible, mais il aurait préféré qu'on lui donnât des fonds pour payer la dépense. C'est ce qu'on ne faisait pas le plus souvent, et, à la fin d'un de ces voyages, après des fêtes d'un éclat merveilleux dans cette brillante Cour de France, il est obligé de souscrire personnellement, à Fontainebleau, pour 11 000 livres de lettres de change, afin de pouvoir payer les sujets et les renvoyer à Paris. C'est le revers de la médaille.

LES SPECTACLES DE PARIS

Le gouvernement des deux Comédies était dans les attributions des Premiers Gentilshommes de la Chambre. Jusqu'en 1760, les Intendants des Menus, simples ordonnateurs ou contrôleurs des dépenses, n'y avaient eu aucune part. Ce n'était point une affaire de leur charge. A cette date, « MM. les Premiers Gentilshommes, désireux de voir rétablir l'ordre dans les spectacles et connaissant par leur propre expérience que cela était impossible si les comédiens n'étaient pas sans cesse surveillés, prirent le parti d'engager les Intendants des Menus, qui jusqu'alors ne s'étaient mêlés que des spectacles de la Cour, de se charger de suivre ceux de Paris. » La Ferté eut d'abord pour sa part la Comédie-Italienne et, lorsqu'il eut acheté sa seconde charge, en 1762, il eut sur les bras le lourd fardeau des deux Comédies.

Le Théâtre-Français traverse, à cette époque, une période qui n'est point brillante au point de vue littéraire. Mais il possédait des acteurs d'un grand talent qui auraient suffi pour assurer sa prospérité si la bonne harmonie n'avait été constamment troublée par des dissensions intestines.

Lekain et Mlle Clairon tenaient les premiers emplois dans le tragique. Molé et Préville brillaient dans le haut comique. Les trois premiers, par leur caractère turbulent et indiscipliné, fomentaient les troubles et maintenaient la Comédie dans un état de perpétuelle agitation. Lekain était hostile à l'administration des Premiers Gentilshommes de la Chambre. Il supportait impatiemment cette tutelle et soutenait, en termes souvent amers, que les comédiens devaient se conduire eux-mêmes et étaient les meilleurs juges de leurs propres intérêts. Il relevait les trop nombreuses infractions que les supérieurs commettaient aux règlements qu'ils avaient édictés et s'étonnait non sans raison qu'on en exigeât une plus stricte observation de la part des comédiens. Il négligeait le service de la Comédie, manquait aux répétitions, alléguant sa mauvaise santé qui, toutefois, ne l'empêchait pas de faire des excursions fructueuses en province. Sa réputation, la faveur du public qui lui était restée fidèle, excitaient encore son esprit d'indépendance et le rendaient très difficile à manier.

Molé l'était encore bien davantage. Infatué de sa personne et de son talent, gâté, adoré par le public, par les femmes surtout, il se considérait comme un mortel d'une essence supérieure. Ses prétentions, sa hauteur, ses mauvais procédés à l'égard de ses camarades jetaient à tout moment la perturbation dans la Comédie. Soutenu par le maréchal de Richelieu, qui admirait ses impertinences de petit maître, il se croyait affranchi de toute règle et de toute discipline. Il était épris d'une jeune actrice, Mlle d'Épinay, qui devint en effet sa femme et pour laquelle il n'a pas moins de prétentions que pour lui-même. Ce couple donne plus de besogne et cause plus d'ennuis à l'Intendant des Menus que la Comédie tout entière.

Mlle Clairon avait sa marotte de l'excommunication. On la voit entrer en scène après le service que la Comédie avait fait célébrer à la mort du vieux tragique Crébillon, et qui avait ému les autorités ecclésiastiques. Elle poursuit son idée avec acharnement, avec passion, menaçant de se retirer si le Roi n'accorde pas aux comédiens tous les privilèges dont jouissent les autres citoyens. Elle met en mouvement les Premiers Gentilshommes de la Chambre et les ministres; elle fait porter la question au Conseil du Roi, qui se contente de s'en référer aux déclarations de ses prédécesseurs. Cette affaire assoupie, il en survient une autre. La tragédienne se reconnaît dans un article malicieux de Fréron, qui en faisant l'éloge d'une débutante, Mlle Doligny, avait trouvé moyen de critiquer sévèrement les mœurs et le caractère de l'héroïne du Théâtre-Français. Nouvelles tempêtes, nouvelles menaces de retraite, si l'on ne met pas l'insolent journaliste en prison. Il fallut l'intervention de la Reine pour tirer Fréron de ce mauvais pas.

Enfin, en 1765, éclate la crise violente qui détermina la retraite de Clairon. Le « Journal » nous en raconte toutes les péripéties avec le plus grand détail et avec l'intérêt que pouvait y donner un témoin qui s'y trouve directement mêlé depuis le commencement jusqu'à la fin. Clairon refuse de jouer avec Dubois qui avait eu une affaire peu honorable avec son chirurgien. Elle entraîne presque toute la Comédie à sa suite. Elle est enfermée au Fort-l'Évêque où les principaux mutins sont également incarcérés. La Ferté négocie pour obtenir de Dubois qu'il prenne sa retraite. Mais celui-ci, fort de la protection que le maréchal de Richelieu et le duc de Fronsac accordaient à sa fille, fait des conditions inacceptables. Des pourparlers interminables se poursuivent. On fait un pont d'or à Dubois qui consent enfin à demander sa retraite.

Mais Clairon n'est pas satisfaite à ce prix. Elle ne veut pas rentrer ou elle met à sa rentrée des conditions exorbitantes. Elle persiste à réclamer la levée de l'excommunication. Elle demande que la Comédie soit érigée en Académie, que les comédiens aient leurs entrées dans la Chambre du Roi. Elle veut que le Roi se charge de payer sa garde-robe. Elle tient les discours les plus majestueux et les plus ridicules que l'Intendant des Menus est obligé de subir et qu'il rapporte pour l'édification de la postérité. On ne fit pas droit à ses exigences, et elle se retira définitivement l'année suivante.

Plus tard, un autre épisode, non moins orageux, est suscité

par la rivalité de Mme Vestris et de Mlle Sainval l'aînée. Il en résulte une fermentation extraordinaire dans la Comédie et dans le public et une foule d'ennuis pour l'Intendant des Menus qui s'épuise à chercher des moyens de conciliation.

En dehors de ces périodes d'agitation et de troubles, l'administration des Comédies absorbait une grande partie du temps de l'Intendant des Menus. Il assistait à toutes les assemblées sur lesquelles il donne les renseignements les plus curieux et les plus nouveaux. Il y portait les ordres des Premiers Gentilshommes pour l'attribution des parts ou portions de part vacantes, pour la distribution des rôles. Il préparait et discutait les règlements, et en recommandait l'observation ; il organisait et réorganisait le Comité. Au milieu de ces amours-propres si facilement excitables, des rivalités de talents et d'intérêts, sa tâche était d'autant plus ingrate qu'il n'était point suffisamment secondé par les Premiers Gentilshommes de la Chambre qui n'étaient jamais d'accord sur les mesures à prendre. Aussi se montre-t-il souvent fatigué et découragé. « Je vois de plus en plus, s'écrie-t-il, dans un de ces moments de lassitude, que le plus sage est de se mêler le moins possible de tout ce tripot. » Il était cependant condamné à gouverner des comédiens jusqu'à la fin de ses jours.

D'autres affaires, qui se rattachent aux Comédies, l'occupent encore. Il intervient dans les querelles avec les spectacles forains qui sont défendus par M. de Sartines. Les Wauxhalls, de création nouvelle, excitent aussi les craintes des comédiens. La Ferté fait des démarches pour supprimer ou diminuer au moins le danger qui, de ce côté, menace les recettes du Théâtre-Français. Le règlement du droit des pauvres entraîne de longues et laborieuses négociations. L'assistance publique d'alors se montre, comme celle d'aujourd'hui, très exigeante. Elle menace de faire saisir les recettes. « MM. les administrateurs, écrit La Ferté, par une inconséquence inconcevable, prétendent qu'on serait obligé de renvoyer les pauvres des hôpitaux sans l'argent des spectacles, et refusent en même temps les facilités nécessaires pour le soutien de ces mêmes spectacles dont ils parlent avec une rudesse digne des temps de la barbarie la plus ignorante. » Il n'obtint qu'après de longs pourparlers un abonnement de 60 000 livres par an pour la Comédie-Française et de 55 000 pour la Comédie-Italienne, avec des délais pour le paiement de l'arriéré.

Les déménagements sont aussi de son ressort. Il installe la Comédie-Française aux Tuileries; il examine les nombreux projets qui sont mis en avant pour la construction de la nouvelle salle. Il s'occupe des réclamations des auteurs et prépare le premier arrêt du Conseil qui règle la part qui leur est due sur la recette. Il parle longuement de la création de l'École dramatique qui fut le premier germe du Conservatoire. Ces commencements sont peu connus. Un premier projet, imaginé par Préville, consistait à réunir sous sa direction les trois théâtres de Versailles, Compiègne et Fontainebleau pour y former des sujets qui entreraient ensuite à la Comédie. Ce projet n'aboutit pas. Il en fut de même d'une autre combinaison qui réunissait les trois théâtres des résidences royales à la Comédie-Française. L'École dramatique fut alors installée à l'hôtel des Menus, rue Bergère, où elle fut inaugurée par une représentation de *Tartufe* et de la *Pupille*, le 9 mars 1774.

La Comédie-Italienne n'était pas, à beaucoup près, un foyer de troubles comparable à celui de la Comédie-Française. Ses acteurs ne se considéraient pas comme d'aussi importants personnages et ne prétendaient pas aux entrées dans la Chambre du Roi. Cependant, là aussi, les rivalités des sujets et surtout les protections des grands seigneurs donnaient beaucoup d'occupation et de soucis à l'Intendant des Menus.

Ce théâtre était à peu près abandonné du public, lorsque La Ferté entra en fonctions. Peu de recettes et de grosses dettes, telle était sa situation financière. On lui infusa un sang nouveau, en lui adjoignant l'Opéra-Comique qui abandonna ses baraques de la foire pour se transporter à la salle de la rue Mauconseil. Cette réunion, qui ne s'opéra pas sans beaucoup de négociations et de difficultés, eut les plus heureux résultats pour la prospérité du théâtre. Le public s'y porta en foule. On put amortir le passif, et distribuer bientôt des parts de 12 ou 13 000 livres aux sociétaires. En même temps, La Ferté apportait dans cette administration l'esprit d'ordre et de régularité qui le caractérisait. Il réorganisait la comptabilité, installait un Comité, faisait des règlements. Il assistait à toutes les assemblées des Italiens comme à celles des Français.

L'opéra-comique absorba bientôt les autres genres. Le genre français fut abandonné et le genre italien ne faisait plus d'argent. Le public ne voulait que de l'opéra-comique. C'est l'époque de Monsigny, de Grétry, de Duni, de Philidor, de Gossec. La troupe a des acteurs du premier mérite. Caillot, l'inimitable Caillot, que Grimm met au-dessus de Lekain comme excellent comédien, était aussi un merveilleux chanteur. Il fait les délices de la Cour et de la Ville. Mme Favart touche à la fin de sa carrière, mais elle est toujours applaudie. Clairval, Laruette, Trial, Mme Dugazon, Mlle Colombe faisaient partie de cette troupe qui interprétait d'une manière incomparable notre aimable et spirituelle musique française. Leur succès fut si grand que la Comédie-Française en conçut quelque jalousie et que La Ferté fut obligé de recommander aux Italiens de se modérer sur les pièces de chant.

En 1769, le genre français fut officiellement condamné; les acteurs furent congédiés avec pension. L'opéra-comique demeura seul avec le genre italien. Mais ce dernier, que le public ne goûtait plus et pour lequel on ne trouvait plus, même en Italie, de sujets convenables, disparut à son tour, en 1779. On reprit alors le genre français, drame et comédie, qui composa, conjointement avec l'opéra-comique, le répertoire de ce théâtre jusqu'à la Révolution.

La Ferté n'entre pas dans de grands détails sur son premier essai d'administration à l'Opéra, en 1776. Il entame cette affaire avec son ardeur habituelle : « Nous nous sommes mis tout de suite à la besogne pour remplir les vues du ministre. Il paraît que le public nous sait quelque gré de nous être chargés de cette administration et a l'espoir que nous trouverons le moyen d'assurer ses plaisirs. J'ai reçu déjà plusieurs plans anonymes où il y a de bonnes choses dont nous pourrons profiter. » Il fait immédiatement un règlement « que la Reine a daigné approuver, comme indispensable au maintien du bon ordre ». Mais bientôt le désenchantement survient, les sujets s'insurgent et font des mémoires contre la nouvelle administration. La Ferté, lorsque M. Amelot devient ministre de la Maison du Roi, offre sa démission qui n'est pas acceptée. Enfin, à la clôture de l'année théâtrale, en 1777, il obtient la permission de se retirer. « On ne pourra, dit-il, je l'espère du moins, critiquer notre gestion, puisque, à très peu de chose près, nous avons mis la dépense au pair avec la recette. L'Opéra est rentré, par notre démission, sous l'administration directe de la Ville. Je désire qu'elle n'éprouve pas d'événements plus fâcheux que nous; mais il est bien à craindre que les protections, qui nous ont tant tourmentés cette année, ne la mettent à son tour dans l'embarras. »

Nous avons dit que La Ferté reprit, en 1780, la direction de l'Opéra, rattaché à la Maison du Roi.

OPÉRATIONS EXTRAORDINAIRES DES MENUS

On vient de passer en revue les attributions et les travaux ordinaires de l'Intendant des Menus. Mais on n'aurait qu'une idée incomplète de sa fonction, si l'on ne tenait pas compte des événements extraordinaires qui survinrent à cette époque à la Cour de France. Ces événements, qui occupent une très large place dans le « Journal », sont les mariages dans la famille royale, les cérémonies funèbres et le sacre de Louis XVI.

Il y eut, pendant cette période, six mariages princiers, qui, tous, donnèrent lieu à un grand déploiement de fêtes de toute nature préparées et dirigées par l'Intendant des Menus. Celui du duc de Berry, alors dauphin, eut un éclat particulier, comme il convenait pour l'héritier de la couronne. Dès 1767, c'est-à-dire trois ans à l'avance, La Ferté commence à s'en préoccuper. Il fait un mémoire pour démontrer la nécessité d'achever la grande salle de théâtre au château de Versailles. Il prouve que cette dépense, quoique considérable, aboutira en définitive à une économie, puisqu'elle permettra d'éviter les constructions provisoires qu'il faudrait renouveler à chaque mariage. Il obtient gain de cause, malgré l'opposition de l'architecte Gabriel qui craignait de ne pas arriver à temps. C'est Arnoult, le machiniste des Menus, qui se charge des travaux.

Il écrit en Irlande, en Suisse, en Russie pour avoir, à meilleur compte, les suifs destinés aux illuminations. Il demande au ministre de la Marine l'autorisation de couper du bois dans les forêts de Compiègne et de Picardie. Il fait écrire aux Intendants pour qu'ils aient à faire fournir des voitures pour le transport de ces bois, en exemptant de la corvée les gens qui seront employés à l'exploitation et à l'équarrissage. Il multiplie les mémoires et les projets pour n'être pas pris au dépourvu et connaître à l'avance toute la dépense à faire. Il a des vues d'économie politique; il veut des fêtes brillantes et qui se prolongent assez pour retenir les étrangers à Paris et donner un aliment au commerce.

Ces fêtes comprenaient de grands spectacles, des bals, un festin royal, des illuminations et un feu d'artifice. L'Intendant doit prendre des mesures pour que le public soit admis, même dans l'intérieur du Palais, sans être cependant mêlé à la Cour. Il est chargé de signer tous les billets de voiture pour amener à Versailles l'innombrable personnel des théâtres, sujets, machinistes, comparses, etc. A la représentation de *la Tour enchantée*, il y a 800 personnes sur la scène. Il achète les bijoux de la corbeille et ceux qui sont distribués aux personnages de la Cour. Il étiquette chacun de ces bijoux pour éviter les erreurs. Vient ensuite la distribution des médailles qu'il était d'usage de frapper dans ces circonstances, cause de nombreux embarras et de vives réclamations, car tout le monde croyait avoir droit à ce présent, et ceux qui ne l'obtenaient point s'en prenaient à l'Intendant des Menus.

Toutes ces fêtes des mariages furent d'un éclat merveilleux et, à part quelques petits accidents vite réparés, grâce à la présence d'esprit de l'Intendant, se passèrent avec le plus grand ordre. Le personnel des Menus était à la hauteur de son chef. Et lorsqu'on craignait que les travaux ne fussent pas terminés à temps, La Ferté ne partageait pas ces inquiétudes, « l'expérience m'ayant appris, dit-il, que les entrepreneurs des Menus ne manquent jamais de remplir leurs engagements, quelque considérable que puisse être la besogne ». Le grand théâtre de Versailles était un cadre admirable pour ces réjouissances. Il était à la fois, grâce à des transformations ingénieuses, salle de spectacle, salle de bal et salle de festin. Il fut inauguré le 17 mai 1770, par la représentation de *Persée*, opéra de Quinault et Lulli. « Ce spectacle a été beaucoup mieux qu'on ne pouvait s'y attendre après des préparatifs aussi pressés, et avec des machines dont les mouvements étaient encore si peu connus des ouvriers. D'ailleurs, on a été très content de la magnificence du spectacle. Mme la Dauphine n'a pas paru y prendre part. Il est vrai que c'est un opéra bien sérieux pour quelqu'un qui ne connaît pas encore le spectacle et qui n'aime pas la musique. » Elle ne tarda pas à y prendre goût, et plus tard, La Ferté se plaindra que la jeune Reine aime trop les spectacles.

Bien que la mort soit la chose la plus ordinaire du monde, les cérémonies funèbres rentrent dans les opérations extraordinaires des Menus. Elles sont nombreuses pendant cette période. Don Philippe, gendre du roi, le Dauphin, le roi Stanislas, père de la Reine, la Dauphine, la Reine et enfin le Roi meurent successivement dans le cours d'une dizaine d'années.

La construction des catafalques à Notre-Dame et à Saint-Denis était une affaire considérable pour l'administration des Menus. La Ferté appelle avec raison ces catafalques des églises portatives, et il avait, à cet effet, dans les magasins, des charpentes numérotées et étiquetées. On y employait à profusion les tentures et les sculptures. Pendant les préparatifs du catafalque du Dauphin, le duc de Fleury visite les magasins. « Il y a trouvé plus de 250 ouvriers, sculpteurs, doreurs, menuisiers, serruriers, ferblantiers, tapissiers et autres. » L'allégorie jouait un grand rôle dans ces décorations, et l'on vit, aux obsèques de la Reine, seize figures symbolisant les vertus de la défunte. L'Intendant des Menus est obligé de refréner l'ardeur des artistes dont le talent prétendait se donner ample carrière dans ces occasions. « J'ai eu, dit-il, beaucoup de discussions avec les entrepreneurs et ouvriers au sujet des catafalques. Chacun veut travailler pour embellir sa partie. Je pense qu'on doit se borner à faire les choses convenables sans dépenses superflues de peinture et de sculpture. » Il a à se défendre contre les jurés-crieurs qui avaient alors le monopole des cérémonies funèbres et qui exigent des prix énormes pour le loyer des tentures. Il résiste aux réclamations des chapitres auxquels on donnait, lors de ces obsèques princières, de riches ornements d'église et qui ne se croyaient jamais assez bien traités. Il soutient aussi de grandes batailles pour diminuer le nombre des vêtements de deuil qu'il était d'usage d'accorder à une quantité de personnes tenant de près ou de loin à la Cour.

Les bouts de l'an étaient l'occasion de nouveaux catafalques et de nouvelles dépenses pour les Menus. C'est aussi l'Intendant qui conduit les restes du Dauphin et de la Dauphine à Sens où ils sont inhumés, et le cœur de la Reine à la sépulture des rois de Pologne, à Nancy. Enfin, c'est lui qui pourvoit aux ameublements de deuil du Roi et de la famille royale. A la mort du Roi Stanislas, il est obligé de faire mettre sur-le-champ du drap à la teinture, « car on ne trouve point de drap violet en assez grande quantité chez les marchands ».

Le sacre de Louis XVI, en 1775, est l'opération la plus considérable qui ait été conduite par l'administration des Menus. On s'en occupe dès les premiers jours qui suivent la mort de Louis XV. « Je prévois, écrit La Ferté, que ce sera un travail immense pour moi. » Il ne se trompait pas. Il commence par rechercher tout ce qui s'est passé au sacre de Louis XV. Il fait des mémoires sur toutes les parties de l'affaire, constructions intérieures et extérieures à l'archevêché et à la cathédrale de Reims, costumes, présents, médailles, etc. Ces mémoires sont soumis au Roi, au comte de Maurepas, à M. Turgot qui les approuvent. Puis vient la période de l'exécution. Le temps presse. La Ferté et tout son personnel sont sur les dents. « Quoique je sois levé tous les jours à cinq heures du matin, je trouve, dit-il, mes journées bien courtes. »

La cérémonie réussit admirablement, et La Ferté en reçut de grands compliments. Mais, malgré toutes ses précautions, les devis furent notablement dépassés. Lorsqu'il arrive à Reims, quelques jours avant le sacre, les entrepreneurs lui avouent qu'ils ont été obligés de faire certains travaux qui n'avaient pas été prévus. Cette révélation le met au désespoir. « Ce peu de mots, écrit-il, m'a pénétré d'un des plus vifs chagrins que j'aie jamais ressentis. Tout en louant la beauté de leurs travaux, je n'ai pu m'empêcher de leur faire des reproches sur ce qu'ils m'avaient mis dans le cas de ne pas présenter un devis exact. Cette altercation a été d'autant plus vive qu'ils n'ont pu me dire à quel chiffre pouvait monter l'augmentation de la dépense. Ils se sont contentés de me répondre que, s'il le fallait, ils y perdraient du leur, mais que, dans une opération aussi compliquée et aussi importante, il ne paraîtrait jamais étonnant qu'on n'eût pas pu tout prévoir. » Il fallut se résigner. L'augmentation fut d'environ 80 000 livres, soit 10 p. 100 de la dépense totale. Encore La Ferté trouva-t-il moyen de l'atténuer quelque peu, en économisant sur la distribution des médailles.

LES DÉPENSES

Le premier soin de Papillon de La Ferté, quand il fut seul chargé de tous les exercices, fut de mettre de l'ordre dans la comptabilité des Menus. Il disposa son budget par chapitres, comprenant toutes les dépenses de son administration, qui ressortent ainsi de la manière la plus claire pour chaque branche de son service. Il fut le premier qui arrêta l'état des dépenses d'une année dans les premiers mois de l'année suivante. On le voit stimuler les fournisseurs, réclamer avec insistance leurs mémoires, les examiner et les régler sans délais. Il peut se vanter avec raison d'avoir donné l'exemple d'une régularité et d'une promptitude qui n'existaient dans aucune des administrations de la Maison du Roi, où les mémoires n'étaient reçus et réglés qu'au bout de deux ou trois ans.

Cette préoccupation du bon ordre éclate à chaque page du « Journal », dans les grandes comme dans les petites choses. Lorsque l'hôtel de la rue Bergère est construit, les magasins des Menus deviennent l'objet de ses soins constants. Il réorganise les bureaux et installe de nouveaux registres. Il dresse à différentes reprises l'inventaire de tous les objets appartenant au Roi, charpentes, décorations, costumes, accessoires de toute nature. Il commence une bibliothèque musicale. Il a des livres d'échantillons de toutes les étoffes, avec les prix. Tous les services fonctionnent avec une régularité absolue qui excite l'admiration du duc d'Aumont, ordinairement peu louangeur. Lors de la réforme de la Maison du Roi, en 1780, on parla de supprimer ces magasins. La Ferté s'évertue à en démontrer l'utilité. Il y conduit M. Amelot, le ministre de la Maison du Roi, qui voit, avec autant d'étonnement que de satisfaction, la quantité immense d'effets de tout genre qu'ils contiennent. « Il admira l'ordre et le soin avec lequel ils étaient conservés, et sortit, après une visite très longue, convaincu de l'utilité d'un pareil établissement pour les intérêts du Roi. » Les seuls costumes étaient, à cette époque, au nombre de six mille cinq cents. Les plus précieux étaient renfermés dans des sacs pour les garantir contre toute détérioration.

On trouvera, à la fin du « Journal », un tableau général qui présente le total des dépenses de quinze années, de 1762 à 1777. Ce total s'élève à 32 269 373^l, 13^s, 11^d. Dans cette somme, les mariages, au nombre de six, dans la famille royale, entrent pour 6 410 275^l, 5^s, 7^d, les pompes funèbres pour 1 693 672^l, 16^s, 7^d. Le sacre de Louis XVI a coûté 825 509^l, 15^s, 7^d.

L'année la plus coûteuse est celle de 1770, pendant laquelle eut lieu le mariage du Dauphin. Elle se monte à 4 668 003¹, 17ˢ, 6ᵈ. La moins chère, 1776, atteint 1 295 958¹, 8ˢ, 8ᵈ. La dépense moyenne de ces quinze années est, en chiffres ronds, de 2 150 000 livres.

Ces dépenses étaient singulièrement grossies dans le public, même parmi les gens de la Cour et les ministres. La Ferté en fait l'expérience dès les premiers temps de son entrée en charge. Il avait fait représenter, à Fontainebleau, *le Bourgeois gentilhomme*. Le Contrôleur général, M. de Moras, tout en lui faisant des compliments, exprima le regret qu'un pareil spectacle coûtât 100,000 livres. La Ferté lui prouva que la dépense était de cent louis. C'est ce même M. de Moras qui demandait s'il était nécessaire que le Roi eût des spectacles. « Pour toute réponse, écrit La Ferté, je lui citai Colbert qui pensait, au contraire, qu'il fallait à la Cour des spectacles capables d'exciter la curiosité des étrangers et d'occasionner par là une circulation et une consommation avantageuses à l'État. »

C'était sur les dépenses des spectales, qui frappaient le plus les yeux, que l'imagination se donnait libre carrière. « M. le maréchal de Duras, écrit l'Intendant, m'a demandé un devis estimatif des dépenses du voyage de Fontainebleau, parce que des gens mal intentionnés ou mal instruits disent déjà qu'il en coûtera des millions. » Le maréchal de Richelieu, Premier Gentilhomme de la Chambre et qui devait savoir à quoi s'en tenir, partage, volontairement ou non, ces erreurs. Il dit à l'auteur du « Journal » que *la Tour enchantée*, opéra joué au mariage du Dauphin, avait coûté 600 000 livres. « J'ai eu l'honneur de lui répondre que j'espérais que tous les spectacles du mariage n'iraient pas à un tiers en sus de cette somme, y compris *la Tour enchantée*. » C'est toujours en vertu du même système qu'on affirmait que les costumes de théâtre faits par les Menus étaient en étoffes d'or et d'argent fin, alors qu'ils étaient en faux. Aussi ne faut-il pas s'étonner que les « Nouvelles à la main » annoncent un beau jour que l'abbé Terray a retranché quatre millions sur les dépenses annuelles des Menus, alors que ces dépenses étaient, en moyenne, de 2 150 000 livres.

Pour répondre à ces exagérations qui se produisirent avec une nouvelle énergie après le sacre de Louis XVI, La Ferté portait toujours sur lui l'extrait des dépenses pour le montrer à toute occasion, et réfuter les faux bruits. Ce qu'il ne montrait pas et ce que nous lisons dans le « Journal », c'est qu'il renonça à un privilège de sa place : « M. le duc de Duras a bien voulu rendre compte à Sa Majesté du sacrifice personnel que je faisais du droit dont avaient joui mes prédécesseurs, des charpentes, ferrures et autres objets qui avaient valu à M. Lefèvre, Intendant des Menus en 1722, 300 000 livres. » Il fit rentrer aux magasins des Menus tout le matériel du sacre. On lui promit un dédommagement qu'il obtint sous la forme d'un intérêt dans les Poudres.

Lorsque la jeune Reine accoucha de son premier enfant, qui était une fille, il y eut feu d'artifice et illuminations ordonnés par les Menus. On prétendit que ces réjouissances modestes avaient coûté 200 000 livres, alors que la dépense n'excédait pas 15 000 livres. Le Contrôleur général, M. Necker, s'émut de ces bruits et demanda comment on pourrait les faire cesser. « Je lui ai répondu, écrit La Ferté, que cela était très aisé et qu'il pouvait les faire tomber, en me plaisantant, chez lui, à dîner, devant tout le monde. » Le moyen était peut-être insuffisant.

L'Intendant des Menus était d'autant plus fondé à se

plaindre de ces propos qu'il poursuivait, avec une ardeur et une obstination que rien ne pouvait décourager, et au risque de se faire beaucoup d'ennemis, toutes les économies possibles, petites et grandes, dans toutes les branches de son service. Il bataillait sans cesse avec les Premiers Gentilshommes de la Chambre pour faire écarter les spectacles trop coûteux, et il obtenait quelquefois gain de cause. Il recherchait avec persévérance les moyens de réduire les dépenses nécessaires ou inévitables. Rien n'est plus intéressant que cette lutte de tous les jours qu'il soutient contre tout le monde et quelquefois contre lui-même, pour épargner l'argent du Roi.

Quelques exemples entre mille: « J'ai eu, dit-il, une grande querelle avec M. d'Arlèze, premier valet de chambre de Mgr le Dauphin, parce que je lui ai refusé des choses qui n'appartiennent nullement à sa place. » Il réduit le renouvellement des malles, coffres et porte-manteaux des membres de la famille royale, ajoutant avec mélancolie: « Je sais bien que tout cela ne me fera pas beaucoup d'amis parmi les officiers qui regardent toutes ces choses comme des attributs de leurs places. » Il restreint les dépenses des valets de chambre tapissiers du Roi et leur interdit de faire aucune fourniture sans un ordre écrit. Il négocie avec les officiers de la fruiterie qui fournissent la bougie à 3^l, 2^s la livre, et obtient que ce prix soit réduit à 52 sous. Il obtient de même une réduction importante des fermiers des voitures de la Cour pour le transport des comédiens à Fontainebleau. Le prix de 150 livres par voiture descend à 110 livres avec la faculté de mettre une malle sur chaque carrosse, ce qui évite l'emploi de fourgons pour les bagages. Il rogne sur les dépenses des habillements du personnel des Menus qui ne sont plus renouvelés que tous les deux ans au lieu de l'être tous les ans. Il supprime le déjeuner et les rafraîchissements, et diminue le nombre des flambeaux aux cérémonies funèbres. Il réduit de 133 000 livres à 50 000 livres un mémoire des jurés-crieurs pour le loyer des tentures de deuil. Ceux-ci, mal inspirés, lui offrent 1 000 louis s'il veut accepter leur mémoire. Il les renvoie avec indignation.

Il fait des économies sur les bijoux des corbeilles lors des mariages; il discute des semaines entières les devis des feux d'artifice. Il propose et fait accepter la suppression des médailles au mariage du comte de Provence, en disant : « Je sais bien que c'est un peu trancher dans le vif et parler même contre l'agrément de ma place, mais c'est un sacrifice que je fais avec plaisir. » Enfin, au jour de l'an, il retranche les étrennes chez les ministres, « petite économie qui n'a pas beaucoup plu aux valets de chambre de ces Messieurs ».

C'est à propos des spectacles de la Cour qu'il a le plus d'occasions d'exercer sa passion dominante. Il déclare qu'il faut proportionner les dépenses aux ressources. « Autant je pense, écrit-il, qu'il faut soutenir et encourager les arts, pour l'honneur de la nation, en leur donnant les moyens d'éclore, autant je suis d'avis qu'il faut, pour cela, consulter le temps et les circonstances. » Or, les circonstances commandaient l'économie. Il la recherche sous toutes les formes. Il fait voyager les comédiens au lieu de les laisser à demeure à Fontainebleau, quand leurs services ne sont pas indispensables. Il limite le nombre des coffres, ce qui excite de vives réclamations dans les deux Comédies. Il n'accorde qu'une paire de bas et de souliers, pour deux représentations, aux danseurs et aux danseuses de l'Opéra. Il est en querelle avec « les demoiselles des spectacles, les ayant obligées à rendre tous les effets dépendant de leur habillement, et cela pour éviter des nouvelles dépenses lorsqu'on redonne les ouvrages ». Il fait servir les costumes du magasin au lieu d'en faire de neufs; il emploie les plus vieux pour faire des doublures. Il fait remettre à neuf de vieux galons d'or et d'argent, à 4 sous l'aune, au lieu d'en acheter de nouveaux. Lorsqu'on donne *Castor et Pollux* à Versailles, pendant le séjour de l'Empereur, il réduit à 59 000 livres une dépense dont le devis était de 110 000. « Aussi, ajoute-t-il, ai-je poussé l'économie jusqu'à la lésinerie; ayant même fait raccommoder de vieux bas de laine qui avaient servi aux comparses en 1770, reblanchi de vieilles gazes, etc... J'ai même retranché, sous prétexte que le chemin de Versailles est actuellement éclairé, les flambeaux aux sujets, ce qui a excité beaucoup de rumeurs. » L'opéra de *Castor et Pollux* employait 579 personnes.

Une autre lutte, non moins constante, mais plus cruelle, était celle que l'Intendant soutenait contre « la Finance ». Ce n'était qu'au prix des plus grands efforts qu'il obtenait quelque argent, et toujours bien au-dessous des besoins. On ne payait même pas les ouvriers. En 1762, il écrit : « J'ai trouvé les ouvriers de très mauvaise humeur, tant du froid excessif que du manque d'argent. » Et plus tard : « Je suis obligé d'employer tous les subterfuges possibles pour engager les ouvriers à continuer leurs travaux et de leur promettre ce que je suis très peu sûr de tenir. » Et, en effet, il n'obtenait rien et la situation allait s'aggravant d'année en année. « La position des Menus, écrit-il en 1769, devient, du côté de l'argent, chaque jour plus fâcheuse. Toutes mes visites et mes sollicitations presque quotidiennes se terminent par de belles promesses, mais sans effet. Je crains, si cela continue, que les entrepreneurs n'abandonnent leurs travaux de la salle de Versailles. » Les travaux continuent cependant et il écrit quelque temps après : « J'ai été voir les ateliers des différents travaux à Versailles. Cela est immense ; mais l'étonnant est de voir une si grande quantité d'ouvriers travailler presque à crédit. »

Les Premiers Gentilshommes de la Chambre se fatiguent de sollicitations sans résultat. Le duc d'Aumont, dans une heure de découragement, veut vendre les effets des Menus et louer les hôtels pour payer les fournisseurs et les entrepreneurs les plus pressés. La Ferté pousse à son tour ce cri de désespoir : « Il serait plus sage de supprimer absolument toutes les dépenses que de faire périr des misérables qui, sur des paroles qui devaient être sacrées, ont avancé toute leur fortune et leur crédit. » En 1773, après le mariage du comte d'Artois, les comédiens retournent à Paris sans être payés. La Ferté porte leurs plaintes au Contrôleur général. « Nous lui avons représenté, écrit-il, que la plupart des sujets avaient été forcés de laisser leurs effets en gage pour leur nourriture et leur logement, et qu'une grande partie, tels que les danseurs, avaient perdu leurs écoliers à Paris, à cause du service du Roi ; enfin qu'il était prouvé qu'un particulier qui voudrait avoir à sa campagne des gens à talents pendant une semaine, les paierait plus cher qu'ils ne le seront après quatre mois d'un travail forcé pour le Roi. »

Necker, en arrivant au Contrôle général, trouve un arriéré de plusieurs années sur les dépenses des Menus. Il propose un règlement partie en argent, partie en contrats qui perdent 40 0/0 quand on veut les négocier. Le peu d'argent est absorbé par le paiement des gages, et il ne reste aux fournisseurs que des contrats qui les ruinent. La Ferté prend leur défense et multiplie les mémoires pour combattre cette combinaison désastreuse. Il ne réussit pas à la faire échouer. Tout ce qu'il peut faire, c'est d'abandonner une gratification de 80 000 livres qui lui est allouée et de la distribuer aux fournisseurs les plus obérés. C'est un des derniers actes de sa gestion comme Intendant des Menus, et ce n'est pas un de ceux qui lui font le moins d'honneur.

DÉTAILS PERSONNELS

La Ferté a écrit lui-même « pour l'instruction de ses enfants » le récit de sa vie dans la « Notice » qu'il composa en prison, quelques jours avant de monter sur l'échafaud. Ce document a été publié, d'après le manuscrit original, appartenant à la Bibliothèque de la ville de Paris, par M. Adolphe Jullien, dans une brochure intitulée : *Un potentat musical*. Dans un autre livre, *La Cour et l'Opéra sous Louis XVI*, cet érudit distingué et délicat a reproduit de nombreuses lettres inédites de la correspondance de Papillon de La Ferté avec les ministres de la Maison du Roi. Ces deux ouvrages se rapportent à l'époque pendant laquelle il administra l'Opéra, c'est-à-dire à l'époque où le « Journal » prend fin.

M. Adolphe Jullien rend justice à l'activité, à l'intelligence, au sens droit du Commissaire de la Maison du Roi chargé de la direction de l'Opéra. Toutefois, il n'a pu apprécier, comme le « Journal » nous a permis de le faire, ses remarquables qualités d'administrateur, son désintéressement et son dévouement sans réserve aux intérêts dont il avait la charge. Il nous le montre surtout comme un homme de plaisir, très jaloux de son autorité et l'accuse même d'être un « faux bonhomme ». Nous croyons que la sévérité de ce jugement sera singulièrement atténuée après la lecture du « Journal ».

Les *Mémoires secrets*, auxquels M. Adolphe Jullien a emprunté quelques anecdotes, sont un précieux recueil pour l'histoire de la seconde moitié du xviii⁰ siècle. Tout le monde puise à cette source abondante de renseignements. Mais ceux qui les rédigeaient nous paraissent être, lorsqu'ils parlent de l'administration des Menus, au nombre des gens « mal intentionnés ou peu instruits » auxquels l'Intendant fait de si fréquentes allusions. On ne doit certainement pas prendre pour autant d'incontestables vérités les historiettes et, disons le mot, les commérages, qu'ils enregistrent avec tant de complaisance sur tous les personnages en place. Nous ne prétendons pas soutenir que La Ferté ait été exempt de toute faiblesse, et qu'il n'ait point subi, dans une certaine mesure, l'influence du temps et du milieu dans lequel il vivait. Mais c'est là un bien petit côté de sa vie, et ces épisodes tiennent si peu de place dans sa longue et laborieuse carrière qu'il n'est pas utile d'y insister davantage.

Il est certain que l'autorité du ministre de la Maison du Roi sur l'Opéra fut plus nominale qu'effective de 1780 à 1790. Mais la force des choses a beaucoup plus de part à cette situation que l'esprit d'accaparement que l'on prête à La Ferté. Les ministres, au nombre de quatre, qui se succédèrent pendant ces dix années, avaient d'autres soucis que celui de l'administration de l'Opéra, et il était naturel qu'ils s'en rapportassent, de plein gré, à un homme qui avait fait ses preuves et qui dirigeait cette difficile machine aussi bien et aussi économiquement que possible. On ne doit pas oublier non plus que ce fut La Ferté qui, lors de son premier passage à l'Opéra, en 1776, appela les artistes au partage des bénéfices et installa un comité des principaux sujets, ainsi que des assemblées générales auxquelles il rendait des comptes. Cette organisation d'une sorte de régime parlementaire à l'Opéra n'est pas le fait d'un despote. Nous ne croyons pas davantage qu'il ait mérité le reproche de fausse bonhomie qu'on lui adresse. La lecture du « Journal » fera suffisamment ressortir la sincérité de son caractère et la noblesse de ses sentiments.

La Ferté, dans cette « Notice » qui fut son testament moral, nous apprend qu'il est né en 1727, à Châlons-sur-Marne, où son père occupa, pendant quarante ans, « les places de confiance les plus honorables à la satisfaction du feu Roi et de ses ministres et même de la province entière, qui a bien voulu partager les regrets de sa perte arrivée en 1753 ». Il avait la prétention d'être de la famille de Molière. En 1777, il offrait à la Comédie-Française un médaillon en marbre qu'il croyait être le portrait du grand comique « que j'ai, disait-il dans sa lettre d'envoi, l'avantage de compter au nombre de mes parents ». L'érudit bibliothécaire-archiviste de la Comédie, M. Monval, qui a publié cette lettre dans son intéressant journal, *le Moliériste*, n'a pas complètement réussi à justifier cette prétention de l'Intendant des Menus. Nous n'aurons pas celle d'éclaircir un point resté obscur pour M. Monval qui a poussé plus avant que personne les recherches sur tout ce qui, de près ou de loin, touche à l'auteur du *Misanthrope* et à sa famille. Le « Journal » est malheureusement muet sur cet incident. Tout ce que nous pouvons dire, avec M. Monval, c'est que ce beau médaillon, mesurant, y compris son cadre en bois sculpté, près d'un mètre de hauteur, est attribué à Coysevox, et s'est successivement appelé Molière, Lully, Boursault et Régnard. Il fait encore partie du musée de la Comédie.

Le futur Intendant des Menus quitta de bonne heure la maison paternelle, et après avoir voyagé, pour vaincre son « excessive timidité », se fixa à Paris, où il entra chez un avocat au conseil, dans la pensée d'acheter une charge de maître des requêtes. Il ne fit qu'y passer et se maria à 22 ans. Ce mariage lui procura une augmentation de fortune sous la forme d'un intérêt assez considérable dans les fermes; mais il dura peu. « J'eus, dit-il, le malheur de perdre mon épouse et trois enfants à la fin de la troisième année de mon mariage, mon père et ma mère peu de mois après. Ils nous laissèrent, à mon frère, à mes sœurs et à moi, environ 200 000 livres. » Avec son intérêt dans les fermes, il se trouvait, à 25 ans, à la tête de 40 000 livres de rentes.

En 1756, il acheta une première charge d'Intendant des Menus. Il avait alors 29 ans. Il paraît être, à cette époque, réduit à son patrimoine, par suite de la suppression des sous-fermes qui eut lieu en 1755. Sa charge lui coûta 261 000 livres et, lorsqu'en 1762 il en acheta une seconde, il fut obligé d'emprunter pour payer son vendeur. Aussi, le voyons-nous solliciter une place de fermier-général ou quelque autre place de finance, pour subvenir aux exigences de son nouvel état. « Il est certain, dit-il alors, dans son « Journal », que je verrai réduire bientôt mon patrimoine et ce que j'avais acquis à rien, si les promesses considérables qu'on m'a faites, de plein gré, demeurent sans effet. » Il ajoute : « On fera sur cela ce qu'on croira devoir faire, et quoique ma fortune aille toujours en diminuant par les dépenses forcées que je suis obligé de faire depuis que je suis en place, où je suis entré avec plus de 300 000 livres, j'avoue que je suis plus occupé du métier que je fais et de la confiance dont on a bien voulu m'honorer, que du soin de ma propre fortune. »

Il poursuit cependant ses démarches et, malgré la protection que lui accorde le Dauphin et celle, plus puissante, de Mme de Pompadour, il n'obtient rien. « En attendant, dit-il en 1763, je fais la guerre à mes dépens, car la dépense que je suis obligé de faire ici (à Fontainebleau) pour tenir table ouverte, matin et soir, pour les sujets, auteurs et autres, est fort considérable. »

En effet, les émoluments de sa charge étaient peu considérables. Ils étaient de 10 000 livres, plus de 8 000 livres pour frais d'exercice. La Ferté y joignit ceux de sa seconde charge ; au total 28 000 livres. Cette somme n'était pas en rapport avec le train de sa maison. En 1763, Mme de Pompadour, à défaut d'une place de finance, obtient pour lui une gratification annuelle de 30 000 livres. Il répond à la Marquise, qui lui annonce cette faveur, que s'il désirait une augmentation de fortune, c'était pour se livrer mieux encore au service du Roi.

Pendant cette même année 1763, sa fortune reçut une terrible atteinte. Son parent, Papillon de Fonspertuis, dont il avait acheté la charge, et qui était devenu fermier-général, fit de mauvaises affaires et l'entraîna dans sa ruine. « Il a, écrit l'auteur du « Journal », été obligé de se démettre de sa charge de fermier-général, en me laissant sur le corps plus de 600 000 livres d'engagements. J'ai envoyé tout de suite un exprès à M. le duc de Duras qui, avec M. de Laverdy, notre nouveau Contrôleur général, n'a pas perdu un instant pour solliciter, pour mon frère, qui est aussi dans ce désastre, la place de fermier-général. Le Roi a eu la bonté d'y consentir sur-le-champ, et m'a accordé, en même temps, sur la demande de M. de Laverdy, la remise du pot-de-vin de 150 000 livres. » Cette malheureuse affaire fut pour lui la source de longs embarras et de procès, notamment avec le duc de La Vallière, qui se montra créancier peu accommodant, pour ne pas dire de mauvaise foi.

Il renonça désormais à solliciter pour lui une place de fermier-général. Nous le voyons même, à plusieurs reprises, refuser des gratifications qui lui sont offertes. Il n'en accepte une qu'en 1771, après le mariage du comte d'Artois, dans les conditions qu'il raconte. M. le duc d'Aumont lui demande ce qu'il veut. « Je me suis contenté de le remercier pour mon compte, écrit-il à cette date, étant bien décidé à ne rien demander. Si je devais invoquer l'exemple de mon prédécesseur, M. de Curis, qui a eu, pour le feu d'artifice de la naissance du Dauphin, 6 000 livres de pension, après trois années d'exercice, je serais dans le cas de solliciter, après tout le travail que j'ai fait depuis douze ans, quelque chose de bien plus considérable. Comme je ne désire rien, je serai content de tout ce que le roi voudra bien m'accorder. » Il reçut une gratification de 24 000 livres Enfin, en 1775, après le sacre de Louis XVI, et comme dédommagement de l'abandon qu'il avait fait alors de certains droits de sa charge, il obtint, dans les bénéfices des Poudres, un intérêt dont nous ne connaissons pas l'importance.

L'auteur du « Journal » est, d'ailleurs, très sobre de renseignements sur ses affaires personnelles et celles de sa famille. Il enregistre la mort de sa sœur aînée, celle d'un de ses neveux et le mariage d'une de ses parentes, avec un neveu de l'abbé Terray, alors Contrôleur général. Il devient, après le mariage du comte de Provence, Trésorier général de la maison de ce prince, Intendant et Contrôleur général de ses menus plaisirs, de sa chambre, écurie et garde-meuble : enfin, en 1773, il a la charge d'Intendant de l'Ordre royal et militaire de Saint-Louis.

En 1780, tout en restant Commissaire de la Maison du roi pour les Menus, il se charge gratuitement de la direction de l'Opéra. C'est à la « Notice » que nous devons recourir pour cette partie de sa carrière. Son administration se résuma par un déficit de 600 000 livres au bout de dix années. Il explique ainsi les causes de cette situation. « Si, dit-il, le déficit s'est élevé à 60 000 livres environ, année commune sur les dix, l'on sait que les événements des années 1788 et 1789 jusques à Pâques 1790 firent languir la recette de tous les spectacles, laquelle ne suffisait même pas à payer les appointements. L'Opéra perdit alors près de la moitié du loyer de ses petites loges, ainsi que les redevances que je lui avais procurées sur les autres spectacles. Enfin, le résultat du compte général rendu au Roi à Pâques 1790, et mis sous les yeux de l'Assemblée nationale, fut un déficit, pour les dix années, de 600 000 livres, c'est-à-dire qu'il en coûta 900 000 livres de moins que ce que voulait sacrifier, pendant la même époque de temps, M. Necker à la splendeur de ce spectacle. » M. Necker avait, en effet, proposé, en 1780, d'accorder à l'Opéra une subvention annuelle de 140 000 livres.

La Ferté donna des gages aux idées nouvelles. Il fut un des premiers à prêter le serment civique ; il s'engagea comme volontaire dans la garde nationale de son district où, ajoute-t-il « j'ai satisfait à toutes mes gardes en payant mon remplacement ». Il fut nommé, en 1790, commandant de la Garde nationale de l'île Saint-Denis où il avait une maison de campagne, et il fit présent à son bataillon « du plus beau drapeau qui existât dans les environs ». Il fit porter son argenterie à la Monnaie et offrit un don patriotique de 38 900 livres. Il fit donner par le Roi à son district un affût de canon, et ouvrit l'hôtel des Menus aux assemblées populaires.

Il n'en resta pas moins suspect. Déjà, en 1789, il avait été dénoncé comme recélant, à sa maison de campagne de l'île Saint-Denis, des armes, des grains et des munitions de guerre, et donnant asile à plusieurs personnes de la Cour. Une perquisition fut faite à 10 heures du soir, dans cette maison où il se trouvait avec sa jeune femme. « Cette apparition subite et le sujet de cette visite firent un effet terrible sur mon épouse qui relevait à peine de couches et qui était dans un moment critique. La contrainte qu'elle se fit pour me cacher sa peine aggrava encore le coup qu'elle venait d'éprouver, et depuis rien ne fut possible pour rappeler le cours de la nature. Elle succomba enfin à cette atrocité, en me faisant éprouver le plus grand des malheurs, et qui m'a rendu insensible à tous ceux que j'ai essuyés depuis et que j'éprouve encore journellement dans ma fortune. » Il n'était remarié que depuis 1782.

Cependant, malgré les conseils qu'on lui donnait de s'éloigner et la tournure menaçante que prenaient les choses pour tous ceux qui avaient appartenu à la Cour, il persista à rester à Paris. Nous ignorons à quelle époque il fut arrêté et incarcéré à la prison du Luxembourg. Il n'en sortit que pour être jugé et exécuté le 7 juillet 1794, sur la place de la Barrière-Renversée, ci-devant place du Trône. Il était accusé de « s'être déclaré l'ennemi du peuple, en conspirant contre la liberté et la sûreté du peuple et d'avoir provoqué par la révolte des prisons, l'assassinat et tous les moyens possibles, la dissolution de la représentation nationale et le rétablissement de la royauté ou de tout autre pouvoir tyrannique ». Son frère, Papillon d'Auteroche, l'avait précédé de deux mois sur l'échafaud. Le même jour que lui périrent deux personnes dont il est question dans le « Journal », le prince d'Hénin, avec lequel il avait été en querelle au sujet des affaires de l'Opéra, et Randon de la Tour, Trésorier général de la Maison du Roi, au moment de la réforme de Necker.

On s'étonnera, sans doute, qu'au milieu de ses occupations absorbantes et des innombrables mémoires que les employés des Menus suffisaient à peine à copier, La Ferté ait trouvé le temps d'écrire plusieurs volumes. Il a cependant laissé un bagage imprimé considérable : Un *Extrait des différents ouvrages publiés sur la vie des peintres,* 2 vol. in-8, 1776; *Éléments de géographie,* avec vingt cartes géographiques, in-8, 1783; *Système de Copernic* ou *Abrégé de l'astronomie,* in-8, 1783; *Leçons élémentaires de mathématiques,* 2 vol. in-8, 1784; *Éléments d'architecture, de fortification et de navigation,* 1787. Nous n'avons lu que le premier de ces ouvrages qui atteste du goût, des recherches et des connaissances spéciales étendues. Il est oublié aussi bien que les autres. Le meilleur livre de Papillon de La Ferté est, sans contredit, son « Journal », écrit avec une sincérité absolue, sans préoccupation d'auteur, et qui n'a pas même été relu, si l'on en juge par de fréquentes répétitions ou omissions de mots qui eussent été facilement corrigées. Ce « Journal » restera comme un document précieux et qui, nous ne craignons pas de le dire, n'a point d'équivalent pour l'histoire administrative du xviiie siècle.

Cette publication ne comprend pas, comme nous l'avons dit, la totalité du « Journal » de La Ferté. Nous en avons élagué les parties plus spécialement consacrées aux questions de finance, de comptabilité et de pure administration. Nous avons aussi abrégé l'histoire des interminables débats des Premiers Gentilshommes de la Chambre. Ces sujets, fort intéressants pour l'auteur du « Journal », le seraient peut-être moins pour les lecteurs d'aujourd'hui, et nous en avons fait, non sans quelque regret, le sacrifice, pour ne pas imposer une trop lourde tâche à leur attention.

Nous avons ajouté au texte de La Ferté des notes aussi peu nombreuses et aussi brèves que possible. Les documents sur cette partie du xviiie siècle abondent et sont à la portée de tout le monde. Les almanachs, les journaux, les dictionnaires, les mémoires généraux et particuliers, les correspondances littéraires de cette époque se trouvent dans toutes les bibliothèques, même les plus modestes. Le premier devoir de l'annotateur était donc de se défendre d'une érudition trop facile et de s'en tenir à ce qui lui paraissait strictement nécessaire. C'est aussi le parti auquel il s'est arrêté.

JOURNAL DE LA FERTÉ

ANNÉES 1756 A 1761

En 1756, M. de Curis [1], voulant se défaire de sa charge, je me mis sur les rangs. Mes propositions convenant à M. de Curis, il se chargea de solliciter l'agrément pour moi. Mais un sujet présenté par lui ne parut pas du tout du goût de MM. les Premiers Gentilshommes de la Chambre et surtout de M. le duc d'Aumont, dont j'essuyai un compliment bien capable de me dégoûter à jamais de cette place. Je me rendis, en effet, à Versailles, pour remercier le ministre [2], aimant mieux manquer cette charge que d'y entrer contre le vœu de quatre grands seigneurs. Mais M. le duc de Duras et M. de Machault [3] m'avaient servi si chaudement que l'agrément du Roi était déjà donné. Je communiquai néanmoins mes craintes à M. le comte de Saint-Florentin, qui eut la bonté de me rassurer, en me disant qu'il espérait que ma bonne conduite me rendrait sûrement un jour MM. les

---

1. « Une petite gaîté qu'il s'était permise au théâtre de Fontainebleau, en y tournant en ridicule, dans un prologue de sa façon, les Gentilshommes de la Chambre, les lui avait aliénés, et après avoir fait semblant de rire eux-mêmes de sa plaisanterie, ils s'en vengèrent en le forçant de quitter sa charge. » Marmontel, *Mémoires*.

2. Le comte de Saint-Florentin, ministre de la Maison du Roi.

3. Garde des Sceaux, ministre de la Marine, après avoir été Contrôleur général des finances.

Premiers Gentilshommes favorables, et qu'il m'exhortait à répondre à leurs vues pour le bien du service et les intérêts du Roi. M. le duc de Gesvres[1] me reçut avec un peu plus de douceur que M. le duc d'Aumont et me présenta à M. le duc de Fleury, sous les ordres duquel j'entrai sur-le-champ en exercice. Je n'ai eu qu'à me louer des bontés de ce seigneur, ainsi que de celles de M. le duc de Gesvres tant qu'il a vécu. M. le maréchal[2] voulut bien aussi m'honorer des siennes. Le plus difficile était de gagner les bonnes grâces de M. le duc d'Aumont. J'avais fait, vis-à-vis de lui, une faute involontaire, M. de Curis ayant fait son traité avec moi à son insu. Je résolus donc de chercher tous les moyens de mériter ses bontés. J'ose dire que ce ne fut pas sans peine, ni l'affaire d'un jour; aussi n'en suis-je que plus flatté aujourd'hui, puisque c'est par la suite des mêmes bontés dont il m'a honoré, qu'il m'a engagé à réunir à la mienne la seconde charge dont M. de Fonspertuis était titulaire[3].

Mon exercice de 1756 n'eut rien d'extraordinaire. M. de Moras, alors Contrôleur général des finances, prévenu contre les dépenses des Menus dont il n'avait jamais daigné s'informer réellement, m'exhortait, de temps en temps, à ménager beaucoup. Je ne dois pas oublier ici un fait qui prouve combien la prévention peut devenir nuisible. Je donnai à Fontainebleau *Le Bourgeois Gentilhomme*, avec tous ses agréments. Ce spectacle, fait pour plaire, n'eut pas cependant un grand succès: mais j'en reçus au moins quelques compliments, entre autres de M. de Moras, qui ajouta qu'il aurait été plus content, si ce spectacle n'avait pas coûté au

---

1. L'un des quatre Premiers Gentilshommes de la Chambre, mort l'année suivante et remplacé par le duc de Duras.
2. Le maréchal de Richelieu.
3. Parent de l'auteur du *Journal*. Il était en charge depuis 1753.

Roi cent mille livres. Je crus qu'il badinait, jusqu'au moment où il m'assura qu'un Maître des Requêtes lui avait dit le tenir de moi-même. Il me fut aisé de le convaincre combien on l'avait induit en erreur, et je lui démontrai par les états que ce spectacle ne faisait pas une dépense extraordinaire de cent louis. M. de Moras m'en ayant marqué sa surprise, je le priai en badinant de ne jamais donner d'intendance à ce Maître des Requêtes, de crainte qu'il ne traitât le Roi, dans son département, comme il supposait que je l'avais fait dans le mien.

Une autre fois, M. de Moras me demanda de quelle nécessité il était que le Roi eût des spectacles. Pour toute réponse je lui citai Colbert qui pensait au contraire qu'il fallait à la Cour des spectacles capables d'exciter la curiosité des étrangers, et d'occasionner par là une circulation et une consommation avantageuses à l'État.

Le résultat des comptes de cette année est de 785,775 liv. 4 d. C'est une de plus faibles, et j'ose dire que j'en souffris seul, ayant été obligé, à l'exemple d'un ou deux de mes prédécesseurs, de tenir une maison ouverte pour bien des gens dont je me souciais fort peu, et pourquoi je n'ai reçu aucun dédommagement.

Au commencement de 1760, MM. les Premiers Gentilshommes de la Chambre imaginèrent que le bien du service exigeait qu'il n'y eût plus que deux Intendants des Menus. Ils proposèrent en conséquence à MM. de Fonspertuis et à moi la réunion de la charge de M. de La Touche [1], qui crut que c'était nous qui avions sollicité cet arrangement. Mais il a dû être convaincu du contraire par le peu de suite que

---

1. L'Escureuil de la Touche, en fonctions depuis 1756.

nous mîmes à cette affaire, puisque c'est notre peu d'empressement qui donna lieu à la déclaration du Roi du 18 avril 1760 [1].

M. de Fonspertuis commença donc l'exercice 1760. Ce fut alors que MM. les Premiers Gentilshommes de la Chambre, désireux de voir rétablir l'ordre dans les spectacles, et connaissant par leur propre expérience que cela était impossible si les comédiens n'étaient pas sans cesse surveillés, prirent le parti d'engager les Intendants des Menus, qui jusqu'alors ne s'étaient mêlés que du détail des spectacles de la Cour, de se charger de suivre ceux de Paris. M. de Fonspertuis se chargea de la Comédie-Française et me laissa la Comédie-Italienne. Elle était alors dans un délabrement si considérable qu'il était question de la renvoyer. Plus le malade qu'on me confiait était en danger, plus je me fis une espèce de point d'honneur de chercher à le sauver. Je commençai donc par me faire rendre compte des finances de la Comédie et de ses dettes ; j'en fus effrayé ; je m'occupai ensuite des moyens de ramener le public, et j'imaginai qu'un embellissement de la salle, qui avait d'ailleurs besoin de réparation, produirait en partie l'effet que je désirais, et je ne me trompais pas. Pendant ces réparations les comédiens italiens jouèrent au boulevard. La nouveauté du lieu, jointe au début du sieur Caillot [2], fit faire de l'argent aux comédiens.

Je rentrai en exercice en 1761, et continuai à suivre avec la même vivacité mes opérations de la Comédie-Italienne.

1. Cette déclaration attribue les fonctions de Contrôleur à l'un des trois Intendants. L'article 12 dispose que chacun des Intendants et Contrôleurs jouira annuellement de 10 000 livres de gages et de 8 000 livres de frais d'exercice.
2. Un des chanteurs les plus aimés du Théâtre-Italien. Reçu en 1760, il se retira en 1772, tout en continuant à jouer dans les spectacles de la Cour.

Ce fut sur la fin de cette année que M. le maréchal de Richelieu, témoin de la faveur du public pour l'Opéra-Comique, s'occupa plus sérieusement de le réunir à la Comédie-Italienne. Il fit même donner à la Cour par les sujets de l'Opéra quelques-uns des opéras-comiques les plus à la mode. Ce genre parut faire plaisir à la famille royale. Je fus chargé de faire plusieurs mémoires; j'y employai tout mon savoir, mais ils ne furent pas tout à fait du goût de M. le maréchal, qui trouva que je traitais cette affaire trop sérieusement. Il est vrai que je cherchais à démontrer la nécessité de soutenir les bons spectacles, non seulement pour l'honneur de la nation et l'amusement du public, mais encore relativement aux vues politiques de l'État, comme un des principaux moyens d'attirer les étrangers et d'enrichir le royaume par une augmentation de circulation et de consommation très avantageuse pour les finances du Roi.

Ce ne fut qu'au commencement de 1762 que cette affaire, presque désespérée par toutes les intrigues, fut terminée. Les comédiens italiens remboursèrent en conséquence 54 000 livres aux anciens entrepreneurs de l'Opéra-Comique, et se chargèrent du prix du bail fait avec l'Opéra pour le privilège. Ils assurèrent en outre une pension viagère de 8 000 livres au sieur Corbi, dont la moitié reversible à sa femme, etc.

MM. les Premiers Gentilshommes de la Chambre reçurent en même temps à la Comédie-Italienne les principaux sujets de l'Opéra-Comique. Le public vint en foule à ce spectacle et la recette des mois de février et mars monta à 134 523 livres ce qui était sans exemple.

---

1. La société se composait de Corby, Moette, fils de Moette, libraire, Dehesse, acteur de la Comédie-Italienne, le président Champeron et Favart. Voir sur cette réunion la *Correspondance littéraire* de ce dernier.

Cette affaire terminée, MM. les Premiers Gentilshommes de la Chambre s'occupèrent sérieusement du quart des pauvres. J'avais été chargé de chercher quelques affaires qui pussent mettre le Roi dans le cas de soulager les spectacles sans que cette grâce fût à charge à Sa Majesté. On agréa quelques-uns de mes projets, mais qui furent employés à d'autres usages.

MM. les Premiers Gentilshommes de la Chambre prirent enfin le sage parti de proposer aux administrateurs des hospices un abonnement qui fut enfin réglé, après bien des courses de la part de M. le duc de Duras et de la mienne, moyennant 60 000 livres par an pour la Comédie-Française et 55 000 livres pour la Comédie-Italienne, vu la réunion de l'Opéra-Comique. On convint du paiement des anciennes dettes des spectacles vis-à-vis des pauvres dans les neuf années de l'abonnement.

Au commencement de 1762, M. de Fonspertuis prit la résolution de se défaire de sa charge. MM. les Premiers Gentilshommes de la Chambre me firent l'honneur de me proposer de la réunir à la mienne. Je fus très flatté de cette confiance, mais je leur représentai que, loin que cette seconde charge ajoutât rien à ma fortune qui se trouvait déjà dérangée par l'exercice de la première, elle achèverait de me ruiner, en augmentant considérablement mes dépenses. Ces Messieurs me promirent d'engager Sa Majesté à me dédommager, et de solliciter M. le Contrôleur général en ma faveur. Enfin, je me laissai persuader par les bontés et les marques de confiance dont M. le duc d'Aumont voulut bien m'honorer. Il me dit qu'il connaissait mon zèle, mon application pour le travail, et qu'il me regardait même comme très propre à rapprocher les sentiments de MM. ses camarades, dans les cas où ils pourraient avoir des avis différents; qu'il se chargeait de m'honorer de ses conseils dans les cas critiques où je pourrais me trouver; qu'il ne me cachait pas cependant que cette place serait très épineuse, qu'elle pouvait me mener à la fortune ou me perdre, qu'enfin il me donnait vingt-quatre heures pour me décider. Il ajouta que, si j'acceptais sa proposition, il me regarderait comme son fils et se chargerait du soin de ma fortune; qu'il exigeait seulement une condition : c'est que je serais également vrai avec lui qu'avec ses camarades, et que même il me saurait gré des objections que je pourrais lui faire, et même des oppositions que j'apporterais à ses volontés, si, contre son intention, il proposait quelque chose qui ne s'accorderait pas avec le bien du service.

Je ne crus pas, après tant d'honnêtetés, devoir attendre vingt-quatre heures pour y répondre. Je dis à M. le duc d'Aumont que j'étais trop flatté de la confiance dont il voulait bien m'honorer pour ne pas sacrifier ma tranquillité et mon peu de fortune au désir de lui plaire. Il me répéta qu'il ne doutait pas que ses camarades ne fissent pour mon avancement l'impossible, mais que, pour lui, il s'en chargeait particulièrement. M'ayant alors fait entrer à l'assemblée de ces Messieurs, j'en reçus les mêmes assurances de bienveillance. Ils m'accordèrent sur les états 10 000 livres annuelles pour me soutenir, en attendant qu'ils pussent me procurer quelque chose de mieux.

La grande difficulté était de trouver 60 000 livres pour payer le surplus de la finance. Ces Messieurs eurent alors la bonté d'engager les sieurs Lévêque et Girault [1] à me faire ce

---

1. Lévêque, garde-magasin général des Menus; Girault, machiniste des Menus.

prêt, en les assurant qu'à tout événement ils n'y perdraient rien.

Après le départ de M. de Fousperluis, je commençai à m'occuper des affaires de la Comédie-Française. Je fis plusieurs règlements qui furent approuvés de ces Messieurs et qui plurent aux comédiens. Je montai pour eux les mêmes registres que pour les comédiens italiens, allant respectivement chaque semaine à l'une et à l'autre assemblée.

Les nouveaux sujets de l'Opéra-Comique, admis dans la troupe italienne, forcèrent MM. les Premiers Gentilshommes de la Chambre de changer l'ancienne Société et de porter les parts de quinze à vingt pour les recevoir. Les anciens comédiens italiens ne trouvèrent pas cela trop bon, mais on passa outre. Cette année, le sieur Rochard[1] voulut se retirer; le sieur Baletti[2] fut mis à demi-part; encore est-ce par grâce qu'on s'est déterminé à le garder.

---

1. Reçu en 1740, pour les rôles d'amoureux; il avait eu une grande réputation.
2. Reçu en 1742. « Il était très bon danseur dans le genre noble. Il brillerait encore au théâtre dans cette partie, sans le coup de feu qu'il reçut dans la cuisse par un soldat des gardes françaises, lorsqu'il était enfant, à la tête du ballet. Son accident est l'époque de la défense de tirer aucune arme à feu dans les spectacles, sans une permission spéciale du Parlement. » Favart. Corr. *III*.

ANNÉE 1762

EXERCICE DE M. LE DUC D'AUMONT

Le 5 mai. — Le sieur Grandval[1] m'étant venu demander son ordre de retraite, et moi, ne jugeant pas à propos de l'instruire de ce qui se passait, je m'en tirai le plus poliment que je pus en lui disant que MM. les Premiers Gentilshommes se disputaient à qui ne le signerait pas, ne voulant pas le perdre. Ce compliment ne parut rien changer à la résolution du sieur Grandval. J'allai sur-le-champ chez M. le duc de Duras, mais il ne me fit point d'autre réponse, sinon que M. le duc d'Aumont était d'année.

Le 15. — Ces dix jours-ci, nous avons eu diversion de notre travail ordinaire par celui que m'a occasionné le traité d'abonnement pour le quart des pauvres. M. le duc de Duras et moi, nous n'avons été occupés que de courses chez M. l'Archevêque[2], MM. les administrateurs et M. le lieutenant de police[3], qui nous a paru très embarrassé entre le

---

1. Grandval avait débuté en 1729. La signature de son ordre de retraite était retardée par le désaccord qui existait entre le duc d'Aumont et le duc de Duras. Il l'obtint toutefois cette année même et mourut en 1784.
2. Christophe de Beaumont, archevêque de Paris, depuis 1746.
3. De Sartines, maître des requêtes, en fonctions depuis 1759.

désir de soutenir les spectacles (objet très intéressant pour la police), et celui de conserver le plus qu'il était possible le bien des pauvres. Enfin, le tout s'est terminé hier à l'assemblée des administrateurs où M. le duc de Duras s'est trouvé, par un bail de neuf années, à raison de 60 000 livres pour la Comédie-Française et de 55 000 livres pour la Comédie-Italienne.

M. le duc de Duras m'a chargé d'en faire part à M. le duc d'Aumont; il m'a dit en outre qu'il avait commencé à mettre à exécution le règlement approuvé du Roi, concernant les élèves, en chargeant le sieur Préville [1] de l'éducation de la demoiselle Luzzi [2], pour les rôles de soubrettes. J'ai été aussi à l'assemblée des comédiens pour leur faire part de l'abonnement dont ils ont été très contents. Il a été arrêté que toute la troupe irait remercier M. le duc de Duras.

Le 17. — Les comédiens français, hier, en sortant de chez M. le duc de Duras, sont venus me remercier des peines que je m'étais données pour leur abonnement. J'ai fait assembler les comédiens italiens pour leur dire l'arrangement en ce qui les concerne, et j'ai été très étonné de voir qu'il s'en fallait de beaucoup qu'ils fussent aussi contents que les Français; quoique, dans le vrai, ce traité soit encore plus avantageux pour eux. La suite fera voir si je me trompe. Au reste, je leur ai ordonné d'aller remercier M. le duc de Duras.

Le 20. — M. le duc de Duras m'ayant remis hier des mémoires des sieurs Lekain [3] et Bernaut [4], où ils se traitent

---

1. Dubus de Préville, reçu en 1753, retiré en 1784, mort en 1799.
2. Mlle Luzzi débuta le 26 mai de l'année suivante.
3. Lekain tenait son emploi depuis 1751; mort en 1778.
4. Bernaut, reçu en 1760, congédié à la fin de 1762, devint directeur de théâtre en province.

respectivement de fripons, je me suis rendu à la Comédie-Française aujourd'hui, pour signifier à ces deux messieurs de mettre bas les armes, ou plutôt les écritures, sous peine de déplaire à MM. les Premiers Gentilshommes de la Chambre. M. le duc de Duras étant survenu sur ces entrefaites, je lui ai laissé le soin de les accommoder.

Le 29. — J'ai reçu hier ordre de M. le duc de Duras de faire faire pour Mlle Dangeville[1] une tabatière avec le portrait du Roi, pareille à celle que M. le maréchal de Richelieu avait donnée à Mlle Clairon[2], et d'en donner avis sur-le-champ à Mlle Dangeville, ce que j'ai fait.

Le 1er juin. — Mlle Dangeville étant venue me remercier ce matin du portrait du Roi, et m'ayant dit que M. le duc d'Aumont, qu'elle venait de voir, m'attendait, je m'y suis rendu sur-le-champ, et je l'ai trouvé fort en colère à l'occasion de ce portrait. J'ai cru adoucir les choses en lui disant que M. le duc de Duras n'avait probablement donné cet ordre que dans l'espérance de lui être agréable. Mais M. d'Aumont me dit qu'il ne le donnerait pas sans ordre du Roi, ou du moins sans savoir si M. de Richelieu avait pris l'ordre du Roi pour Mlle Clairon. Il finit par me défendre d'aller en avant sur l'ordre de M. de Duras, ajoutant qu'étant d'année, c'était à lui à prendre les ordres du Roi en pareil cas. Je n'ai point cru devoir rendre compte de ce nouvel incident à M. le duc de Duras, pour éviter dans la chaleur du premier moment des explications entre eux qui pourraient être fâcheuses.

1. Elle avait débuté en 1730. Elle mourut en 1796, après avoir tenu 40 ans son emploi.
2. La célèbre Clairon avait débuté en 1736 à la Comédie-Italienne. Elle fit ensuite un court séjour à l'Opéra et fut reçue à la Comédie-Française en 1743. Elle quitta le théâtre en 1765 et mourut en 1803.

Telle est ma position; sans cesse, pour ainsi dire, entre l'enclume et le marteau, et devant être assez prudent pour garder le silence sur les choses qui peuvent aigrir les esprits. Ce parti me paraît le plus sage pour moi et le plus honnête pour tout le monde.

Pour les nouvelles représentations que les comédiens ont faites au sujet des opéras-comiques qu'on donne aux boulevards [1] j'ai été voir M. de Sartines. Tout ce que j'ai compris par sa réponse, c'est qu'il protège beaucoup les spectacles du boulevard. J'ai, en conséquence, conseillé aux comédiens d'attendre le retour de M. le maréchal de Richelieu qui est à Bordeaux.

Le 20. — Mlle Clairon est venue ce matin chez moi avec quelques comédiens pour me faire des représentations au sujet des Gardes françaises qui assistent dans les tragédies, lesquels leur coûtent non seulement fort cher, mais encore les servent mal. Ils me prièrent de savoir s'il serait possible d'avoir à leur place un certain nombre d'invalides. Mais m'étant souvenu que M. le maréchal de Biron [2] ou, pour mieux dire, ses sergents lui avaient fait entendre que je voulais de mon chef innover dans les spectacles, toutes les fois que j'avais proposé des choses utiles au bien du service, j'ai cru devoir répondre à Mlle Clairon que je ne pouvais, de mon chef, me mêler de cette affaire, et qu'il fallait qu'elle fût proposée et traitée dans une assemblée générale.

Le 22. — J'ai vu hier M. de Sartines qui m'a prié de défendre aux comédiens de jouer dans ce moment-là la tragé-

---

1. Nicolet s'y était installé en 1760 et avait débuté par des danses de corde. Mais bientôt, il empiéta sur les privilèges de la Comédie. De là une lutte qui dura, pour lui et pour ses imitateurs, jusqu'à la Révolution.

1. Colonel des gardes françaises, depuis 1745.

die de *Socrate*[1], vu l'allusion que le public pourrait faire avec les affaires du sieur Jean-Jacques Rousseau. Je trouve que ce magistrat a raison. J'ai été, en conséquence, à la Comédie-Française où ce contre-temps n'a pas été reçu en mauvaise part.

Dans cette assemblée, il a été arrêté que M. Marin, successeur de M. de Crébillon dans la place de censeur de police, ne donnerait aucun billet de spectacle, n'en n'ayant pas le droit. La proposition de Mlle Clairon pour les invalides a été reçue avec applaudissement de toute l'assemblée, et il a été décidé qu'on présenterait un mémoire en conséquence à M. le duc de Choiseul[2].

Le 28. — M. le duc d'Aumont, m'ayant mandé hier à Versailles, m'a fait part du projet qu'il avait formé de bâtir un hôtel des Menus à Paris[3] et de l'achat qu'il faisait, en conséquence, d'un terrain rue Bergère, sous le nom du sieur Lévêque; qu'au reste M. Hébert m'instruirait des moyens qu'on prenait pour cela, me chargeant de le voir à cet effet.

J'ai été aujourd'hui aux Français auxquels j'ai représenté qu'il serait décent de placer le portrait de M. de Crébillon dans le foyer. Ils ont non seulement approuvé ma proposition, mais arrêté de lui faire faire un service à Saint-Jean-de Latran.

Le 30. — Les comédiens français, voulant me donner une marque d'attention, m'ont offert une fête où toute la Comédie s'est trouvée. Le souper, le feu d'artifice, le concert, le bal, tout y a été très beau. A la dépense près dont je suis

---

1. La *Mort de Socrate*, par Billardon de Sauvigny, fut jouée l'année suivante avec quelques suppressions.
2. Ministre de la guerre.
3. C'est aujourd'hui l'hôtel du Conservatoire.

fâché, j'ai été très flatté d'être le premier qu'ils ont ainsi fêté.

Le 6 juillet. — J'ai assisté ce matin, à Saint-Jean-de-Latran, au service de M. de Crébillon, qui s'est fait avec autant de décence que d'ordre et de magnificence. On y a exécuté la messe de Gilles [1], un *De profundis* de M. Rebel [2]. M. de Crébillon [3] a été suivi à l'offrande par les hommes, et ensuite par toutes les dames de la Comédie.

Le 8. — Les comédiens italiens m'ont donné une fête où ils ont cherché à le disputer aux Français. J'y ai eu les mêmes regrets et les mêmes plaisirs.

J'ai reçu aujourd'hui la visite de M. Marin, censeur de la police, au sujet des billets d'entrée. Il prétend que c'est un droit de sa place et qu'on ne peut le lui ôter sans autorisation de M. de Sartines. J'ai été, en conséquence, le soir aux Français. Les comédiens m'ont démontré que le censeur n'avait jamais eu aucun droit, et que s'ils l'avaient donné à M. de Crébillon, ce n'était que par considération particulière pour sa personne, et non comme censeur de police.

Le 14. — Mlle Clairon est venue me rendre compte qu'on l'avait assuré que l'Archevêque était très en colère contre le curé de Saint-Jean-de-Latran, au sujet du service qu'il avait fait pour M. de Crébillon, à la demande des comédiens, qu'il avait traité d'excommuniés. Mlle Clairon, fort animée, m'a dit qu'elle et plusieurs de ses camarades étaient déterminés à quitter la Comédie si cette nouvelle était vraie, et si les

---

1. Né à Tarascon en 1669 et mort en 1705. Sa messe des morts est, selon M. Fetis, une œuvre d'un grand mérite.
2. L'un des directeurs de l'Opéra, et Surintendant de la musique du Roi.
3. Crébillon fils, auteur du *Sopha* et d'autres contes qui ne rappellent en rien la gravité tragique des ouvrages de son père.

supérieurs ne trouvaient pas moyen de faire anéantir la prétendue excommunication. Elle m'a dit, à ce sujet, tous les lieux communs si souvent répétés depuis plusieurs années. Je lui ai conseillé, avant de faire aucun éclat, d'approfondir d'abord le fait. Elle s'est un peu calmée et m'a promis de s'instruire sans bruit. De mon côté, j'ai écrit à M. le duc d'Aumont pour le prévenir de ce nouvel événement.

Le 19. — Les comédiens ayant convoqué hier leur assemblée, je m'y suis rendu. Mlle Clairon, ayant pris la parole, et ayant assuré que non seulement le curé de Saint-Jean-de-Latran était inquiété, mais même que l'Archevêque regardait la troupe comme excommuniée, elle a déclaré qu'elle et plusieurs de ses camarades avaient pris le parti de recourir aux supérieurs, non seulement pour tirer ledit curé d'embarras, mais encore pour les engager à employer leur crédit à détruire la flétrissure de l'excommunication; que si cette demande était infructueuse, elle se retirerait du spectacle et regarderait comme infâmes ceux qui resteraient à la Comédie. Ce discours, à la réserve de Mme Drouin [1], fut généralement applaudi, et les têtes se trouvaient même si fort échauffées que plusieurs proposèrent de fermer dès le jour même. Mais je m'y opposai fortement, en leur représentant qu'appartenant au Roi, ils ne pouvaient, aux termes de leurs règlements, prendre de parti sans avoir averti six mois à l'avance, et sans attendre au moins l'issue des démarches qu'ils se proposaient de faire. Mlle Clairon, un peu revenue à elle-même, appuya sagement sur ce que j'avais dit. Ainsi il fut décidé que l'on verrait MM. les Premiers Gentilshommes de la Chambre. Les comédiens arrêtèrent en même temps

---

1. Reçue à la Comédie en 1742, retirée en 1780.

qu'ils enverraient une députation auprès de M. le prince de Conti[1], pour lui demander sa protection pour le curé de Saint-Jean-de-Latran, comme relevant de l'ordre de Malte.

Le 30. — M. de Sartines m'a fait part, ce matin, qu'à l'assemblée des administrateurs des pauvres (où il était), on avait pris le parti de faire saisir la recette des spectacles, vu le retard du paiement tel qu'il était prévu par le traité d'abonnement. J'ai eu beau employer mon éloquence pour lui mettre sous les yeux la position malheureuse des spectacles pendant l'été, et la protection qu'il leur devait comme lieutenant de police, il m'y a paru si peu sensible que j'ai cru entrevoir qu'il avait quelque sujet de mécontentement. En effet, il m'a parlé sur-le-champ de M. Marin, en me disant qu'il était étonnant qu'on voulût toujours lui donner le dessous vis-à-vis des comédiens; qu'il trouvait de la dernière insolence d'avoir fait une délibération contraire à ce qu'ils lui avaient promis, après leur avoir demandé les billets à titre de plaisir et sans avoir voulu user de son droit. Il m'a donc prié de dire à M. le maréchal qu'il avait ordonné au sieur Marin de continuer à donner des billets, et que si les comédiens les refusaient, il regarderait cela comme une injure personnelle, et prendrait le parti de demander au Roi jusqu'où s'étendait le pouvoir de son administration sur les spectacles. J'ai été en rendre compte à M. le maréchal que j'ai fort étonné et laissé dans la disposition de voir M. de Sartines, et d'ordonner aux comédiens de répondre à l'avenir sur toutes les demandes qu'ils en référeraient à leurs supérieurs. Je ne sais comment se terminera ce

---

1. Grand Prieur de France, mort en 1776. Grand amateur de musique et de théâtre, il donnait à sa maison de l'Isle-Adam des concerts et des représentations très suivies.

conflit qui ne peut être que très embarrassant pour les comédiens.

Le 31. — A leur assemblée de ce matin, les comédiens, mis par moi au courant des dispositions peu bienveillantes des administrateurs des pauvres, ont délibéré de prendre le peu qui se trouve en caisse pour se mettre au courant. J'ai fait part à M. d'Outremont[1], le plus intraitable des administrateurs, du parti que les comédiens avaient pris, en le priant d'accorder pour cela quelques jours. Il y a consenti, mais non sans peine, donnant pour raison que les spectacles l'intéressaient fort peu, et qu'il fallait faire vivre les pauvres; comme si, en réduisant les spectacles au point de fermer, ce n'était pas faire alors plus réellement tort à la recette des pauvres. MM. les administrateurs, par une inconséquence inconcevable, prétendent qu'on serait obligé de renvoyer les pauvres des hôpitaux sans l'argent des spectacles, et refusent en même temps les facilités nécessaires pour le soutien de ces mêmes spectacles dont ils parlent avec une rudesse digne des temps de la barbarie la plus ignorante.

Le 4 août. — M. le maréchal m'a dit, ce matin, que M. de Sartines lui avait témoigné tant d'empressement au sujet des billets du sieur Marin, qu'il n'avait pu lui refuser entièrement. Il m'a donné ordre que les comédiens eussent à recevoir un billet par jour signé du sieur Marin. Je viens de leur faire passer ledit ordre.

Le 7. — J'ai été, ce matin, à l'assemblée des comédiens italiens, où Mlle Camille[2] a offert une somme de 9 600 livres

---

1. Avocat au Parlement, l'un des administrateurs de l'Hôpital général.
2. Elle avait débuté en 1747, à l'âge de 12 ans, au Théâtre-Italien, où elle obtint de longs et brillants succès. Morte en 1768. L'intérêt particulier que lui

pour le paiement des pauvres. On a accepté cette proposition, et l'obligation vis-à-vis d'elle a été contractée en conséquence.

Le 29. — M. le prince de Conti m'a chargé personnellement d'arranger et le répertoire et les assemblées de la Comédie-Italienne, de façon qu'il pût avoir tous les sujets qui lui sont nécessaires pour ses spectacles de l'Isle-Adam; ce à quoi M. le maréchal, à qui j'ai été en rendre compte, a consenti. Je l'ai trouvé grondant le sieur Lekain sur son peu d'exactitude à se trouver aux répétitions. Il m'a chargé de lui présenter, en conséquence, un règlement pour que cela n'arrivât plus. Je viens de le faire sans me persuader qu'il sera bien suivi.

Le 31. — Ayant remis à M. le maréchal le règlement qu'il m'a demandé, il en a chargé Mlle Clairon, en lui recommandant de le faire signer aussi à M. le duc d'Aumont. Mais celui-ci a refusé, en ma présence, même de le lire, en disant qu'il ne se mêlait point de la Comédie. Toutes les instances de Mlle Clairon ont été inutiles, ainsi que pour différentes choses qu'elle lui a demandées pour elle. Il a été ensuite question de l'excommunication. M. le duc lui a répondu que, ces sortes d'affaires étant majeures, il agirait volontiers conjointement avec ses camarades, ainsi que pour l'affaire des pauvres, ce qui a fait que Mlle Clairon s'en est allée satisfaite.

Le 11 septembre. — Je me suis rendu hier chez M. le duc d'Aumont qui m'a remis une boîte, avec le portrait du Roi, pour Mlle Dangeville, en me témoignant le regret qu'il

---

portait M. Cromot, premier commis des finances, explique sa générosité dans cette affaire.

avait de donner ainsi le portrait du Roi, et de ne pouvoir
s'en dispenser, puisque M. le maréchal (qu'il supposait
avoir pris les ordres du Roi) l'avait donné à Mlle Clairon.

Le 14. — J'ai assemblé hier, à la Comédie-Italienne, les
comédiens pour le répertoire de la Cour. J'ai ensuite com-
biné un projet d'économies ; j'ai trouvé, tout calcul fait, qu'il
était plus avantageux pour le Roi, que les comédiens voya-
geassent au lieu de rester pendant tout le voyage à Fontainebleau, avec leur pistole par jour. Il en résulterait, malgré
l'augmentation du nombre des voitures, un bénéfice pour
le Roi d'environ 2 500 livres. Les comédiens, de leur côté, y
gagneraient en ce qu'ils ne fermeraient pas leur théâtre à
Paris. J'ai ensuite travaillé avec le sieur Francœur[1] pour les
concerts qui sont fort difficiles à arranger avec le service de
l'Opéra de Paris.

Hier, j'ai été voir M. le duc d'Aumont que j'ai trouvé de
très bonne humeur. M. Hébert m'en a appris la cause en
me prévenant que l'arrangement pour la comptabilité était
fait entre M. le duc d'Aumont et M. le maréchal. J'ai remis à
M. le duc mon projet de spectacles italiens pour Fontainebleau, avec le plan d'économies, dont il a été si content qu'il
m'en a demandé copie sur-le-champ, en me louant fort de
mon zèle et en m'exhortant à suivre le même plan pour la
Comédie-Française et les musiciens du concert. Il a fixé le
nombre de ces derniers à 50, en leur accordant 5 livres par
jour au lieu de 3 qu'ils avaient avant la guerre.

Jeudi 16. — J'ai été hier à Choisy où j'ai vu, selon le
désir de M. le duc d'Aumont, M. Gabriel[2] au sujet du nou-

---

1. Directeur de l'Opéra avec Rebel, et Surintendant de la musique du Roi, mort en 1787.
2. Le célèbre architecte qui a construit l'École militaire et les deux bâti-

vel arrangement que M⁰ʳ le Dauphin demande dans la salle de Versailles. M. Gabriel m'ayant communiqué ses projets, j'ai été d'avis qu'on ne fît rien du tout, si on ne faisait pas la dépense comme elle doit l'être pour procurer des commodités au moins relatives à la politesse du local. M. Gabriel s'étant récrié sur le peu de temps qu'il avait devant lui, j'ai engagé le sieur Girault, machiniste des Menus, à entreprendre cet ouvrage; ce à quoi il a consenti, non sans peine et sur une parole certaine de ne point manquer de fonds. A cet effet, M. le duc d'Aumont m'a conduit chez Mᵐᵉ de Pompadour qui a fait assurer 24 000 livres de fonds. J'ai remis à M. le duc les projets des spectacles de Fontainebleau dont il a été content, en me priant seulement d'y ajouter quelques ballets.

De retour à Paris, j'ai été à la Comédie-Française où j'ai longtemps disputé avec Mᵐᵉ Lekain qui voulait que le Roi lui fît présent d'un habit dans *Zénéide*[1], mais M. le maréchal, après s'être amusé de notre dispute, l'a terminée galamment en payant l'habit de sa poche, et en me disant d'en rendre compte à M. le duc d'Aumont.

Je me suis rendu, ce matin, à la Comédie-Italienne pour engager les comédiens à s'arranger entre eux pour diminuer le nombre de leurs coffres, et éviter par là de multiplier la dépense des fourgons. Ils ont trouvé mille difficultés à cet arrangement. Je leur ai aussi donné l'ordre de déposer à la bibliothèque du Roi la partition et les par-

---

ments à colonnades de la place Louis XV. La salle de théâtre dont il est ici question était installée sur l'emplacement actuel du vestibule de la Cour des princes.

1. Comédie en un acte et en vers libres, par Cahuzac, 1741.

Mᵐᵉ Lekain, reçue en 1761, se retira en 1787 et mourut en 1775. Elle avait épousé Lekain en 1750. Elle remplissait dans *Zénéide* le rôle de la soubrette.

ties de musique des différents opéras-comiques qui se joueront à la Cour, afin d'éviter la dépense réitérée de ces copies.

Les difficultés que je viens d'essuyer aux Italiens pour l'arrangement des coffres ont été les mêmes à la Comédie-Française. Les clameurs ont augmenté quand j'ai annoncé le retranchement de la pistole pendant le voyage de Fontainebleau, et qu'elle ne serait accordée qu'à ceux qui iraient faire le service. Je leur ai représenté que je croyais qu'ils avaient assez d'obligations au Roi pour lui faire ce petit sacrifice. A quoi, ils ont répondu que je n'avais qu'à les loger et à les nourrir. Enfin, à force de leur promettre qu'on aurait égard à ce qu'ils feraient d'honnête en cette occasion, ils ont consenti, excepté la demoiselle Dangeville, à qui M. le maréchal a été obligé de promettre en secret qu'elle serait contente.

Vendredi 17. — J'ai écrit, ce matin, aux fermiers des voitures de la Cour pour obtenir une diminution sur le prix des voitures avec relais, fournies aux comédiens pour aller et retour de Paris à Fontainebleau. Je leur ai mandé que l'intention du Roi n'était plus de leur donner, comme par le passé, 150 livres pour ces voitures; que leur réponse déterminerait les arrangements, soit pour faire voyager les comédiens, soit pour les faire rester à demeure à Fontainebleau; que, dans ce dernier cas, ils fourniraient très peu de voitures, tandis qu'en se prêtant aux arrangements d'économie proposés, ils seraient certains que leurs chevaux ne resteraient pas sans rien faire.

Samedi 18. — Les fermiers des voitures sont venus, ce matin, me faire de grandes représentations au sujet de la diminution proposée. Mais sur la parole positive que je leur ai donnée que, en cas de difficulté de leur part, on prendrait un parti pour faire, sans leur secours, le service des spectacles, ils ont consenti de donner leur carrosse avec relais, à 120 livres pour aller et retour. J'ai cru alors devoir leur dire que mes pouvoirs n'allaient pas jusque-là, mais seulement à 110 livres au plus, avec même la faculté de mettre une malle sur chaque carrosse, pour éviter, autant qu'il serait possible, les fourgons ; qu'au reste j'en rendrais compte à MM. les Premiers Gentilshommes de la Chambre et au ministre.

Nous avons travaillé de nouveau avec MM. Francœur et Laval, pour l'arrangement de nos concerts et spectacles. Nous sommes convenus qu'il ne serait donné à l'avenir à chaque danseur ou danseuse qu'une paire de bas et une paire de souliers pour deux spectacles.

Lundi 27. — J'ai été à l'assemblée des fermiers des voitures de la Cour pour consolider le marché de 42 livres de diminution par voiture avec relais ; et de là à la Comédie-Italienne où M. le duc de Choiseul m'a fait dire par M. de Curis de faire en sorte de donner à Fontainebleau *Psyché* [2], sans qu'il parût l'avoir désiré.

Jeudi 30. — Après avoir fait mon calcul et avoir reconnu que l'acte de *Psyché* ne pouvait faire une augmentation sensible pour la dépense, j'ai écrit à M. le duc d'Aumont pour le lui proposer, en le prévenant que j'avais appris la veille, à souper, chez M. le comte de Saint-Florentin, que Mlle Arnoult [3] avait demandé son congé, et que j'imaginais qu'on pourrait peut-être la conserver à l'Opéra, en la faisant paraître avec agrément à la Cour ; qu'en outre ce serait un

---

1. Maître de ballet à l'Opéra.

2. Acte de l'Opéra *les Fêtes de Paphos*, musique de Mondonville, paroles de Collé, La Bruère et Voisenon, 1758.

3. La célèbre Sophie, qui avait débuté en 1737, à l'âge de 13 ans, ne se retira qu'en 1778.

cadeau pour la famille royale qui ne la connaissait pas. M. le duc m'a répondu qu'il y consentait, mais, en même temps, il m'a envoyé un nouveau répertoire des pièces de la Cour, pour lequel j'ai été obligé de changer pour la troisième fois toutes mes opérations, et de faire un travail inconcevable, que je viens enfin de faire arrêter définitivement par M. le duc d'Aumont.

Le 10 octobre. — Je suis arrivé hier à Fontainebleau où j'ai été assailli de toutes les questions ordinaires relativement aux spectacles. Heureusement, comme je les avais prévues, je m'étais muni d'une grande quantité de répertoires qui ont été distribués à tout le monde, et approuvés ou blâmés suivant l'humeur de chacun. J'ai remis à M. le duc d'Aumont, à M. le duc de Fleury, à M. de Saint-Florentin et à M. de Boulongne [1] le projet général de toutes les dépenses relativement au voyage. J'ai présenté en même temps à M. le duc d'Aumont les dessins de toutes les décorations et des habits, afin qu'il pût connaître ce qu'on avait été forcé de faire à neuf, et ce qu'on avait cherché à épargner en employant les vieux fonds du magasin. M. le duc d'Aumont, satisfait de tous les détails où j'étais entré, a eu la bonté de les faire valoir, en me présentant à Mme de Pompadour.

Mardi 12. — Nous avons fait aujourd'hui l'ouverture du spectacle de Fontainebleau par l'*Écossaise* [2] que le Roi ne connaissait pas. Cette pièce a fait plaisir. La petite pièce, qui était l'*Amour médecin*, de Molière, n'a pas été goûtée.

---

1. Conseiller d'État, Intendant des finances, un des principaux chefs du Contrôle général.
2. Comédie de Voltaire, jouée au Théâtre-Français en 1760, dirigée contre le critique Fréron.

Jeudi 14. — J'ai été faire ma cour à Mme de Pompadour qui m'a dit avoir été contente de Mlle Camille, et qu'elle avait trouvé une très belle voix à la demoiselle Pichinelli[1], cantatrice italienne. La tragédie de *Zelmire*, de M. de Belloy, n'a pas fait autant de plaisir qu'on aurait pu s'y attendre, quoiqu'elle fût très bien jouée, et que le spectacle en fût très beau. Pour la petite pièce, elle n'a pas très bien réussi, par la prévention qu'on a contre Mlle d'Epinay[2], quoiqu'elle ait assez bien joué *Zénéide*.

Mardi 19. — J'ai vu plusieurs fois Mlle Clairon qui est venue se donner ici beaucoup de mouvement pour faire lever l'excommunication des comédiens. On dit que Mlle Dangeville travaille dans un autre genre, et l'on assure qu'elle a obtenu trente mille livres de gratification du Roi.

Jeudi 21. — On a donné aujourd'hui la *Fausse Agnès*[3] et l'acte de *Psyché*. Ce spectacle a eu un succès d'autant plus complet que le Roi a eu la bonté de dire qu'il n'en avait jamais vu qui lui eût fait autant de plaisir. Les décorations et les habillements ont été trouvés admirables; les ballets n'ont rien laissé à désirer. Aussi, ai-je été accablé de compliments. Sur la demande de M. le duc de Choiseul et de plusieurs seigneurs de la Cour, M. le duc d'Aumont vient de m'écrire que le Roi avait ordonné une seconde représentation de *Psyché* pour le mercredi 10 novembre, ce qui a fait grand plaisir aux sujets de l'Opéra, dont je viens d'avoir les principaux à souper.

---

1. Reçue à la Comédie-Italienne en 1744. Voir dans la *Correspondance* de Favart (tome 2, page 40) l'histoire très romanesque des trois mères de cette chanteuse.
2. Son nom de famille était Pinet; elle débuta en 1761 et fut reçue en 1763. Elle devint la femme de Molé et mourut en 1783.
3. Comédie en 3 actes, en prose, par Destouches, 1759.

Dimanche 24. — On a exécuté hier au concert de la Reine le *Devin du village*[1]. La Reine, quoique contente, m'a fait l'honneur de me dire qu'elle était fâchée que ce fût Jean-Jacques Rousseau qui eût fait cet ouvrage, ou qu'il aurait bien dû ne jamais faire que cela.

Lundi 25. — J'ai été occupé hier toute la journée d'un spectacle des marionnettes de Fantoccini[2] que Mgr le Dauphin m'avait demandé à voir aujourd'hui dans son appartement. Mais on l'a trouvé trop petit et nous avons été obligés de transporter nos préparatifs et le théâtre chez Mgr le duc de Berry. J'ai été ensuite faire ma cour à Mme la Dauphine qui m'a demandé si les marionnettes étaient aussi de mon district; à quoi j'ai répondu qu'il en était ainsi quand il s'agissait de l'amuser. Elle m'a fait l'honneur de m'entretenir longtemps sur ce spectacle où je suis fort novice, et m'a chargé de lui faire voir de près les acteurs et actrices de la Comédie-Italienne, mais de façon qu'ils ne s'en doutassent pas.

Ce soir, la Reine et toute la famille royale se sont trouvées aux marionnettes, chez Mgr le duc de Berry. Il y avait grand nombre d'évêques et d'abbés. M. le duc de La Vauguyon[3] a fait les honneurs du spectacle. Après une petite discussion avec MM. les Premiers Gentilshommes de la Chambre, MM. les capitaines des gardes ne s'y sont point trouvés. Tout le monde a été très content, et M. le duc de La Vauguyon m'a remercié en me priant à dîner pour demain chez lui. J'ai été ensuite chez M. le Contrôleur

---

1. La pièce de Jean-Jacques fut donnée à l'Opéra en 1753.
2. Il y eut, à cette époque, sur le boulevard du Temple, plusieurs entrepreneurs de marionnettes, Fourré père et fils, Nicolet et Audinot. Les foires Saint-Germain et Saint-Laurent avaient aussi, depuis près de deux siècles, leurs impresarii dans ce genre.
3. Gouverneur des Enfants de France.

général qui m'avait envoyé chercher, et avec lequel j'ai eu une conversation très longue sur mes affaires personnelles. Mgr le Dauphin ayant eu la bonté de lui témoigner qu'il désirait mon avancement, M. Bertin m'a fait les plus belles protestations et m'a promis de s'occuper sérieusement des moyens de me faire conserver mes charges avec agrément et utilité. — Ainsi soit-il.

Mardi 26. — J'ai été ce matin chez Mme de Pompadour avec M. le duc d'Aumont. J'ai saisi ce moment pour demander que les spectacles se terminassent au 10 novembre, afin de renvoyer une partie de la musique et les comédiens, et de diminuer par là la dépense. Mme de Pompadour a approuvé ce plan, et s'est chargée d'en parler au Roi. Il a été beaucoup question des *Sœurs rivales*, mais j'ai prié Mme de Pompadour de suspendre son jugement, en la prévenant néanmoins que c'était une petite musique dans le goût français, et choisie exprès pour faire ressortir davantage la pièce d'*Annette et Lubin* [1].

Mercredi 27. — J'ai été, ce matin, après la répétition, à l'Hermitage [2], où j'ai fait présenter par le sieur Desbrosses à Mme de Pompadour sa partition des *Sœurs rivales*, et je lui ai remis celle d'*Annette et Lubin*. Elle paraît mieux disposée en faveur de ces pauvres *Sœurs rivales*. Elle m'a entretenu avec beaucoup de satisfaction du spectacle d'hier, surtout des demoiselles Dangeville et Dumesnil [3]. J'ai ensuite mené les

---

1. *Les Sœurs rivales*, comédie en 1 acte, en prose, mêlée d'ariettes, paroles de La Ribardière, entrepreneur de la comédie de Versailles, musique de Desbrosses.

Annette et Lubin, pastorale en 1 acte, en vers, mêlée de vaudevilles, tirée des *Contes moraux*, de Marmontel, par Voisenon et Mme Favart; un des grands succès de l'époque.

2. Résidence de Mme de Pompadour à Fontainebleau.

3. Mlle Dumesnil, la rivale de Clairon, débuta en 1737. Retirée en 1776 et morte en 1802.

comédiens italiens au dîner de Mme la Dauphine qui ne pouvait presque se lasser de me parler du sieur La Ruette ¹. J'ai été de là dîner chez M. de Boulongne pour tâcher d'avoir l'argent qui a été promis. Enfin, ce soir, les *Sœurs rivales* ont paru sur la scène avec *Annette et Lubin*. Ce spectacle a fait tout l'effet que j'espérais. Le sieur Caillot y a réussi merveilleusement. Quant aux ballets, ils sont faits pour me désespérer et l'entrée de militaires et de bergères (en style comique) a fait four ². En effet, l'habit d'ordonnance est peu propre à la scène et encore moins à la danse.

Jeudi 28. — J'ai appris, à dîner, aujourd'hui chez M. de Marigny ³ que Mme de Pompadour avait été satisfaite des *Sœurs rivales*, malgré la cabale, et qu'elle avait trouvé dans cette petite pièce plusieurs airs agréables. M. le duc de Choiseul, dans le cabinet du Roi, m'a fait la plaisanterie de me prier de lui vendre à bon compte les habits du ballet, qu'il prétend être ceux du régiment de Poitou. Je lui ai répondu que, ne voulant plus en faire usage, je les lui céderais avec grand plaisir pourvu qu'il nous fît donner beaucoup d'argent pour l'employer à quelque chose de plus agréable sur le théâtre.

J'ai trouvé, ce matin, au château, tout le monde en joie, le Roi ayant différé son départ pour la chasse, pour tenir un conseil extraordinaire où l'on conjecture que les préliminaires de paix ont été signés ⁴. Sa Majesté ayant nommé

---

1. Ce chanteur qui a laissé son nom à un emploi, débuta en 1752, à l'Opéra-Comique; mort en 1792.
2. Cette expression de l'argot du théâtre est fort ancienne. On la rencontre dans le Registre de Lagrange.
3. Le frère de Mme de Pompadour, directeur et ordonnateur général des bâtiments du Roi, jardins, arts, académies et manufactures royales.
4. La paix de Paris fut signée le 10 février 1763.

M. le comte de Choiseul, ministre des Affaires étrangères, duc de Praslin, j'ai trouvé cette gaieté partout, ce qui m'a procuré l'honneur que Madame m'a beaucoup parlé à son dîner. Le Roi, qui paraît fort satisfait, m'a aussi fait cet honneur à son débotté. J'ai vu ensuite la nouvelle duchesse de Praslin prendre le tabouret dans le cabinet du Roi, avec les cérémonies accoutumées que je ne connaissais pas encore. J'ai trouvé, dans la joie universelle, tout le monde très obligeant, et chacun s'intéressant à mon sort. M. le duc de La Vauguyon m'a promis qu'il profiterait des circonstances heureuses où l'on allait se trouver pour engager le Dauphin à agir fortement pour moi. M. le duc de Fleury, d'un autre côté, a fortement parlé en ma faveur à M. le duc d'Aumont.

Jeudi 4 novembre. — J'ai fait voir à M. le duc d'Aumont les dessins de la pièce des *Boulevards*[1], afin qu'il eût une idée de cette dépense, d'autant que les machinistes et le décorateur, dans la vue de faire leur cour en levant les obstacles pour la représentation de cette pièce, avaient d'abord assuré que cela ne coûterait rien. Mais M. le duc a été bien désabusé. J'ai été de là chez Mme de Pompadour, où il a été question de Mlle Clairon et du sieur Caillot. Elle m'a dit que le Roi était parfaitement content de l'une et de l'autre.

On a représenté le soir *Cinna* et les *Mœurs du temps*[2]. Mlles Clairon et Dangeville, chacune dans leur genre, ont fait le plus grand plaisir. J'ai fait faire, pour la pièce de

---

1. *La Soirée des boulevards*, comédie en 1 acte, par Favart, Théâtre-Italien, 1758.
2. Comédie en 1 acte, en prose, de Saurin, Théâtre-Français, 1760.

Cinna, des sièges à l'antique, et pour Auguste, Cinna et Maxime, des toges de satin blanc doublées de couleur de feu, ce qui faisait un très bon effet. Auguste, au lieu de casque, portait une simple couronne de lauriers. Selon l'intention de Corneille, nous avons fait des changements de décoration pour cette pièce, ce qui a très bien réussi [1]. Comme les comédiens avaient demandé les habits, tant de la petite que de la grande pièce, je les ai fait remettre, à leur grand mécontentement, au magasin du Roi, après la représentation.

Mardi 9. — Nous avons passé hier la journée à toutes les répétitions de danses et de décorations pour la *Soirée des Boulevards*, qui a été donnée aujourd'hui avec le plus brillant succès. Les décorations représentaient au naturel une partie des boutiques et des cafés des Boulevards ; elles paraissaient éclairées au dedans au moyen de transparents qui étaient aux croisées. J'avais cherché à rendre ce spectacle le plus vif possible, en y ajoutant toutes sortes d'accessoires, marionnettes, etc. On a été si content que M. le duc d'Aumont a consenti à prêter cette décoration aux comédiens pour pouvoir donner la pièce à Paris comme elle vient de l'être ici, ce qui doit leur attirer du monde. J'ai fait ajouter aux danses une contredanse d'Anglais et d'Anglaises qui, dans les circonstances présentes [2], a fait grand plaisir à tout le monde.

Mercredi 10. — On a donné aujourd'hui le *Magnifique* [3], où le sieur Bernaut, jouant le rôle d'Aldobrandin, a été trouvé détestable. Cette pièce a été suivie de l'acte de *Psyché*, dont

---

1. C'est avec ces changements de décoration que la pièce se joue aujourd'hui au Théâtre-Français. « La moitié de la pièce, dit Corneille dans son *Examen*, se passe chez Émilie, et l'autre dans le cabinet d'Auguste. »
2. La paix avec l'Angleterre.
3. Comédie en 2 actes, en prose, par La Motte, Théâtre-Français, 1732.

on a paru encore plus content que la première fois; mais ce qui a surtout étonné, c'est la décoration du Palais de Vénus, dont le trône, le dais, les colonnes intérieures et extérieures, ainsi que tout l'ordre de l'architecture extérieure de la coupole, étaient couverts de pierreries de différentes couleurs, et disposées avec tout l'art possible. Les rideaux du baldaquin or et vert étaient renoués de gros nœuds de diamants. Ce coup d'œil a surpris tout le monde, et surtout l'ambassadeur d'Angleterre [1] que j'avais prié qu'on plaçât en face. Il est convenu, ainsi que les autres étrangers, qu'il n'avait jamais rien vu de si beau dans ce genre. Les Princes, les Évêques et toute la Ville, sont accourus jusqu'à deux heures du matin pour jouir de ce spectacle, le Roi ayant ordonné qu'on laissât entrer tout le monde après la représentation.

Jeudi 11. — Ce matin, j'ai été accablé au château de compliments. Mgr le Dauphin a eu la bonté de témoigner sa satisfaction au sieur Levêque, au zèle duquel on doit cette belle décoration en aussi peu de temps que nous en avons eu. J'ai trouvé Mme de Pompadour dans l'enchantement, ainsi que M. de Marigny qui n'est pas louangeur, et qui est convenu qu'il avait été surpris de la magnificence et du bon goût, et que ce spectacle était enfin digne du Roi. M. le Contrôleur général, que j'avais engagé à aller voir ce spectacle, afin qu'il pût avoir au moins quelque idée de nos travaux, m'a aussi témoigné sa satisfaction. MM. les Premiers Gentilshommes de la Chambre ont pris cet instant pour lui parler et me faire valoir beaucoup en sa présence.

Dimanche 14. — J'ai été prendre aujourd'hui congé de

nouvel arrangement de loges pour lui à la Comédie-Française et à la Comédie-Italienne. Je crains bien que cela ne fâche MM. ses camarades.

Mardi 16. — Étant arrivé hier, j'ai vu aujourd'hui M. le duc d'Aumont ici, qui m'a témoigné beaucoup de bontés au sujet du voyage de Fontainebleau, et m'a accordé 4 000 livres de gratification en dédommagement d'une partie de la dépense que j'ai été obligé de faire, ayant été forcé de tenir table ouverte, soir et matin, pour tous les sujets qu'on a employés aux spectacles.

Mercredi 17. — Je me suis rendu ce matin aux ordres de M. le duc d'Orléans, qui demande que la comédie de M. Collé[1] passe la première de celles à jouer. De là, j'ai été prendre ceux de M. le duc d'Aumont, pour un spectacle que le Roi demande pour le mois prochain à Choisy.

Samedi 20. — J'ai été à l'assemblée des comédiens italiens où je leur ai dit que M. le duc de Duras m'avait donné des ordres pour détruire l'abus d'une petite caisse cachée et séparée qu'ils avaient établie; que cela leur faisait grand tort dans l'esprit du public et de leurs créanciers, et surtout de leurs nouveaux camarades; qu'il paraissait étonnant qu'ayant toujours leur salle pleine ils se plaignissent de mourir de faim; que si leur but était de dégoûter les nouveaux admis, ils se trompaient, et que certainement, dans la circonstance actuelle, l'Opéra-Comique ne serait pas sacrifié. Les Italiens ont alors pris parti, en disant que, si l'on voulait les chasser, il n'y avait qu'à parler. Au lieu de me fâcher de cette rodomontade, je me suis contenté de leur répondre qu'il ne s'agissait point de cela, mais qu'ils ne

---

1. *Dupuis et Desronais*, comédie en 3 actes, en vers libres, jouée le 7 janvier de l'année suivante avec grand succès. Collé était lecteur du duc d'Orléans.

devaient pas chercher à dégoûter les nouveaux sujets, puisqu'ils ne faisaient plus qu'un même corps, et qu'ils devaient tous contribuer par leur travail au bien général.

Lundi 22. — J'ai été, ce matin, à l'assemblée de la Comédie-Française, où Mlle Clairon a rendu compte de la demande de M. le duc d'Orléans pour la pièce de M. Collé dont je lui avais parlé; mais elle a en même temps cité le règlement contraire à la demande, et les comédiens se sont alors fort récriés sur le tort que cela leur ferait. J'ai donc pris le parti de leur conseiller de voir à ce sujet M. le duc de Duras, dans l'espérance qu'il pourra les amener à faire ce que M. le duc d'Orléans désire.

Mercredi 24. — J'ai été hier à Choisy pour faire mettre le théâtre en état, et j'ai fait, ce matin, un mémoire pour demander au Roi les pièces adjacentes qui nous sont nécessaires. J'ai passé toute mon après-midi à examiner les registres et comptes du caissier de la Comédie-Italienne, sur ce que les comédiens ont été prévenir M. le duc d'Aumont qu'il allait faire banqueroute. Mais, après le plus mûr examen et la plus exacte recherche, j'ai reconnu que, loin qu'il dût aux comédiens, c'étaient eux, au contraire, qui lui redevaient beaucoup, et que probablement ils cherchent à se venger de lui, parce qu'ils croient que c'est par lui (comme il est vrai) que j'ai été instruit de la manœuvre de leur petite caisse cachée. J'ai pris ses registres et ses états pour les présenter à M. le duc d'Aumont.

Jeudi 25. — J'ai remis ce matin à M. le duc d'Aumont les états du caissier de la Comédie-Italienne. Il s'est mis fort en colère, en reconnaissant qu'ils l'avaient voulu tromper, et il ne m'a point caché qu'ils s'étaient plaints à lui de ce que je les traitais durement, ajoutant qu'il n'en avait voulu rien croire. J'ai cru devoir alors démasquer ces messieurs en apprenant à M. le duc d'Aumont que leur mauvaise humeur provenait de la découverte que j'avais faite de leur petite caisse, et de la mauvaise foi qu'ils mettaient depuis plusieurs années dans la déclaration de leurs recettes. M. le duc d'Aumont m'ayant dit d'en instruire M. le duc de Duras, j'ai été chez lui et lui ai remis aussi les états du caissier. Il m'a chargé de faire assembler extraordinairement les comédiens italiens pour demain. J'ai pris cette occasion pour montrer à M. le duc quelques lettres de tracasseries que ces demoiselles m'ont faites avec leurs amants, et nous sommes convenus ensemble de ce qu'il dirait et de quelques règlements à leur donner.

Vendredi 26. — J'ai trouvé les comédiens italiens un peu déconcertés de la visite de M. le duc de Duras. Il leur a parlé avec beaucoup de politesse, mais avec fermeté. Il m'a fait quelques reproches concertés entre nous sur ma trop grande facilité, ce qui m'a donné lieu de détailler les différentes plaintes que j'avais moi-même à faire contre eux. J'ai conclu en les exhortant à ne me plus faire parler à l'avenir, à mieux payer leurs créanciers, à ne plus me cacher leurs véritables recettes, à ménager leurs nouveaux camarades, à ne point se plaindre continuellement de la dépense que peut leur occasionner la réunion de l'Opéra-Comique, et à songer au contraire à la recette que cette réunion leur produisait; enfin, à être plus reconnaissants des peines que l'on s'était données pour leur procurer un abonnement avantageux avec les pauvres, puisqu'au lieu du quart, ils ne payaient plus réellement que le sixième de la recette. J'ai ajouté que je ne les croyais pas en droit de se plaindre, comme ils le faisaient tous les jours, des sujets que leurs supérieurs jugeaient à propos d'admettre dans leur troupe pour l'utilité du service de la Cour et du public, et encore moins d'avancer sans fondement que leur caissier allait faire banqueroute, lorsqu'il était toujours en avance vis-à-vis d'eux. M. le duc de Duras a terminé en ordonnant que tous les deniers de la recette seraient remis au caissier.

Ce soir, M. le duc d'Aumont m'a dit de faire jouer, à Choisy, le rôle du *Complaisant*[1] par le sieur Grandval, quoiqu'il soit retiré. Il m'a chargé de voir le sieur Grandval à ce sujet, et d'en parler à M. le duc de Duras, pour prévenir toute difficulté de la part du sieur Bellecour[2] qui est en possession de jouer ce rôle. J'ai été chez M. le duc de Duras qui a été fort étonné de cet arrangement et qui, en sentant les conséquences, m'a ramené chez M. le duc d'Aumont pour tâcher de le faire changer d'avis. Mais celui-ci a fermé la bouche à M. le duc de Duras, en lui disant que c'était le Roi qui le voulait ainsi. J'ai été chargé de voir Bellecour pour le disposer, et le sieur Grandval. Je les ai vus l'un et l'autre, et j'ai laissé, le premier fort affligé et le second fort content.

Samedi 27. — Le sieur Bellecour est venu ce matin me demander son congé. Je n'en ai pas été surpris. J'ai cependant cherché à l'adoucir et je suis venu à bout de le conduire chez M. le duc d'Aumont qui a été réellement touché de ses larmes. Il lui a parlé avec toutes sortes de bontés, en l'assu-

---

1. Comédie en 5 actes, en prose, par Pont de Veyle, Théâtre-Français, 1732.
2. Bellecour avait débuté en 1750; il tenait avec succès l'emploi des premiers rôles dans le comique, le même que Grandval. « Tous deux sont hommes à bonnes fortunes et puisent dans le commerce des femmes cet air de triomphe et d'impudence qui va bien aux héros de théâtre. » *Mémoires secrets*, 1762.
Il mourut en 1778.

rant que cela ne tirerait pas à conséquence pour son talent. Bellecour s'est enfin rendu.

Vendredi 3 décembre. — M. le duc d'Aumont m'a écrit pour me demander une pièce où l'on pût faire paraître à Versailles une décoration de diamants. J'ai été, en conséquence, enfermé toute la journée avec le sieur Lévêque, les Surintendants de la musique, les machinistes et décorateurs, et nous avons arrêté que, pour éviter la dépense d'un opéra, je proposerais à M. le duc d'Aumont l'*Oracle*[1] comme susceptible d'un palais de féerie.

Samedi 4. — J'ai été, ce matin, à la Comédie-Italienne pour installer le sieur le Pot d'Autouil, nouveau notaire de la troupe; de là, chez Mᵐᵉ de Villeroy, qui a agréé, au nom de M. le duc d'Aumont, l'*Oracle* pour la décoration en diamants; ensuite chez M. le duc de Duras qui m'a appris que la Comédie n'avait pas joué hier, Mˡˡᵉ Dubois[2] étant restée chez elle faute d'avoir été avertie, et qu'il avait été obligé, malgré sa goutte, d'aller chez M. le lieutenant de police, qui avait ordonné la prison à Mˡˡᵉ Dubois. J'ai dit à M. le duc de Duras qu'il devait gronder le semainier de n'être pas venu le prévenir, ou moi, sur-le-champ, parce qu'alors il aurait été le maître de la punition de Mˡˡᵉ Dubois.

M. le duc de Duras étant venu à la Comédie, j'ai convoqué une assemblée extraordinaire où il a prononcé une amende de 300 livres contre Mˡˡᵉ Dubois qui s'y est soumise avec respect.

Lundi 6. — J'ai été, ce matin, à l'assemblée des Fran-

---

1. Comédie en 1 acte, en prose, de Saint-Foix, Théâtre-Français, 1740.
2. Elle débuta en 1759 dans les reines tragiques; fut reçue en 1760 et se retira en 1773. Morte en 1779.

çais et j'ai envoyé une députation des leurs pour rendre compte à M. le duc d'Orléans que la pièce du sieur Collé passerait la première, ainsi qu'il l'avait fait demander. J'ai été ensuite chez M. de Saint-Florentin pour le prévenir que M. le duc de Duras consentait, suivant la demande qu'il lui avait faite, que le sieur Augé[1], comédien de Lyon, ne se rendît à Paris qu'à Pâques. J'ai été, ce soir, à la tragédie nouvelle d'*Eponime*[2] ; je l'ai trouvée bien au-dessous de tout ce que j'en avais ouï dire. Il me paraît que l'auteur se serait rendu justice en la retirant, si toutes les personnes qui l'avaient entendu lire, et qui l'avaient prônée à outrance, n'eussent cru devoir soutenir la gageure. Je n'ai toutefois point voulu prendre couleur en donnant mon avis et je me suis contenté de prier Mme de Villeroy de vouloir bien mander à M. le duc d'Aumont ce qu'elle en pensait.

Jeudi 9. — J'ai été revoir *Eponime*, et je pense comme la première fois. Mlle Clairon, ayant insisté pour qu'elle fût donnée à Choisy, je me suis retranché sur ce que les décorations ne pouvaient être prêtes. J'ai vu M. le duc de Duras qui m'a chargé d'aller en parler à M. le duc d'Aumont, ainsi que de lui rendre compte d'une querelle très vive entre Mlle Clairon et le sieur Bernaut.

Vendredi 10. — J'ai été, en revenant de Versailles, voir M. le duc de Duras qui m'a chargé d'ordonner au sieur Bernaut de faire des excuses à Mlle Clairon, et, en cas de refus, de lui donner son congé. J'ai écrit, ce soir, à Mlle Clairon de se tenir prête pour *Irène*[3], ajoutant, pour ménager la délica-

---

1. Il débuta, avec succès, l'année suivante. Retiré en 1782, mort en 1783.
2. Tragédie de Chabanon, qui n'eut point de succès.
3. Tragédie de Boistel, trésorier de France à la généralité d'Amiens.

tesse de l'auteur d'*Eponine*, que les décorations de cette pièce ne pouvaient être prêtes pour lundi.

Samedi 11. — Les comédiens français m'ayant écrit que Mlle Clairon avait signifié sa retraite, j'ai été, dès le grand matin, chez M. le duc de Duras qui m'a appris qu'il avait tout pacifié, en donnant le congé au sieur Bernaut, qui avait refusé de faire des excuses à Mlle Clairon. Il m'a dit aussi que M. de Chabanon, peu content de l'effet de son ouvrage, l'avait retiré lui-même. J'ai été ensuite à l'assemblée des comédiens italiens pour arranger le répertoire, de façon à ce que M. le prince de Conti puisse avoir à l'Isle-Adam, dans la semaine de Noël, les sujets qu'il désire. De là, j'ai été, avec M. Hébert, chez Mme de Villeroy, où les directeurs de l'Opéra ayant représenté que c'était sacrifier l'acte de *Zelindor* que de le donner sur un aussi petit théâtre que celui de Versailles, on s'est décidé pour l'acte de *Baucis et Philémon*, comme pouvant le mieux amener la décoration en diamants [1].

Dimanche 12. — M. le duc de Duras est venu, ce matin, à l'assemblée extraordinaire des comédiens français où j'ai expédié l'ordre d'essai aux appointements ordinaires du sieur Bouret [2], et au sieur Bernaut, son congé, contre lequel il s'est fort récrié. Il paraît qu'il veut faire assigner les comédiens qui ont signé tous qu'ils étaient enchantés de sa retraite. On a nommé, dans cette assemblée, un comité composé de six hommes et de trois femmes, pour s'assembler une fois la semaine.

---

1. *Zelindor*, acte d'opéra de Moncrif, musique de Rebel et Francœur, 1745. — *Baucis et Philémon*, 3e entrée du *Ballet de la Paix*, par Roy, musique des mêmes, 1738.

2. Bouret venait de débuter à la Comédie-Française. Il mourut en 1782.

Jeudi 16. — Je suis revenu hier de Choisy où les spectacles ont paru faire plaisir. Lundi 13, nous donnâmes *Irène* et le *Legs*[1]. Cette tragédie fut trouvée médiocre, mais on l'avait demandée. Cependant Mme Clairon y fit grand plaisir. Le Roi me fit l'honneur de me le dire pendant son souper, ainsi que Mme de Pompadour.

Vendredi 17. — Nous avons commencé ce matin, au premier comité des Français, à chercher les moyens d'établir une bonne administration. Chacun a paru s'y prêter avec zèle. Nous avons arrangé la loge particulière que M. le duc d'Aumont demande au spectacle, ainsi que le répertoire de la Cour pour la fin de ce mois. J'ai été chez Mlle Dangeville pour savoir les pièces qu'elle veut jouer à la Cour. Pour l'encourager, je lui ai dit qu'on n'y parlait que d'elle. Cela l'a beaucoup flattée, et elle a bien voulu, en cette considération, se prêter à faire son devoir.

Mardi 21. — J'ai été, ce matin, à une assemblée extraordinaire aux Italiens, où j'ai établi aussi un comité pour régler toutes les affaires de ce spectacle. J'ai ensuite entendu la discussion des avocats et conseils de la Comédie, au sujet d'un procès intenté par les anciens sujets de l'Opéra-Comique qui demandent une indemnité. J'en ai rendu compte à M. le duc de Duras, et je l'ai engagé à faire son possible pour tirer les comédiens italiens de l'embarras où ils peuvent se trouver par suite de ce procès, car il y a beaucoup de gens intéressés à empêcher l'effet qu'on s'est proposé par la réunion de l'Opéra-Comique à la Comédie-Italienne.

Vendredi 24. — J'ai remis hier à M. le duc d'Aumont un mémoire pour les décisions à donner au sujet du paiement

---

1. Comédie en un acte, en prose, de Marivaux, Théâtre-Français, 1736.

et de la nourriture des acteurs, danseurs, musiciens et autres que l'on fera venir pour le service des opéras. Je désire que ce qu'il aura arrêté puisse servir de règle pour l'année prochaine, ayant de jour en jour de plus fortes raisons pour ne rien prendre sur moi.

On a donné hier *Iphigénie en Tauride* et le *Rendez-vous*[1]. Les demoiselles Dangeville et Clairon, que j'avais fait venir, ont été très mécontentes de n'y voir personne de la famille royale qui était en dévotion et le Roi en conseil.

Lundi 27. — M. le duc d'Aumont ayant décidé de donner la décoration en diamants, j'ai passé hier toute la journée dans les différents magasins pour presser les ouvriers qui seront obligés de passer les jours et les nuits. En sortant de l'assemblée des comédiens français, j'ai été, ce matin, chez M. le duc de Duras pour lui faire part d'une lettre de M. le duc d'Aumont, qui me mande de faire un retranchement dans la loge de MM. les Premiers Gentilshommes de la Chambre, pour lui faire une loge particulière. M. le duc de Duras m'a dit qu'ayant d'autres camarades, il ne pouvait rien prendre sur lui. J'en ai rendu compte à M. le duc d'Aumont.

Jeudi 30. — A force de monde et de travail, depuis quatre jours, je suis enfin venu à bout de faire exécuter la décoration de diamants pour l'acte de *Baucis et Philémon*, où le sieur Jélyotte[2] a chanté. Ce spectacle a fait grand plaisir et l'on a été très content de la décoration ; mais, pour moi, je n'y ai pas trouvé tout l'effet que j'aurais désiré.

Vendredi 31. — Nous nous sommes assemblés tous, ce

---

1. Tragédie de Guimon de La Touche, 1757. — Comédie en un acte, en vers, de Fagan, 1733.

2. Le plus célèbre chanteur du siècle. Il avait débuté en 1733. Retiré du théâtre en 1755, il continua toutefois de chanter dans les spectacles de la Cour. Il mourut en 1785.

matin, chez M. le duc d'Aumont, au sujet des diverses décisions que j'avais à demander pour les spectacles, tant pour le paiement des acteurs et leur nourriture, que pour établir le bon ordre et l'économie dans cette partie. Mon mémoire ayant été examiné par MM. les Premiers Gentilshommes de la Chambre, j'ai discuté tous les points d'économie que j'ai cru convenables aux intérêts du Roi, et j'ai contredit ceux qui m'ont paru tenir de la mesquinerie. Ces Messieurs ont approuvé mes raisons en donnant des décisions sur différents articles que je leur ai mis sous les yeux, et ils m'ont chargé de faire un projet de règlement en conséquence.

ANNÉE 1763

EXERCICE DE M. LE DUC DE DURAS

Dimanche 9 janvier. — Les sujets de l'Opéra m'ont occasionné, depuis trois jours, beaucoup de courses chez MM. les Premiers Gentilshommes de la Chambre et à l'Opéra. Les sujets de la danse se sont réunis pour refuser les appointements qui leur sont accordés sur l'état des Ballets du Roi, les regardant comme insuffisants. Après les avoir harangués inutilement pendant une heure entière, j'ai été obligé de me contenter de tirer parole d'eux qu'ils ne laisseraient pas manquer le service, mercredi prochain, à Versailles.

M. le duc de Duras étant venu hier matin à Paris, les sieurs Gardel, d'Auberval[1] et autres se sont rendus, ainsi que moi, chez lui. Ils ont persisté, malgré toute la rhétorique de M. le duc et la mienne, à dire qu'ils ne danseraient point à la Cour à moins de 1 500 livres d'appointements, et que même ils préféraient passer dans les pays étrangers. M. le duc de Duras s'est donc déterminé, d'après mon avis, à annuler l'état de la danse.

---

1. L'un et l'autre premiers sujets de la danse à l'Opéra.

Mardi 11. — J'ai communiqué hier, à l'assemblée des comédiens français, un nouveau projet de règlement pour fixer leur rétribution, pour chaque représentation à la Cour. Ils en ont été contents. Ainsi, il ne serait plus question d'aucuns mémoires de frais, ni de nourriture, ni de fournitures de bas, parures et autres du même genre, qui ne leur font pas grand profit et ne laissent pas de coûter au Roi, au moyen de 650 livres. Tout le monde gagnera à cet arrangement.

Vendredi 14. — M. le duc de Fleury m'a remis mercredi, avant mon départ pour Versailles, l'ordre d'annuler les arrangements faits pour les danseurs et danseuses de l'Opéra. J'ai vu, à mon arrivée ici, M. de Saint-Florentin qui est convenu qu'il punirait ceux des sujets qui refuseraient leur service à la Cour, sauf à leur donner une rétribution convenable.

M. le duc de Duras, malgré l'avis de M. le duc d'Aumont, a ordonné le payement de chaque sujet employé dans l'opéra à 12 livres, pour leur nourriture et frais, quoique j'aie été forcé de donner à dîner à un grand nombre d'entre eux.

Mercredi 19. — J'ai été, dans la nuit d'hier, au bal qui a été honoré de la présence de la famille royale jusqu'à trois heures, ainsi que de celle de tous les Princes du sang. MM. les Ambassadeurs étrangers s'y sont aussi trouvés. Les quadrilles des quatre saisons, dont les habits ont été faits aux dépens du Roi, ont été dansés savoir : l'Hiver par Mme de Saluces, M. d'Entragues, Mme de Mailly, M. de Clermont; le Printemps par Mme de Chimay, M. de Guémenée, Mme d'Esparbès, M. de Laveire ; l'Été par Mme de Guémenée, M. de Bournonville, Mme de Lomarie, M. d'Harcourt ; l'Automne par Mme de Duras, M. de Seran, Mme de Lillebonne, M. de Vaudreuil. On a fort applaudi ces quadrilles qui ont été recommencés deux fois. On a été très content de la décoration de la salle et du bon ordre dans le bal. Les portes ont été gardées par les huissiers des ballets. Les pages de la Chambre servaient les dames. MM. les Premiers Gentilshommes de la Chambre faisaient les honneurs de ce bal qui a été aussi beau qu'il pouvait l'être dans un local aussi petit. On a été si content que le même bal doit avoir encore lieu lundi prochain. Le bal fini, on a remis la salle en état pour la représentation.

Vendredi 28. — Le bal de lundi dernier a été des plus brillants, et avec l'augmentation d'un nouveau quadrille. Ils ont été répétés l'un et l'autre deux fois avec les plus grands applaudissements de la famille royale, qui y est restée jusqu'à trois heures. J'ai vu, mardi, Mme de Pompadour, qui m'a témoigné sa satisfaction sur les arrangements de la salle du bal et de la beauté des habits, en ajoutant qu'elle approuvait fort l'arrangement des 30 000 livres pour moi, en attendant quelques places avantageuses. Je lui ai répondu que si je désirais une augmentation de fortune, c'était pour être en état de mieux me livrer encore au bien du service du Roi.

Mercredi 2 février. — La journée de lundi s'est passée aux préparatifs du bal et aux répétitions des ballets. Le bal a eu lieu le soir et a été très beau. On y a exécuté le ballet de la *Noce de Village* qui était très richement vêtu. M. le duc d'Orléans faisait le seigneur, Mme la duchesse de Mazarin la dame, M. le prince de Condé le marié et Mme la marquise de Duras la mariée, Mme d'Esparbès la sœur, Mme de Lillebonne la mère, M. de Vaudreuil le père, M. le marquis de Seran le magister, Mme la marquise de Brancas la mère, plusieurs seigneurs et dames les garçons et filles de la noce. Ce ballet a été répété deux fois avec de grands applaudissements. Le Roi et la famille royale y ont eu le plus grand plaisir. On a aussi dansé le ballet des *Provençaux*, qui avait été dansé au bal du lundi précédent. La salle était ornée de feuillages et de guirlandes de fleurs.

Samedi 5. — J'ai vu hier M. le duc d'Aumont auquel je n'ai point caché que les habits des différents quadrilles, qu'il avait laissé ordonner à Mme la duchesse de Villeroy, devenaient un objet très cher et presque sans utilité pour les magasins des Menus. Il m'a chargé de voir Mme sa fille à ce sujet; ce que j'ai fait. Elle m'a proposé d'en cacher la dépense en la faisant porter sur d'autres objets, ce que j'ai refusé absolument à son grand mécontentement.

Mardi 8. — La journée d'hier a été employée aux préparatifs du bal et aux répétitions du ballet des *Élémens* qui a été exécuté cette nuit, savoir : la Terre, par Mme de Gléon, M. d'Égreville, Mme de Lagu [1], M. de Polignac ; le quadrille de l'Air, par Mme de Stainville, M. d'Harcourt, Mme de Belzunce, M. le baron de Puffendorf ; le quadrille du Feu, par Mme de Saluces, M. d'Entragues, Mme de Mailly, M. d'Escars ; celui de l'Eau, par Mme de Chimay, M. de Guéménée, Mme de Seran, M. de Bournonville. La salle était ornée de festons et nœuds de diamants, les lustres soutenus par des cordons de fleurs ornés de diamants, ainsi que les guirlandes de l'un à l'autre, ce qui formait un coup d'œil aussi riche que galant. Le ballet a été répété deux fois, ainsi que celui de la *Noce de Village* du bal précédent. Toute la famille royale est restée au bal, qui n'a fini qu'au jour, jusqu'à trois heures et demie [2].

---

1. La lecture de ce nom est restée douteuse pour nous.
2. La gravure de ce bal est à la calchographie du Louvre. Le dessin est de Slodtz, la gravure de Martinet.

Mardi 22. — J'ai été hier à l'assemblée des comédiens français que j'ai trouvés fort en colère au sujet d'un mémoire que le sieur Bernaut a présenté contre eux à MM. les Premiers Gentilshommes. Je leur ai conseillé d'y répondre sans humeur, mais en exposant la vérité des faits.

Samedi 26. — J'ai vu, hier, les fermiers des voitures de la Cour, et je leur ai communiqué un projet d'arrangement, en leur disant que j'avais sollicité pour eux la préférence sur toutes les soumissions que nous avions pour le service des Menus et qu'ils en seraient chargés s'ils voulaient diminuer leur prix d'un quart. J'ai ajouté que le service des Menus était d'autant plus avantageux pour eux, qu'ils étaient toujours sûrs du retour, au lieu qu'en servant le public, leurs voitures revenaient souvent à vide. La matière a été longtemps discutée et ils m'ont dit qu'ils verraient à obtenir de meilleures conditions de MM. les Premiers Gentilshommes. Je leur ai proposé aussi de se charger des voitures de transport lors des voyages de Compiègne et de Fontainebleau, ce qui, je crois, pourrait procurer une économie de 8 à 10 000 livres par an pour le Roi. J'ai sur-le-champ prévenu M. le duc d'Aumont de tenir ferme lorsqu'il les verrait, pour tâcher de les amener à une diminution d'un cinquième.

Mercredi 2 mars. — Je me suis rendu, ce matin, chez M. le comte de Saint-Florentin, où je suis resté enfermé avec lui, pour la revision des comptes de 1760. Bien m'en a pris de m'être mis par mon travail assez au fait pour avoir été en état de lui répondre tout de suite sur les différents éclaircissements qu'il m'a demandés. C'est, je crois, la première fois, qu'il travaille avec un Intendant des Menus. Il m'a bien fait sentir que nous devions être plus aux ordres du ministre qu'à celui des Premiers Gentilshommes de la Chambre, dont nous avons été créés les contrôleurs et les contradicteurs. Il s'en faut bien que les choses soient ainsi aujourd'hui. J'ai cru, pour éviter toute tracasserie, devoir rendre compte à MM. les Premiers Gentilshommes des motifs de mon travail avec le ministre qui m'avait demandé exprès. Je ne leur ai point dit son opinion sur nos charges.

Lundi 7. — J'ai travaillé, hier, quoique ayant pris médecine, avec les comédiens italiens sur leurs affaires. J'ai été ce matin à l'assemblée des Français où il a été beaucoup question d'une assignation du sieur Bernaut, par laquelle il fait plusieurs demandes aussi ridicules qu'attentatoires à l'autorité supérieure et aux règlements. Mon avis a été d'évoquer cette affaire au Conseil[1], et le procureur de la Comédie, qui avait été appelé à l'assemblée, a été du même avis.

Jeudi 10 —. J'ai remis, ce matin, à M. le duc d'Aumont, en présence de M. le duc de Duras, un nouveau projet pour les danseurs et les danseuses de l'Opéra, et un autre pour le logement des acteurs et actrices à la craie[2], lors des voyages de Fontainebleau, ce qui serait économique pour le Roi, les sujets, et plus commode pour le service.

J'ai été chez Mme de Pompadour, où M. le duc de Duras l'a beaucoup pressée pour alléger les spectacles de la rétribution du quart des pauvres, ainsi que M. le duc de Praslin. J'ai proposé d'y appliquer le produit de quelques bonnes places de finance, dont j'ai offert de me charger sans aucune rétribu-

---

1. L'évocation au conseil du Roi dessaisissait la juridiction ordinaire.
2. C'est-à-dire par réquisition. Le maréchal des logis du Palais faisait une marque à la craie sur la porte des maisons où les personnes suivant la Cour devaient loger.

tion. J'ai revu, cette après-midi, M. le duc d'Aumont, et je lui ai fait voir le relevé que j'ai fait des renouvellements des coffres de Mesdames, d'après les ordres des dames d'honneur; de même chez le Roi et chez M⁸ʳ le Dauphin. Je lui ai proposé un plan pour éviter les abus réitérés sur cette partie. J'ai même eu, en sa présence, une grande discussion avec M. le chevalier d'Arlèze, premier valet de chambre de M⁸ʳ le Dauphin au sujet de ses différentes prétentions. M. le duc d'Aumont m'a approuvé, en me chargeant néanmoins de lui remettre cette affaire sous les yeux.

Lundi 14. — J'ai été, ce matin, à l'assemblée de la Comédie-Française que j'ai trouvée fort occupée de la pièce de *l'Anglais à Bordeaux* [1], qu'on a jouée ce soir et qui a eu un grand succès. Il me semble cependant qu'il y aurait à désirer des changements importants. J'ai été ensuite chez M. le duc de Duras qui m'a remis l'état des gratifications qu'il a arrêtées pour les bals. Il m'a envoyé chez M. le comte de Saint-Florentin pour l'engager de voir M. l'Archevêque, pour lui demander la continuation des spectacles pendant la semaine de la Passion [2]. J'ai trouvé le ministre fort opposé à ce projet.

Mardi 15. — J'ai reçu, à cinq heures du matin, un courrier de M. le duc de Duras, qui est retourné à Versailles, pour engager Mˡˡᵉ Dangeville à jouer dans la *Réconciliation normande* [3]. Toute ma rhétorique a échoué auprès d'elle. Elle m'a répondu que, si elle allait à la Cour, elle serait hors d'état de jouer le lendemain dans la pièce nouvelle. A mon

---

1. Comédie en un acte, en vers libres, pièce commandée à Favart, pour célébrer la paix avec l'Angleterre.
2. Le Théâtre-Italien obtint cette autorisation, mais à condition de ne jouer que des opéras-comiques. C'était un des privilèges de l'Opéra-Comique, lors de son établissement à la Foire, de jouer pendant la semaine sainte.
3. Comédie en 5 actes, en vers de Dufresny, 1719.

arrivée, ce matin, à Versailles, le Roi m'a demandé, au lever, si j'avais réussi à faire jouer Mlle Dangeville. J'ai eu l'honneur de faire valoir, autant que j'ai pu, les motifs de son refus, et Sa Majesté en a ri. M. le duc de Duras n'en a pas été plus content.

Jeudi 17. — J'ai annoncé hier à la fin des spectacles, aux sujets de la danse, le sort que le Roi voulait bien leur faire. Je ne m'étais pas attendu à une grande reconnaissance de leur part, et je ne m'étais point trompé. M. le comte de Saint-Florentin m'a envoyé chercher pour me dire que le Roi voulait bien m'accorder 20 000 livres de gratification annuelle et 10 000 livres sur les états des Menus. M. le duc de Duras que j'ai prié, ce matin, au lever, de mettre toute ma respectueuse reconnaissance aux pieds du Roi, m'a annoncé que j'avais une tracasserie avec M. le duc de Choiseul pour avoir renvoyé hier ses commis du théâtre. Je m'en suis disculpé et avec raison, et alors la faute est retombée sur M. de Lastic, exempt des gardes du corps, qui plaçait.

Dimanche 20. — J'ai été voir M. l'Archevêque et M. de Sartines, pour les informer que le Roi avait décidé que les comédiens italiens joueraient des opéras-comiques la dernière semaine sur leur théâtre, sans être obligés de se transporter à la Foire, comme on voulait l'exiger. J'ai été ensuite à l'assemblée de la Comédie-Italienne, où cette nouvelle a fait grand plaisir.

Samedi 26. — Je me suis rendu, d'après le désir de M. le duc de Duras, jeudi matin, à Fontainebleau. J'ai vu, en arrivant, les travaux des peintres que j'y avais envoyés. J'ai été ensuite, avec les sieurs Lévêque et Girault, examiner si l'on pouvait faire une salle de bal de la salle des Cent-Suisses, comme M. le duc le désire. Mais nous avons reconnu qu'il ne pouvait y avoir ni entrée convenable, ni aucune des commodités nécessaires, et que, de plus, il en coûterait beaucoup d'argent pour une chose qui ne ferait pas honneur. J'ai été ensuite visiter les magasins pour constater les réparations à y faire. Hier matin, nous sommes retournés à la salle des Cent-Suisses, et je suis confirmé dans l'opinion d'en dégoûter MM. les Premiers Gentilshommes de la Chambre. Nous avons été de là à la salle de spectacle que j'ai trouvée bien plus propre et plus commode à transformer en salle de bal, et cela sans une grande dépense, même en la faisant très agréable. J'ai également visité les décorations, et je n'ai pas été émerveillé de la Mosquée de *Scanderberg* [1] que j'ai ouï beaucoup vanter.

Je suis revenu hier au soir à Paris, et j'ai rendu compte, ce matin, à M. le duc d'Aumont, de mon voyage. Je ne lui ai pas caché que, si l'on tenait à la salle des Cent-Suisses, il en coûterait peut-être plus de 60 000 ou 80 000 livres pour ne faire encore qu'une chose médiocre ; que, de plus, je craignais que ces bals, si éloignés de Paris, ne devinssent une dépense considérable par le grand nombre de joueurs d'instruments qu'on serait obligé de faire venir de Paris. En effet, il serait impossible de se servir des musiciens du Roi, occupés d'ailleurs au service des spectacles et des répétitions, ainsi que de la chapelle et des concerts de la Reine, et n'ayant pas, en outre, l'habitude de jouer des contredanses. Ainsi, il faudrait peut-être cinquante ménestriers de Paris qui exigeraient un louis chacun par jour. Enfin, j'ai fait de mon mieux pour détourner M. le duc d'Aumont de cette dépense sans nécessité. Il m'a chargé de faire ces mêmes observations à M. le duc de Duras.

---

1. Tragédie lyrique (en 3 actes, de La Motte, musique de Rebel et Francœur, 1735).

Lundi 27. — J'ai rendu compte, hier, à Versailles, à M. le duc de Duras, de mon voyage, et je lui ai dit les mêmes choses qu'à M. le duc d'Aumont. Après quelques discussions sur la dépense, il m'a dit qu'il renonçait à la salle des Cent-Suisses, mais qu'il voulait absolument donner des bals, au moins dans la salle de spectacle, et qu'on n'avait qu'à prendre des dispositions en conséquence. Ainsi, je n'ai réussi qu'en partie dans le projet de faire échouer ces bals.

Mercredi 6 Avril. — J'ai été, ce matin, de très bonne heure à Versailles, à l'occasion de nouvelles difficultés que font les danseurs et les danseuses de l'Opéra au sujet de leur traitement à la Cour. Mon avis est qu'on devrait se borner à prendre ceux de bonne volonté et se passer des autres. M. de Duras ainsi que M. de Saint-Florentin ont pensé de même. A mon retour à Paris, j'ai appris que la salle de l'Opéra était brûlée de fond en comble [1], et l'on ne sait par quel accident. Je crains bien que cela ne dérange le projet que l'on avait de bâtir une salle pour le Théâtre-Français.

Dimanche 10. — Je ne m'attendais pas que, outre beaucoup de courses et d'embarras que m'ont occasionnés les nouvelles et ridicules prétentions des danseurs de l'Opéra, et surtout celles du sieur Vestris [2], l'incendie de l'Opéra deviendrait pour moi la cause d'un surcroît de travail. M. le duc de Duras m'ayant prévenu que tout le monde demandait à la Cour que l'Opéra jouât sur le théâtre des Italiens, en les transportant à la Foire Saint-Laurent, j'ai représenté d'abord le tort que cela ferait aux Italiens, qui avaient l'hon-

---

1. Ce fut entre onze heures et midi que le feu se déclara dans la partie de la salle voisine du Palais-Royal.
2. Le dieu de la danse avait débuté en 1746. Il est mort en 1808.

neur d'être sous les ordres de MM. les Premiers Gentilshommes de la Chambre. J'ai démontré ensuite la presque impossibilité d'exécuter sur leur théâtre des opéras, vu la difficulté du changement des décorations, le local étant beaucoup trop étroit. Toutes mes représentations ayant été sans effet, j'ai cherché à négocier avec les comédiens italiens que j'ai trouvés de très mauvaise humeur, disant qu'on ne s'embarrassait pas de les sacrifier. Mais je leur ai représenté que le Roi était trop juste, puisqu'ils avaient l'honneur de lui appartenir, pour ne pas les dédommager en cas de perte. Je les ai enfin déterminés, après plusieurs conférences très longues, dans les assemblées extraordinaires qui ont eu lieu à ce sujet, à offrir de céder leur théâtre trois jours par semaine, et à jouer, eux, les quatre autres jours. Il a été de même tenu plusieurs assemblées de MM. les Premiers Gentilshommes de la Chambre chez M. le duc d'Aumont, où Mme de Villeroy a beaucoup péroré en faveur des Italiens, et mis en avant beaucoup de projets relatifs à l'arrangement des spectacles. Ce sont de belles idées, mais dont l'exécution est impossible, car certainement le ministre de Paris[1] ne se relâchera jamais de ses droits pour céder à MM. les Premiers Gentilshommes de la Chambre l'administration de l'Opéra.

Mardi 12. — M. le comte de Saint-Florentin m'a témoigné, hier, au lever du Roi, sa satisfaction sur l'offre que j'avais engagé les comédiens italiens à lui faire pour l'Opéra; mais il m'a dit que les directeurs de ce spectacle faisaient de grandes représentations sur l'impossibilité de jouer sur le théâtre de la Comédie-Italienne alternativement avec les Italiens. Je me suis chargé de lever toutes les difficultés qui

---

[1]. Le comte de Saint-Florentin, ministre de la Maison du Roi, avait la ville et la généralité de Paris dans ses attributions.

s'opposaient à ce projet, si les directeurs voulaient s'y prêter, de leur côté, d'aussi bonne grâce que le faisaient les Italiens, en ajoutant qu'il ne fallait pas se flatter cependant de donner des opéras à machines, le local n'en étant pas susceptible. Le ministre m'a approuvé. Nous avons été ensuite, avec M. de Duras, M. de Saint-Florentin, le Gouverneur de Paris et le Prévôt des marchands [1], chez Mme de Pompadour, où il a été décidé qu'on ferait jouer l'Opéra le plus tôt possible, et qu'il fallait en conséquence statuer sur le dédommagement que l'on accorderait aux Italiens.

Nous nous sommes rassemblés, le soir, chez M. de Saint-Florentin, où l'on est convenu des mêmes choses que le matin chez Mme de Pompadour, mais sans rien statuer, le ministre m'ayant dit de lui donner par écrit, d'ici à quelques jours, mes idées sur ce sujet. J'ai trouvé, au sortir de l'assemblée, M. Gabriel qui m'a demandé où jouerait l'Opéra. Je lui ai répondu que, s'il le voulait, nous ne serions pas dans l'embarras, en faisant jouer l'Opéra dans la salle des machines [2], que cela même éviterait beaucoup de dépense au Roi jusqu'au moment où la nouvelle salle serait construite. Je lui dis encore qu'il me semblait que cela pouvait se faire sans rien déranger, mais seulement en rétrécissant la salle par des cloisons de charpente et en établissant en dedans des loges et corridors, afin de mettre le tout dans les proportions de la salle brûlée, de telle sorte que chacun pût y retrouver sa place, et que l'Opéra pût en même temps se servir de toutes ses décorations. J'ajoutai que cette salle pourrait être construite de façon à ce qu'elle pût s'agrandir

---

1. Le duc de Chevreuse, gouverneur de Paris; Camus de Pontcarré, prévôt des marchands.
2. Au Palais des Tuileries.

et servir à donner de beaux bals, d'où j'étais persuadé qu'il en coûterait beaucoup moins au Roi que d'accorder aux comédiens des dédommagements pendant tout le temps de la construction d'une nouvelle salle qui pourrait durer sept ou huit ans; que, d'ailleurs, la salle des machines, ainsi disposée, pourrait devenir un jour utile pour les autres spectacles en cas de pareils malheurs, et que, s'il prenait jamais envie à la famille royale de voir un opéra, elle pourrait jouir de ce spectacle sans embarras en venant aux Tuileries. M. Gabriel, n'ayant pas jugé mon projet impraticable, nous en avons parlé au sieur Francœur, mais il était si troublé par l'incendie et par la crainte d'y perdre sa position, qu'il ne nous a rien répondu, sinon qu'il ferait trop froid dans la salle des machines. Je suis convenu avec M. Gabriel que je ferais part de cette nouvelle idée au ministre.

De retour à Paris, j'ai eu, ce matin, une occupation d'un autre genre. M. le duc de Duras ayant jugé à propos d'ordonner, l'année dernière, l'établissement d'un séquestre, pour payer les dettes des comédiens italiens, plusieurs d'entre eux ont dit qu'ils n'avaient partagé que 1200 livres au lieu de 11000 que j'avais annoncées à M. de Duras. J'ai fait représenter à l'assemblée par le caissier les comptes arrêtés par eux, et ayant voulu qu'ils vérifiassent par eux-mêmes tout l'état de leur caisse dont ils ont une double clef, ils ont trouvé le tout parfaitement en règle. Ils ont, en conséquence, approuvé de nouveau les comptes en ma présence, et je me suis borné à faire des reproches, sans nommer personne, sur la fausseté de leurs propos. Après cette expédition, j'ai été chez M. le comte de Saint-Florentin, où j'ai rencontré les sieurs Rebel et Francœur sollicitant eux-mêmes pour l'Opéra la salle des machines, en disant que ce serait perdre l'opéra que de le faire jouer sur le théâtre de la Comédie-Italienne, à cause de la comparaison que l'on pourrait faire de la gaîté des opéras-comiques avec l'opéra sérieux. Le ministre ayant approuvé ce projet, m'a dit qu'il le mettrait sous les yeux du Roi, et qu'il en parlerait à Mme de Pompadour, ainsi qu'à M. de Marigny, son frère, Directeur général des bâtiments. Il m'a chargé de faire un mémoire avec les directeurs de l'Opéra. M. le duc d'Aumont a approuvé le projet, mais M. le duc de Duras, à qui j'en avais écrit, m'a répondu aujourd'hui qu'il en avait parlé à Versailles et que cela n'y était pas approuvé. J'en suis fâché, mais je ne crois pas que ce soit là le dernier mot. M. de Duras m'a mandé en même temps qu'il était décidé que la salle serait rebâtie au Palais-Royal.

Jeudi 21. — Le projet que j'avais proposé pour mettre l'Opéra aux Tuileries réussissant malgré l'opinion de M. le duc de Duras, M. le duc d'Aumont m'a mandé de faire débarrasser la salle des machines de tous les effets des Menus, et de faire construire, pour les disposer, un hangar dans un terrain que M. Hébert et M. Lévêque lui ont fait, dans le temps, acquérir à mon insu, rue Bergère-Montmartre, pour y faire bâtir un hôtel et des magasins pour les Menus. Mais la difficulté pour exécuter cet ordre est que les fonds manquent. D'ailleurs, d'après le plan qu'on a bien voulu enfin me communiquer, je crains bien que cet hôtel ne passe les 5 à 600 000 livres que ces Messieurs comptent demander pour les constructions.

Jeudi 28. — J'ai rendu compte à MM. les Premiers Gentilshommes de la Chambre, ainsi qu'au ministre, de toutes les discussions et courses inutiles que j'avais faites ces jours-ci pour parvenir à constituer définitivement le ballet du Roi, et des prix excessifs que le sieur Vestris et les demoiselles Vestris et Allard [1] mettaient à faire jouir la Cour de leurs talents, ce qui a été trouvé, avec raison, de la plus grande insolence.

Nous avons eu hier une assemblée chez M. le duc d'Aumont, où les sieurs Lévêque et Girault se sont rendus après dîner, pour y traiter de l'affaire de la construction du nouvel hôtel des Menus. Ils ont présenté leurs plans mais sans devis. J'ai fait observer que le devis était nécessaire et devait être examiné de très près par des personnes sûres et de l'art, afin d'éviter tous les mécomptes. Le sieur Girault a approuvé cette manière de voir et ajouté qu'il ne se chargerait de l'affaire que s'il était assuré d'avoir les fonds nécessaires au fur et à mesure des besoins. Sur cette observation très sage, M. Hébert a engagé le sieur Lévêque à se charger de l'entreprise, ce qu'il a accepté avec joie, et comme un homme qui ne doute de rien. Au reste, j'ai fort insisté pour que ce nouvel établissement se fît sans faste pour éviter les critiques malignes des gens malintentionnés.

Mardi 3 mai. — J'ai porté, ce matin, à l'assemblée des Français, la pomme de discorde, en leur remettant une lettre que M. le duc de Duras m'a envoyée hier, par laquelle il leur mande qu'il ne veut plus entrer dans leurs discussions pour les rôles; que le droit d'ancienneté et celui de chaque emploi prévaudront désormais comme autrefois, laissant, d'ailleurs, au public le soin de placer chaque acteur selon son mérite. Cette lettre, qui a fait grand plaisir aux uns, a produit un effet tout contraire sur les autres, et cela d'après leurs

---

1. Mlle Vestris, l'un des premiers sujets de la danse, sœur de Vestris; Mlle Allard, première danseuse, alors à ses débuts. Elle est la mère de Vestris jeune, qu'on appelait familièrement Vestrallard.

intérêts personnels. Mais, pour que M. le duc de Duras ne puisse se laisser gagner et revenir sur ce sage parti, j'ai fait porter tout de suite cette lettre sur le registre des délibérations. J'ai été, de là, en rendre compte à M. le duc d'Aumont qui a fort approuvé le parti que j'avais pris ; il m'a dit que, pour éviter tout pourparler avec M. de Richelieu, il avait donné ses pleins pouvoirs à M. de Duras.

Jeudi 5. — J'ai été, hier matin, à Marly, rendre compte à M. le duc de Duras d'une nouvelle mutinerie des sujets de l'Opéra, qui ont décidé, même les figurantes, qu'ils ne danseraient point à la Cour, si on ne leur accordait pas les appointements qu'ils demandent. J'ai conseillé à M. le duc d'employer l'autorité du ministre, en l'engageant à faire un exemple qui pût en imposer à tout le monde. Je lui ai fait sentir que c'était compromettre même MM. les Premiers Gentilshommes de la Chambre que de différer de couper court à de pareilles impertinences, surtout lorsqu'il s'agissait du service du Roi. Il en est tombé d'accord et m'a promis de voir M. le comte de Saint-Florentin.

Lundi 9. — J'ai vu, ce matin, M. le comte de Saint-Florentin qui a parlé avec beaucoup de fermeté, en ma présence, aux danseurs et danseuses de l'Opéra. Mais il n'a pu faire se soumettre les demoiselles Vestris et Allard. J'en suis fâché pour l'autorité du ministre qui se trouve fort compromise. Lorsqu'ils ont été sortis, l'avis de M. de Saint-Florentin a été qu'il fallait annuler l'état, et faire servir les sujets en les payant par chaque fois, et qu'il se chargerait alors de punir sévèrement ceux qui refuseraient. Je souhaite que ce système, qui me paraît le meilleur, réussisse ; mais j'en doute.

Vendredi 27. — J'ai eu, avant-hier, une grande querelle avec les directeurs de l'Opéra, m'étant opposé à une répétition que ces messieurs voulaient faire à Choisy, ce qui aurait occasionné une dépense assez forte sans nécessité. M. le duc d'Aumont m'a approuvé. J'ai également rendu compte à M. le duc de la proposition que faisait le sieur Lévêque d'acheter la salle actuelle de l'Opéra-Comique à la Foire Saint-Laurent, qui ne sert plus à rien, pour la transporter dans le nouvel hôtel des Menus où l'on projette de faire une salle de spectacle pour les répétitions de la Cour. M. le duc d'Aumont m'a dit qu'il approuvait fort cette idée, si, après examen, je pensais que cette acquisition dût être plus économique pour le Roi.

Jeudi 9 juin. — L'assemblée de la Comédie-Française a été, lundi dernier, fort orageuse et fort longue, les comédiens ayant eu de la peine à faire entendre raison à plusieurs auteurs dont les prétentions sont insoutenables, ce qui pourra peut-être amener, par suite, des querelles encore plus vives. J'ai été occupé, d'ailleurs, ces jours-ci, du matin au soir, de tous les préparatifs du spectacle qui doit avoir lieu à Choisy. J'ai fait un marché avec un traiteur à 3 livres par tête, pour donner à dîner samedi prochain à tous les sujets de Choisy. J'ai été à Bellevue, pour rendre compte à M. le duc de Duras de tout ce que j'ai fait. Il commence enfin à craindre que la dépense de ce spectacle ne soit plus considérable qu'il ne l'avait pensé. Je l'en avais prévenu, mais il a craint de déplaire à M. de La Borde[1] et à Mme de Pompadour en ne se prêtant pas à tout ce que le premier a demandé.

---

[1]. Premier valet de chambre du Roi; musicien plus fécond qu'original; mort sur l'échafaud révolutionnaire.
Il s'agissait, à ce moment, de son opéra *Ismène et Ismenias*, paroles de Laujon, qui fut joué à Paris, en 1770.

Dimanche 12. — J'ai été, hier, à Choisy, pour les deux répétions d'*Ismène et Isménias*. Les plaintes et l'insubordination des sujets ont été à l'excès, sans que j'aie pu rien dire de peur de faire manquer le spectacle. Ils n'ont pas même été contents en recevant de l'argent; ils ont trouvé leur dîner mauvais, en quoi ils n'avaient pas trop tort, car j'ai été trompé par le traiteur, par la faute du sieur Lévèque, auquel j'en ai témoigné mon mécontentement. Mais il n'était plus temps d'y remédier. J'ai été le serviteur des serviteurs tous les jours, et ma fatigue a été si grande que je craignais une maladie. J'en suis quitte, grâce à Dieu! pour la peur.

Samedi 18. — Il me serait difficile de rapporter bien au juste tous les embarras que j'ai eus depuis dimanche, relativement aux spectacles de Choisy. Je m'y suis rendu lundi de très grand matin, pour la répétition générale, après laquelle tous les sujets ont été magnifiquement servis à dîner par la bouche du Roi. J'ai été à toutes les tables pour voir si rien ne manquait. J'ai reçu beaucoup de remerciements et d'applaudissements sur la manière dont ils avaient été traités, ce qui leur a fait oublier leur mauvais dîner de samedi dernier. Ils ont beaucoup sollicité pour être bien payés; je leur ai promis de faire de mon mieux et ils ont enfin été satisfaits.

J'ai eu, en arrivant, de grandes disputes avec MM. les gardes du corps, pour la conservation des places que je dois avoir comme Intendant des Menus. J'ai gagné mon procès, et je n'ai pas manqué, malgré les demandes sans nombre qui m'étaient faites, d'en donner deux à MM. de La Ponce et Boudet, secrétaires de M. le duc de Choiseul. La représentation d'*Ismène et Isménias*, musique de M. de La Borde, premier valet de chambre du Roi, paroles de M. Laujon, secrétaire des commandements de M. le comte de Clermont, a eu lieu le lundi soir. Les avis sur cet ouvrage ont été fort partagés. M. le duc de Choiseul a été, au grand regret de M. le duc de Duras, pour la négative. Au reste, cet ouvrage m'a paru trop chargé de musique et sans un grand intérêt. Les ballets ont été trouvés bons, entre autres celui qui peignait la malheureuse catastrophe de Jason et de Médée. On a été aussi fort satisfait des décorations. Quant aux habits, tout le monde est convenu qu'on n'en avait jamais vu de plus beaux et de meilleur goût. Aussi en ai-je reçu de grands compliments au souper du Roi où j'ai été faire ma cour. De là, j'ai été souper chez M. le duc de Duras, avec toute sa famille, où l'on m'a fort remercié.

On a joué, mardi 14, le *Tartufe* et l'*Oracle*, pour les débuts du sieur Augé et des demoiselles Doligny et Luzzi, dont on a paru très content. MM. La Ponce et Beudet sont venus, le matin, me rendre visite et me faire leurs remerciements sur les bonnes places que je leur ai données pour tout le voyage. On a joué, mercredi, *Manco Capac*, tragédie de M. Le Blanc, qui n'a pas réussi, comme je l'avais bien prévu. Cette pièce a été suivie de *l'Anglais à Bordeaux*, pour laquelle j'ai fait représenter sur le rideau du fond du théâtre le port de Bordeaux dont on a été très satisfait, ainsi que du beau rideau d'avant-scène, représentant l'éducation de l'Amour, qui a été placé le premier jour du spectacle.

M. le duc de Choiseul, que M. de La Ponce m'a procuré de voir, m'a prié de me charger du soin de son illumination à Paris pour la paix, ce que j'ai accepté avec plaisir, étant revenu coucher le mercredi à Paris pour quelques affaires. Je suis retourné, le jeudi matin, à Choisy, pour la seconde représentation d'*Ismène et Isménias*, pour laquelle la famille royale était venue exprès de Versailles; mais j'ai appris, en arrivant, que ce spectacle ne pouvait avoir lieu, la D**lle** Arnoult s'étant trouvée très mal, le matin, par suite de la mort de son fils. Après bien des mouvements, l'on s'est enfin déterminé à donner l'acte de *Pomone*[1] et le *Devin du Village*, pourquoi l'on a envoyé chercher en poste, à Paris et à Versailles, habits, décorations et autres objets nécessaires. Enfin, à force de diligence et de soins de la part de tout le monde, les répétitions ayant été faites tout de suite, et les ballets composés de même, ce spectacle a été exécuté le soir, au grand étonnement de toute la Cour, avec autant de précision que s'il eût été répété depuis trois semaines. Il est vrai qu'il n'y a rien eu à désirer du zèle de tous les sujets; la fatigue a été énorme pour tout le monde et personne ne s'est plaint. J'ai pris ce moment pour faire payer à tous les sujets leur rétribution pour tous les spectacles de Choisy. Ils ont été parfaitement contents ainsi que de la bonne chère qu'on leur a faite. Le Roi, la famille royale, et toute la Cour ont été très satisfaits. Sa Majesté, M**me** la Dauphine et M**me** Victoire m'ont fait l'honneur de m'entretenir longtemps à leur souper de ce spectacle et de la fatigue que j'avais dû avoir pendant le voyage. Le roi m'a fait l'honneur de me demander si cela ne m'empêcherait pas d'aller le lendemain à Fontainebleau. J'ai répondu, comme je le devais, à tant de bontés. Je suis, en effet, parti après trois ou quatre heures de repos, pour Fontainebleau, où M. le duc de Duras nous a joints. Nous y avons visité, avec le sieur Lévêque et le machiniste, les décorations des différents opéras projetés pour le voyage prochain. Nous sommes

---

1. Acte du ballet des *Eléments*, de Roy, musique de Lalande et Destouches, 1721.

revenus le soir à Paris, mais non sans un peu de fatigue.

Mercredi 22. — Ces jours-ci se sont passés en préparatifs pour l'arrangement des fêtes et illuminations relatives à l'inauguration de la statue du Roi [1], dont j'ai été visiter les travaux avec MM. les Premiers Gentilshommes de la Chambre, M. le duc de Choiseul, M. le Contrôleur général, M. de Saint-Florentin, M. de Boulongne et Mme de Pompadour. Cette visite de ma part a produit quelques économies dans la dépense, par les retranchements que j'ai fait faire.

Jeudi 23. — J'ai été voir, hier soir, le feu d'artifice de la Ville, sur l'eau, en face de la place Louis XV. Il a manqué, la Ville n'ayant pas voulu prendre la précaution de faire venir, vu l'orage qu'il a fait et l'humidité de la rivière, les conduites et communications, ainsi que je l'avais conseillé. Du reste, les illuminations faites par les Menus étaient fort belles, et, surtout, celles de Mme de Pompadour et de M. le duc de Choiseul [2], qui m'en ont fait, ce matin, de grands remerciements. L'illumination de M. le duc de Fleury [3] était magnifique, MM. ses camarades ayant voulu qu'étant en face de la place, son hôtel fût le plus décoré de tous.

Jeudi 30. — Nous avons été hier à Versailles visiter, avec M. le duc de Duras, le magasin des habits des Menus; mais nous n'avons rien trouvé de ce qu'il nous faut pour les trois opéras de Fontainebleau. Il faudra donc faire plus de trois cents habits neufs. J'ai insisté, dans un but d'économie, pour qu'on employât des vieux fonds d'habits pour faire

---

1. La statue de la place Louis XV, par Bouchardon.

2. L'hôtel de Mme de Pompadour, au faubourg Saint-Honoré, aujourd'hui l'Élysée. — Le duc de Choiseul demeurait rue Richelieu, vis-à-vis la rue Saint-Marc.

3. L'hôtel du duc de Fleury était rue de Bourbon, dans le voisinage des Invalides.

les doublures des neufs. J'aurais bien voulu dégoûter M. le duc de cette dépense, ou au moins de celle des bals; mais il y tient trop. J'ai proposé aussi de faire faire les décorations par entreprise, ce que je crois plus économique, car j'ai remarqué que les peintres travaillent très souvent négligemment, pour être employés plus longtemps, quelque chose qu'on puisse leur dire.

Vendredi 22 juillet. — Depuis mon retour à Paris, mardi dernier, j'ai arrêté avec les différents chefs tous les plans pour faire commencer les travaux de Fontainebleau. J'ai examiné, avec les sieurs Lévêque et Boquet [1], tous les anciens habits l'un après l'autre, pour en tirer tout ce qui pourrait servir à en faire de nouveaux. J'ai écrit à M. Buffault [2], à Lyon, pour faire en sorte de nous procurer, s'il est possible, des taffetas et satins piqués qui serviraient tout aussi bien que s'ils étaient sans défaut et qui seraient à meilleur marché.

Dimanche 31. — J'ai travaillé, ces jours-ci, avec les sieurs Lévêque et Boquet pour les spectacles de Fontainebleau. J'ai été examiner au magasin la destination des vieux habits, et j'ai vu avec grand plaisir qu'on en tirera un parti avantageux pour la diminution de la dépense. Nous avons pris le parti de faire remettre à neuf les anciens galons d'or et d'argent, à raison de 4 sols par aune, ce qui produira une économie assez importante.

---

1. Dessinateur des Menus pour les costumes. Les dessins de Boquet sont fort recherchés aujourd'hui par les amateurs. Un recueil de ces dessins a été payé 5 500 francs par les Archives de l'Opéra.

2. Il y a eu, à Paris, un marchand d'étoffe de soie de ce nom; sa boutique était rue de la Monnaie, à l'enseigne des *Traits Galants*. Il fit fortune et nous le verrons plus tard entrer dans une combinaison pour l'administration de l'Opéra. — Voir sur ce personnage nos *Abonnés de l'Opéra*, Quantin, 1881, page 342.

Mercredi 10 août. — Toutes mes occupations, depuis quelques jours, sont relatives au voyage de Fontainebleau, auquel M. le duc de Duras rêve jour et nuit, et pour lequel il m'accable de lettres qui exigent autant de réponses de ma part. Mes courses se multiplient chez M. de Boulongne pour de l'argent, mais assez infructueusement. Il est étonnant qu'avec cela on veuille faire de la dépense à Fontainebleau; mais ces Messieurs ne s'en inquiètent pas beaucoup et me laissent tout l'embarras. M. le maréchal, que je vois tous les jours, m'a fait lire plusieurs pièces qu'il se propose de donner l'année prochaine. J'ai rendu compte à M. le duc d'Aumont, qui est arrivé de Compiègne, des refus que différents bijoutiers m'avaient fait de fournir à crédit la tabatière qu'il m'avait demandée et qui est destinée, par Mgr le Dauphin et Mme la Dauphine, à un Italien qui a chanté devant eux à Compiègne. J'ai accompagné M. le duc au nouvel hôtel des Menus. Il a été content des travaux qui se font avec célérité sur le crédit du sieur Lévèque.

Mardi 13 septembre. — Comme M. le duc de Duras amène continuellement du monde aux Menus (ce qui déplaît fort à M. le duc d'Aumont) pour voir les travaux des décorations et des habits dont on fait devant lui les plus grands éloges, il en résulte beaucoup de mauvais propos sur ces dépenses qu'on fait toujours monter à des millions. Je l'en ai prévenu, et j'ai cru devoir aussi voir Mme de Pompadour, M. de Saint-Florentin et M. de Boulongne, auxquels j'ai promis de donner un détail exact de ces dépenses, afin qu'ils puissent confondre les bavards ou les méchants. Au reste, les habits se font actuellement de telle manière qu'ils serviront certainement pendant un grand nombre d'années, surtout avec les précautions que je prendrai pour les conserver. Ce qui donne lieu aussi à tous ces propos ridicules, c'est que bien des gens qui voient ces habits sans examen, les croient d'étoffes d'or et de broderies en fin, tandis que tout cela n'est que de l'or et de l'argent faux.

Vendredi 30. — J'ai reçu, avant-hier, de nouveaux ordres de M. le duc de Duras relatifs au répertoire de Fontainebleau, avec des changements de spectacle, qui exigent une augmentation considérable d'habits. Cela est désolant, car il faudra faire passer toutes les nuits aux ouvriers, ce qui augmentera d'autant la dépense. Je n'ai pu m'empêcher d'en faire mes représentations à M. de Duras, ainsi que sur la fatigue continuelle et la perte de temps que m'occasionnent toutes ces variations. Mais à cela on m'a répondu que le Roi est bien le maître d'avoir les spectacles qu'il désire. Je le sais et rien n'est plus juste, si c'est, en effet, le Roi qui demande ces changements ; mais je n'en crois rien et je commence à avoir assez d'usage de la Cour, pour savoir que l'on fait souvent dire au Roi des choses auxquelles il n'a pas pensé une minute.

Mardi 6 octobre. — A mon arrivée à Fontainebleau, lundi dernier, j'ai été visiter tout de suite tous les travaux, dont j'ai rendu compte à M. le duc de Duras, à son arrivée, le mardi. Nous avons été ensemble au magasin voir les habits dont il a été très content ; de là, au théâtre voir la répétition des décorations de *Dardanus* [1], lesquelles sont très belles, surtout celle de la prison. J'ai été ensuite souper chez M. le duc de Duras. Le mercredi, j'ai eu l'honneur de présenter au

1. Tragédie lyrique en 5 actes, paroles de La Bruère, musique de Rameau, 1739.

Roi le répertoire que j'ai fait graver dans un cartouche, environné des différents arts, et à la tête un Apollon, tête du Roi, avec ces mots autour : *Aspicit et fulgent.* Tout le monde en a demandé de pareils. J'en ai envoyé, en conséquence, à tous les ministres et grands officiers de la Cour. Nous avons eu, après dîner, répétition au théâtre de *Dardanus,* qui a été très bien, malgré la vivacité de M. le duc de Duras. Hier, on a joué *Héraclius* et *Zénéide.* J'ai fini ma journée en ajoutant à toutes mes fatigues celle d'un grand souper que j'ai donné à toute la Comédie. C'est à peu près la vie que je dois mener ici.

Dimanche 8. — La matinée d'hier a été employée à la répétition de *Dardanus.* La pièce a été jouée le soir ; tout le monde a été parfaitement content de l'exécution, des habits et des décorations. Les habits même du chœur étaient ornés de pierreries, ce que l'on n'avait jamais vu. Le sieur Jelyotte y a paru le même qu'il y a vingt ans. Le Roi ayant eu la bonté de me témoigner sa satisfaction, m'a dit de faire en sorte de rendre l'habit du sieur Jelyotte encore plus magnifique, si cela était possible, pour la seconde représentation de cet opéra. J'ai fini cette journée fatigante par un grand souper, chez moi, de vingt-cinq personnes. J'ai fait aujourd'hui le relevé des habits qui ont servi dans *Dardanus.* Ils se montent au nombre de 207. Il faut y ajouter 87 paires de souliers et autant de bas, et la petite oye [1]. Il n'y a eu ni embarras, ni double emploi, chacun ayant trouvé dans son carton, que j'ai fait faire exprès, tout ce qu'il lui fallait.

Vendredi 14. — Les tailleurs et autres ouvriers étant arrivés avec des relais, pendant la nuit du mercredi à hier,

---

[1]. Les menus détails de la toilette, tels que rubans, plumes et les différentes garnitures qui ornaient l'habit, le chapeau, les nœuds d'épée, les bas et les souliers, auxquels on attachait des rosettes de rubans.

l'on n'a pas perdu un seul instant pour préparer les habits et faire le ballet demandé à la suite des *Mœurs*. Cette pièce a été jouée hier avec *Tancrède* [1]. L'on a été content de ce spectacle. Je le serais davantage sans la dépense extraordinaire du ballet.

Dimanche 16. — On a donné, hier, la seconde représentation de *Dardanus*, dont on a été fort satisfait, ainsi que de l'habit du sieur Jélyotte qui était fort enrichi de broderies et de pierreries. J'ai vu Mme de Pompadour qui m'a remis un mémoire de 22 000 livres pour le présent en diamants que le Roi a fait à Mme d'Amblimont [2].

Samedi 22. — On a été fort occupé au château, et surtout hier, des répétitions de *Scanderberg* [3] où M. le duc de Duras, contre mon avis, a fait entrer autant de monde qu'à une représentation, ce qui nuit beaucoup au bien des répétitions. Il a voulu même que tous les Évêques qui sont à Fontainebleau vissent la décoration en diamants. Il a fallu laisser en conséquence tout allumé.

La représentation de *Scanderberg* a eu, hier au soir, le plus grand succès, par la magnificence des habits et des décorations. Aussi, M. le duc de Duras, qui était dans l'enchantement, m'a-t-il procuré des marques de la satisfaction la plus complète de la part du Roi, de la Reine et de Mesdames. Ainsi, j'ai été amplement dédommagé de la fatigue véritable que j'éprouve. Il m'a demandé, ce matin, ce que je désirais pour me dédommager aussi de la dépense considé-

---

1. *Les Mœurs du temps*, par Saurin, Théâtre-Français, 1760. — *Tancrède*, tragédie de Voltaire, 1760.

2. Le Roi avait été, quelques jours auparavant, le parrain d'un enfant de la comtesse d'Amblimont, cousine de Mme de Pompadour. Celle-ci était marraine.

3. Tragédie lyrique en 5 actes par La Motte, musique de Rebel et Francœur, 1735.

rable que je suis forcé de faire pour ma table, et m'ayant poussé vivement là-dessus, je me suis contenté de lui répondre que je serais content de ce qu'on voudrait bien faire. On m'a renouvelé, ce matin, de grands compliments sur l'opéra d'hier, mais en disant beaucoup de mal de la musique. Heureusement ce n'est pas moi qui en suis l'auteur, quoique je voulusse bien être en état d'en faire une pareille.

Mardi 28. — Après la représentation de *Scanderberg*, on s'est mis à enlever toutes les décorations pour y substituer celle de la salle de bal. Tout ayant été prêt avant-hier soir, M. le duc de Duras a engagé toute la Cour à la venir voir. A quelques critiques près, auxquelles nous avons répondu, l'on a été très content, surtout de la salle de jeu que l'on a trouvée des plus belles et très noble. On a demandé le bal pour samedi prochain, après la seconde représentation de *Scanderberg*. Si cela est possible, il y aura plus que de la magie, puisqu'il faudra démonter en moins de deux heures tout *Scanderberg* et placer la salle de bal. M. le duc de Duras a fait donner pour boire aux ouvriers, mais il faudrait aussi leur donner des bras. Il n'a été question, pendant tout le souper, chez M. le duc de Duras, que de son génie pour les fêtes et de la promptitude de l'exécution des Menus.

Hier matin, M. le duc est venu faire la visite, au magasin, des décorations et habits de *Castor et Pollux*[1]. Il veut absolument toute la deuxième décoration en diamants, ce qui est presque impossible, vu le peu de temps que l'on a devant soi. Cependant le sieur Lévêque lui en a répondu coûte que coûte, ce qui ne m'a pas fort amusé, non plus que l'ordre qu'il a donné de faire faire huit habits magnifiques de collets

---

1. Tragédie lyrique de Bernard, musique de Rameau, 1737.

montés [1], pour un quadrille de seigneurs et dames, le jour du bal..

Dimanche 30. — La seconde représentation de *Scanderberg* a eu lieu hier. Pendant que tout le monde est allé souper chez moi, je suis resté à la salle pour presser la construction de celle du bal. Celle-ci a été mise en place, au grand étonnement de tout le monde, et le théâtre débarrassé des décorations de l'opéra, le tout en trois heures. Le Roi est arrivé à minuit. Après avoir examiné le local, dont il a eu la bonté de me faire compliment, ainsi que tous les courtisans à son exemple, Sa Majesté a fait deux parties de tri [2] dans le salon de jeu, construit sur la partie du théâtre. Ces dames ont aussi joué. M. le duc de Duras, très satisfait, a fait donner tout de suite, par M. Hébert, dix louis pour boire aux ouvriers et machinistes. Le bal a duré jusqu'à cinq heures.

Dimanche 6 novembre. — La journée d'avant-hier a été des plus pénibles, par tous les billets qu'il m'a fallu distribuer pour la répétition de *Castor et Pollux* et toutes les querelles que j'ai dû essuyer de la part de ceux auxquels il m'a été impossible d'en donner. Il serait trop long d'entrer dans le détail de mes courses et de mes embarras depuis deux jours. Les danseurs ont été de la dernière insolence, et M. le duc de Duras, dans la crainte de faire manquer le spectacle, a été obligé d'avoir l'air de ne pas s'en apercevoir. J'ai été obligé de suivre son exemple, mais je n'en ai pas été moins

---

1. Costume de l'époque Henri III.
2. Jeu d'hombre qu'on joue à trois et où l'on ne garde en carreau que le roi. — L'hombre, jeu de cartes pris des Espagnols qui se joue à deux, à trois, à quatre, à cinq personnes, avec 40 cartes, après avoir ôté du jeu les huit, les neuf et les dix, et avoir donné à chaque joueur neuf cartes trois à trois et par ordre. Littré.

impatienté. Au reste, quoiqu'il y eût, à la répétition, beaucoup plus de monde que je n'avais donné de billets, parce qu'on avait forcé les portes, elle a été très bien. La représentation de *Castor*, qui a eu lieu hier soir, a été encore mieux, à un petit accident près. Le feu a pris dans un plafond de la décoration transparente, mais il a été éteint tout de de suite, par la précaution que j'avais prise de tenir prêtes des éponges mouillées, au bout de perches, à chaque couloir; j'en ai été quitte pour recevoir les égoutures d'eau sur mon habit. Du reste, on a été très content de toutes les parties, musique, exécution, danse, surtout des habits qui sont magnifiques, ainsi que des décorations. Celle des diamants, du palais de Jupiter, a paru plus belle que les précédentes, et, en effet, elle l'était. Celle de l'Olympe, qui était en transparent, a surpassé toutes les autres. Il est incroyable que, sur un aussi petit théâtre, on ait pu exécuter un opéra aussi compliqué en machines et en décorations. Aussi, a-t-on beaucoup chanté les louanges des Menus, et leur bon goût. Cela ne me console cependant pas de la dépense dont les spectateurs s'inquiètent peu, mais qui m'afflige beaucoup, car au lieu d'environ quatre cents habits sur lesquels je comptais pour l'exécution de trois opéras, cela passera huit cents, indépendamment des habits des quadrilles pour lesquels il y a, à tous moments, des augmentations.

Lundi 7. — Le Roi, accompagné de Mgr le Dauphin, est venu voir monter, hier matin, la salle de bal, ce qui a été fait en une heure. Sa Majesté, satisfaite de la simplicité de l'opération, a fait donner quinze louis pour boire aux ouvriers. Tout étant prêt, le soir, Mgr le Dauphin qui ne pouvait rester au bal à cause de son deuil, est venu voir la salle éclairée. Le Roi, la Reine et Mesdames y sont arrivés à onze heures et demie. On a dansé d'abord quelques contredanses, pendant lesquelles le Roi a commencé un tri, la Reine son cavagnole [1], et Mesdames d'autre part. Lorsque le quadrille des *Sauvages* [2] est entré, tout le monde a quitté le jeu et s'est avancé sur le perron du salon. Ce quadrille a été très bien exécuté, ainsi que celui des *Collets montés* qui a eu lieu une heure après. Dans cet intervalle, on a continué le jeu et dansé des contredanses que la Cour voyait du salon. Vers les deux heures du matin, la Reine, son cavagnole fini, a redemandé le ballet des *Sauvages* et celui des *Collets montés*, après lesquels Sa Majesté s'est retirée avec Mesdames, en témoignant aux seigneurs et dames toute sa satisfaction. Le Roi est resté jusqu'à trois heures, et le bal a duré jusqu'à six. Cette fête a paru des plus complètes, tant par la disposition élégante du local et la magnificence des habits, que par la bonne compagnie qui était dans les loges et l'ordre parfait qui a régné partout, et pour lequel il semblait que chacun cherchait à contribuer. On ne parlait que de cela, ce matin, chez le Roi, qui a eu la bonté de m'en témoigner aussi sa satisfaction. J'ai donné des ordres pour qu'on allât relever chez les seigneurs et dames tous les habits et autres objets qui leur ont été fournis pour les quadrilles.

Vendredi 11. — On a clos les spectacles par la représentation de *Dupuis et Desronais* et des *Trois Cousines* [3], qui a eu lieu hier. M. le duc de Duras a été fort applaudi à la fin du spectacle. Tous les sujets de l'Opéra, chant et danse, ont été employés dans les divertissements des *Trois Cou-*

---

1. Jeu de hasard à tableaux et à boules, qui ne diffère du biribi qu'en ce que chaque joueur a son tableau particulier.
2. Ce quadrille est appelé par le *Mercure*, quadrille des *Caciques*.
3. Comédie en 3 actes, en prose, avec un prologue et des intermèdes, par Dancourt, musique de Gilliers, Théâtre-Français, 1702.

sines. Enfin, tout le monde a été fort content, excepté moi, de toutes ces dépenses qui excèderont de beaucoup toutes mes belles spéculations. M. de Duras est dans l'enchantement; il m'a dit que l'intention du Roi était de le charger de la conduite de tous les spectacles. Je souhaite que ses camarades approuvent cet arrangement. J'ai fait partir les sujets afin de ne pas aggraver la dépense en prolongeant inutilement leur séjour.

Samedi 12. — Ce matin, le Roi a bien voulu me donner une nouvelle marque de ses bontés, en me témoignant sa satisfaction sur le voyage, et m'ajoutant qu'il avait vu de mon ouvrage hier au Conseil et qu'il avait besoin de moi pour travailler encore à de nouvelles économies; j'avoue que, quoique peu riche, j'aurais payé cette faveur bien cher. La Reine, à son dîner, a bien voulu me marquer aussi qu'elle avait été très contente. M*me* de Pompadour, dont j'ai été aussi prendre congé, m'a fait les compliments les plus agréables et m'a témoigné le plus vif intérêt pour mes affaires personnelles; je souhaite que cela ait son effet.

Jeudi 17. — Je suis arrivé dimanche à Paris, après avoir essuyé une culbute, dont j'ai été heureusement quitte pour ma voiture fracassée. C'est un nouveau profit du voyage.

Jeudi 8 décembre. — J'ai travaillé avec les comédiens français et italiens pour le répertoire de l'année prochaine. J'ai fait de nouveaux arrangements à la Comédie-Italienne : j'ai décidé qu'à l'avenir les habits ne seraient plus pris sur la masse, mais que chaque acteur ou actrice se fournirait personnellement les habits de son emploi. Ce système évitera beaucoup de tracasseries entre eux et sera plus utile au bien général.

J'ai employé une partie du temps qui m'a été laissé libre,

à Versailles, à mes affaires personnelles qui m'inquiètent beaucoup, par la malheureuse complaisance que j'ai eue pour Fonspertuis, mon parent, en signant beaucoup de billets et d'obligations, comme caution, pour lui, et auxquels il ne me paraît pas faire honneur très exactement, ce qui me met dans le plus grand embarras. Il m'assure, cependant, que je ne dois pas être inquiet et qu'il a pris des arrangements pour satisfaire tout le monde.

Lundi 19. — J'ai été à l'assemblée des comédiens français où il a été beaucoup question de la rentrée du sieur Grandval, proposée par M. le duc de Duras. Cette rentrée souffrira beaucoup de difficultés, car le sieur Granval demande son emploi entier comme il l'avait, et la jouissance de sa part avec celle de sa pension. Les comédiens y trouvent les plus grands inconvénients à cause des conséquences, et le sieur Bellecour, tout en marquant sa satisfaction de la rentrée du sieur Grandval, a déclaré qu'il ne céderait point les rôles dont il est en possession.

A tous ces embarras, je joins le chagrin de mes affaires personnelles qui me tourmentent depuis plusieurs jours. M. de Fonspertuis s'est trouvé dans l'impossibilité de satisfaire à ses engagements et, en conséquence, à ceux que j'ai pris pour lui. Il a été obligé de se démettre de sa charge de fermier général, en me laissant sur le corps plus de 600 000 livres d'engagements. J'ai envoyé de suite un exprès à M. le duc de Duras qui, avec M. de Laverdy, notre nouveau Contrôleur général, n'a pas perdu un instant pour solliciter pour mon frère, qui est aussi dans ce désastre, la place de fermier général[1]. Le Roi a eu la bonté d'y consentir sur-

---

1. Il s'appelait Nicolas-Jacques Papillon d'Auteroche; il est au nombre des vingt-huit fermiers généraux condamnés et exécutés le 8 mai 1794.

le-champ, et m'a accordé, en même temps, sur la demande de M. de Laverdy, la remise du pot de vin de 150 000 livres. Cette grâce, bien considérable, est bien triste; puisqu'il nous en coûte plus de 600 000 livres. Je ne dois plus songer désormais qu'à me retirer de cette mauvaise affaire, en prenant des arrangements avec les créanciers envers lesquels je suis caution, et m'occuper en même temps des moyens de donner une preuve de ma reconnaissance, en redoublant de zèle, s'il est possible, pour le service des intérêts du Roi. Cette trop malheureuse catastrophe va me donner beaucoup d'affaires par suite, ainsi que pour les fonds à faire. J'espère qu'avec l'aide de Dieu, je suffirai à tout le travail dont je suis accablé.

Vendredi 30. — M. le duc de Duras a terminé son année par l'acte du *Feu* et celui de la *Guirlande*[1]; ce dernier n'a pas eu grand succès. J'ai eu beaucoup de discussions avec les premières danseuses, qui ont trouvé mauvais de n'avoir point d'habits neufs, quoique ceux dont elles se sont servi fussent très beaux. Je m'attendais bien à ces criailleries, puisque c'est l'esprit ordinaire de tous ces personnages, personne ne voulant leur en imposer une fois pour toutes. Je souhaite qu'elles soient plus raisonnables l'année prochaine, mais je ne le parierais pas.

---

1. *Le Feu*, acte du ballet des *Éléments* de Roy, musique de Lalande et Destouches, 1725. — *La Guirlande*, acte des *Indes galantes*, par Marmontel, musique de Rameau, 1751.

ANNÉE 1764

EXERCICE DE M. LE DUC DE FLEURY

Mardi 31 janvier. — J'ai été, hier, à l'assemblée des Français pour la rentrée du sieur Grandval. J'y ai trouvé beaucoup de mécontents par suite de la nouvelle distribution que M. le duc de Duras a faite des rôles. Je crains bien qu'il ne se mette trop avant dans les affaires intérieures de la Comédie, et que, voyant trop souvent les sujets pour pouvoir discuter avec eux, il en résulte plus de mal que de bien. M. le maréchal de Richelieu, qui est de retour, ne me paraît nullement content de tout ce qui a été fait pour les spectacles. J'ai remis, hier, à M. le duc d'Aumont, la boîte enrichie de diamants, avec le portrait de Madame Victoire, pour son médecin anglais. Tous les présents de l'année dernière monteront, à ce que j'entrevois, à plus de 150 000 livres.

Samedi 12 février. — On s'occupe déjà des spectacles de Fontainebleau; Mme de Pompadour m'a dit qu'il faudrait y donner *Pygmalion*, le *Sylphe*, et *Titon et l'Aurore*[1]. Mes-

---

1. *Pygmalion*, 5me entrée du *Triomphe des Arts*, de La Motte et La Barre 1700; retouché par Ballot de Sévot et Rameau, 1748. — *Le Sylphe*, comédie

dames m'ont ordonné de faire remettre 50 louis à un enfant qui a joué du clavecin devant elles [1]. J'ai aussi reçu ordre de Mgr le Dauphin pour une très belle tabatière de femme. J'ai su à mon retour que M. le maréchal de Richelieu désapprouvait la rentrée du sieur Grandval à la Comédie, où il a été cependant fort applaudi, lundi dernier, dans le rôle du *Misanthrope*. M. le maréchal m'a prié de me charger de la petite fête qu'il veut donner au sujet du mariage de son fils [2].

Dimanche 19. — M. le maréchal de Richelieu et M. le duc de Duras sont toujours en discussion sur l'arrangement des affaires des comédiens. L'un veut, et l'autre ne veut pas, ce qui m'oblige à des allées et venues de chez l'un chez l'autre pour tâcher de les accorder, et souvent sans succès. Ces Messieurs ne veulent jamais assez approfondir les choses, et se laissent aller à des intrigues particulières, surtout du côté des femmes. S'ils faisaient bien, ils n'en recevraient aucune chez eux. J'ai fait part à ces Messieurs de l'intention où sont les comédiens de présenter un mémoire au sujet des différents spectacles nouveaux qui s'établissent aux foires et du conseil que je leur avais donné de ne rien précipiter dans cette affaire. Ils voulaient faire saisir la recette de ces spectacles par un commissaire; je leur ai dit qu'ils devaient auparavant obtenir l'aveu de leurs supérieurs. Ces Messieurs ont approuvé ce conseil et m'ont chargé de suivre cette affaire avec le Conseil des Comédies.

---

en un acte, de Saint-Foix, Théâtre-Italien, 1743. — *Titon et l'Aurore*, pastorale héroïque, de l'abbé de La Mare, musique de Mondonville, 1753.

1. Cet enfant était Mozart, alors âgé de 7 ans.
2. Le duc de Fronsac fut marié deux fois, la première en 1764, avec Adélaïde-Gabrielle de Hautefort, la seconde, en 1776, avec Marie-Antoinette de Galiffet.

Vendredi 24. — L'arrangement du spectacle que M. le maréchal de Richelieu doit donner pour le mariage de son fils, m'a aussi beaucoup occupé, ainsi qu'une tracasserie au sujet de la rentrée du sieur Véronèse[1] aux Italiens. Cette rentrée est vivement sollicitée par M. Cromot, premier commis des Finances. M. le duc d'Aumont n'est pas de cet avis et M. le duc de Duras a voulu rejeter l'événement sur moi. J'ai pris la liberté de lui en faire des reproches. J'ai écrit, en outre, une longue lettre à M. Cromot pour l'engager à se désister de sa demande et à ne pas se compromettre plus avant dans cette affaire.

Lundi 27. — L'affaire du sieur Véronèse continue à me donner beaucoup d'embarras. La demoiselle Camille, sa sœur, ayant demandé son congé, j'ai été voir M. Cromot que j'ai trouvé plus animé que jamais, disant qu'il se trouvait compromis dans cette affaire où il avait la parole de M. le duc de Duras. Il m'a montré une lettre très vive qu'il avait écrite à ce dernier. Je n'ai pas pu m'empêcher de la désapprouver. J'ai été tout de suite chez M. le duc de Duras que j'ai trouvé furieux et déterminé à se plaindre au Roi et à M. de Laverdy, en leur montrant la lettre de M. Cromot. Je l'ai cependant détourné d'aller plus avant, à condition que M. Cromot renoncerait à ses sollicitations en faveur du sieur Véronèse. Pour calmer davantage M. le duc, j'ai écrit, en sa présence, une lettre d'amitié et très pressante à M. Cromot qui est parti pour Versailles.

J'ai été, ce matin, à l'assemblée des comédiens français où j'ai trouvé M. le duc de Duras si fort échauffé contre le sieur Bellecour qu'il a cru devoir s'en aller. Après son

---

1. Cet acteur était le frère de Mlle Camille.

départ, les comédiens m'ont expliqué que la réponse du sieur Bellecour avait été mal comprise par M. le duc. Ils m'ont prié de l'en assurer, et de me charger en même temps de la délibération qu'ils ont faite, en ma présence, contre la demande du sieur Grandval. Celui-ci prétend qu'il n'est rentré à la Comédie que sur la parole que M. le duc de Duras lui a donnée qu'il conserverait en même temps sa pension. M. le duc, que j'ai été voir sur-le-champ, m'a assuré n'avoir pris aucun engagement avec le sieur Grandval, et m'a parlé avec beaucoup de chaleur de Bellecour que j'ai excusé de mon mieux. J'en ai pris occasion pour lui faire sentir que, si les comédiens s'écartaient de la subordination en sa présence, il devait comprendre combien j'étais peu le maître de leur en imposer, comme il me le recommandait souvent.

Samedi 5 mars. — Indépendamment de mon service ordinaire à Versailles, j'ai été fort occupé, ces jours-ci, de la fête de M. le maréchal de Richelieu, qui a eu lieu avant-hier, et pour laquelle je n'ai pas eu le moindre secours d'un seul homme de sa maison. Elle n'en a pas été moins brillante. Tous les spectacles, les musiciens, les 24 violons du Roi se sont empressés de donner, à cette occasion, des preuves de leur zèle pour M. le maréchal. Il y a eu spectacle avant et après souper, où tous les premiers acteurs et actrices se sont fait un plaisir de jouer. Pendant le souper, qui a été magnifique à toutes les tables, les 24 violons du Roi ont donné des sérénades. Le feu d'artifice a été bien exécuté et l'illumination très belle. J'ai épargné beaucoup d'argent sur ces deux objets à M. le maréchal; car, sans moi, ses gens lui auraient fait dépenser, très mal à propos, 7 ou 8 000 livres de plus. J'ai fait distribuer à tous les sujets, car ils ont déclaré qu'ils ne voulaient pas être payés, un grand nombre de sacs à ouvrage et de nœuds d'épée. J'oubliais de dire que la fête s'était terminée par un grand divertissement dans un palais de pierreries. Tel a été l'emploi de ma semaine qui a été assez fatigante.

Lundi 7. — J'ai encore eu, ces jours-ci, une continuité d'embarras au sujet de la retraite de la demoiselle Camille qui persiste à demander son congé, malgré tout ce que j'ai pu lui dire pour la détourner de cette sottise. Mais ce qui m'a le plus étonné, c'est que M. Cromot m'a assuré que M. le maréchal de Richelieu lui avait dit que c'était probablement moi qui m'opposais à la rentrée du sieur Véronèse. J'ai été, je l'avoue, très surpris que ce fût là le remerciement que me réservait M. le maréchal le lendemain de sa fête. Je ne vois pas sur quoi il a pu se croire fondé à me faire une aussi injuste tracasserie. Il est étonnant que ces Messieurs cherchent ainsi à se débarrasser des choses désagréables qu'ils décident eux-mêmes.

J'ai eu, ce matin, une assemblée avec ces Messieurs, chez M. le maréchal, au sujet des affaires des Comédies; mais, après bien des discussions, on a fini, comme d'ordinaire, par ne rien décider. J'ai cru devoir me plaindre de l'embarras où l'on m'avait mis vis-à-vis de M. Cromot, mais M. le maréchal, comme je m'y attendais bien, a nié le propos, et a même fort blâmé M. Cromot sur la lettre qu'il avait écrite à M. le duc de Duras. Je ne sais comment se terminera cette désagréable affaire.

Mardi 27. — Grande assemblée hier, chez M. le maréchal de Richelieu, où, enfin, l'on est parvenu à arranger à l'amiable les sieurs Grandval et Bellecour. J'ai vu M. Cromot qui insiste toujours pour la retraite de la demoiselle

Camille. Je crains que cette affaire ne le compromette beaucoup; j'en serais fâché pour lui, car il est mon ami.

Mardi 3 avril. — J'ai été plusieurs jours sans sortir de chez moi, ayant gagné un très gros rhume, il y a huit jours, à Choisy, en allant y savoir des nouvelles de Mme de Pompadour qui y est restée fort malade. MM. les Premiers Gentilshommes de la Chambre sont tous venus me voir et me parler d'autant des affaires des Menus. Hier, étant en état de sortir, je suis allé chez M. le duc d'Aumont qui m'a dit avoir engagé la demoiselle Camille à rester à la Comédie-Italienne, au moyen d'une démarche de politesse de la part de ses camarades. Il m'a chargé d'arranger cela.

J'ai convoqué tout de suite une assemblée après le spectacle; j'y ai fait part aux comédiens du désir qu'avait M. le duc d'Aumont que les choses se passassent de façon à ce que la demoiselle Camille pût rester parmi eux, sa perte ne pouvant qu'être très nuisible à leur théâtre. Je leur ai conseillé d'aller chez M. le duc d'Aumont pour le remercier de ce qu'il voulait bien s'occuper de cette affaire. De là, j'ai été chez Mlle Camille que j'ai trouvée bien éloignée de vouloir rentrer à la Comédie. Enfin, après deux heures de raisonnements, il a été convenu qu'elle rentrerait, moyennant que ses camarades lui écriraient une lettre en quelque sorte de réparation. Nous avons projeté cette lettre où j'ai tâché de ménager la délicatesse des uns et des autres, ainsi que la réponse qu'elle devait faire. Tout cela m'a mené jusqu'à minuit. J'ai trouvé ce matin, chez M. le duc d'Aumont, les comédiens italiens; j'y ai rendu compte de ce que j'avais fait hier, et je lui ai communiqué les deux lettres. Les comédiens ont fait semblant de signer de bonne grâce. Ainsi, je compte que c'est une affaire finie, j'en suis très aise pour M. Cromot, les comédiens et Mlle Camille.

Lundi 16. — J'ai été occupé, ces jours-ci, des arrangements et changements à faire aux Comédies pour leur rentrée; mais M. le duc de Richelieu et M. le duc de Duras ont eu la main forcée par plusieurs sujets, par la mauvaise habitude qu'ils leur laissent prendre de faire toujours des représentations sur les moindres objets, ce qui me confirme de plus en plus qu'ils ne devraient point se mêler des affaires intérieures des Comédies. J'ai reçu hier, à minuit, la malheureuse nouvelle de la mort de Mme de Pompadour, que je regrette infiniment, car elle m'avait toujours comblé de bontés.

Jeudi 31. — J'ai rendu compte à M. le maréchal de Richelieu, qui est à Bordeaux, courrier par courrier, de nouvelles tracasseries aux Comédies, des difficultés que fait sans cesse le sieur Vestris, qui n'est jamais content de son sort, et qui ne fait qu'ameuter les sujets. J'ai aussi vu M. le duc de Duras qui m'a chargé de projeter de nouveaux règlements. Je crains bien que ce ne soit du temps perdu pour moi; car, quand ils seront faits, ils ne seront pas plus exécutés que les autres. Par le compte des comédiens italiens, que j'ai examiné ces jours-ci, j'ai vu que je leur ai fait payer, sur leurs anciennes dettes, dans le courant de l'année dernière, 81 860 livres. J'espère que, d'ici à trois ou quatre ans, ils ne devront plus rien. Du reste, si le public va toujours avec la même fureur à ce spectacle que j'ai remonté, leur sort deviendra très considérable; mais ils n'en seront pas plus reconnaissants pour cela.

Mardi 17 juillet. — Il y a eu beaucoup de tumulte à la

Comédie-Française sur l'ordre donné aux semainiers de rendre compte par écrit des affaires traitées dans leur semaine, ainsi que de tout ce qui pourrait arriver de contraire au bon ordre, aux règlements et à la police intérieure de leurs spectacles. Tous les semainiers refusent d'exécuter cet ordre, sous prétexte que c'est mettre la zizanie dans la troupe, prétexte qui n'a sa source que dans leur esprit d'insubordination. J'ai informé de leur refus M. le duc de Duras qui leur a écrit une lettre très vive. Je souhaite qu'elle ait le succès qu'il s'en promet.

Lundi 30. — J'ai été à l'assemblée des comédiens français chez M. le duc de Duras. Il y a été décidé qu'il serait établi un comité de huit personnes qui se rendraient, une fois par semaine, chez lui, pour y régler toutes les affaires de finance, de police intérieure et extérieure de ce spectacle. Cela sera très bien, si M. le duc de Duras ne s'en dégoûte pas bientôt, comme je le crois.

Lundi 6 août. — Avant-hier, grand comité des comédiens français chez M. le duc de Duras, où il a été convenu des matières qui seraient traitées dans le comité pour le rétablissement du bon ordre. Si cela peut tenir, je serai débarrassé d'une infinité d'affaires ennuyeuses et de pertes de temps. M. le duc de Duras m'a chargé d'écrire de sa part à M. Mesnard, pour l'informer que les échevins de Marseille ont fait arrêter un comédien muni d'un ordre de MM. les Premiers Gentilshommes pour se rendre ici, ce qui ne s'est jamais fait[2].

---

1. Premier commis de la Maison du Roi.
2. Le droit de la Comédie-Française de prendre dans les théâtres de province tous les sujets à sa convenance, et à toute époque, en dépit des engagements antérieurs contractés par ces sujets, n'est écrit dans aucun arrêt ou rè-

J'ai fait part, hier, à M. le duc de Duras, de la réponse de M. Mesnard, par laquelle M. de Saint-Florentin pense que les échevins de Marseille sont dans leur droit, et que MM. les Premiers Gentilshommes de la Chambre n'ont pas celui de faire venir un sujet de province quand il a un engagement. Cela paraît assez juste, mais c'est une discussion dont je tâcherai de ne pas me mêler, si c'est possible.

Dimanche 12. — Je suis revenu, avant-hier, de Fontainebleau où, après examen des décorations et de longues discussions, je suis convenu avec les entrepreneurs de ne faire, pour le prochain voyage, que le strict nécessaire. J'ai recommandé aux peintres de chercher les moyens de faire mieux tenir les couleurs sur leurs toiles, car il faut y retoucher presque toutes les fois qu'on s'en sert. J'ai été hier à l'assemblée des Français où j'ai vu les bons effets de l'établissement du comité. Je souhaite que cela dure.

Dimanche 19. — La semaine s'est passée en grande partie en assemblées de comédiens chez M. le duc de Duras, où il a été arrêté assez inutilement plusieurs règlements qui ne sont que la répétition des anciens. M. de Duras a fait aussi une distribution des rôles de Molière, ce qui a donné beaucoup d'humeur à la demoiselle Lekain, qui ne se trouve point comprise à son rang et qui a menacé de demander son congé. M. le duc de Duras s'est mis fort en colère; cependant les camarades de la demoiselle Lekain disent qu'elle a raison.

Mercredi 29. — J'ai été à Versailles, pour faire délivrer

glement. Il était seulement passé en usage et nous le voyons pratiqué au XVIIe siècle, notamment pour Beauval qu'un ordre du Roi enleva au théâtre de Mâcon, en 1670.

On voit qu'à l'époque où nous sommes les municipalités se montraient moins dociles aux ordres des Premiers Gentilshommes de la Chambre, et prétendaient à juste titre faire respecter les engagements des acteurs attachés à leurs théâtres.

les différents effets pour l'établissement de la chambre de Mgr le comte d'Artois [1], qui est passé dimanche dernier aux hommes. Le Roi devant poser la première pierre de l'église de Sainte-Geneviève, à Paris [2], j'ai fait des recherches pour savoir si les Menus fournissaient la truelle pour le Roi. Nous avons trouvé que, lors de la pose de la première pierre de l'église Saint-Louis à Versailles, c'était M. Orry [3], Contrôleur général, et en même temps Directeur général des bâtiments, qui avait fait faire toutes les choses nécessaires pour cette cérémonie, et les avait présentées, conjointement avec M. Mansard, premier architecte du Roi, auquel Sa Majesté en avait ensuite fait présent. Ainsi cela ne nous regarde en rien.

Dimanche 30 Septembre. — J'ai proposé à M. le duc d'Aumont, qui l'a agréé, de faciliter le service des voitures de la Cour pour l'Opéra et la Comédie, en faisant partir les sujets la veille des spectacles, et de leur accorder à chacun 6 livres pour coucher à Essonnes [4]. Au moyen de cet arrangement, il en coûtera 1200 ou 1500 livres, mais on épargnera sur les relais 6 à 7000 livres. J'ai, en conséquence, remis aux Comédies, aux Surintendants et aux fermiers des voitures, des états pour la marche de chaque jour de spectacle. M. de Saint-Florentin a été très content de ce travail qui n'a jamais été fait. Il m'a promis de venir à la première répétition de Fontainebleau, pour notifier lui-même aux sujets de l'Opéra que l'intention du Roi est que le service de la Cour et celui de Paris se fassent sans difficultés de la part de qui que ce soit.

1. Le comte d'Artois était né en 1757.
2. Cette cérémonie eut lieu le 6 septembre suivant.
3. Orry fut Contrôleur général de 1730 à 1745.
4. Petite ville de Seine-et-Oise, canton et arrondissement de Corbeil.

Samedi 6 octobre. — J'ai eu l'honneur de présenter au Roi, à son arrivée à Fontainebleau, et à toute la famille royale, les répertoires imprimés, et j'en ai fait distribuer à toute la Cour. Tout le monde a été fort sensible à cette attention. J'ai eu l'occasion de recevoir de Madame Victoire les remerciements les plus agréables devant tout le monde sur les soins que je me suis donnés, depuis un mois, pour faire entrer, mais non sans peine, à la musique du Roi, le sieur Antoine, son protégé. Hier, on a ouvert le théâtre par l'*Homme singulier* et le *Cercle* [1] dont on a été content, malgré un petit embarras qui m'a d'abord fort inquiété. La demoiselle Hus [2], ayant bu en chemin du vin rouge mêlé de vin blanc, par erreur de son domestique, est arrivée, avec les sieurs Brizard [3] et Molé, complètement dans les vignes de seigneur, et prétendant que ceux-ci l'avaient empoisonnée. Ce n'est qu'à force de café que j'ai pu parvenir à la mettre en état de paraître sur le théâtre. J'avais prévenu le Roi et la Reine de ce petit incident. Cela les a divertis, d'autant que la peur et la présence du public lui ont remis assez bien la tête et qu'elle a joué fort gaiement.

Lundi 8. — Spectacle avant-hier samedi, comédie italienne et opéra-comique. Le sieur Préville est arrivé, pendant la nuit de samedi à dimanche, pour m'annoncer que le sieur Lekain était dangereusement malade et ne serait pas en état de jouer pendant tout le voyage. Je me suis levé tout de suite pour travailler avec le sieur Préville à un nouveau ré-

---

1. *L'Homme singulier*, comédie en 5 actes, en vers, par Destouches, 1747. — *Le Cercle ou la Soirée à la mode*, comédie en un acte, en prose, de Poinsinet, 1764. Cette pièce est dédiée à La Ferté.

2. Née en 1734, reçue en 1753, retirée en 1780, morte en 1805. Elle paraît avoir plus brillé par la beauté que par le talent.

3. Brizard, né en 1721, avait débuté en 1757. Il tenait avec succès l'emploi des Pères nobles. Retiré en 1786, mort en 1791.

pertoire, et changer, en conséquence, tout l'ordre des spectacles, ce qui nous a donné beaucoup d'occupation jusqu'à sept heures du matin. J'ai eu l'honneur de présenter, hier soir, au Roi et à la famille royale le nouveau répertoire que j'ai fait faire à la main. Mme la Dauphine m'ayant témoigné beaucoup de regrets sur ce que la maladie du sieur Lekain la priverait de voir *Olympie*[1], j'ai eu l'honneur de l'assurer que je chercherais tous les moyens de la satisfaire. Les sujets de l'Opéra sont arrivés aujourd'hui à deux heures pour la répétition du spectacle de demain. Vestris a fait beaucoup de bruit, prétendant être logé et voituré d'une manière plus distinguée que ses camarades. J'ai été obligé de sévir un peu contre lui, car il est toujours le chef de la meute.

Dimanche 21. — On a exécuté, jeudi dernier, l'opéra de *Titon et l'Aurore*, dont on a, en général, été très satisfait, surtout de la partie des habits et des décorations, et principalement du char de l'Aurore qui traversait les airs et dont les roues mouvantes étaient garnies de diamants. Le trône de l'Amour, dans la gloire, était aussi tout en pierreries, recouvert par un baldaquin enrichi de même, avec des rideaux relevés et soutenus par des Amours. Les cassolettes et autres accessoires étaient de même ornés de diamants. La cour de l'Amour était composée de différentes divinités groupées sur des nuages, le tout avec des petits Amours répandus dans les différentes parties de la décoration. Cette machine descendit du cintre sur le théâtre avec justesse et précision. Vendredi l'on a fait la répétition du *Dormeur éveillé*,

---

1. Tragédie de Voltaire jouée cette année même au Théâtre-Français, où elle réussit, malgré son insigne faiblesse.

de M. de La Borde [1], et, hier, on a donné une comédie italienne avec un opéra-comique.

Dimanche 28. — On a joué, jeudi dernier, pour la seconde fois, *Titon et l'Aurore*, qui a fait autant de plaisir que la première, et hier, le *Dormeur éveillé*, qui n'a pas eu le même succès, quoique l'on n'eût rien épargné du côté des ballets, des habits, et des décorations. Le Roi, à sa toilette, m'a fait l'honneur de me faire plusieurs questions relatives aux spectacles, et à la fatigue que cela devait me donner, en me disant que je devais être même fatigué de recevoir, après les spectacles, tant de monde à souper. Sa Majesté paraît s'amuser beaucoup de ces spectacles, ce qui ne peut manquer de faire grand effet pour les talents. J'ai fait donner de l'argent aux sujets, ce qui les a mis de bonne humeur. J'ai écrit à M. le duc d'Aumont pour lui rendre compte de ce qui s'est passé ici depuis son départ, et de différents projets que j'ai imaginés pour le bien du service, et un, entre autres, pour les catafalques qui consisterait à construire, à présent que nous avons un grand magasin, une espèce d'église portative, qui pût servir à Paris et à Saint-Denis, avec tous les accessoires nécessaires à ces lugubres cérémonies, ce qui éviterait, par suite, des dépenses considérables, surtout pour les tentures.

Mercredi 31. — La mort du sieur Slodtz [2], dessinateur du cabinet du Roi, a attiré ici un grand nombre d'artistes, qui ont chacun leur protecteur. Mais il paraît que MM. les Premiers Gentilshommes de la Chambre sont pour le sieur

---

1. L'auteur des paroles de cette comédie en 2 actes, mêlée d'ariettes, a gardé l'anonyme.
2. Le sculpteur Slodtz était né en 1703. Ses principaux ouvrages sont à Rome.

Boquet, qui est réellement le vrai dessinateur, et qui, depuis nombre d'années, conduit cette partie pour les habits. M. le maréchal de Richelieu, qui est très occupé de son année, ne cesse de me témoigner ses regrets sur ce que la petitesse de la salle ne lui permet pas de faire exécuter ici tous les grands opéras qu'il désirerait. Peut-être viendra-t-il à bout de déterminer le Roi à faire agrandir le théâtre, ce qui serait fort heureux pour le service et la conservation des décorations, habits et autres accessoires.

Mercredi 7 novembre. — M. le duc d'Aumont m'a dit, en arrivant ici, que, quoique sa première idée fût de donner la place de dessinateur du Roi au sieur Boquet, il avait changé d'avis, et voulait prendre le sieur Challe, peintre en architecture de l'Académie [1], ce qui serait beaucoup plus honorable pour les Menus. Toutes les personnes des Menus, machinistes et autres, sont au désespoir de ce changement et veulent tous quitter. Je n'ai été occupé, ces jours-ci, qu'à les calmer. Malgré cela, M. le duc d'Aumont, que j'ai revu plusieurs fois, persiste dans son sentiment. Ce ne sont qu'allées et venues continuelles chez moi, qui m'embarrassent d'autant plus que je suis surchargé d'ouvrage pour les préparatifs du départ et les états qu'il faut faire en conséquence.

Lundi 12. — Les spectacles se sont terminés à Fontainebleau le jeudi 8. L'affaire du dessinateur du cabinet du Roi est un peu plus embrouillée, ces Messieurs étant d'avis différents, ce qui m'a occasionné beaucoup de courses inutiles. Mais elles ne sont rien en comparaison de celles que j'ai faites

---

1. Il professait la perspective à l'Académie. Né en 1718, mort en 1778.

nuulement pour obtenir des fonds. Je voulais faire partir tous les sujets après le dernier spectacle pour éviter deux jours de paie au Roi. Je me suis vu obligé de faire pour 11 000 livres de lettres de change, pour l'argent que j'ai pu ramasser à Fontainebleau, chose aussi extraordinaire qu'incroyable. Ainsi, je puis dire que j'ai été tourmenté de toutes les façons pendant ce voyage; mais, au moins, j'ai mis toute la besogne au courant. Si quelque chose a pu me dédommager de toutes mes peines, c'est la bonté avec laquelle le Roi m'a témoigné avant-hier sa satisfaction, ainsi que la famille royale, en allant prendre congé. Mme la dauphine m'a renouvelé les remerciements qu'elle avait bien voulu me faire déjà plusieurs fois sur la réussite de deux affaires qu'elle m'avait fait l'honneur de me recommander. M. le maréchal de Richelieu, qui m'avait fait faire un mémoire sur la nécessité d'une autre salle à Fontainebleau, m'a mis aux prises avec M. Gabriel, premier architecte du Roi. Mais celui-ci m'a démontré que la construction de cette salle entraînerait d'autres travaux pour conserver l'harmonie des bâtiments. Il en résulterait une dépense trop considérable pour qu'elle puisse se faire en ce moment. Je suis de retour ici d'hier au soir avec toutes mes paperasses qui vont m'occuper d'une autre manière.

Lundi 19. — J'ai été, depuis mon retour, aux assemblées des deux Comédies où j'ai trouvé tout en bon ordre. Les Italiens font un argent immense. Je leur ai dit que je craignais qu'en cherchant trop à gagner, ils n'excitassent beaucoup de jalousie de la part des Français. Cette réflexion ne leur a pas plu. J'ai fait, avec les uns et les autres, le répertoire de la Cour pour le reste de cette année. M. le maréchal me presse pour celui de l'année prochaine. Il m'a fait mander chez lui nombre de musiciens et d'auteurs pour les exhorter, les uns et les autres, à travailler pour son année.

Lundi 26. — J'ai été samedi à l'assemblée de la Comédie-Italienne et je leur ai fait ôter de leur répertoire une pièce de chant pour le dimanche, en leur représentant qu'à force de vouloir gagner de l'argent, ils s'exposaient à mettre l'Opéra dans le cas de leur retirer leur privilège à la fin du bail. M. le maréchal de Richelieu et M. le duc de Duras, chez lesquels ils ont été hier matin, leur ont dit la même chose, en leur faisant sentir la nécessité, pour leurs intérêts mêmes, de ménager davantage l'Opéra. Ils y ont consenti, mais à grand regret. J'ai établi, d'après l'avis de ces Messieurs, pour la Comédie-Italienne, un comité à l'instar de la Comédie-Française, pour rendre compte de toutes les affaires, ce qui n'est pas trop de leur goût. Mais il faudra bien qu'ils en passent par là.

Samedi 15 décembre. — Lundi dernier, à l'assemblée de MM. les Premiers Gentilshommes de la Chambre, il a été décidé, après bien des débats, qu'ils proposeraient au Roi le sieur Challe pour la place de dessinateur du cabinet, pour celle de dessinateur en chef des habits, des fêtes et cérémonies, le sieur Boquet, et pour le sieur Girault, la survivance de celle de machiniste du Roi qui appartient au sieur Arnoult.

ANNÉE 1765

EXERCICE DE M. LE MARÉCHAL DE RICHELIEU

Vendredi 4 janvier. — M. le maréchal m'a chargé de prévenir les comédiens français qu'il voulait faire changer les jours de spectacle à la Cour, où ils iraient le samedi. J'ai fait tout ce que j'ai pu pour l'en dissuader. Les comédiens en ont été fort affligés; ils commencent par obéir, mais ils se réservent de faire des représentations qui me paraissent très fondées. M. le duc d'Aumont m'a donné l'ordre de faire donner dorénavant 200 livres de bougies d'étrennes à M. Hamelin, premier commis de M. de Boulongne.

Lundi 7. — Les comédiens français, malgré toutes leurs représentations, ont été forcés de jouer avant-hier, samedi, à Versailles, *Athalie*. Mlle Dubois [1] a fait croire à M. le maréchal qu'elle avait passé la nuit pour apprendre son rôle; il lui a, en conséquence, promis une gratification de 600 livres. Les comédiens en ont eu encore plus d'humeur, disant que cela était d'autant plus mal placé qu'il y avait plus d'un an qu'on l'avait prévenue de se tenir prête pour ce rôle.

---

1. Elle jouait le rôle de Josabeth. Ce rôle a 175 vers.

J'ai été chez M. le duc de Duras, qui m'a témoigné beaucoup d'humeur, en présence de M. le duc de Villequier, de l'affaire de la Comédie-Française, en me disant que le public se plaignait hautement d'avoir été privé de spectacle samedi ; que, quant à lui, il s'opposait formellement à la gratification promise à la demoiselle Dubois, et qu'il me chargeait d'en prévenir M. le maréchal. Je ne sais comment se terminera cette misérable tracasserie.

Samedi 19. — Quoique j'aie eu quelques accès de fièvre, causés surtout par l'agitation continuelle où je suis, je n'en ai pas moins fait mon service ordinaire. J'ai eu une querelle assez vive avec les demoiselles des spectacles, les ayant obligées de rendre tous les effets dépendant de leur habillement, et cela pour éviter de nouvelles dépenses lorsque l'on redonne les ouvrages. J'ai engagé M. le maréchal à donner toujours deux fois les actes d'opéra, afin de faire servir les habits et accessoires une seconde fois. Il y a consenti. Je l'ai prié également de se prononcer sur les spectacles qu'il désirait faire donner à la Cour dans cette année, afin que l'on pût s'en occuper de bonne heure et avec économie pour les intérêts du Roi.

Lundi 28. — J'ai été fort contrarié, la semaine dernière, par toutes les variations qui se sont produites relativement aux spectacles de la Cour, à cause du voyage du roi à Marly et à Choisy. M. le maréchal m'a envoyé plusieurs courriers pour demander et ensuite contremander divers spectacles, ce qui m'a occasionné autant de courses à la Comédie-Française et à la Comédie-Italienne. M. le maréchal ayant demandé *Amour pour amour*[1] avec des divertissements, il a

---

1. Comédie en 3 actes, en vers libres, avec prologue et divertissement, par La Chaussée ; Théâtre-Français, 1742.

fallu, en moins de trois jours, préparer des décorations en conséquence, faire vingt-quatre habits neufs, préparer les états des sujets, les billets de voiture, etc. Ce spectacle a eu lieu, mercredi 23, avec trois divertissements. Le Roi y est venu. J'ai tenu la main à ce que les sujets rendissent tout ce qui dépendait de leur habillement, à l'exception des bas, souliers et gants qui leur doivent reservir, ainsi que je l'ai établi, une seconde fois. Cela a donné lieu à l'emprisonnement du sieur Guérin[1], musicien du Roi, qui m'avait demandé avec beaucoup d'arrogance le paiement de son voyage. J'ai eu beaucoup de peine à faire abréger le temps de sa prison. Cet exemple fait par MM. les Premiers Gentilshommes a produit son effet sur le corps de la musique, qui manque un peu de subordination. Au reste, les musiciens m'ont amené leur camarade pour me faire des excuses, et pour me remercier de ce que j'avais fait abréger le temps de sa punition. J'ai encore une nouvelle affaire avec M. le prince de Condé qui m'a chargé de demander en son nom, à MM. les Premiers Gentilshommes de la Chambre, 4 000 livres d'appointements à la Comédie Italienne pour l'année prochaine, en faveur du sieur Trial[2].

Vendredi 1ᵉʳ février. — J'ai travaillé avec M. le duc d'Aumont qui m'a donné des ordres par écrit pour prêter des habits des Menus à la Comédie-Française. J'ai été à l'assemblée du conseil de la Comédie-Française où il était question de faire l'acquisition d'une maison près de leur théâtre et de porter en conséquence le fonds des comédiens de 8 000 livres à 13 000 livres.

1. Guérin chantait les basses tailles.
2. Trial avait débuté avec succès l'année précédente au Théâtre-Italien.

Lundi 11. — Il est question, dans ce moment-ci, d'une grande affaire, relativement au bail de l'Opéra-Comique. J'en ai parlé à M. Rebel de la part de M. le maréchal de Richelieu ; mais, après une conversation de trois heures, avant-hier, il a toujours exprimé la résolution de ne pas renouveler le privilège, vu le tort que ce théâtre fait à l'Opéra. J'en ai instruit successivement M. le duc d'Aumont et M. le duc de Duras. Ce dernier s'est mis fort en colère et m'a dit qu'il ne donnerait aucune gratification aux sieurs Rebel et Francœur pour son année. M. le duc de Duras m'a appris que, M. le duc d'Aumont ayant une loge particulière aux spectacles, M. le maréchal voulait que l'on partageât en deux l'ancienne loge de MM. les Premiers Gentilshommes à la Comédie-Française et à la Comédie-Italienne. Je crains bien que cela ne devienne un nouveau sujet de discussion entre ces Messieurs, qui trouvent très mauvais que M. le duc d'Aumont se soit fait donner des loges particulières sans les payer. J'ai aussi reçu l'ordre de M. le duc d'Aumont de faire travailler le sieur Bocciardi, sculpteur[1], dans les Menus, quoiqu'il n'y ait rien à faire.

Dimanche 17. — J'ai été fort occupé, tous ces jours-ci, de l'affaire de l'Opéra-Comique. Les comédiens italiens sont venus me prier de faire pour eux tous les arrangements que je croirais nécessaires pour la réussite de cette affaire dont ils sont fort inquiets. J'ai reçu à cette occasion, plusieurs fois, MM. les Premiers Gentilshommes de la Chambre qui sont très mécontents du sieur Rebel, lequel persiste à ne pas vouloir renouveler le bail. Je leur ai conseillé de parler direc-

---

1. Bocciardi fut, en effet, chargé des figures décoratives des pompes funéraires qui eurent lieu à cette époque. Il eut le titre de sculpteur des Menus Plaisirs.

tement de cette affaire à M. de Saint-Florentin. M. le duc de Duras se propose d'en parler aussi au Roi. M. le maréchal m'a beaucoup entretenu du projet qu'il a imaginé pour réunir l'Opéra à leur administration ; mais je ne pense pas du tout que le ministre veuille se dépouiller pour ces Messieurs. Quant à moi, j'ai assez de besogne pour ne pas désirer un pareil surcroît d'embarras.

Dimanche 24. — Cette semaine a été très agitée, car, M. le maréchal changeant de projet du soir au lendemain, ce sont des courses sans fin de ma part, et des allées et venues perpétuelles des courriers. Les comédiens sont dans le plus grand chagrin, et le public de Paris se plaint hautement du trouble apporté dans les spectacles. On a donné à la Cour, jeudi, le *Siège de Calais*[1] qui a eu un succès égal à celui qu'il a eu, il y a quelques jours, à Paris. Le Roi a redemandé cette pièce, et j'ai reçu l'ordre de donner à M. de Belloy, qui en est l'auteur, une grande médaille d'or. L'essai des décorations de M. Challe, dans cette pièce, n'a pas été heureux.

M. le duc d'Aumont est venu me voir, ce matin ; il m'a beaucoup parlé, en son nom et au nom de M. le duc de Duras, du projet de la réunion de l'Opéra aux Menus, en m'exhortant fort de m'occuper des moyens de faire réussir ce projet. Mais, outre que je suis sûr qu'il ne pourrait aboutir, et que jamais le ministre ne consentira à abandonner la direction de ce spectacle à MM. les Premiers Gentilshommes, qui ont bien de la peine à se mettre d'accord sur l'administration beaucoup moins compliquée des deux Comédies, je ne me soucie nullement de me fourrer dans les

---

1. Représentée le 13 février au Théâtre-Français avec un succès d'enthousiasme que la postérité n'a pas ratifié.

tracasseries qui résulteraient d'une pareille prétention[1].

Dimanche 10 mars. — J'ai été, le soir, à la Comédie-Française, où M. le duc de Fronsac a remis à M. de Belloy la belle médaille d'or qui lui était destinée, ce qui a attiré beaucoup de monde au foyer. On a fort applaudi à la récompense du Roi, et félicité l'auteur.

Dimanche 17. — MM. les Premiers Gentilshommes de la Chambre m'ont chargé de faire partir le sieur Razetti, musicien[2], pour aller chercher à Naples, dans le conservatoire, des sujets pour la chapelle du Roi. J'ai remis, en conséquence, au sieur Razetti des lettres pour les différents ambassadeurs en Italie, et lui ai recommandé surtout beaucoup d'économie dans ce voyage, comme une chose qui lui ferait honneur. M. le duc de Duras s'est rendu, lundi dernier, à l'assemblée des comédiens français, ainsi que moi, au sujet du refus que le sieur Dubois, comédien, faisait de payer son chirurgien[3]. Celui-ci a lâché un mémoire qui a fort chagriné la Comédie, prétendant que l'état de comédien les mettait hors du privilège de pouvoir affirmer en justice. M. le duc de Duras a obligé le sieur Dubois à payer, et le chirurgien a promis de supprimer son mémoire.

Une autre affaire, non moins sérieuse, est une plainte qu'avait faite Mlle Clairon contre M. Fréron[4]. J'ai remis à

---

1. Ce fut cependant ce qui arriva. En 1778 et en 1780, de La Ferté fut chargé de la direction de l'Opéra, sous les ordres du ministre de la Maison du Roi. Sa seconde direction dura plusieurs années.

2. L'un des violons de l'orchestre de l'Opéra.

3. Dubois avait débuté et avait été reçu en 1736. Il remplissait dans le *Siège de Calais* le rôle de Mauny, chevalier anglais. Le chirurgien qui l'avait soigné s'était plaint à la Comédie de ne point avoir été payé.

4. Dans l'article dont il s'agit, Fréron, sous prétexte de faire l'éloge de Mlle Doligny, avait fait, sans la nommer toutefois, une satire sanglante de Mlle Clairon.

l'assemblée une lettre de M. le maréchal et une de M. de Saint-Florentin, et une troisième de M. Fréron, par laquelle il déclare n'avoir point entendu parler, dans ses feuilles, de Mlle Clairon, ni des comédiens. Ce désaveu était appuyé de la lettre du ministre qui annonçait que le Roi avait ordonné que le sieur Fréron serait mis en prison, Sa Majesté n'entendant pas que l'on insulte aucun de ses sujets; mais que, vu le désaveu par écrit du sieur Fréron, le Roi lui avait fait grâce, à la recommandation du Roi de Pologne et de la Reine. Mlle Clairon, satisfaite, a seulement demandé qu'il en fût fait mention sur les registres. On a donné, ce soir, le *Siège de Calais*, gratis. Le peuple a été fort content et a crié. Vive le Roi! J'ai reçu, hier, l'ordre d'un bracelet avec le portrait de Madame Victoire, enrichi de diamants.

Dimanche 24. — Les comédiens français ont fait la clôture des spectacles de la Cour par le *Siège de Calais*, et les comédiens Italiens par *Tom Jones* [1]. A mon retour à Paris, j'ai trouvé les Italiens fort affligés du refus que M. l'archevêque avait fait à M. le maréchal de Richelieu et à M. le duc de Duras de la permission de les laisser jouer pendant la semaine de la Passion. Je trouve que, dès que ce prélat a été consulté, il ne pouvait répondre autrement; et après cette démarche je pense qu'il n'y a plus lieu d'espérer que l'on puisse, par la suite, faire changer d'avis à M. de Beaumont.

Dimanche 14 avril. — Nous avons eu plusieurs assemblées, chez M. le maréchal, au sujet de la discussion du sieur Dubois avec son chirurgien. Cette affaire a continué d'exciter une grande rumeur dans la Comédie, et beaucoup de propos

---

1. Comédie lyrique en 3 actes, imitée du roman de Fielding, paroles de Poinsinet, musique de Philidor, Théâtre-Italien, 1765.

désagréables dans le monde contre les comédiens. M. le maréchal, cédant aux vives sollicitations de M. le duc de Duras, s'est décidé à donner son congé au sieur Dubois, avec une pension de 1 500 livres [1]. Le sieur Blainville [2] a eu aussi son congé, avec l'ordre aux comédiens de lui accorder néanmoins une indemnité, pour lui donner le temps de trouver une place ailleurs.

Vendredi 19. — Il s'est passé, à la Comédie, un événement sans précédent, et qui a fait beaucoup de bruit dans le public. M. le maréchal m'ayant donné un ordre pour que les comédiens eussent à jouer, lundi dernier, le *Siège de Calais*, avec le sieur Dubois, cela a mis la plus grande consternation dans la troupe, chacun m'ayant annoncé qu'il renoncerait plutôt à la Comédie que de jouer avec lui. J'ai fait tout ce qui était humainement possible pour les déterminer à se soumettre, mais je n'y ai point réussi. J'ai engagé quelques comédiens à m'accompagner chez M. le duc de Duras, qui n'a pas été plus heureux que moi. M. le duc d'Aumont, que j'avais fait prévenir, m'a fait dire qu'il me conseillait d'engager les comédiens à jouer au moins une pièce quelconque. J'ai fait courir après les comédiens qui se sont rendus, en partie, à la Comédie sur les cinq heures. Mes nouvelles exhortations n'ont pas eu plus de succès; tout était en combustion. Il m'a fallu répondre à tout le public que la nouveauté de cet événement attirait dans les foyers, blâmer les comédiens, et calmer autant que j'ai pu tout le monde. Avec le peu de comédiens rassemblés, on n'a trouvé que le *Joueur* à donner. J'ai voulu faire annoncer cette pièce; mais les cris, les

---

1. Il eut, outre ces 1 500 livres, 300 livres d'augmentation pour avoir formé une élève, sa fille.
2. Blainville avait débuté en 1757 et avait été reçu l'année suivante.

huées, les sifflets et les invectives se sont fait entendre de tous les côtés. Le public a renvoyé les acteurs, en demandant à grands cris le *Siège de Calais*. Les comédiens, après s'être retirés, ont tenté, à ma sollicitation, de reparaître une seconde fois. La fureur du public a été encore plus grande. J'ai fait baisser la toile, et je me suis retiré en m'estimant heureux qu'il n'y ait pas eu de scène plus tragique. J'ai envoyé un courrier à M. le maréchal pour lui rendre compte de cet événement; j'ai été aussi chez M. le duc d'Aumont et M. le duc de Duras, et ensuite chez M. de Sartines. Il a arrêté que les comédiens qui devaient jouer le *Siège de Calais* iraient en prison[1]. J'ai été occupé jusqu'à dix heures du soir de courses pour cette misérable affaire, ainsi que tout le mardi. Tous ces Messieurs ont été d'avis qu'il fallait que les comédiens reprissent leur service pour le mercredi. Mon avis a été qu'au lieu du compliment ordinaire de rentrée, les comédiens devaient faire des excuses au public. J'ai engagé le sieur Bellecour à se charger de cette corvée. M'étant rendu de bonne heure, le mercredi, à la Comédie, j'ai trouvé M. le lieutenant de police qui donnait tous les ordres nécessaires pour éviter la cabale et le bruit. Voici les excuses que le sieur Bellecour a adressées au public :

« Messieurs, c'est avec la plus vive douleur que nous nous présentons devant vous. Nous ressentons avec la plus grande amertume le malheur de vous avoir manqué. Notre âme ne peut être plus affectée qu'elle l'est du tort réel que nous avons. Il n'est aucune satisfaction que l'on ne vous doive.

---

1. Brizard, Dauberval, Lekain, Molé et Mlle Clairon furent, en effet, incarcérés au Fort-Lévêque. On faisait sortir ceux qui jouaient le soir, et on les reconduisait à la prison après le spectacle.

Nous attendons avec soumission les peines qu'on voudra bien nous imposer et qui ont été déjà imposées à plusieurs de nos camarades. Notre repentir est sincère, et ce qui ajoute encore à nos regrets, c'est d'être forcés de garder au fond de nos cœurs les sentiments de zèle, d'attachement et de respect que nous vous devons et qui doivent vous paraître suspects dans ce moment-ci. C'est par nos soins et les efforts que nous ferons pour contribuer à vos amusements, que nous espérons vous ôter jusqu'au souvenir de notre faute, et c'est des bontés et de l'indulgence dont vous nous avez tant de fois honorés que nous attendons la grâce que nous vous demandons et que nous osons vous supplier de nous accorder. »

Ce discours, qui fut écouté avec la plus grande attention, fut fort applaudi, et le public, d'ailleurs informé que Mlle Clairon s'était rendue en prison, quoique malade, demeura très tranquille et applaudit les acteurs à son ordinaire. Une seule voix demanda, à l'annonce, le *Siège de Calais*, mais le parterre imposa silence. La présence de M. de Sartines fit très bien. Les sieurs Lekain et Molé, qui s'étaient tenus cachés, ayant appris que Mlle Clairon était en prison, s'y sont rendus aussi le soir même. Il y a eu grand concours à la prison, même de dames de distinction, qui ont été faire visite à Mlle Clairon.

Vendredi 26. — La grande affaire des comédiens m'a presque continuellement occupé tous ces jours-ci. MM. les Premiers Gentilshommes de la Chambre, fort embarrassés par le partage des opinions du public et les intrigues du sieur Dubois et de sa fille, se sont assemblés plusieurs fois. Les comédiens persistent dans leur parti de se retirer plutôt que de jouer avec le sieur Dubois. J'ai été chargé de négocier avec les uns et avec les autres, mais je l'ai fait sans succès. MM. les Premiers Gentilshommes de la Chambre se sont décidés à se rendre à Versailles pour porter l'affaire à la connaissance du Roi. Sa Majesté a été d'avis qu'il fallait renvoyer le sieur Dubois, continuer la prison des comédiens qui avaient désobéi au maréchal de Richelieu, et les faire jouer au moins une fois avec le sieur Dubois. Sur la représentation faite par M. le duc d'Aumont qu'il était à craindre que, si l'on forçait les comédiens à jouer avec le sieur Dubois, ils ne commissent une faute encore plus grave que la première, le Roi a laissé ces Messieurs maîtres de faire ce qu'ils jugeraient le plus convenable, suivant les circonstances, et a ordonné l'élargissement de Mlle Clairon, vu sa mauvaise santé. Elle est sortie le soir même, mais M. de Sartines a fixé à six le nombre des personnes qu'elle pourrait recevoir, pendant le temps que sa maladie l'obligera de garder la maison. Je l'ai vue et l'ai trouvée très fâchée du traitement qu'on lui avait fait en prolongeant sa prison de plus de deux jours, trouvant d'ailleurs sa punition juste et même nécessaire pour l'exemple. Elle a ajouté qu'elle avait bien voulu se sacrifier dans cette occasion, en paraissant être à la tête du parti que l'on a pris, pour sauver ses camarades d'une plus grande sottise qui eût perdu la Comédie; qu'au reste elle pensait que ses camarades devaient toutes les réparations que MM. les supérieurs pouvaient exiger d'eux, excepté celle de jouer avec le sieur Dubois, parce qu'elle était sûre qu'ils renonceraient plutôt au théâtre. M. le duc d'Aumont et M. le duc de Duras, auxquels j'ai rendu compte de toutes ces choses, m'ont chargé de nouveau de négocier de mon mieux. J'ai vu, en conséquence, les comédiens qui ont consenti à écrire la lettre ci-après à M. le maréchal de Richelieu :

« Monseigneur,

« Nous permettrez-vous de mettre sous les yeux de Votre Grandeur la douleur dont nous sommes tous pénétrés? Voudrez-vous bien recevoir, avec la bonté dont vous nous avez tant de fois honorés, les assurances du regret le plus sincère; et ne pouvons-nous espérer de cette bonté que vous daignerez perdre le souvenir de notre faute? Nous ne réfléchissons qu'avec la peine la plus vive sur le malheur que nous avons eu de vous manquer, Monseigneur, aussi bien qu'à Mgr le duc de Duras. Nous sentons combien vous devez être irrités, combien nous méritons de reproches et de punitions. Notre punition sera juste; mais notre soumission aux peines que nos supérieurs voudront nous imposer ne vous touchera-t-elle point? Serez-vous insensible à notre désespoir? N'aurons-nous plus devant les yeux que notre faute, sans espoir de vous la faire oublier? Cette idée nous accable. Que votre indulgence l'éloigne de nous! Ajoutez, Monseigneur, à toutes les grâces qu'il vous a plu de nous accorder, la plus précieuse que nous puissions recevoir, celle de nous châtier comme des enfants qui se sont écartés de leur devoir, mais de nous pardonner comme un père qui les aime après les avoir punis. Notre sort heureux ou malheureux dépend de vous, Monseigneur; ordonnez... »

M. le duc d'Aumont et M. le duc de Duras ayant approuvé cette lettre signée de tous les comédiens, elle a été envoyée à M. le maréchal. Partout où j'ai été, tout le monde m'a entouré pour me faire des questions sur cette affaire. Les uns approuvent, les autres blâment les comédiens; mais ce que je vois de plus malheureux, c'est qu'elle n'est pas encore terminée, ni aisée à terminer.

Mardi 7 mai. — Il faudrait presque un volume pour faire le récit de toutes les courses que j'ai faites, depuis douze jours, chez MM. les Premiers Gentilshommes, à Paris et à Versailles, chez M. le lieutenant de police, et à la Comédie-Française, pour l'affaire des comédiens et du sieur Dubois. J'ai vu plusieurs fois Mlle Clairon qui est toujours aux arrêts, ne voulant pas absolument en demander la levée à M. de Sartines. J'avais espéré qu'à force de bonnes raisons je la déterminerais à engager ses camarades à jouer une fois avec le sieur Dubois; mais je l'ai trouvée, au contraire, encore plus animée qu'eux et décidée, m'a-t-elle dit, plutôt à tout qu'à se déshonorer. Les choses ont été au point qu'elle m'a dit qu'elle ne concevait pas en vertu de quoi MM. les Premiers Gentilshommes se mêlaient du spectacle de Paris; que cela ne regardait que la police pour l'assurance du service public; et qu'à l'égard de leurs affaires intérieures, ils étaient assez grands pour les conduire eux-mêmes sans que personne ne s'en mêlât. Elle a ajouté que les comédiens étaient des entrepreneurs, et qu'il leur appartenait de voir ce qui était le plus convenable à leurs intérêts. Ces propos de Mlle Clairon, qui paraît être dans ce moment-ci l'organe de ses camarades, s'accordant avec ceux d'un grand nombre de personnes qui disent hautement que MM. les Premiers Gentilshommes n'ont aucun droit sur les spectacles de Paris, et que toute leur autorité se borne aux spectacles de la Cour, j'ai pensé que le seul moyen d'arranger cette affaire serait que M. le duc de Fronsac pût venir à bout d'engager Mlle Dubois à déterminer son père à demander son congé, sans attendre qu'on le lui donnât. M. le duc d'Aumont ayant approuvé cette idée, ainsi que M. le duc de Duras, ils m'ont chargé de sonder les dispositions de M. le duc de Fronsac. Celui-ci, n'ayant point fait de difficulté d'accepter cette négociation, nous avons eu plusieurs conférences avec M¹¹⁰ Dubois, qui, après beaucoup d'objections assez naturelles de sa part, nous a promis d'essayer de décider son père à demander son congé. Elle a tenu sa promesse; mais le sieur Dubois a mis en avant des conditions si rigoureuses et des demandes si exorbitantes qu'au moment où nous espérions voir cette affaire terminée, toutes nos espérances se sont évanouies. M. le maréchal persiste, de son côté, à vouloir que les comédiens jouent, au moins une fois, avec le sieur Dubois. Ainsi cette malheureuse affaire en est toujours à peu près au même point. La plupart des comédiens sont tombés malades au Fort-Lévêque, et l'on a été obligé de les transporter à l'Abbaye.

Vendredi 10. — La journée de mercredi s'est encore passée en négociations de ma part. Les comédiens n'ayant pu jouer, vu le grand nombre de leurs malades, cela a donné beaucoup d'humeur au public contre MM. les Premiers Gentilshommes de la Chambre, qui ne peuvent ignorer tous les propos qui se tiennent à cet égard. Heureusement la lettre du sieur Dubois pour demander sa retraite à des conditions plus raisonnables est arrivée hier. MM. les Premiers Gentilshommes se sont assemblés, et il a été convenu, après de longues discussions, que je ferais l'ordre de retraite du sieur Dubois, avec 1500 livres de pension, et 4000 livres à prendre sur le séquestre de la Comédie, pour payer ses dettes. J'ai été envoyé par ces Messieurs chez M. de Sartines pour l'élargissement des prisonniers, qui a été effectué sur-le-champ. J'ai été ensuite annoncer à la Comédie-Française l'arrangement de cette désagréable affaire, en les exhortant fort à réparer leurs torts vis-à-vis de leurs supérieurs et du public. Je crois que cette affaire aurait tiré plus en longueur sans tous les mouvements que je me suis donnés, et si M. le maréchal, qui a réellement raison d'être fâché contre les comédiens, n'avait enfin pris le parti sage de céder par considération pour le public.

Mardi 21. — Je dois constater que le public, furieux pendant quelques jours contre les comédiens, les voyant punis, a semblé ensuite approuver leur conduite, par les applaudissements qu'il a prodigués à tous les acteurs en les revoyant jouer.

Dimanche 26. — J'ai écrit, ces jours-ci, en Italie pour faire venir un Scapin, un Arlequin et un amoureux, mais je ne sais si on pourra les trouver tels qu'il les faut pour Paris. Ce genre est fort tombé, même en Italie. Il s'est élevé encore une discussion entre M. le maréchal et M. le duc de Duras au sujet d'un quart de part destiné à la demoiselle Doligny pour la récompenser de ne s'être point mêlée à l'affaire des comédiens contre le sieur Dubois. M. le maréchal pense, par là, mortifier un peu les comédiens; mais M. le duc de Duras s'y oppose et m'a chargé de le dire à M. le maréchal. Je lui ai fait observer que cette affaire s'arrangerait bien plus vite, s'il prenait la peine de voir lui-même M. le maréchal. C'est ce qu'il a fait et ils sont tombés d'accord sur le quart de part en faveur de la demoiselle Doligny. J'ai, d'après leur conversation, expédié plusieurs ordres de débuts et d'essai.

Samedi 15 juin. — M. le duc de Duras m'a dit, à mon retour de Versailles, que Mlle Clairon avait demandé son congé absolu, ce qui sera le sujet de beaucoup de conversations dans le public. J'ai eu une très longue séance, hier, à la Comédie-Française, pour le projet du répertoire de Fontainobleau, avec la distribution des rôles. J'en ai rendu compte à M. le maréchal qui a mandé les comédiens pour demain. Je ne lui ai point caché que ceux-ci se plaignaient avec quelque justice de l'administration de la Comédie, surtout de ce qu'on les chargeait de sujets inutiles et qui refusaient de jouer les rôles médiocres; qu'enfin ils se plaignaient du grand nombre de parts qui étaient en séquestre. M. le duc de Duras, témoin de ce rapport qui ne pouvait faire de tort aux comédiens, a trouvé que c'était indisposer M. le maréchal contre eux, ce qui m'a infiniment mortifié, surtout depuis les peines que j'ai eues depuis quelques jours, pour chercher à concilier les choses et même à apaiser M. le maréchal. M. le duc de Duras ne l'ignorait pas. Je lui en demande pardon, mais je crois que, s'il veut conserver la Comédie, il faut qu'il soit le premier à faire connaître aux comédiens qu'il est de leur intérêt d'avoir de la subordination pour leurs supérieurs et du zèle pour le service du public, et que c'est là le moyen d'acquérir de la considération, et de détruire peut-être les préjugés mal fondés, si l'on veut, du public contre leur état. A présent, en effet, ils ont envie de faire lever leur excommunication, et Mlle Clairon les échauffe beaucoup sur cette idée. M. le duc de Duras, lui-même, en est fort occupé. Mais il y a à parier qu'ils n'y réussiront ni les uns, ni les autres.

Mardi 18. — Dimanche les comédiens français se sont rendus tous, à l'exception du sieur Lekain, chez M. le maréchal de Richelieu, qui leur a témoigné, ainsi que je l'en avais prié, et quoi qu'en ait dit M. le duc de Duras, toutes sortes de bontés. Il leur a dit qu'il oubliait tout ce qui s'était passé et qu'il leur conseillait de faire, par leurs efforts, oublier leur faute au public. Il a été cependant mécontent que le sieur Lekain fût absent. Le sieur Molé a voulu le défendre; il s'est étendu ensuite au sujet de la considération dont devaient jouir les comédiens et au sujet de l'excommunication. Ses camarades ont été étonnés, ainsi que moi, que M. le maréchal l'ait écouté avec tant de patience et de bonté. Les comédiens se sont retirés en emportant un ordre d'appointements pour le sieur Aufresne [1].

Dimanche 30. — Nous avons été occupés, ces jours derniers, des répétitions qui se sont faites pour entendre les ouvrages que M. le maréchal projette de donner à Fontainebleau, savoir *Thétis et Pelée*, remis en musique par M. de La Borde, premier valet de chambre du Roi, *Thésée*, remis en musique par M. Mondonville, l'acte d'*Almazie*, par le duc de La Vallière [2]. Tout cela ne m'a pas paru bien merveilleux. Ces répétitions se sont faites à Versailles et aussi à Paris, sur le théâtre du nouveau magasin des Menus, et qui est celui de l'Opéra-Comique de la Foire Saint-Laurent dont j'ai parlé ci-dessus et qui est très joli et très commode.

Samedi 6 juillet. — Nous avons eu, aux Menus, la répétition d'un opéra, intitulé *Silvie* [3], que M. le maréchal a également reçu pour Fontainebleau. J'ai eu aussi beaucoup de courses à faire relativement à Mlle Clairon et au sieur Lekain. Cette affaire fait grand bruit dans le public; les uns

---

1. Fils d'un horloger de Genève, appelé Reval. Aufresne fut entraîné vers le théâtre par une passion irrésistible. Il ne fit que passer à la Comédie-Française et alla en Russie et ensuite à Berlin où il fit une brillante carrière.
2. *Thétis et Pelée*, tragédie lyrique, par Fontenelle et Colasse, 1689. De La Borde substitua sa musique à celle de ce dernier. — *Thésée*, tragédie lyrique de Quinault et Lulli, 1675. Mondonville refit la musique de Lulli. — La musique de *Zénis et Almazie*, ballet héroïque, est de l'infatigable de La Borde.
3. Ballet héroïque en 3 actes, avec prologue, paroles de Laujon, musique de Berton et Trial, représenté en 1766 à l'Opéra.

prennent parti pour, les autres contre. M. le duc de Duras est fort occupé de règlements. Il y a eu assemblée chez M. le maréchal à ce sujet, et pour faire un répertoire général de distribution des pièces de théâtre, ouvrage commencé dix à douze fois, sans avoir jamais abouti. Peut-être serons-nous plus heureux cette fois. Au reste, je pense que ces Messieurs ne donnent pas un travail assez suivi pour toutes ces opérations, et qu'ils se séparent toujours sans avoir pris un parti bien décidé. Ainsi il résulte presque toujours de ces assemblées plus d'inconvénients et d'incertitudes que de bien. Il vaudrait mieux, selon moi, courir le risque de se tromper quelquefois que de ne rien faire. J'ai été voir jouer aux Français le sieur Aufresne qui me paraît avoir un jeu familier et sec, qui peut-être ne réussira pas à la longue.

Lundi 12 août. — Ma jambe continue à être dans un état inquiétant, surtout par suite de la grande chaleur. M. le maréchal est venu me voir et je lui ai rendu compte de l'état des travaux pour le voyage de Fontainebleau. Je lui ai fait part, en même temps, que les directeurs de l'Opéra demandaient 45 000 livres pour le renouvellement du bail de l'Opéra-Comique[1]. Il s'est mis fort en colère et m'a dit qu'il allait travailler à ce qu'ils n'eussent rien du tout. Il m'a chargé de lui envoyer les sieurs Rebel et Francœur. Notre conversation a duré plus de deux heures sans que j'aie pu le faire changer d'avis, et lui faire sentir qu'il fallait aussi soutenir l'Opéra dont il voulait faire tant d'usage. J'ai vu, le lendemain, les directeurs de l'Opéra qui m'ont dit, après une longue discussion, que leur dernier mot pour le renouvelle-

---

1. Le bail précédent stipulait, au profit de l'Opéra, une redevance de 15 000 livres.

ment du bail de l'Opéra-Comique à la Comédie-Italienne était 36 000 livres. J'ai eu beaucoup de peine à les déterminer à aller chez M. le maréchal, qui, dans le fait, est leur supérieur, puisqu'ils sont Surintendants de la musique du Roi. M. le maréchal, qui allait repartir pour Compiègne, est revenu me voir pour me dire qu'il les avait très mal reçus, et les avait assurés, pour leur faire peur, qu'ils n'auraient rien du tout, et qu'il leur retrancherait, ainsi que ses camarades, toutes gratifications. Je lui ai représenté qu'ils m'avaient déjà fait sentir que ce motif ne pourrait les déterminer à changer d'avis, et qu'ils se déclaraient au-dessus des gratifications quand il s'agissait de leur devoir. J'ai ajouté que je pensais que le parti le plus sage était de traiter cette affaire à l'amiable avec M. le comte de Saint-Florentin, ce qu'il m'a dit qu'il ferait.

Vendredi 23. — Mes musiciens sont arrivés d'Italie. Je les ai remis entre les mains du sieur Falco[1], leur compatriote, pour en avoir soin. M. le duc d'Aumont, qui les a entendus, en a été très content, surtout du sieur Bezoutzi, fameux hautbois du Roi de Naples, que M. de Durfort, ambassadeur dans ce pays-là, a jugé à propos de nous envoyer aussi[2]. Mais il paraît ne vouloir tenir aucun des engagements qu'il a pris en partant d'Italie, ce qui serait fâcheux. M. le duc d'Aumont est venu me voir à ce sujet, pour me charger de faire un mémoire de tout ce qui s'est passé depuis le départ du sieur Bezoutzi d'Italie, afin qu'il pût en écrire à M. de Durfort. Je le lui ai envoyé hier. J'ai reçu une réponse

---

1. Falco figure comme premier dessus dans la musique du Roi.
2. Bezozzi (c'est l'orthographe de son nom) joua à Fontainebleau cette année. « Le jeu du sieur Bezozzi occupe, attache, intéresse. Il est aussi agréable, aussi sensible par le caractère touchant des sons, que surprenant par l'adresse et par la finesse de l'exécution. » — *Mercure de France*, 1765.

de M. le maréchal, qui n'est nullement content de mes observations sur le voyage de Fontainebleau. Il m'a renvoyé mes mémoires corrigés avec des augmentations à y ajouter, ce qui a donné lieu à une nouvelle lettre de ma part, encore plus détaillée que la première. J'ai, en attendant, pris sur moi de faire supprimer, hier, dans mon travail avec MM. Francœur et Boquet, un certain nombre d'habits pour les chœurs.

Samedi 31. — M. le duc d'Aumont m'a aussi recommandé de faire sentir à M. le maréchal l'impossibilité de donner une aussi grande quantité de spectacles que celle qu'il projette pour Fontainebleau. En ayant, en effet, entretenu M. le maréchal dès le lendemain, il m'a répondu qu'il ne voyait pas en quoi ce voyage coûterait si cher, puisqu'il devait y avoir aux Menus les habits et les décorations nécessaires. Après de longues explications pour lui démontrer qu'il était dans l'erreur, il a voulu que nous allassions ensemble au magasin, où il a parlé aux sieurs Lévêque, Arnoult, Boquet et autres. Il lui ont démontré qu'il serait indispensable de faire plus de 400 habits neufs, puisqu'il n'en existait pas dans le genre de spectacle qu'il avait choisi; qu'il faudrait aussi 39 décorations neuves, et qu'ainsi, même en ménageant beaucoup, le voyage coûterait au moins le double des autres. Ils ont fini par lui demander à être payés.

M. le maréchal, un peu étonné, s'est retiré sans mot dire. J'ai toutefois profité de la circonstance pour le prier de diminuer le plus possible la dépense, en ne se laissant point aller aux demandes souvent indiscrètes des auteurs, acteurs, danseurs et autres. Il me l'a promis; je souhaite qu'il tienne sa promesse.

Samedi 14 septembre. — J'ai fait partir, ces jours derniers, le sieur Pivois[1], pour surveiller les travaux de Fontainebleau et tenir un registre exact de toutes les consommations et journées d'ouvriers. J'ai pris mes dispositions pour les voitures et fixé les jours de départ de nos gens, pour épargner quelques pistoles au Roi, en ne faisant arriver les sujets que pour le moment de leur service. Mon état de paie comprend environ 200 personnes.

Lundi 30. — Le départ pour Fontainebleau est fixé au 5 du mois prochain. J'ai commencé à sortir. M. le maréchal a encore accepté pour le voyage la *Fée Urgèle*, opéra-comique du sieur Favart, où il y a des chœurs et un ballet, qui doivent être dans le costume du temps du roi Dagobert[2]. Nous n'avons aucun habit de ce genre, et il en faudra environ 200. M. le maréchal et M. le duc d'Aumont ont néanmoins donné l'ordre de les faire, ce qui occasionnera une grande augmentation de dépense.

Mardi 8 octobre. — Je suis arrivé vendredi à Fontainebleau. J'ai présenté au Roi et à la famille royale, à son arrivée, samedi, le répertoire, suivant l'usage. Depuis ce temps, nous sommes occupés, matin et soir, des répétitions. M. le maréchal a donné ordre que l'on payât 24 sols à chaque sujet par répétition pour leur chaise à porteur, deux carrosses ne pouvant suffire à ce service; ce qui m'a déterminé à n'en avoir qu'un pour les comédiens.

Mercredi 9. — On a ouvert, hier, le théâtre par la repré-

---

1. Inspecteur des Menus, et huissier des ballets.
2. *La Fée Urgèle, ou Ce qui plaît aux dames*, comédie en 4 actes, avec ariettes, par Favart, musique de Duni; Théâtre-Italien, 1766. Cet ouvrage eut un grand succès, et valut à Favart les compliments de Voltaire qui en avait fourni le sujet.

sentation de *Cinna*, où le sieur Aufresne a débuté dans le rôle de Cinna, sans grand succès. Les comédiens ayant beaucoup crié de ce que j'avais retranché les relais des voitures, prétendant qu'ils ne pouvaient faire autrement le service de la Cour et du public, quoiqu'ils fissent bien l'un et l'autre autrefois, M. le maréchal a ordonné qu'il leur serait fourni des relais. Ainsi je me trouve presque toujours barré dans mes petits projets d'économie. Les musiciens du Roi demandent, de leur côté, qu'on les paie sur le pied de 6 livres par jour, au lieu de 5, tandis qu'avant 1762 ils n'ont jamais été payés que sur le pied de 3 livres. Ainsi les prétentions vont toujours en augmentant. On vient de me faire encore une autre demande pour faire donner des rafraîchissements aux répétitions, sous le prétexte qu'on en a donné, à Paris, pendant les grandes chaleurs. Il faudra peut-être encore céder, comme je viens d'être obligé de le faire pour l'impression des opéras-comiques qui n'a jamais été d'usage. M. le maréchal ne s'est pas rendu à toutes les raisons que je lui ai données, et il m'a fallu renvoyer l'imprimeur en poste à Paris pour avoir, d'ici à vendredi soir, *Renaud d'Ast*[1], qui est en trois actes et doit être donné samedi.

Lundi 14. — On a joué, jeudi, l'opéra de *Thétis et Pelée*. Chacun parle diversement de la musique. Le Roi a décidé que cet opéra serait redonné à Choisy. Comme je n'ai pu aller au château, l'on m'a dit que le Roi n'avait pas été trop content des décorations et des habits. Mais à cela j'ai répondu : 1° que cet opéra n'est pas susceptible de plus belles décorations, puisqu'à la réserve du palais de Thétis qui est beau, tout le reste n'est que rochers, déserts et mer;

---

1. Opéra-comique en 3 actes, paroles de Le Monnier, musique de Trial et Vachon; Théâtre-Italien, 1765.

2° que, pour ménager, je m'étais servi le plus possible des fonds de décorations et d'habillements, à l'exception de ceux indispensables et qui sont encore très nombreux. Il est décidément bien difficile de faire des économies, chaque auteur pouvant, ou par lui-même, ou par ses protecteurs, exiger des augmentations de dépense.

Jeudi 31. — Mardi 22, on a donné le *Tuteur dupé*, comédie française nouvelle, et le *Philanthrope*; jeudi, la *Jeune Indienne* avec l'acte de *Palmyre*, de M. le duc de La Vallière, ou de son teinturier, suivi d'une pantomime des *Amours de Diane et d'Endymion*[1]. Tout cela a eu fort peu de succès parmi ceux qui ne sont pas courtisans. Cependant l'on a trouvé les habits et les décorations magnifiques, et surtout le palais de la Lune qui a paru de la plus grande beauté. Aussi, à mon grand regret, et suivant les ordres de M. le maréchal, n'avait-on pas épargné l'argent pour cela. Nous avons eu plus de succès avec la *Fée Urgèle*, opéra-comique du sieur Favart, musique du sieur Duni, qui a été donné samedi. On a été très content des habits et des décorations, car cette pièce exige autant de choses qu'un grand opéra. Avant-hier, mardi, l'on a donné *Eglé*, comédie française, de M. Vallier et le *Triomphe de Flore*, opéra du même auteur, musique du sieur Dauvergne[2]. Tel a été le travail de la semaine. Tous les sujets sont accablés de fatigue. Les ordonnateurs ont,

---

1. *Le Tuteur dupé*, comédie en 5 actes, en prose, de Cailhava, Théâtre-Français, 1765. — *Le Philanthrope*, comédie en un acte, en prose, de Le Grand, Théâtre-Français, 1724. — *La Jeune Indienne*, comédie en un acte, en prose, de Champfort, 1760. — Le « teinturier » du duc de La Vallière, était ce même Champfort, que Sophie Arnoult appelait « le manteau ducal ». — La musique des *Amours de Diane et d'Endymion*, était de Bury, Surintendant de la musique du Roi.

2. Vallier, ancien colonel d'infanterie, membre de l'Académie d'Amiens. Le compositeur Dauvergne était aussi Surintendant de la musique du Roi.

avec raison, peu de cœur à la besogne, par la circonstance malheureuse de la maladie de Mgr le Dauphin, ce qui nous fait désirer de voir finir les spectacles. Cependant nous avons eu encore hier répétition de *Zénis et Almazie*, autre ouvrage de M. le duc de La Vallière. Je me suis occupé de solliciter de l'argent, ne pouvant obtenir de M. le Maréchal qu'il fasse des démarches : il quitte en effet fort peu Mgr le Dauphin.

Lundi 4 novembre. — Avant hier, samedi, l'on a donné l'opéra de *Zénis et Almazie*, à la suite d'une comédie italienne. Le Roi et toute la Cour ont été très satisfaits de cet acte; surtout M. le duc de La Vallière, auteur ou protecteur de l'ouvrage. Tout le monde s'est récrié sur la beauté des habits et des décorations; entre autres, sur celle du palais du Génie du feu qui descendait du cintre. L'état de Mgr le Dauphin étant toujours inquiétant, la famille royale n'assista pas à ces spectacles.

Mardi 12. — On a joué, jeudi, l'opéra de *Thésée*, du sieur Mondonville. Il s'en faut de beaucoup qu'il ait plu à tout le monde, malgré la magnificence des habits et des décorations, sur lesquelles M. le maréchal avait ordonné que l'on n'épargnât rien. La décoration, toute de pierreries, était la plus belle qu'on eût jamais vue. Tout le monde a été étonné de l'exécution des machines, car malgré la petitesse du théâtre et son extrême incommodité, on a fait trois changements de décorations des plus considérables en moins de quatre minutes. Les spectacles se sont terminés samedi, par l'acte d'*Erosine*, de M. de Moncrif et du sieur Le Breton[1]. Cet ou-

---

1. Cet acte devint la 3e entrée des *Fêtes lyriques*, ballet héroïque de divers auteurs, représenté l'année suivante à l'Opéra. Moncrif avait alors 90 ans. Le

vrage a paru charmant. M. de Moncrif ayant eu aussi la fantaisie d'une décoration de diamants, il a fallu passer deux nuits pour en faire une nouvelle. A peine ai-je eu le temps de prendre mes repas dans ces derniers jours, ayant été occupé de faire des états de paiement pour le séjour de tous les sujets à la Cour, et qui sont enfin partis dimanche.

Lundi 18. — L'état de Mgr le Dauphin étant devenu plus critique, ce prince a voulu être administré mercredi dernier. Le Roi et la famille royale ont été chercher le bon Dieu à la chapelle du château, en grand cortège. Le dais était porté par deux de MM. les Premiers Gentilshommes de la Chambre, à droite, et deux de MM. les capitaines des gardes, à gauche. La douleur, avec juste raison, pénétrait tout le monde. J'ai été donner différents ordres à Paris et suis revenu le lendemain ici, où j'ai travaillé trois jours avec M. le maréchal, dans les moments où il n'était pas avec Mgr le Dauphin. Ce prince va un peu mieux, mais son état est toujours inquiétant.

Samedi 13. — Je suis revenu, jeudi, de Fontainebleau. Je me suis occupé d'un mémoire qui m'a été demandé par M. le duc d'Aumont, pour l'admission des femmes de la musique du Roi au service de la chapelle ce qui serait peut-être plus décent et coûterait moins cher [1].

Breton, dont le vrai nom est Pierre Montan Berton, était chef d'orchestre de l'Opéra. Il en devint plus tard le directeur. Compositeur distingué; auteur de nombreux opéras, il fut le père de Henri Berton, l'auteur de *Montano et Stéphanie*, qui a complètement éclipsé la gloire paternelle.

1. Pour remplacer les sopranistes que l'on faisait venir d'Italie. Quelques femmes avaient cependant chanté déjà à la Chapelle. « Mme Lalande et ses deux filles chantaient à la Chapelle des récits que l'on écrivit exprès pour leurs voix qui étaient fort belles. C'est encore à Louis XIV que nous devons l'admission des femmes dans la Chapelle, usage continué par son successeur, puisque Mlle Hortense des Jardins y fut reçue en 1722. Les réclamations du clergé l'ont fait interrompre. »—*La Chapelle-musique des Rois de France*, par Castil Blaze.

Dimanche 1ᵉʳ décembre. — J'ai remis mon mémoire à M. le duc d'Aumont. Je ne crois pas que l'on puisse contredire les raisons que je donne pour l'admission de ce projet. Il ne s'agit que d'en bien persuader MM. les Évêques, ou, pour mieux dire, il suffit que le Roi l'ordonne. J'ai eu, lundi dernier, une grande assemblée à la Comédie-Française, où je suis convenu que chacun me remettrait un mémoire de sa façon de penser pour améliorer l'administration de ce spectacle. J'ai reçu ces mémoires le surlendemain. J'ai passé deux jours à en faire l'extrait, en supprimant ce qui pouvait déplaire à MM. les Premiers Gentilshommes relativement à la protection qu'ils accordent à quelques sujets. J'ai remis, hier soir, cet extrait à M. le duc de Duras.

Dimanche 8. — Une grande partie de la semaine s'est passée à comparer les anciens règlements avec les différents projets donnés par les comédiens. M. le maréchal étant venu me voir un jour lorsque je travaillais avec les comédiens sur ce sujet, ne nous a pas fort encouragés, en prétendant que plus il y avait de règles écrites, plus y avait de discussions et d'occasions d'y manquer. Cela peut être vrai, mais il est également vrai que la règle ne peut pas nuire, et qu'il ne s'agit seulement que de la faire exécuter.

Mercredi 18. — J'ai vu, samedi, M. le duc de Duras chez lequel j'ai trouvé les comédiens français qui venaient lui faire part de l'état désespéré du sieur Armand [1], je leur ai conseillé, et M. le duc de Duras a été de mon avis, de songer à faire mettre leur camarade en règle du côté de la religion, non seulement comme une chose de devoir, mais encore comme très intéressante relativement à leurs préten-

---

1. Armand, filleul du duc de Richelieu, était né en 1699. Il avait été reçu en 1723, pour les rôles à caractère.

tions pour leur état civil. J'ai reçu, à minuit, un courrier de M. le maréchal, pour faire faire très promptement quatre paires de draps pour Mgr le Dauphin qui trouve les siens trop gros et dont les coutures le blessent. Je n'ai pas perdu un instant, et j'ai été tout de suite chez le marchand qui a fait passer la nuit à tout son monde. Le courrier est reparti à midi avec une paire de draps. J'ai envoyé le surlendemain la deuxième paire de draps, et M. le maréchal m'a mandé de ne pas faire faire les deux autres paires. Mais il n'était plus temps. L'état de Mgr le Dauphin devient de jour en jour plus alarmant.

Vendredi 27. — J'ai reçu, il y a aujourd'hui huit jours, par un courrier, l'accablante nouvelle de la mort de Mgr le Dauphin [1], perte affreuse pour la France et immense pour moi, ce prince n'ayant cessé, dans toutes les occasions, de m'honorer de ses bontés, et ayant toujours loué mon zèle pour son service personnel, toutes les fois qu'il a bien voulu m'employer. Il est bien digne de tous les regrets sincères des honnêtes gens, car ses vertus égalaient sa haute naissance. Il laisse heureusement trois princes qui lui furent bien chers et qui sont l'espoir de la France [2]. J'ai ordonné sur-le-champ toutes les choses qui m'ont été demandées dans cette triste occasion, M. de Boulongne a fait donner un acompte de 30 000 livres pour les obsèques, et tous ces jours-ci ont été employés aux préparatifs nécessaires pour l'ouverture du corps, et la chapelle ardente à Fontainebleau, la réception du cœur qui a eu lieu hier à Saint-Denis, ainsi que l'inhumation à Sens, qui se fera dimanche prochain, selon les dernières volontés de Mgr le Dauphin. Tous ces services,

---

1. Louis de France, dauphin, était né le 4 septembre 1729.
2. Le duc de Berry, le comte de Provence et le comte d'Artois.

aussi éloignés les uns des autres, ne se font qu'à force de courriers et de chariots. J'ai été obligé de mon côté de faire une étiquette convenable, ce qui s'est fait à la mort de Mgr le grand Dauphin [1] ne pouvant nous guider, vu la différence du cérémonial, du taux de l'argent et du prix des marchandises. Aussi ai-je pris le parti de faire un mémoire exact de tout ce qui se passera pour éviter, si je puis, la dépense considérable qui a été faite en 1746, à la mort de Madame la première Dauphine [2], et depuis, aux cérémonies qui se sont faites, et pour lesquelles je n'avais aucune expérience.

Lundi 21. — Le corps de Mgr le Dauphin a été transporté avant-hier à Sens. Le cortège était très considérable et tel qu'il convenait. Le corps est resté en dépôt et l'inhumation s'est faite hier matin. Nous ne pouvions finir plus affreusement cette année qui doit compter parmi les malheureuses de la France.

1. Le fils de Louis XIV, né en 1661, mort en 1711.
2. Marie-Thérèse, infante d'Espagne, morte après un an de mariage.

ANNÉE 1766

EXERCICE DE M. LE DUC D'AUMONT

Dimanche 12 janvier. — J'ai vu plusieurs fois M. le duc de Duras pour les affaires des comédiens qui ont présenté un mémoire assez bien fait pour obtenir des bontés du Roi leur état civil, et la confirmation des déclarations et arrêts des Rois, ses prédécesseurs [1], en leur faveur, et enfin le titre d'Académie dramatique. Ce dernier objet pourra soulever des difficultés. On est convenu que ce mémoire serait communiqué à tous MM. les Premiers Gentilshommes de la Chambre et aux ministres. Les spectacles, qui ont été fermés depuis le 17 décembre, c'est-à-dire trois jours avant la mort de Mgr le Dauphin, rouvrent aujourd'hui.

Dimanche 19. — J'ai été, lundi, chez M. le maréchal de Richelieu, où M. le duc de Duras a fait la lecture du mémoire des comédiens. M. le maréchal l'a approuvé, excepté la prétention d'Académie dramatique, qui a été l'objet de

---

1. Notamment la déclaration de Louis XIII du 16 avril 1641, où il est dit en parlant des comédiens : « Nous voulons que leur exercice, qui peut innocemment divertir nos peuples de diverses occupations mauvaises, ne puisse leur être imputé à blâme, ni préjudicier à leur réputation dans le commerce public, etc. »

longues discussions. M. le duc de Duras s'est chargé de sonder tous les ministres en particulier. D'ailleurs, il y a beaucoup d'altercations entre MM. les Premiers Gentilshommes de la Chambre pour les débuts à la Comédie. J'ai reçu des ordres et des contre-ordres presqu'en même temps. Ces variations me font perdre beaucoup de temps. M. le maréchal prétend que Mᵐᵉ de Bezons veut lui faire forcer la main pour le début d'une demoiselle Clairemonde [1] à laquelle M. le duc d'Aumont s'intéresse. Elle a du talent, de l'esprit et une jolie figure.

Mercredi 5 février. — Je me suis trouvé, avant hier, chez M. le duc de Duras, où l'on a fait lecture, en présence des principaux comédiens, du nouveau règlement que j'ai rédigé. Comme ceux-ci en ont été contents, il a été convenu qu'on le montrerait à M. le maréchal de Richelieu. Je me suis rendu, hier, chez ce dernier, avec M. le duc de Duras. Ces Messieurs ont ajouté au règlement que les demoiselles qui deviendraient grosses seraient privées de leurs appointements tout le temps qu'elles resteraient sans jouer. Je doute fort, pour ma part, de l'exécution de cet article [2]. Les comédiens ont demandé que le Roi leur remboursât les 6 000 livres qu'ils ont dépensées pour les frais de voyage des sujets que l'on a fait venir de province pour débuter sur leur théâtre. J'ai cru devoir m'y opposer, puisque ces débuts sont pour le service de la Comédie. Il n'a rien été décidé, sinon que cette somme pourrait faire partie du dédommagement

---

1. Mˡˡᵉ Clairemonde ne débuta pas. C'était une actrice de province sur laquelle les *Mémoires* (apocryphes) de Fleury contiennent des détails plus romanesques qu'intéressants.

2. Cet article ne fut pas maintenu, au moins officiellement. Il ne figure pas dans le règlement, daté du 1ᵉʳ juillet 1766, que nous avons sous les yeux.

que M. le duc d'Aumont passerait sur les états de cette année pour la clôture du théâtre à l'occasion de la mort de M₉ʳ le Dauphin. J'ai reçu, non sans étonnement, l'ordre de faire un brevet de compositeur des spectacles de la Cour pour le sieur Favart, avec 1 000 livres d'appointements. Jamais pareille place n'a existé, et mes représentations à ce sujet ont été mal reçues de M. le maréchal qui s'intéresse fort au sieur Favart.

Mardi 25. — J'ai fait beaucoup de visites chez M. le maréchal et chez M. le duc Duras pour les affaires des comédiens. Ces Messieurs ont décidé de renvoyer à Lyon la demoiselle Sainval qu'ils en avaient fait venir et de lui donner 600 livres de dédommagement, dont elle n'est nullement contente, et avec raison [1].

Vendredi 28. — J'ai reçu, par un courrier, mardi soir, la nouvelle de la mort du Roi de Pologne, arrivée dimanche dernier [2]. J'ai été obligé de passer une partie de la nuit pour expédier les ordres les plus pressés, tant pour les habillements de deuil du Roi, que pour l'ameublement qui consiste dans le meuble de l'antichambre, de l'œil de bœuf [3] et de la chambre à coucher du Roi; le tout, ainsi que les lits, sièges et portières, en drap violet. J'ai fait mettre sur-le-champ du drap à la teinture, car on ne trouve point de drap violet en aussi grande quantité chez les marchands. J'ai été aussi à Versailles, où M. le duc d'Aumont m'a chargé de l'habillement de deuil des pages de la Chambre et de leurs domesti-

---

1. Mˡˡᵉ Sainval l'aînée ne fut pas renvoyée à Lyon. Elle débuta le 5 mai de cette année et fut reçue en 1767, pour l'emploi des premiers rôles tragiques. Elle s'appelait Marie-Pauline-Christine d'Alziari de Roquefort. Née en 1747, elle quitta le théâtre en 1779 et mourut en 1830.

2. Stanislas, père de la Reine, était né en 1677.

3. L'œil de bœuf ou grande antichambre, pièce située à gauche de la cour de marbre.

ques, ainsi que de celui des pages de la musique. Je dois faire faire encore les robes de chambre, toilettes et linge de deuil du Roi, suivant l'usage dans les grands deuils. J'ai donné des ordres, en conséquence, à mon retour à Paris.

Vendredi 14 mars. — J'ai eu plusieurs assemblées avec M. le maréchal et M. le duc de Duras, dont quelques-unes ont eu lieu chez moi, et toujours pour les affaires des Comédies. Ces deux Messieurs, qui ne sont pas d'accord sur bien des sujets, soutiennent chacun leur sentiment avec beaucoup de chaleur, ce qui devient quelquefois très embarrassant pour moi qui suis en tiers. M. le maréchal s'oppose très fortement au projet qu'a M. le duc de Duras de supprimer le théâtre français des Italiens, et de renvoyer tous les sujets qui ne jouent que ce genre. Il allègue que la Comédie-Italienne n'est pas encore assez riche en opéras-comiques pour se passer de ses pièces françaises, et que, d'ailleurs, il y aurait le plus grand danger à renvoyer des sujets qui comptaient avoir un état certain, ayant été une fois reçus dans une troupe du Roi. Cela a fait l'objet de longs débats qui se sont terminés, jusqu'à présent, sans décision[1].

Vendredi 21. — J'ai trouvé, chez M. le duc d'Aumont, Mlle Clairon, qui est décidée à rentrer à la Comédie. Mais elle demandait que le Roi se chargeât à l'avenir des frais de sa garde-robe théâtrale. M. le duc d'Aumont lui a accordé un habit pour jouer dans *Oreste*[2]. Lorsqu'elle a été sortie, j'ai représenté à M. le duc d'Aumont qu'il serait dangereux

---

1. Le renvoi des comédiens français du Théâtre-Italien n'eut lieu qu'en 1769. Dix ans plus tard, le genre français était repris et les comédiens italiens quittaient définitivement la place.
2. Tragédie de Voltaire, 1750. — Cette rentrée de Mlle Clairon n'eut pas lieu.

de pousser plus avant cette grâce, parce que d'autres comédiens, ayant autant de talent, se croiraient en droit d'exiger la même chose. M. le duc a reconnu que j'avais raison. J'ai été occupé, pendant trois jours, de l'examen de l'état de situation des comédiens italiens, de leurs registres et caisses ainsi que des arrangements pour Pâques prochain. J'ai trouvé les choses dans l'état que je désirais, et que les parts se montaient à près de 12 000 livres, malgré la clôture occasionnée par la mort de M⁣ᵍʳ le Dauphin. Leurs dettes ne vont plus qu'à 165 000 livres. Il s'en faut de beaucoup que je sois aussi avancé pour la Comédie-Française, personne ne voulant s'occuper de ses affaires, malgré le comité et tous les règlements et projets de M. le duc de Duras, qui s'attache trop aux petits détails et pas assez aux grands objets.

Jeudi 27. — L'affaire de la rentrée de Mlle Clairon occupe beaucoup MM. les Premiers Gentilshommes de la Chambre, avec lesquels j'ai de fréquentes conférences à ce sujet. J'ai démêlé qu'elle meurt d'envie de rentrer, mais qu'elle voudrait que le Roi crût sa rentrée nécessaire, et que Sa Majesté constatât, à cette occasion, l'état civil des comédiens. Je ne crois pas que ce moment soit encore venu, et je m'imagine que le Roi trouve peut-être leurs prétentions déplacées. Le public, de son côté, les juge ridicules, et toutes les démarches qui ont été faites jusqu'à présent n'ont servi qu'à réveiller d'anciens préjugés chez des gens qui n'y pensaient pas. Nous verrons ce que cela deviendra, mais, en attendant, on me fait beaucoup courir. M. le maréchal, à la sollicitation de M. le comte de Saint-Florentin, a accordé, sur les états des Menus, une indemnité de 24 000 livres aux directeurs de l'Opéra, tant pour les spectacles de Fontainebleau, que pour la clôture des spectacles à l'occasion de la mort de Mgr le Dauphin.

Mardi 1ᵉʳ avril. — Je me suis rendu à l'assemblée des comédiens, où Mlle Clairon s'est disculpée de tous les propos qu'elle prétend qu'on lui a fait tenir; elle a assuré les comédiens que, dans tout ce qu'elle avait fait et dit, elle n'avait eu que leur honneur et le sien en vue; qu'elle désirait rester leur camarade, mais à condition que le Roi aurait la bonté de s'expliquer sur leur état; que, sans cela, elle renoncerait au théâtre pour toujours. Toutes les belles phrases, et tous les lieux communs que j'ai pu employer pour flatter son amour-propre, et mes observations sur l'impossibilité de porter la question au Conseil des dépêches, avant l'ouverture du théâtre, n'ont pu la faire changer d'avis. J'ai conseillé alors aux comédiens, M. de Duras étant absent et M. le maréchal de Richelieu étant parti pour Bordeaux, d'aller tout de suite à Versailles pour représenter à M. le duc d'Aumont la position où ils se trouvaient et le supplier de vouloir bien en parler au Roi. Mais ils m'ont rapporté, à leur retour, que M. le duc d'Aumont, en leur témoignant toutes sortes de bontés, s'était toujours retranché à leur dire que M. le duc de Duras serait de retour dans deux jours, et s'occuperait alors sérieusement de cette affaire. J'ai vu hier M. de Duras qui doit, en effet, aller demain à Versailles pour parler aux ministres.

Dimanche 6. — M. le duc de Duras a fait part au comité assemblé chez lui, hier matin, qu'il avait vu tous les ministres, et que l'affaire qui intéresse si fort la Comédie, et dont le public ne fait que de parler depuis plusieurs jours, serait rapportée, le soir, au Conseil. Il a promis de retourner, dans l'après-midi, à Versailles. En effet, j'ai reçu, la nuit, un courrier de M. le duc de Duras, qui me mande que l'affaire des comédiens a été rapportée au Conseil, et qu'il y avait été décidé que, comme le Roi n'avait point dérogé aux lettres patentes données par Louis XIII, les comédiens jouissaient des droits et prérogatives de citoyens que personne ne pouvait leur contester, et que si quelqu'un voulait les leur disputer, ce serait le cas de les confirmer, mais que devant tous les tribunaux ils devaient en jouir. J'ai envoyé de très bonne heure, ce matin, copie de cette lettre aux comédiens qui se sont tout de suite assemblés. Ils m'en ont fait faire leurs remerciements. Cependant cette lettre, quoique de la main de M. le duc de Duras, n'étant pas signée, elle ne me paraîtrait pas être d'un grand poids pour établir les droits des comédiens en cas de discussion. Au reste, tant mieux si cette affaire peut finir ainsi. Mlle Doligny, par suite de la bienveillance que le public lui témoigne, nous a donné quelque embarras ces jours-ci. Elle ne voulait point, pour les premiers jours de la rentrée du théâtre, se charger de rôles qu'elle trouve trop faibles. Pour ne point ameuter le public dans les circonstances présentes et les partisans de la demoiselle Doligny, j'ai conseillé à M. le duc de Duras de faire changer le répertoire de la première semaine, ce qui a été exécuté.

Mardi 8. — L'affaire des comédiens a changé de face par la véritable lettre que M. le duc de Duras a rapportée, hier, de Versailles, et par laquelle M. le comte de Saint-Florentin lui mandait qu'ayant rendu compte au Conseil de l'affaire des comédiens et représenté en même temps les lettres patentes de Louis XIII, le Roi ayant trouvé qu'il n'y avait point été dérogé, on avait considéré qu'il n'y avait pas lieu de donner une nouvelle loi ; que Sa Majesté permettait aux comédiens de faire réimprimer lesdites lettres patentes, et que, s'il survenait quelque chose qui y fût contraire, Sa Majesté se réservait d'y pourvoir. Dans le premier moment les comédiens ont paru assez contents ; mais, s'étant rendus, ainsi que moi, chez Mlle Clairon, où nous avons trouvé M. le duc de Duras, elle a déclaré que cette lettre n'était point ce qu'elle demandait, puisqu'elle ne servirait qu'à rendre les comédiens plus méprisables, en parlant des lettres patentes de Louis XIII. Elle nous a fait voir ces lettres qui sont, à son avis, plutôt une correction pour les comédiens de ce temps-là que des prérogatives qu'on voulait leur donner[1]. Les comédiens étant revenus à l'avis de Mlle Clairon, M. le duc de Duras s'est trouvé fort embarrassé. Enfin, après beaucoup de débats, il a déclaré qu'il demanderait au ministre une autre lettre dont on a formé le projet. Je doute que le ministre consente à l'écrire, sans en parler de nouveau au Conseil. Après le départ des comédiens, Mlle Clairon a dit à M. le duc de Duras que la nouvelle lettre qu'elle demandait n'était que pour la satisfaction de ses camarades, mais que, pour elle, elle persistait dans la demande de l'état qui lui avait été promis. Elle a mis en avant toutes sortes de prétentions ridicules, entre autres la demande des entrées des comédiens à la chambre du Roi. M. le duc de Duras était à la torture par tous ces raisonnements. Pour mon compte, j'ai jugé à propos de n'être que spectateur d'une

---

1. Le passage suivant des lettres patentes de 1641 est sans doute celui qui motivait les scrupules de la tragédienne.

« ... Nous avons fait et faisons très expresses inhibitions et défenses... à tous comédiens de représenter aucunes actions malhonnêtes, ni d'user d'aucunes paroles lascives ou à double entente, qui puissent blesser l'honnêteté publique, sous peine d'être déclarés infâmes, et autres peines qu'il y échoira... etc. »

scène aussi déplorable. Mlle Clairon a enfin annoncé qu'elle allait consulter ses amis sur le parti qu'elle devait prendre. Je n'ai point dissimulé à M. le duc, lorsque j'ai été seul avec lui, que j'augurais mal de cette affaire, tant du côté de la Cour que du côté du public. Il m'en a paru convaincu, ainsi que moi, mais il est déterminé à faire de nouvelles tentatives auprès de cette actrice et de ses amis pour la ramener à la raison.

Jeudi 10. — Malgré toutes les démarches de M. le duc de Duras, Mlle Clairon a refusé de reparaître le jour de l'ouverture du théâtre, au grand mécontentement du public. Ses ennemis ont saisi cette occasion pour lui imputer toutes sortes de propos auxquels elle n'a jamais pensé. Cependant M. le duc de Duras, indisposé, n'ayant pu aller à la Cour, m'a chargé d'écrire, en son nom, à M. Mesnard, pour le prier d'engager M. le comte de Saint-Florentin à écrire une nouvelle lettre. Mais la réponse que j'ai reçue, par le même courrier, a été, ainsi que je m'y attendais, que le ministre ne pouvait rien changer à sa première lettre, parce qu'elle contenait les intentions précises de Sa Majesté. Le ministre a ajouté qu'il devait, par attachement, prévenir MM. les Premiers Gentilshommes du peu de succès qu'aurait au Conseil une seconde démarche. D'après cette réponse, les comédiens eux-mêmes ont pensé qu'il fallait attendre un autre temps. J'ai fait, ces jours-ci, marches sur marches pour cette misérable affaire.

Vedredi 25. — L'affaire de Mlle Clairon a continué de me donner un tourment infini depuis quinze jours. Les comédiens, consternés de tous les propos du public, pour ou contre Mlle Clairon, et du vide de leur théâtre, ont fait toutes les démarches possibles pour l'engager à reparaître. Elle avait paru se rendre à leurs sollicitations; mais, enfin, après bien des courses, des conférences, des lettres écrites et répondues, et des assemblées tant chez moi qu'à la Comédie, tout s'est terminé par la retraite de cette actrice, qui a demandé définitivement son congé. On le lui a accordé. Quoiqu'elle ait l'air d'en être très contente, je crois que, dans le fond, il n'en est rien.

Dimanche 25 mai. — J'ai rédigé, avec le comité des Français qui s'est réuni hier, chez moi, plusieurs articles des nouveaux règlements. Les comédiens ne m'ont pas dissimulé que souvent ils étaient très embarrassés, parce que M. le duc de Duras, en les faisant venir chez lui, sous le prétexte de leur demander leur avis, commençait par donner le sien en forme d'ordre, ce qui leur fermait à tous la bouche. J'ai cru devoir les assurer que telle n'était pas l'intention de M. le duc de Duras, et qu'il les écouterait toujours lorsque leurs observations tendraient au bien général. J'ai ajouté que s'il avait quelquefois prévenu leur avis, c'est qu'il avait remarqué que l'intérêt particulier les conduisait souvent, surtout lorsqu'il s'agissait de la distribution des rôles. Les membres du comité donnaient, en effet, souvent l'exemple du refus de se charger des rôles médiocres, ce qui faisait tomber en discrédit les pièces de ressource, en les abandonnant entièrement à des doubles et à des triples. J'ai clos le comité en lui conseillant de ne jamais rendre ses discussions ou ses représentations publiques, avant d'avoir pris l'attache et l'ordre des supérieurs, ceux-ci ne pouvant se dispenser, lorsqu'ils ne les trouveraient point raisonnables, de prendre des décisions contraires. J'ai été rendre compte à M. le duc de Duras du résultat de cette assemblée. Il a fait un mémoire à mi-marge, en ordonnant aux comédiens d'y répondre et de se trouver demain chez lui.

Mercredi 4 juin. — Le comité des Français s'étant tenu chez moi, dimanche, je lui ai fait part que M. le duc de Duras avait décidé que les demoiselles Luzzi et Fanier [1] assisteraient dans les tragédies, mais sans y jouer de rôles de confidentes, étant l'une et l'autre hors d'état de dire des vers tragiques. Le sieur Molé, protecteur de la demoiselle d'Épinay, qu'il voudrait débarrasser des mauvaises confidentes, s'est fort récrié contre cette décision. Il en a porté ses plaintes, le lendemain, à l'assemblée, ce qui a été suivi d'un mémoire du sieur Molé, signé par les comédiens. Le sieur Molé prétend y faire voir l'injustice et même l'inconséquence de la décision de M. le duc de Duras, en faisant en même temps un grand éloge de lui-même. Quelque déplacé, et même quelque insolent que m'ait paru ce mémoire, je n'ai pu me dispenser de l'envoyer à M. le duc de Duras, étant signé du comité. Je me suis contenté de n'y ajouter aucune réflexion de ma part. Je ne sais ce qu'il en pensera.

Dimanche 8. — Je suis revenu, jeudi, de Versailles, où j'étais allé pour l'octave de la Fête-Dieu. J'ai trouvé, à mon retour, une lettre de M. le duc de Duras qui me marque son mécontentement sur le mémoire insolent du sieur Molé, et son étonnement sur ce que le comité l'avait signé. J'en ai fait part au comité, en prenant en même temps l'occasion de lui faire sentir combien tous ces intérêts particuliers accéléraient la ruine du spectacle. Le comité a pris le sage parti

---

1. Alexandrine Louis Fanier, née en 1745, avait débuté en 1764. Reçue en 1766, elle se retira en 1786 et mourut en 1821. Elle a inspiré beaucoup d'amour et de vers à Dorat.

d'aller s'excuser vis-à-vis de M. le duc de Duras, et l'assurant que le sieur Molé ne leur avait lu que très rapidement son mémoire, et que même il avait passé les choses les plus fortes. M. le duc leur a donné rendez-vous chez lui pour mardi prochain.

Mercredi 11. — Les mêmes difficultés subsistent toujours à la Comédie-Française pour l'arrangement du répertoire, chacun évitant de se charger des mauvais rôles. J'ai vu le sieur Molé aujourd'hui chez M. le duc de Duras. Il s'est excusé de son mieux, et a promis d'être plus circonspect à l'avenir. Avant-hier, j'ai accompagné M. le duc d'Aumont, M. le duc de Duras, M. de Saint-Florentin, M. de Sartines et M. Mesnard, chez M. Damesme, architecte[1], qui a fait voir à ces Messieurs le projet d'une salle de spectacle d'une nouvelle construction et dans le goût des théâtres des Grecs et des Romains. Tout le monde a admiré ce projet, et est convenu de l'avantage qui en résulterait, non seulement pour la Comédie-Française, mais encore pour l'embellissement de Paris. Mais, malgré tout l'enthousiasme de ces Messieurs, je crois que M. Damesme ne tirera aucun fruit de ce beau projet que des compliments, attendu que nous ne sommes pas dans un temps favorable à son exécution.

Mardi 19 août. — M. le maréchal est venu souper chez moi et m'a remis une lettre de M. de Sartines, par laquelle il lui mande qu'il a défendu, sous peine de punition, au

---

1. Damesme, mort en 1829, a construit à Paris le théâtre de la Société olympique, rue Chantereine, une salle de spectacle et de bal, rue Saint-Martin entre le boulevard et le conservatoire des Arts et Métiers. Il a fait, à Bruxelles, le Théâtre-Royal. Le plan dont il est ici question est resté inconnu à tous les auteurs qui se sont occupés des diverses salles projetées ou construites pour le Théâtre-Français.

sieur Nicolet[1] de donner sur son théâtre aucune pièce, soit du théâtre français, soit du théâtre italien.

Mercredi 23. — J'ai reçu ordre de donner vingt-cinq louis à un M. Pohorni[2], pour avoir donné du cor avec ses petites filles devant le Roi. J'ai aussi reçu l'ordre d'envoyer des étoffes, linge et argent à Compiègne, pour la bénédiction des cloches des Carmélites nommées par la famille royale. J'ai tâché, dans cette occasion, de fixer pour la suite cette dépense à environ 1500 livres en argent, tant pour l'église que pour les prêtres, les pauvres, etc., à 30 aunes de ruban blanc pour les battans, à 40 aunes de toiles de 4 à 5 livres l'aune, et à 22 aunes d'étoffes plus ou moins riches pour un ornement complet, composé de trois chappes, deux tuniques, une chasuble, deux étoles, trois manipules, un voile et une bourse.

M. le maréchal et M. le duc de Duras, qui sont venus me voir, m'ont chargé d'envoyer le sieur Préville à Nancy, pour y voir jouer quelques comédiens et les amener à Paris s'il les trouve tels qu'on les annonce. Je crains que ce ne soit une dépense inutile pour le Roi.

Mardi 28 octobre. — Il a été accordé une gratification de 1200 livres au sieur Molé qui est assez gravement malade. Le public prend un intérêt si vif à cet acteur qu'il ne se passe aucun jour sans que le parterre n'en demande des nouvelles lors de l'annonce de la pièce du lendemain. Il a été accordé aussi au sieur Préville 1200 livres pour son voyage à Nancy.

---

1. Le théâtre de Nicolet, sur le boulevard du Temple, était, à cette époque, une baraque en bois, avec le titre trompeur de *salle des grands danseurs*. Cette salle fut reconstruite en 1770 et devint le théâtre de la Gaîté.

2. Pohorni figure, quelques années plus tard, sur la liste des exécutants du concert spirituel.

M. le duc d'Aumont a approuvé ces dispositions, mais il s'est opposé à une nouvelle pension de 500 livres demandée par M. le duc de Duras, pour le sieur Molé, pour avoir mis la demoiselle Fanier en état d'entrer à la Comédie-Française.

Une affaire qui m'a fait écrire beaucoup de lettres à M. de Saint-Florentin, à M. Mesnard et aux directeurs de l'Opéra, est celle de la demoiselle Durancy, anciennement à la Comédie-Française, et qui, depuis, est entrée à l'Opéra, où elle a eu quelque succès comme actrice. MM. les Premiers Gentilshommes de la Chambre ont désiré qu'elle rentrât à la Comédie-Française, dans l'espérance qu'elle pourra remplacer Mlle Clairon. Le ministre, après beaucoup de difficultés, ainsi que le directeur, ont enfin consenti à lui donner son congé. Je souhaite qu'elle réponde aux espérances de ces Messieurs.

Vendredi 6 novembre. — Je suis sorti, avant-hier, mercredi, pour la première fois, après plusieurs semaines de maladie, pour aller voir le dernier début de Mlle Durancy, dans *Oreste* [1]. Ce qui m'a paru, c'est qu'elle n'a ni les grandes parties, ni les grands défauts que ses partisans ou ses ennemis veulent lui trouver. Je crois seulement qu'en travaillant elle peut acquérir du talent et corriger ses défauts; mais, pour égaler Mlle Clairon elle a encore bien du chemin à faire. J'ai été aujourd'hui chez M. le maréchal que j'ai trouvé en discussion avec M. le duc de Duras, relativement aux affaires des comédiens, et surtout au sujet de la demoiselle d'Épinay, que M. le duc de Duras voulait mettre à l'amende pour avoir refusé de jouer un rôle, prétendant que Mme Préville [2] ne

---

1. Elle jouait le rôle d'Electre dans cette tragédie de Voltaire.
2. La femme de Préville appartenait à la Comédie depuis 1757. Elle se retira, avec son mari, en 1786 et mourut en 1798.

l'avait pas avertie qu'elle ne jouerait pas. M. le maréchal s'est opposé à cette amende, en disant qu'il fallait vérifier qui avait tort, de Mme Préville ou de Mlle d'Épinay, et a conclu que ces sortes d'affaires devaient regarder l'Intendant des Menus, ainsi qu'il était d'usage dans le passé. M. le duc de Duras, que ce détail ennuyeux paraît amuser de plus en plus, n'a pas été du même avis. Je n'envie pas à M. le duc de Duras un pareil amusement, car je n'ai déjà que trop d'occupations aux Comédies. Du reste, j'ai été chargé de prendre des informations sur la discussion entre les deux actrices.

Lundi 10. — J'ai été obligé de garder encore quelques jours ma chambre pour ma santé. Lorsque j'ai pu sortir, j'ai vu M. le maréchal chez lequel j'ai trouvé M. le duc de Duras fort en colère de ce que le comité a été d'avis d'abandonner la discussion de la demoiselle d'Épinay, et de ne la point mettre à l'amende, et de ce que j'avais pensé que si la demoiselle d'Épinay avait eu un tort, Mme Préville me paraissait en avoir eu un aussi, en ne la faisant pas prévenir de se tenir prête pour le rôle. J'ai répondu à M. le duc de Duras que, s'il n'approuvait pas mes réflexions, il était le maître d'ordonner la punition de la demoiselle d'Épinay. M. le maréchal a été de mon avis et a persisté à penser que les Intendants des Menus devaient seuls se mêler de ces sortes d'affaires. J'ai revu depuis M. le duc de Duras, auquel j'ai pris la liberté de dire, dans son propre intérêt, qu'il y avait, à la Comédie, des sujets contre lesquels il devait se tenir en garde, et que je craignais même que la protection qu'il accordait aux débutantes ne lui occasionnât des embarras nouveaux, Mlle Dubois ayant ses prétentions comme ancienne et comme première, et M. le maréchal la protégeant beaucoup de son côté. J'ai été voir jouer, avant-hier, Mme Sainval, dans *Hypemnestre*[1], et je l'ai trouvée très affaiblie par le temps qu'elle a perdu pendant sa grossesse, et depuis par ses couches.

Jeudi 4 décembre. — M. le duc d'Aumont m'ayant mandé, hier, qu'il tenait avec Mme la comtesse de Noailles[2], au nom du Roi et de la Reine, une cloche de Sainte-Geneviève, M. le duc de Villequier est venu aujourd'hui chez moi où il a choisi les étoffes ordinaires pour cette cérémonie.

Samedi 20. — La cérémonie de la bénédiction de la cloche de Sainte-Geneviève a eu lieu avant-hier. Il a été donné 1 200 livres aux religieux pour les frais de tenture, échafauds, etc.; 72 livres aux tambours, pauvres et autres. L'on n'a fait que prêter les étoffes pour couvrir la cloche. MM. de Sainte-Geneviève ayant de grandes prétentions pour obtenir un ornement complet du Roi, je me suis trouvé engagé dans beaucoup de lettres et de courses à ce sujet. J'attends la décision qui sera prise à cet égard.

Lundi 29. — J'ai reçu l'ordre de délivrer, aux religieux de Sainte-Geneviève, 72 aunes 1/2 de velours rouge, 45 aunes 1/2 d'étoffe d'or pour les orfrois[3], 201 aunes de galon large, 120 aunes de plus petit, 27 aunes de franges de trois pouces, 4 aunes de mollet[4], 15 aunes de dentelles d'or, 32 glands d'or, 26 armes du roi, le tout d'un prix d'environ 13 214 livres. Ces messieurs auront ainsi un ornement

---

1. Tragédie de Lemierre.
2. Dame d'honneur de la Reine.
3. Orfroi, ornement sur le devant des chapes, ou encore le milieu des chasubles qui est souvent embelli de broderies.
4. Mollet, petite frange qui se plaçait autour des sièges ou au bas des vêtements sacerdotaux.

complet composé de treize chappes, une chasuble et huit tuniques, un devant d'autel, un épistolier, etc.

Nous avons eu, à Saint-Cyr, une cérémonie extraordinaire, pour les Menus. C'est la bénédiction de l'abbesse de Fontevrault [1], pour laquelle nous avons fourni différentes choses et le luminaire de l'Église. Ainsi finit cette année. Je souhaite que les suivantes soient un peu plus tranquilles du côté des Comédies, et que l'on s'entende mieux sur leur administration.

Il n'y a pas eu de spectacles à la Cour cette année 1766, à cause des cinq pompes funèbres, y compris l'anniversaire de feu Mgr le Dauphin.

---

1. Mme de Pardaillan d'Antin. L'abbaye de Fontevrault, de l'ordre de Saint Benoit, dépendait du diocèse de Poitiers.

ANNÉE 1767

EXERCICE DE M. LE DUC DE DURAS

Vendredi 30 janvier. — Il y a eu plusieurs débuts à la Comédie, entre autres celui de la demoiselle d'Épinay dans le tragique. Elle est élève, dans ce genre, du sieur Molé, et conséquemment peu bien vue de ses camarades. Les comédiens français trouvent mauvais qu'il ait obtenu une représentation à son profit, sur un théâtre particulier, et où l'on dit que Mlle Clairon doit jouer. Les billets, distribués par les belles dames de Paris, sont à un louis, ce qui paraît fort cher à bien des gens, et occasionne mille mauvais propos et des chansons encore plus plates. On a donné, hier, la première représentation d'*Eugénie*, comédie française de M. Beaumarchais. Elle a été trouvée mauvaise et mal écrite. Cependant le sujet est intéressant; l'on travaille à y faire quelques corrections.

Lundi 16 février. — M. le duc de Duras ne cesse de s'occuper, avec une activité incroyable, des affaires des comédiens, ce qui donne lieu à de fréquentes assemblées chez lui et à la Comédie, auxquelles je suis malheureusement forcé de me trouver. M. le duc est actuellement très occupé, avec le conseil des comédiens, des moyens de faire construire une salle pour les Français. M. Gerbier [1], et les autres membres du Conseil ayant fini par proposer une loterie, je n'ai pu être de leur avis. J'ai représenté que je doutais que le Ministre voulût adopter ce moyen qu'il regarderait comme nuisible aux autres loteries, à moins que M. le duc de Duras ne se chargeât de mettre sous les yeux du roi un mémoire court et bien fait par MM. du Conseil. Il faudrait prouver la nécessité de construire une nouvelle salle et démontrer en même temps tous les avantages qui pourraient en résulter, tant pour la partie des sciences et de la littérature, que pour la partie politique de l'administration, les spectacles pouvant devenir plus magnifiques et plus dignes de fixer l'attention des étrangers et de les attirer par là en France, au profit du commerce et de la consommation. Mon avis a été approuvé. M. Gerbier s'est chargé de faire le mémoire et M. le duc de Duras de le présenter au Roi et à ses ministres. Malgré cela, je ne crois pas qu'on voie de sitôt une nouvelle salle pour les comédiens. Au reste, le goût pour les spectacles paraît s'accroître de jour en jour. Tout le monde veut y avoir des petites loges, surtout aux Italiens. On continue à donner la pièce d'*Eugénie* qui a repris le dessus au moyen des changements considérables qui ont été faits, pour ainsi dire, à chaque représentation.

Samedi 28. — La représentation au profit du sieur Molé a eu lieu ces jours-ci et lui a valu, tous frais faits, 12 000 livres, Mlle Clairon y a été fort applaudie.

M. le duc de Duras est plus empêtré que jamais dans les

---

1. Me Gerbier, l'un des avocats les plus distingués de l'époque. Il était renommé pour sa parole pathétique et entraînante.

affaires de la Comédie-Française. Mlle d'Épinay, élève du sieur Molé pour le tragique, lequel prend, en conséquence, parti pour elle, met M. le duc dans le plus grand embarras; voulant absolument jouer en double de la demoiselle Dubois, avant la demoiselle Durancy, à laquelle M. le duc de Duras avait assigné cet emploi. Molé la soutient fortement. Tout cela m'a donné lieu à une grande correspondance avec M. le maréchal de Richelieu qui appuie Molé et la demoiselle d'Épinay. J'ai fait de mon mieux pour persuader celui-ci qu'il devait faire en sorte de ne point se compromettre et de ne point fâcher ses supérieurs dans cette circonstance. D'un autre côté, je n'ai point déguisé à M. le duc de Duras les plaintes du public, depuis les plus grands seigneurs jusqu'aux particuliers, contre les comédiens, en lui remettant en même temps sous les yeux les inconvénients de l'usage où il est de consulter chaque comédien en particulier, les avis qu'il en reçoit étant toujours inspirés par des intérêts personnels. Enfin, j'ai cherché à lui prouver, dans un mémoire, la nécessité de ne point partager les rôles entre les acteurs en chef et les doubles, ce partage ne pouvant que nuire aux intérêts de la Comédie et aux plaisirs du public. Mais en même temps j'ai insisté sur la nécessité d'obliger les premiers acteurs à laisser jouer quelquefois leurs doubles, non seulement pour les former, mais encore pour les préparer à servir le public en cas de maladie ou d'absence des acteurs en chef. J'ajoutais qu'il fallait faire venir des sujets de la province, mais en leur assurant un sort convenable, n'étant pas naturel qu'un comédien qui gagne 7 ou 8 000 livres en province, puisse venir à Paris à 1 200 livres pour un an. Un traitement aussi injuste a fait prendre, en effet, à plusieurs sujets le parti de passer à l'étranger, plutôt que de rester exposés à un ordre qui les ruinerait pour plusieurs années, puisqu'il est impossible qu'un sujet puisse vivre, se loger, et se monter une garde-robe avec un traitement aussi modique. J'ai cherché également à faire sentir à M. le duc de Duras, dans mon mémoire, que si quelques comédiens affectaient d'opposer à mes raisons les anciens usages, il devait s'en méfier et croire que leur but était d'empêcher la venue à Paris de sujets dont ils craindraient les talents. Je souhaite que ce mémoire produise quelque effet sur l'esprit de M. le duc de Duras.

Dimanche 8 mars. — Je m'étais proposé de ne point parler des affaires des comédiens dans ce journal, mais il arrive des choses si extraordinaires que je ne peux me dispenser d'en faire mention. M. le duc de Duras, avec lequel j'ai eu plusieurs conversations la semaine dernière, n'avait cessé de me recommander de faire en sorte d'obtenir du sieur Molé et de la demoiselle d'Épinay qu'ils abandonnassent leurs prétentions qui mettent beaucoup de trouble à la Comédie, et même de me servir de son nom. Ces deux sujets, que j'avais tâché de rendre plus raisonnables, m'ont appris hier, à mon grand étonnement, qu'ils avaient vu, à Versailles, M. le duc de Duras qui les avait très bien reçus, en les assurant que non seulement ils auraient lieu d'être contents, mais encore que j'avais pris sur moi tout ce que je leur avais dit. J'en ai écrit sur-le-champ à M. de Duras, ne lui dissimulant pas l'embarras où de pareilles contradictions me jetaient. Il ne m'a pas encore répondu, et je crois que cela lui serait difficile; mais je vois de plus en plus que le plus sage parti est de se mêler le moins possible de tout ce tripot.

Vendredi 13. — Mme la Dauphine, dont la santé est toujours dans un état déplorable depuis la mort de Mgr

le Dauphin, ayant désiré recevoir, lundi dernier, le viatique, les spectacles ont été fermés pendant les prières des quarante heures.

Vendredi 20. — L'état de Mme la Dauphine ayant toujours empiré depuis le 9, nous avons eu le malheur de perdre cette grande princesse vendredi 13, sur les huit heures du soir[1]. La bienveillance dont elle a toujours bien voulu m'honorer et qui était une suite de celle de feu Mgr le Dauphin, me fait sentir plus particulièrement sa perte. Je me suis rendu sur-le-champ à Versailles pour y donner les premiers ordres nécessaires dans cette triste circonstance. Je suis revenu à Paris le samedi soir pour le même objet, et je suis retourné le lundi à Versailles. M. le maître des cérémonies n'ayant pu me donner que des ordres vagues, j'ai été obligé de prendre sur moi une grande partie de l'étiquette.

Mardi 29 avril. — J'ai été fort occupé de tous les ordres à donner, suivant l'usage, pour la clôture des spectacles et la rentrée de Pâques, pour les parts et les portions de part à régler. La part des comédiens italiens a produit de 13 à 14 000 livres, et les dettes, qui se montaient à plus de 500 000 livres lorsque je me suis chargé de leur spectacle, se trouvent réduites cette année à 131 000 livres.

Jeudi 7 mai. — Les affaires de la Comédie-Française s'embrouillant de plus en plus, et M. le maréchal de Riche-

---

1. Marie-Josèphe de Saxe était née à Dresde le 4 novembre 1731, de Frédéric-Auguste III, roi de Pologne, électeur de Saxe, et de Marie-Josèphe-Bénédictine, archiduchesse d'Autriche, fille aînée de l'Empereur. Elle avait épousé le Dauphin en 1747.

lieu étant absolument d'un avis contraire à celui de M. le duc de Duras, j'ai été presque sans cesse sur pied, nuit et jour, pour faire des mémoires qui étaient envoyés à M. le maréchal; pour aller travailler ensuite à Versailles avec M. le duc de Duras; revenir faire la même chose à la Comédie, le tout sans rien avancer. M. le duc de Duras, en effet, veut une chose un jour et ne la veut plus le lendemain; M. de Richelieu, de son côté, m'écrit qu'il ne veut adopter aucun des systèmes de M. de Duras, et que c'est à moi à m'occuper des spectacles et non à MM. les Premiers Gentilshommes. Je suis forcé de montrer toutes ces lettres à M. le duc de Duras qui n'en prend que plus d'humeur. Le sieur Molé, qui veut faire de la demoiselle d'Épinay sa femme, donne beaucoup d'embarras à M. de Duras, exigeant non seulement qu'on donne à celle-ci un quart de part, mais encore les doubles de Mlle Dubois, au préjudice de la demoiselle Durancy. Celle-ci, de son côté, demande sa réception, ce qui est juste, puisqu'elle a du succès et qu'on l'a forcée de quitter l'Opéra. La demoiselle Sainval, que l'on a fait venir exprès de Lyon, demande à juste titre la même chose. Le sieur Pin [1], nécessaire par la maladie dangereuse du sieur Bonneval [2], a les mêmes prétentions, ainsi que le sieur Velaine [3], double du sieur Bellecour, et qui a du talent. Le sieur Augé [4] et la demoiselle Luzzi demandent aussi un quart d'augmentation. M. de Duras veut faire prendre à la dame Bellecour [5] les

---

1. Pin avait débuté le 5 décembre 1765 dans le rôle d'Arnolphe. Il ne fut pas reçu dans la société, mais resta à la Comédie jusqu'en octobre 1771. Il alla en province, et en 1778, il était directeur associé du Théâtre de Bruxelles.

2. Bonneval, qui avait débuté en 1741, se retira en 1773 et mourut en 1783. C'était un comédien estimé.

3. Velaine, acteur à pension, élève de Mlle Hus, mort en 1768.

4. Augé avait débuté en 1763.

5. La femme de Bellecour, actrice de la Foire, entra au Théâtre-Français

doubles des duègnes de la dame Drouin qui est malade et hors d'état de jouer de longtemps ; tel est, avec bien d'autres difficultés que j'omets, le tableau raccourci de la Comédie-Française. Malgré tous les mémoires que me fait faire M. le duc de Duras, et ceux qu'il me fait ensuite refaire avec le sieur Préville pour les envoyer à M. le maréchal de Richelieu, je ne sais comment tout cela finira. Le public, qui est malheureusement instruit de ces détails, a beaucoup d'humeur, et s'embarrasse fort peu que MM. les Premiers Gentilshommes de la Chambre se trouvent compromis ou non vis-à-vis des comédiens pour la distribution des parts, pourvu qu'on lui donne de bons spectacles et les sujets qu'il aime.

Dimanche 24. — M. le duc de Duras m'a proposé de mener Préville à Bruxelles, à La Haie et dans les autres villes où il y a des comédiens français, pour voir si nous pourrions y découvrir des sujets propres pour Paris. Mais, toutes réflexions faites, j'ai refusé ce voyage, qui non seulement pourrait occasionner une dépense inutile pour le Roi, mais encore parce que je n'ai pas voulu me rendre responsable vis-à-vis du public, ni m'exposer aux cabales des comédiens français. J'ai été d'autant plus aise d'avoir pris ce parti que j'ai été à même de juger, hier, des dispositions du public dans le début du sieur Neveu, que l'on a fait venir à Paris comme le meilleur acteur, tant tragique que comique, connu dans la province où il a beaucoup de succès. Il a paru dans *Rhadamiste* [1] ; mais le public n'a pas voulu lui laisser achever sa première scène et a forcé le sieur Lekain de

---

en 1749. Elle se retira en 1756, rentra en 1761, après avoir épousé Bellecour. Elle jouait les soubrettes avec talent.

1. Cet acteur ne reparut plus après ce malheureux essai dans la tragédie de Crébillon.

s'habiller pour continuer le rôle. La garde n'a pu en imposer au public. C'est la première fois que pareille chose arrive, mais cet exemple dangereux peut gagner et doit rendre très circonspects ceux qui veulent se mêler de régir les plaisirs des spectateurs.

Dimanche 31. — Ayant eu occasion, depuis quelque temps, de parler des dépenses à faire, dans trois ou quatre ans, pour le mariage de M·gr· le Dauphin, et de dire combien elles seraient en pure perte si on ne se déterminait pas à finir la grande salle de Versailles [1], j'ai été chargé, en conséquence, de mettre mes idées par écrit. C'est ce que j'ai fait, en rappelant ce qui avait été fait précédemment, et combien il serait de mauvaise administration de retomber dans les mêmes inconvénients, surtout lorsque les princes et Madame étaient à marier successivement. J'ai fait remarquer que les différentes constructions provisoires et réparations à faire pourraient coûter plus que la bâtisse d'une salle solide et à demeure, dont la nécessité, d'ailleurs, s'imposerait un jour ou l'autre. MM. les Premiers Gentilshommes, contents de mon mémoire qu'ils ont communiqué à M. de Marigny et à M. Gabriel, l'ont remis à M. le Contrôleur général. Je souhaite pour le bien de la chose et pour les finances du Roi qu'il soit approuvé.

Mardi 9 juin. — M. le duc de Duras, nonobstant la lettre contraire de M. le maréchal de Richelieu, a reçu à demi-part la demoiselle Sainval pour doubler la demoiselle Dumesnil, la demoiselle Durancy, pour doubler la demoiselle Dubois dans le tragique et jouer le comique. Il a donné au

---

1. Les travaux de la grande salle de Versailles étaient commencés depuis 1753 sous la direction de Gabriel. Ils avaient été interrompus faute de fonds.

sieur Augé, aux demoiselles d'Épinay et Luzzi, un quart de part d'augmentation. Il y a eu d'autres ordres pour les acteurs à appointements. J'ai expédié tous ces ordres, et j'en ai fait part à M. le maréchal de Richelieu, qui, je crois, n'en sera pas plus satisfait que moi je ne le suis de l'annonce que M. le duc m'a faite qu'il comptait donner de grands spectacles au prochain voyage de Fontainebleau.

J'ai été consulté, avant hier, à Versailles, où je m'étais rendu pour la réception de M. le duc de Duras dans l'ordre du Saint-Esprit, pour savoir si l'on donnerait au sieur Molé et à la demoiselle d'Épinay, un certificat de congé absolu pour pouvoir se marier [1]. J'ai cru devoir répondre à MM. les Premiers Gentilshommes de la Chambre qu'il me paraissait peu convenable qu'ils se compromissent par un faux certificat, et qu'il fallait qu'ils s'en tinssent à leur donner un congé pur et simple pour vaquer à leurs affaires. Mon avis a été approuvé. Le sieur Molé m'a dit, à ce sujet, cent propos plus fats les uns que les autres, car il s'imagine que son mariage est une chose assez intéressante pour que le Roi doive s'en mêler, et employer pour cela son autorité.

Lundi 24 août. — Je suis revenu à Paris jeudi dernier, d'un voyage que j'ai fait en Hollande. J'ai eu lieu d'être satisfait de mon voyage, mais fort peu des spectacles que j'ai vus, tant en Flandre, qu'à La Haye, où je n'ai trouvé aucun sujet qui pût tenir une place à la Comédie-Française. A Bruxelles, seulement, le spectacle est un peu plus en règle; mais on n'y joue, comme ailleurs, que peu de tragédies et

---

1. Le clergé refusait alors le sacrement du mariage aux personnes engagées dans l'état de comédien.
Le mariage de Molé avec Mlle d'Épinay n'eut lieu qu'en 1769.

de comédies, tout le goût s'étant tourné du côté des opéras-comiques, genre plus facile et pour lequel on trouve plus aisément des sujets.

M. le duc de Duras m'a fait part du projet qu'il a de réunir les privilèges des Comédies de Versailles, Compiègne et Fontainebleau à la Comédie-Française, pour en former une seule troupe, qui serait à l'avenir l'école des élèves de la Comédie-Française. Il serait à désirer que ce projet pût s'exécuter, d'autant que j'ai rendu compte à M. le duc que les comédiens les plus médiocres que j'ai vus dans mon voyage m'avaient annoncé qu'ils renonceraient plutôt au théâtre, que de venir s'exposer aux cabales des comédiens français, et aux mauvais traitements que l'on faisait subir aux débutants. M. le duc de Duras m'a chargé de voir M. Mesnard qu'il avait déjà prévenu de son projet. C'est ce que j'ai fait; mais M. Mesnard ne m'a pas dissimulé que les propriétaires des privilèges avaient des prétentions si fortes qu'il doutait que ce projet pût jamais se réaliser. Au reste, je suis chargé de suivre cette affaire.

Dimanche 11 octobre. — J'ai été fort occupé depuis plusieurs jours à faire des recherches sur les dépenses du mariage de feu Mgr le Dauphin, dont on m'a demandé un état en vue du mariage futur de Mgr le Dauphin. Ce travail m'a donné d'autant plus de peine que je n'ai trouvé qu'un état, montant seulement à 1 400 000 livres environ, comprenant les bijoux, les médailles d'or et d'argent, la dépense des spectacles, enfin celle de la construction de la salle. Comme cela m'a paru hors de toute vraisemblance, j'ai imaginé que partie de ces dépenses avait été employée dans d'autres états. Et, en effet, j'ai trouvé, dans la même année 1745, que les seules dépenses des fêtes données à l'occasion du retour du Roi, après la campagne de Fontenoy, avaient coûté 800 000 livres. Comme il n'y a pas de proportion entre ces deux dépenses, je ne doute point qu'on n'ait réglé partie de la dépense d'un objet sur l'autre, et peut-être encore dans d'autres états, pour éviter de demander une ordonnance de solde trop considérable sur le même objet. C'est aussi l'avis de M. le maréchal et de M. le duc d'Aumont, qui se rappellent ces différentes fêtes. Mais, quel que soit le motif qui ait déterminé à faire ainsi ces états, je me promets bien de n'en pas faire usage; car il est impossible, d'après une pareille marche, de reconnaître la dépense réelle d'un objet particulier, et de pouvoir s'en servir comme d'une règle pour quelque occasion du même genre.

Lundi 19. — Je me suis rendu chez M. le maréchal, où j'ai trouvé M. le duc de Duras très animé. M. le maréchal protesta qu'il ne se mêlerait point des comédiens, si, pour premier principe, on ne commençait à faire suivre à la rigueur les règlements; si, surtout, on accordait des congés aux comédiens pour aller jouer en province, et même si on leur laissait la liberté d'aller jouer sur les théâtres particuliers à Paris, choses très nuisibles aux intérêts de la Comédie et très préjudiciables au service du public. Il a ajouté qu'il ne voulait point se mêler de l'affaire des privilèges, qu'autant qu'elle serait absolument indépendante de la Comédie-Française, et sous les ordres directs des Premiers Gentilshommes de la Chambre. M. le duc de Duras s'étant toujours trouvé d'un avis contraire, ces deux Messieurs se sont retirés sans rien conclure. Cependant, resté seul avec M. le maréchal, j'ai gagné quelques petites choses, en obtenant de lui la permission de chercher les tournures nécessaires pour rapprocher son sentiment de celui de M. le duc de Duras. Ce dernier, que j'ai vu ensuite, m'a remis le mémoire du sieur Préville sur ce projet, mémoire que j'ai été communiquer à M. Mesnard. J'ai trouvé dans son cabinet M. le maréchal, qui discutait l'affaire avec lui. Enfin, il a été convenu que le projet pourrait être réalisé sous la protection de MM. les Premiers Gentilshommes de la Chambre du Roi, quant à la police intérieure, et sous celle du ministre quant à la police extérieure, en conservant à cet égard les droits du Gouverneur de Paris et de la Prévôté de l'Hôtel.

Après le départ de M. le maréchal, j'ai fait part à M. Mesnard du mémoire du sieur Préville, auquel il a ajouté quelques observations. Je me suis chargé de refondre le tout, et je me suis enfermé chez moi pour ce travail. M. le maréchal étant parti pour Paris, je m'y suis rendu le lendemain et je lui ai communiqué mon travail qu'il n'a pas trouvé de son goût. Sans égard pour moi, pauvre auteur, il m'a dit fort honnêtement que ce n'était que du verbiage. Il m'a fait une réponse à mi-marge qui n'est pas très claire, et qui renferme beaucoup de choses étrangères à la question présente. J'ai mis M. le duc d'Aumont au courant de cette affaire, et il n'a pu s'empêcher de me plaindre. J'ai enfin envoyé copie du tout à M. le duc de Duras, qui vient de me répondre qu'il était très mécontent des observations de M. le maréchal, qu'il ne voulait plus entendre parler de la Comédie, si M. le maréchal s'en mêlait, et qu'il me chargeait de lui communiquer sa lettre. C'est ce que je ne ferai certainement point, pour ne pas embrouiller davantage les cartes.

Jeudi 29. — J'ai lu, dans l'assemblée qui a eu lieu, hier, chez M. le maréchal, le mémoire que j'ai fait au sujet des privilèges de Versailles, Compiègne et Fontainebleau.

MM. les Premiers Gentilshommes de la Chambre l'ont enfin approuvé et signé, en ajoutant au bas la promesse d'honneur entre eux de ne point forcer le sieur Préville, qui doit être chargé de cette direction, de prendre aucun sujet par recommandation, et de le laisser absolument le maître de prendre et de renvoyer des sujets, selon qu'il le jugerait nécessaire pour l'utilité et le bien de son spectacle. Il a été convenu que l'on ferait toutes les démarches nécessaires auprès de M. le comte de Saint-Florentin pour donner la forme convenable au nouveau plan. Ces Messieurs m'ont prié de leur mettre sous les yeux les derniers règlements faits en 1766 pour l'administration de la Comédie-Française, et de leur faire part de mes réflexions et des motifs qui ont empêché les comédiens de s'y conformer, en ajoutant à ces règlements un supplément, s'il était nécessaire.

Mercredi 4 novembre. — J'ai été occupé, ces jours-ci, de l'examen des règlements, et, ayant noté tous les articles qui ne sont point exécutés par les comédiens, j'ai fait un supplément pour donner de la vigueur auxdits articles. J'y ai ajouté, selon le désir de MM. les Premiers Gentilshommes, un article qui fait défense aux comédiens de jouer sur aucun théâtre particulier avant l'heure des spectacles finis. J'ai remis à chacun de ces Messieurs copie de mon travail, afin qu'ils puissent y faire des observations.

Mardi 24. — Je suis obligé de garder ma chambre depuis plusieurs jours, étant malade, et ayant été saigné au pied. Je n'en ai pas moins été importuné des tracasseries de la Comédie, au sujet du sieur Molé et de la demoiselle d'Épinay. MM. les Premiers Gentilshommes de la Chambre sont venus me voir, et je me suis occupé, autant que ma santé me l'a permis, de leurs affaires. Madame la duchesse de Villeroy jette les hauts cris sur la défense faite aux comédiens d'aller jouer en ville; elle ne contribue pas peu à les gâter[1].

J'ai vu M. Mesnard qui m'a dit que M. le comte de Saint-Florentin consentait à la réunion des privilèges, à condition que l'on serait d'accord avec les propriétaires desdits privilèges. J'en ai prévenu le sieur Préville afin qu'il s'arrangeât avec eux. Je me suis amusé, pendant ma retraite, à lire une grande partie des relations des anciennes fêtes; mais jusqu'à présent, je ne trouve rien dont je puisse tirer parti, soit parce qu'elles ne seraient plus du goût actuel, soit parce qu'elles seraient trop coûteuses, tels que des tournois et carrousels; d'autant que les seigneurs de la Cour ne sont plus assez magnifiques aujourd'hui pour faire de pareilles dépenses.

Jeudi 10 décembre. — J'ai continué de garder la chambre et MM. d'Aumont, de Richelieu et de Duras sont venus me voir plusieurs fois au sujet des affaires de la Comédie. Ils m'ont fait l'honneur de me consulter sur la rentrée de Mlle Clairon au théâtre. Mon avis a été qu'elle pouvait y faire autant de bien, si elle voulait se soumettre aux règlements, qu'elle y mettrait de trouble et de confusion, si elle ne voulait pas donner l'exemple de la modération et de la soumission. Ces Messieurs ont été de mon avis.

Les comédiens italiens n'ont pas laissé de me donner aussi beaucoup d'occupation au sujet de leur caissier dont

---

1. La duchesse de Villeroy faisait beaucoup jouer la comédie chez elle. Mme du Deffand écrit à Walpole, le 4 avril 1767 : « Il y aura, cette semaine, cinq comédies chez Mme de Villeroy. Je dois aller à trois, mais je pourrais bien n'en voir aucune. Cette dame de Villeroy vous divertirait; elle a une sorte d'esprit; elle est brûlante, brillante, sémillante et bon enfant. »

quelques brouillons convoitaient la place. M. le duc de Duras, toujours empressé de se mêler des affaires de comédie, a prêté l'oreille à ce que quelques comédiens lui ont dit sur le prétendu dérangement de leur caisse. Cette accusation s'est trouvée fausse, après plusieurs vérifications que j'ai fait faire. Cette mauvaise querelle n'avait d'autre but que d'expulser le sieur Linguet pour placer un protégé de quelques-uns des comédiens. Après avoir dit à M. le duc de Duras ce que je pense de cette affaire et ce que je crois raisonnable, je suis très résolu à ne plus m'en mêler, car le moins qu'un galant homme puisse avoir affaire aux comédiens, mieux cela vaut. Il n'y a qu'ingratitude, tracasserie et peut-être pis à en attendre, surtout lorsque les grands seigneurs voudront les gâter en se familiarisant trop avec eux. Autant je pense qu'on doit encourager et récompenser leurs talents, autant je suis d'avis qu'il faudrait punir leur insolence et leur insubordination. Ce serait le vrai moyen d'assurer le service public.

Mardi 22. — L'état du sieur Lévêque ayant empiré, j'ai trouvé le moment de lui faire signer le nouvel inventaire des Menus, auquel je faisais travailler depuis longtemps, et qui s'est trouvé fini, afin que les effets du Roi étant reconnus par lui, il n'y ait aucune confusion avec les siens. Je l'ai vu assidûment deux fois par jour, dans le cas où il aurait eu quelque chose de particulier à me dire; mais il ne m'a entretenu que de ses projets pour le mariage de Mgr le Dauphin.

Il est mort avant-hier. M. le duc d'Aumont, d'après le plan que je lui avais remis, il y a quelques jours, a partagé la place en quatre, en donnant à chacun des anciens employés déjà en sous-ordre les parties qui peuvent leur convenir en chef. Quoique l'état de chacun d'eux soit augmenté, il en résulte cependant une économie assez intéressante pour le Roi.

Il n'y a pas eu de spectacles, à Versailles, dans cette année, tant à cause de la mort de Mme la Dauphine que des catafalques ensuite.

ANNÉE 1768

EXERCICE DE M. LE DUC DE FLEURY

Mercredi 17 février. — J'ai travaillé à un mémoire que M. le Contrôleur général m'a demandé pour prouver qu'il y avait plus d'avantage à finir la grande salle de spectacle qu'à en construire une provisoire. J'ai eu plusieurs conférences à ce sujet avec M. le marquis de Marigny et M. Gabriel. Ce dernier, au grand étonnement de M. de Marigny, était fort pour une salle provisoire, prétendant que le temps manquerait pour finir celle qui est commencée. M. de Marigny a eu, de son côté, plusieurs conférences avec M. le Contrôleur général et M. de Saint-Florentin, pour demander les fonds nécessaires. Il m'a dit, en dernier lieu, que si quelqu'un voulait se charger de finir l'ancienne salle assez à temps pour le mariage, et qu'on lui en répondît, alors il ne se servirait point des entrepreneurs des bâtiments, imaginant que M. Gabriel voulait faire sa cour à M. le Contrôleur général en donnant la préférence à une salle provisoire.

J'ai vu, en conséquence, de l'avis de MM. les Premiers Gentilshommes de la Chambre, le sieur Arnoult, premier machiniste du Roi, qui s'est chargé de dissuader M. Gabriel et de lui dire que, s'il le voulait, il lui présenterait un entrepreneur habile qui répondrait de la salle pour 1770, et dont on aurait lieu d'être satisfait pour la dépense, si on lui fournissait les fonds nécessaires à mesure des besoins. M. Gabriel, sur ces observations et après avoir pris connaissance de mon mémoire, est enfin convenu que le travail pouvait être terminé pour 1770, en supprimant beaucoup de la bâtisse en pierre, et surtout si l'on donnait les fonds nécessaires. M. de Marigny m'a dit qu'il en parlerait au Roi, à son premier travail.

J'ai été obligé de voir plusieurs fois M. Mesnard qui a fait et refait de nouveaux mémoires relativement à la réunion des privilèges des spectacles suivant la Cour. Je les ai lus tous à MM. les Premiers Gentilshommes. Mais M. le maréchal de Richelieu y fait sans cesse de nouvelles corrections, et il a été d'avis d'abandonner le projet, si le ministre ne veut pas souscrire à tout ce qu'on lui demande. M. le duc d'Aumont pense de même. Aussi, je pense, de mon côté, que toute cette affaire, pour laquelle on m'a donné beaucoup de peine et d'occupation, s'en ira en fumée, car il n'est pas naturel que le ministre veuille se laisser dépouiller de toute autorité. En voulant trop avoir, on n'aura rien.

Samedi 19 mars. — J'ai vu le sieur Arnoult qui m'a rendu compte que le Roi avait dit, en sa présence, à M. de Marigny, de faire absolument terminer la salle de Versailles d'ici à vingt-deux mois, et qu'il était, en conséquence, chargé d'une grande partie de l'exécution de ce projet, sous les ordres de M. Gabriel. Il a été en rendre compte à M. le duc d'Aumont qui a décidé que le modèle du théâtre qui serait fait par le sieur Arnoult serait déposé à l'hôtel des Menus, à Versailles;

que le sieur Arnoult serait logé à cet hôtel pour être plus à portée de suivre ses opérations. Il ne s'agit plus à présent que d'avoir de l'argent, ce qui est très difficile, car j'ai eu bien de la peine, il y a quelques jours, à obtenir un acompte de 30 000 livres, seul argent qui ait été donné aux Menus pour toutes les dépenses depuis le commencement de l'année.

Hier, dans une assemblée de MM. les Premiers Gentilshommes de la Chambre, il a été décidé que l'on abandonnerait définitivement le projet de la réunion des spectacles de Versailles, Compiègne et Fontainebleau. Je prévoyais que cette affaire se terminerait ainsi, quand j'ai eu connaissance plus particulière des prétentions du sieur Préville qui ne songeait qu'à ses intérêts particuliers dans toute cette affaire.

Samedi 30 avril. — J'ai été fort occupé, dans tout le cours de ce mois, de différents objets dont un, entre autres, intéresse le Roi et la succession du sieur Lévêque. Comme cette affaire m'a pris une grande partie de mon temps, qu'elle est singulière, et qu'elle a été l'objet de beaucoup de discussions, je la rapporterai ici, par extrait. Toutefois, je vais raconter d'abord ce qui s'est passé de plus important à l'occasion des spectacles.

M. le maréchal de Richelieu et M. le duc de Duras m'ont fait venir à plusieurs assemblées, dans le cours de ce mois, pour travailler à la distribution des rôles de la Comédie-Française. Ils m'ont fait faire plusieurs projets pour lesquels j'ai consulté le sieur Bellecour, comme un de ceux qui s'y entendent le mieux, et comme ayant le moins de partialité. Ce travail fait, non sans de grandes discussions entre M. le maréchal de Richelieu et M. le duc de Duras, je l'ai porté à l'assemblée des comédiens français, où lecture en a été donnée. Cette distribution a excité, comme je m'y attendais, de grandes clameurs parmi les amoureuses et les soubrettes. L'ordre de réception de la demoiselle Dugazon, pour jouer les soubrettes en double, a occasionné beaucoup de plaintes[1]. Les parties intéressées ont été jusqu'à dire que MM. les Premiers Gentilshommes faisaient tous les jours des règlements pour avoir le plaisir d'y contrevenir. J'ai eu bien de la peine à en imposer à toutes ces têtes fort échauffées. Les hommes n'ont pas été moins vifs dans leurs représentations. Je les ai assemblés plusieurs fois, indépendamment des conférences particulières que j'ai eues, chez moi, avec plusieurs d'entre eux. Enfin, M. le maréchal et M. le duc de Duras ayant pris le parti, sur mes conseils réitérés, d'assembler les comédiens, avant-hier jeudi, M. le duc de Duras commença par marquer aux comédiens, au nom de MM. les Premiers Gentilshommes de la Chambre, tout le mécontentement qu'ils avaient de leur insubordination, et de leur peu d'exactitude à se conformer aux règlements. Il leur reprocha leurs cabales et leur peu de reconnaissance pour tout ce qu'on avait fait pour eux. Il leur a annoncé qu'on ne changerait rien au général des dispositions qui avaient été prises pour le bien de la Comédie, mais qu'on aurait égard aux représentations sages que ferait le comité sur la distribution de quelques rôles, si, par hasard, il y avait eu quelque erreur. Les comédiens ont répondu qu'ils reconnaissaient que les règlements étaient fort sages et auraient dû être

---

1. Mlle Dugazon, sœur de l'acteur de ce nom et de Mme Vestris, débuta le 12 novembre 1767. Elle fut reçue l'année suivante et se retira en 1788, peu de temps avant sa mort.

mieux suivis. Ils ont ajouté que, s'ils y avaient dérogé, ce n'avait été qu'à l'exemple de MM. les Premiers Gentilshommes, et ils ont cité, comme preuve, la réception de Mlle Dugazon, sœur de Mme Vestris[1], en se plaignant de ce qu'on lui donnait en double les rôles de Mme Bellecour, au préjudice des autres soubrettes, auxquelles on ne laissait que des seconds rôles. La demoiselle Hus a fait, de son côté, de semblables réclamations sur son droit de jouer en chef toutes les amoureuses.

M. le maréchal de Richelieu, pour faire cesser toutes ces clameurs, leur a répété qu'il voulait que les ordres qu'il avait donnés fussent exécutés, mais qu'il aurait égard aux représentations qui seraient faites par écrit, après que le comité aurait examiné les prétentions de chacun, et en aurait donné son avis motivé. Sur quoi le comité a fait quelques difficultés pour se charger de ce travail, mais il lui a été enjoint de chercher les moyens de terminer tous ces embarras, en rendant à chacun justice, sans s'écarter des règlements, et de me faire part de son travail. Voilà où en est actuellement cette affaire qui m'a beaucoup occupé. Je souhaite qu'elle se termine d'une manière satisfaisante pour les supérieurs, les intérêts de la Comédie et l'agrément du service du public.

Hier, vendredi, il y a eu un grand spectacle aux Menus, pour l'essai de la dame Vestris, qui a joué le rôle d'Hermione, dans *Andromaque*. Les avis ont été assez partagés. Je crois qu'elle peut être très utile dans le tragique. Dans ce moment, elle manque d'habitude, elle a besoin de se corriger surtout

---

1. Mme Vestris, de son nom de famille, Françoise-Rose Gourgaud, sœur de Dugazon, débuta au Théâtre-Français en 1768; fut reçue l'année suivante et mourut en 1804.

d'un peu de grasseyement. Au reste, elle est jeune, d'une figure agréable et a de l'esprit. A l'égard des comédiens italiens, auxquels j'ai remis aussi des suppléments de règlements, ils n'ont fait aucune représentation, et sont assez tranquilles dans ce moment-ci.

Je reviens actuellement à l'affaire du sieur Lévêque, dont voici le précis :

M. le duc d'Aumont s'est plaint du bruit que faisait, dans le public, le mariage annoncé de la dame Lévêque avec le sieur Beaumarchais[1] et de la vente considérable de son mobilier. Au premier article, j'ai répondu que la dame Lévêque ne m'avait pas mis dans sa confidence, parce que je l'aurais détournée de faire une pareille sottise. Sur le second point, j'ai répondu que la vente paraissait beaucoup plus considérable qu'elle ne le serait en effet, la dame Lévêque ayant consenti que plusieurs personnes y missent des meubles et effets précieux, dans l'espérance d'en tirer un meilleur parti, la vente se faisant dans un local aussi vaste que celui des Menus, où il pouvait venir plus de monde. J'ai ajouté que la dame Lévêque ayant pris pour ses affaires M^e Le Pot d'Auteuil, notaire, que M. le duc d'Aumont lui-même avait chargé, conjointement avec M. Hébert, des affaires des Menus, il serait en état de lui rendre un compte plus particulier de la fortune laissée par le sieur Lévêque.

A ces observations, M. le duc a répliqué, à mon grand étonnement, qu'il avait déjà envoyé chercher ce notaire

---

1. Le mariage de Beaumarchais avec la veuve de Lévêque (Geneviève-Madeleine Wattebled) eut lieu au mois d'avril 1768. C'était le second mariage de l'auteur du *Mariage de Figaro*.

La seconde Mme de Beaumarchais mourut en 1770. Un fils était né de ce mariage. Il mourut en bas âge.

pour mettre haro sur la succession, voulant absolument que la dame Lévêque abandonnât au Roi toutes les pierreries des habits et décorations, soit comme appartenant aux Menus, soit comme dédommagement de ce qu'il en avait coûté de trop pour les bâtiments; qu'au reste il était convaincu que ces pierreries appartenaient au Roi; qu'il me priait de faire les recherches nécessaires pour en avoir la preuve, et que ce n'était qu'à cette condition qu'il me continuerait sa confiance. Une pareille conclusion m'ayant autant étonné qu'affligé, j'en ai marqué à M. le duc toute ma juste sensibilité, en lui disant que je ne croyais pas avoir besoin de cette nouvelle preuve de zèle pour mériter sa confiance; que je pensais qu'elle devait m'être acquise tout entière par tout ce que j'avais fait jusqu'à présent pour lui marquer au moins ma bonne volonté; que, s'il en était autrement, j'offrais de bon cœur ma démission.

M. le duc a bien voulu chercher à raccommoder cette dureté en me disant alors des choses très flatteuses sur ma proposition de démission, et en me recommandant d'avoir la fermeté nécessaire pour faire réussir son projet. Il a ajouté que je devais connaître sa façon de penser à mon égard, quoique je ne lui eusse pas été autrefois aussi attaché qu'à ses camarades. Ce nouveau reproche m'a d'autant plus affecté que je ne sais sur quoi il est fondé, et que je crois lui avoir prouvé le contraire en maintes occasions. Au reste, je lui ai promis de faire des recherches sur ces pierreries depuis l'époque de mon entrée dans l'administration des Menus, et d'engager M. de La Touche à en faire autant sur les anciens états des Menus, dont il a la garde, ajoutant que M. Hébert pourrait encore mieux que personne lui donner des éclaircissements, lui qui avait payé pendant plus de trente ans les dépenses du sieur Lévêque. A l'égard des bâtiments, je dis à M. le duc qu'il savait très bien que je ne m'en étais mêlé en rien ; qu'on ne m'avait pas fait l'honneur de me consulter, ni sur la bâtisse ni sur la dépense ; que lui et M. Hébert avaient tout réglé à cet égard, et que je n'avais été que l'exécuteur de ses ordres pour employer tout ce qu'il m'avait dit dans les états. Je lui ai rappelé fort au long tout ce qui s'était passé à cet égard, jusqu'à la crainte que l'on avait eue que je ne logeasse aux Menus, quoique cela ait été convenu d'abord.

J'allai voir, le lendemain, M. Hébert et je ne lui cachai pas qu'il me paraissait étonnant qu'on cherchât à revenir contre les opérations du sieur Lévêque après sa mort, tandis qu'on avait eu, pendant trente ans, assez de confiance en lui pour lui laisser faire tout ce qu'il voulait. Mais la réponse de M. Hébert m'ayant paru concertée avec M. le duc d'Aumont, je me suis mis à faire des recherches dans d'anciens papiers qui m'avaient été remis par M. de Curis, mon prédécesseur, et j'ai enfin retrouvé plusieurs mémoires avec un état détaillé des dites pierreries. Il en résulte que cette affaire avait été traitée plusieurs fois du vivant de M. le duc de Gesvres, gentilhomme de la Chambre. Le sieur Lévêque paraît, dans ces anciens mémoires, comme propriétaire d'un fonds de diamants estimé environ 80 000 livres, et de plus comme gardien d'un autre fonds d'environ 40 000 livres de pierreries, achetées pour le compte du Roi d'un nommé Révérend, et il est dit que, dans la suite, MM. les Premiers Gentilshommes de la Chambre jugèrent à propos, pour éviter la confusion des deux fonds de pierreries, de faire racheter le second par le sieur Lévêque.

Ce second fonds fut, en conséquence, donné au sieur

Lévêque en paiement d'une partie de ce qui lui était dû pour lustres et girandoles qu'il avait faits pour le Roi dans les Menus. Ledit Lévêque dit, dans un de ces mémoires, que ce fonds considérable ne lui ayant rien rapporté, pendant 15 ou 16 ans, il paraît juste qu'on en fasse l'acquisition pour le Roi, si mieux on n'aime lui en payer le loyer annuel, ou à raison d'une somme convenue par spectacle. Il paraît, par ces différents mémoires, que l'affaire a été traitée plusieurs fois, mais sans décision, sur la proposition qu'il avait faite ; mais, en même temps, on ne voit point qu'on lui ait jamais disputé la propriété de ce fonds. J'ai été rendre compte du résultat de mes recherches à M. le duc d'Aumont. Je trouvai chez lui M. de La Touche auquel j'avais fait part des intentions de M. le duc, et qui lui dit avoir commencé les recherches depuis 1730, et que pendant les dix premières années il n'avait rien trouvé qui prouvât que les diamants appartinssent au Roi. Ce premier éclaircissement ne répondant pas aux vues de M. le duc d'Aumont, il dit à M. de La Touche de rechercher encore plus exactement. M. de La Touche protesta qu'il avait vu les états d'un bout à l'autre par lui-même. Je crus devoir alors lui dire que la volonté de M. le duc était soit qu'il trouvât la preuve que les diamants appartenaient au Roi, soit que cette preuve ne se trouvant pas, de les faire rentrer au profit de Sa Majesté comme indemnité de ce que ledit Lévêque avait dépensé en trop, soit dans les bâtiments, soit dans sa gestion. M. le duc d'Aumont et M. Hébert confirmèrent mes paroles, et M. de La Touche fut aussi étonné que je l'avais été moi-même de la première proposition.

J'ai été passer une après-midi chez M. de La Touche pour l'aider à compulser les anciens états, et nous y avons trouvé la mention du paiement du loyer des pierreries, ce qui établit la propriété du sieur Lévêque, puisqu'on ne lui aurait pas payé de loyer pour une chose qui ne lui aurait pas appartenu. Enfin cette recherche confirme en quelque façon la vérité des pièces que j'ai mentionnées ci-dessus et que j'ai remises à M. le duc d'Aumont. J'ai laissé M. de La Touche continuer son travail. Il nous a paru étonnant à l'un et à l'autre que M. le duc d'Aumont et M. Hébert aient attendu la mort du sieur Lévêque, pour vouloir l'inculper au sujet des bâtiments. Si l'on avait eu quelque motif de le soupçonner d'infidélité, on avait encore le temps, avant qu'il tombât malade, de lui faire rendre un compte exact de toutes les dépenses. Après avoir travaillé encore, ainsi que M. de La Touche, pendant quelques jours, nous avons informé M. le duc d'Aumont du résultat de nos recherches, à savoir que nous avions trouvé que le sieur Lévêque était porté dans les états, arrêtés par MM. les Premiers Gentilshommes de la Chambre, pour loyer de diamants, ce qui indiquait sa propriété. Malgré cela, il a toujours persisté à vouloir que ces pierreries devinssent la propriété du Roi, en dédommagement, nous a-t-il dit, du trop de dépense des bâtiments. Il nous a en même temps marqué beaucoup d'humeur sur le mariage de la dame Lévêque avec le sieur Beaumarchais, qui s'est fait tout de suite, sans que j'en aie été prévenu autrement que par le bruit public.

M. le duc m'a donc chargé de leur faire connaître ses intentions. C'est ce que j'ai fait, en y ajoutant tout ce que j'ai cru propre à les déterminer au sacrifice que M. le duc d'Aumont exige d'eux. Notre conférence a été des plus longues. M. de Beaumarchais n'a pas manqué de faire les mêmes réflexions que M. de La Touche et moi, en me disant qu'il était incroyable que l'on eût attendu la mort du sieur Lévêque pour former une pareille demande, et qu'on lui eût accordé, pendant quarante ans, une confiance aveugle, pour se plaindre, lorsqu'il n'était plus, de son administration. Je n'ai pu trouver ces réflexions extraordinaires ; mais, pour répondre aux vues de M. le duc d'Aumont, j'ai dit que M. le duc avait toujours pensé que ces diamants appartenaient au Roi, et que M. Hébert paraissait penser de même. Je n'ai point laissé ignorer à M. Beaumarchais, pour le déterminer, ainsi que sa femme, au sacrifice des diamants, que M. le duc d'Aumont avait à se plaindre et qu'il le faisait, en effet, de la dépense énorme du sieur Lévêque au sujet des bâtiments. J'ai ajouté que j'avais toujours pensé que ledit sieur Lévêque n'aurait pas dû solliciter avec autant d'acharnement et de vivacité une pareille entreprise, en flattant M. d'Aumont de la plus grande économie et d'un bon marché qui n'avaient point été tenus, plus par son ignorance que par abus de confiance et mauvaise foi : — qu'en mon particulier j'avais à me plaindre de ce que le sieur Lévêque ne m'avait jamais éclairé sur cette matière, où il savait très bien que j'avais le droit de faire des observations, s'il y avait lieu, et si l'on eût voulu me communiquer les devis et marchés ; — que, dans ce cas, j'aurais été à même de prendre des renseignements, et d'éclairer le sieur Lévêque dans une entreprise qui n'était point de son métier, et par là de procurer peut-être des avantages réels pour les intérêts du Roi et de nature à satisfaire M. le duc d'Aumont.

Nous nous sommes séparés après que j'ai eu dit tout ce que j'avais à dire, M. Beaumarchais m'ayant répondu qu'il allait faire ses réflexions et qu'il m'en ferait part. J'ai rendu compte à M. le duc d'Aumont de tout ce qui s'était passé dans cette entrevue. Il m'a fait l'honneur de penser que j'amènerais les choses au point où il le désirait. M. Beaumarchais est venu me revoir avant-hier, avec de nombreuses observations qui ne sont que la répétition amplifiée de celles qu'il m'a faites la première fois. Je lui ai fait un détail des sommes employées dans les états, soit à titre de loyer, soit à titre d'entretien des dites pierreries, et qui paraissent excéder de beaucoup la valeur de ces objets. Il en a été, à ce qu'il me semble, un peu surpris, et je crois l'avoir convaincu qu'il est juste que le Roi se trouve dédommagé de ces dépenses par la propriété de ces effets, alors même que cette propriété ne serait pas bien constatée. Voilà où en est cette négociation désagréable. M. Beaumarchais m'a dit, en me quittant, qu'il avait écrit à M. Hébert pour lui demander jour afin d'arrêter les différents comptes du sieur Lévêque, et de savoir ce qui lui restait dû. Il m'a prié d'assister à ce compte, ce que je ne ferai qu'autant que M. Hébert m'y engagera aussi, puisque c'est son affaire personnelle avec la succession du sieur Lévêque.

Vendredi 6 mai. — J'ai rendu compte à M. le duc d'Aumont de ma dernière conférence avec M. Beaumarchais, ainsi que de ses nouvelles observations. Il m'a répondu que, si l'on avait accordé trop de confiance au sieur Lévêque, on avait eu tort, mais que je ne devais entrer à cet égard dans aucun détail avec le sieur Beaumarchais. Il a ajouté qu'il persistait à vouloir que les diamants restassent aux Menus, que cela se fît sans bruit et sans éclat, et qu'à cette condition il donnerait décharge pleine et entière de tous les comptes du sieur Lévêque. M. le duc oubliait apparemment qu'il lui avait déjà donné plusieurs fois l'arrêté des comptes de chaque année, et qu'il ne l'avait signé que d'après l'examen de ces comptes, soit par lui-même, soit par l'homme de confiance chargé de vérifier les mémoires des Menus.

M. Hébert m'ayant prié de me trouver au compte du sieur Lévêque, chez M⁰ Le Pot d'Auteuil, notaire, je m'y suis rendu avant-hier, et j'ai trouvé M. et Mᵐᵉ de Beaumarchais. Ils ont commencé par les mêmes observations qu'ils avaient faites chez moi, il y a quelques jours ; mais M. Hébert a cru devoir leur confirmer d'une manière très étendue et impérative les intentions de M. le duc d'Aumont. Les discussions ont été fort longues et fort vives de part et d'autre et quelquefois embarrassantes pour M. Hébert. Par le compte qu'a rendu M. Hébert des sommes qu'il avait payées à valoir au sieur Lévêque sur 1766 et 1767, les héritiers ont reconnu que ce qui restait à recevoir pour les dépenses de ce dernier était moins considérable qu'ils le croyaient. M⁰ Le Pot d'Auteuil ayant ajouté à cela un aperçu du montant de la succession qui, selon les apparences, n'ira peut-être pas aux deux tiers de ce qu'on imaginait, M. et Mᵐᵉ de Beaumarchais se sont récriés sur le sacrifice exigé par M. le duc d'Aumont. Mais enfin les neveux, qui y sont plus intéressés, ayant fini par y consentir de bonne grâce, on a remis à huitaine pour terminer cette affaire, ainsi que le compte entre M. Hébert et le feu sieur Lévêque.

Le comité des Français s'étant assemblé samedi dernier, comme il avait été convenu, chez M. le maréchal, j'ai écrit audit comité pour l'exhorter à se dépouiller de tout intérêt personnel, et à ne s'occuper que du bien de la chose, en lui marquant les différents sujets sur lesquels il avait à donner son avis. Je me suis rendu lundi à l'assemblée, où j'ai appris que le comité n'avait rien décidé sur la distribution des rôles, chacun craignant de se faire des ennemis. Je les ai invités alors à donner leur avis par écrit et sous pli cacheté, et à me les remettre, m'engageant à en faire un résumé pour MM. les Premiers Gentilshommes de la Chambre. Ils ont paru adopter cette tournure. J'en ai fait part à M. le duc de Duras. Ce dernier m'a dit de donner un ordre de 6000 livres d'appointements pour la dame Vestris jusqu'à Pâques prochain, comme dédommagement des engagements qu'elle a dans les pays étrangers, avec promesse de sa réception à Pâques, Mlle Clairon se chargeant d'achever de la former[1].

Mardi 10. — M. le maréchal de Richelieu a refusé de signer l'ordre de Mme Vestris, n'en approuvant pas la forme, ce qui a fort fâché M. le duc de Duras, qui a dû en refaire un autre. J'ai été hier à l'assemblée des comédiens français, qui m'ont remis le résultat du dernier comité. Il n'y en a que deux qui ont voulu signer leur avis, encore cet avis ne signifie-t-il rien. Ils se sont seulement réunis pour se plaindre de la réception de la demoiselle Dugazon contre les règlements, et de la distribution des rôles qu'ils déclarent injuste. Enfin, ils ont annoncé la perte de la Comédie comme prochaine. Tous les sujets ont aussi beaucoup d'humeur contre le sieur Préville. J'ai vu, ce matin, M. le duc de Duras, et je lui ai conseillé de faire venir les parties intéressées en particulier, pour les déterminer, par de bonnes raisons, à se relâcher un peu de leurs grandes prétentions. Je lui ai dit que j'avais été chez la demoiselle Luzzi, et que je l'avais presque amenée à ce qu'il désirait, à condition qu'on lui rendrait quelques bons rôles. Il y a consenti pour elle, mais il est bien déterminé à tenir ferme

---

1. Cette première marque de l'intérêt très vif que le duc de Duras portait à Mme Vestris fut suivie de beaucoup d'autres. On en verra notamment les effets dans la querelle que celle-ci eut, plus tard, avec Mlle Sainval, et qui amena la retraite de cette dernière.

pour les autres, et doit on conférer demain avec M. le maréchal.

Lundi 16. — M. le maréchal a enfin signé, non sans beaucoup de débats avec M. de Duras, l'ordre de la dame Vestris, aux appointements de 6 000 livres, avec promesse de sa réception à demi-part pour Pâques prochain. Ces Messieurs ont aussi promis à la demoiselle Luzzi l'emploi de soubrette en chef, à la retraite de son ancienne, et lui ont donné quelques-uns des rôles qui avaient été distribués à la demoiselle Dugazon. On a cherché aussi à satisfaire la demoiselle Hus qui a beaucoup d'obstination. Le sieur Nainville et la demoiselle Beaupré, de la Comédie-Italienne [1], m'ont aussi donné beaucoup d'occupation par leurs prétentions particulières. Comme ils doivent s'épouser, ils prennent souvent à tort et à travers le parti l'un de l'autre.

Nous nous sommes rendus, ces jours derniers, M. de La Touche, M. Hébert et moi, chez M⁰ Le Pot d'Auteuil, où, après une très longue dissertation, les sieur et dame de Beaumarchais, ainsi que les héritiers du sieur Lévêque ont enfin signé l'acte où M. de La Touche et moi nous étions intervenus en réclamation des diamants faux comme chose appartenant au Roi. M. le duc d'Aumont, qui est aussi intervenu audit acte, comme approuvant cette réclamation, l'a signé également, en reconnaissant au surplus qu'après l'examen fait des autres parties de l'administration du feu sieur Lévêque, tout s'était trouvé en règle et existant dans les magasins des Menus. Il en a, en conséquence, donné pleine et entière décharge audit sieur Lévêque et à sa succession. On a ensuite procédé au compte du sieur Lévêque pour ce qui lui reste dû par M. Hébert

---

1. Nainville était alors acteur pensionnaire de la Comédie-Italienne. Il n'était pas dépourvu de talent. Il se retira en 1780, avec la demoiselle Beaupré. Celle-ci avait débuté en 1763 et avait été reçue l'année suivante.

pour l'année 1766. Les héritiers ont vu, non sans peine, que ce reliquat est bien au-dessous de ce qu'ils espéraient, et que même il ne suffira point pour payer les oppositions faites à l'inventaire. Voilà où aboutit tout ce grand bruit de la prétendue fortune du sieur Lévêque après quarante ans de travail!

Mercredi 29 juin. — La mort de la Reine, qu'on craignait depuis longtemps, est arrivée vendredi soir, 24[1]. J'ai été occupé, tant à Versailles qu'à Paris, à donner les ordres nécessaires dans cette triste circonstance. Je travaille à mettre les dépenses qui seront la suite de cet événement, ainsi que les différents deuils, dans un ordre qui puisse établir une étiquette pour l'avenir. Il s'élève une infinité de prétentions de la part de toute la Maison du Roi, de feu la Reine, et autres sur lesquelles je prendrai des décisions.

Samedi 10 juillet. — Je n'ai été occupé, depuis le commencement de ce mois, que d'objets relatifs à la mort de la Reine. Tout ce qui était nécessaire pour le transport du corps à Saint-Denis s'étant trouvé prêt pour le samedi 2, cette cérémonie a eu lieu ce jour-là. Le convoi, parti de Versailles sur les huit heures du soir, est arrivé à Saint-Denis vers quatre heures du matin. Il eût été à désirer qu'il y eût eu plus d'ordre dans la marche. Le nombre des flambeaux n'a pas été aussi considérable qu'on me l'avait demandé, attendu qu'il n'y a eu qu'un détachement de deux compagnies de mousquetaires, au lieu du corps entier. Du reste, il y a eu encore trop de flambeaux, puisque les carrosses des dames du cortège en étaient chargés sans avoir été allumés. J'ai fait, depuis le

---

1. La Reine était née en 1703.

dépôt, de fréquents voyages à Saint-Denis pour tous les ordres à donner, tout devant se faire dans le plus grand cérémonial, les voûtes et l'église devant être tendues en drap noir, ce qui augmente beaucoup le travail et la dépense.

Mercredi 29. — J'ai travaillé avec différents artistes sur quelques projets pour le mariage. J'ai remis différents plans à Mme la duchesse de Villeroy, pour en conférer avec M. le duc d'Aumont, son père, entre autres un projet de tournoi. Mais j'imagine bien qu'il ne sera pas agréé, attendu que nous n'avons plus de seigneurs qui sachent sacrifier 20 000 livres pour contribuer à une chose qui leur fait honneur. On aime mieux se ruiner obscurément que de mettre une légère somme à paraître avec distinction. Aussi quand on propose de ces sortes de fêtes à l'imitation de nos ancêtres, nos agréables de Cour nous rient au nez et cherchent à tourner la chose en ridicule, en la traitant de romanesque.

Jeudi 6 août. — Il s'est tenu plusieurs assemblées chez M. le duc d'Aumont, où les surintendants de la musique et plusieurs auteurs se sont trouvés avec d'autres personnes dans les lumières desquelles M. le duc a confiance. On s'y est occupé de différents projets pour les fêtes du mariage de Mgr le Dauphin. On y a lu, notamment, l'opéra de *Persée*[1], raccommodé, et un projet d'une pièce à spectacle du sieur Favart, dont je n'ai pas été très émerveillé. A l'égard des fêtes extérieures, il paraît que M. le duc est décidé à donner celles qui avaient été projetées pour la naissance de feu Mgr le duc de Bourgogne. Je n'ai pas eu ainsi la peine de tirer de mon portefeuille tous les projets que j'avais faits de mon côté. Je serai très aise si les idées

---

1. Tragédie lyrique en 5 actes, avec un prologue, par Quinault, musique de Lulli, 1682, ouvrage fréquemment repris à l'Opéra.

qu'on a d'ailleurs sont plus économiques et réussissent mieux.

Jeudi 25. — Les différents dessinateurs et entrepreneurs des Menus se sont rendus, samedi dernier, à Versailles, ainsi que moi, pour examiner, avec Mme la duchesse de Villeroy, le parti qu'on peut tirer de l'Orangerie et de la pièce des Suisses, où M. le duc d'Aumont désirerait donner une foire, avec différents spectacles et bals, et ensuite une attaque de place avec feu d'artifice sur la pièce des Suisses. Ayant reconnu que le local était trop immense pour la décoration, j'ai fait des observations en ce sens. Mais, Mme la duchesse ayant insisté, j'ai chargé le dessinateur des Menus de prendre, avec nos entrepreneurs, le plan exact du local pour le mettre sous les yeux de M. le duc d'Aumont à son retour de Compiègne. J'ai fait, de mon côté, un projet, suivant l'idée de M. le duc d'Aumont, d'une attaque de place, avec un arc de triomphe superbe de la Félicité. Je me suis occupé en outre de rechercher ce qui s'est passé aux deux mariages de Mgr le Dauphin, en 1745 et en 1747; j'ai fait des extraits de tout ce que j'ai imaginé pouvoir être utile, tant sur le cérémonial que sur les différents objets de dépense, comme habillements, corbeille de Mme la Dauphine, présents, médailles, etc.

Samedi 3 septembre. — Tous les entrepreneurs des Menus s'étant trouvés, hier, à Versailles, ainsi que M. Gabriel, premier architecte du Roi, nous avons accompagné M. le duc d'Aumont dans la visite qu'il a faite de l'Orangerie et de tous les environs. M. le duc s'est arrêté au projet de donner une fête dans l'intérieur de l'Orangerie, et la foire au dehors, ainsi qu'un feu d'artifice, avec attaque de place, sur la pièce des Suisses. Chacun a dit son avis et j'en ai pris note. J'ai montré le dessin de l'attaque de la pièce des Suisses que j'avais fait et qui a été approuvé. De là, nous avons été dîner chez M. Hébert, à Issy, avec M. le duc d'Aumont et Mme la duchesse de Villeroy. On y a discuté beaucoup sur les différents points de cette fête. J'ai ouvert quelques avis qui ont été agréés. Mais M. le duc d'Aumont, au lieu d'une attaque de place, désire un feu d'artifice sur des bateaux qui ne présentent aucune matière à décoration. Il veut aussi des fêtes sur l'eau et nous a chargés de donner corps à son idée, ce qui n'est pas chose très facile. Cependant je lui ai promis de consulter toutes les personnes capables de donner de bons avis. Le sieur Favart, qui s'était rendu aussi à Versailles, m'a remis ses projets de fête à examiner.

Vendredi 28 octobre. — Je suis revenu, hier, à Paris, de Fontainebleau où l'on a donné un opéra le mardi et le lendemain comédie française sur le théâtre de ville, le spectacle n'ayant pu avoir lieu au château, à cause du deuil de la Reine. Le roi de Danemark[1] a bien voulu me témoigner sa satisfaction sur ces spectacles, où le plus grand ordre a régné, les Menus ayant été chargés de la distribution des billets et de faire les honneurs de la salle. Tout le monde, ainsi que les différents corps de la Maison du Roi, se sont beaucoup loués de nous. Je me suis rendu hier soir chez M. le duc de Duras qui, après le souper magnifique qu'il a donné au roi de Danemark, a fait représenter le *Mercure galant* et la pièce d'*Henri IV*[2]. Sa Majesté a fait de grands

---

1. Christian VII, né en 1749, roi de Danemark en 1766, passa quelques semaines en France à cette époque.
2. *Le Mercure galant* ou *la Comédie sans titre*, comédie en 5 actes, en vers, de Boursault, 1679. *La Partie de chasse de Henri IV*, la comédie de Collé, qu'on ne représentait encore que sur des théâtres particuliers ou en province ; on considérait comme peu convenable de faire paraître, sur le Théâtre-Français, un des ancêtres du Roi.

compliments à M. le duc, quoique, dans le vrai, elle ait dormi très profondément pendant tout le spectacle, lequel, à la vérité, n'a commencé qu'à minuit passé.

Dimanche 6 novembre. — Je suis retourné à Fontainebleau lundi dernier, après avoir donné les ordres pour les spectacles qui y ont eu lieu au retour du roi de Danemark, savoir : jeudi dernier,[3] opéra, et avant-hier, vendredi,[4] opéra-comique. Il a régné le même ordre qu'aux deux précédentes représentations. Le Roi a été très surpris de la décoration en diamants dont il a fait de grands éloges. Il a donné à M. de La Touche et à moi une très belle tabatière. Il a fait un présent semblable à plusieurs personnes de la Maison du Roi. Nous avions d'abord voulu les refuser, mais M. le duc de Duras a prétendu que l'on ne pouvait refuser un cadeau d'un roi.

Samedi 26. — Les troubles de la Comédie-Française n'ont jamais été plus vifs que depuis huit jours. Les comédiens se plaignent hautement que les supérieurs sont les premiers à manquer aux règlements qu'ils ont faits, que les actrices protégées, sûres de l'impunité, ne font que ce qu'elles veulent. Ces plaintes, qui ne sont pas dépourvues de tout fondement, ont occasionné plusieurs assemblées chez M. le maréchal, qui m'a fait faire une revision des règlements, et un relevé de tous les articles qui ne sont pas suivis. Les comédiens, pressés de parler par M. le maréchal, ont usé un peu fortement de cette permission, au point d'embarrasser M. le maréchal. Ne pouvant disconvenir tout à fait de la justice de leurs plaintes, il leur a promis qu'il veillerait à ce que les règlements fussent mieux suivis par ses camarades et par lui-même, ainsi que par les demoiselles de la Comédie. Il a donné ordre, d'après mon avis, de projeter toujours à l'avance le répertoire, avec la distribution des rôles, se faisant fort de tenir la main à son exécution.

Lundi dernier, je me suis rendu à l'assemblée, où le sieur Préville a fait la lecture d'un mémoire que je lui ai remis, où je représentais aux comédiens tout ce que les supérieurs avaient fait pour rétablir l'ordre par différents règlements, notamment par celui de 1766, dont les comédiens avaient approuvé tous les articles avec acclamation. Le mémoire rappelait que MM. les Premiers Gentilshommes n'avaient cessé de s'occuper des intérêts des comédiens, soit en faisant payer par le Roi une partie de leurs dettes, soit en engageant le Roi à se charger du remboursement du fonds des acteurs morts ou retirés; qu'enfin plusieurs d'entre eux avaient éprouvé des bontés particulières de leurs supérieurs; que d'après cela il y avait lieu de s'étonner que les comédiens eussent oublié tous ces bons offices, et s'écartassent avec tant de persistance des règlements. J'avais ajouté, dans mon mémoire, que j'étais, dans mon particulier, très affligé des reproches que j'avais reçus de n'avoir pas employé jusqu'à présent les voies de rigueur pour l'observation des règlements; mais que, si je ne l'avais pas fait, c'était parce que j'avais toujours espéré que les comédiens reconnaîtraient eux-mêmes combien il était de leur intérêt de s'y conformer avec la plus grande exactitude; qu'au reste MM. les Premiers Gentilshommes de la Chambre, devant rendre le comité personnellement responsable de l'exécution des règlements, j'étais persuadé qu'il n'était personne dans la société qui ne fît tous ses efforts pour épargner des reproches et des désagréments au comité.

J'ai ensuite fait lire le répertoire projeté par le comité. La demoiselle Drouin, la demoiselle Hus et le sieur Augé se sont surtout fort élevés contre ce nouvel arrangement, en disant qu'ils n'étaient point faits pour être sous les ordres de leurs camarades, que le comité ne ferait jamais jouer que ceux qu'il préférerait, et autres propos aussi déplacés. J'ai répondu tout ce que j'ai cru convenable, et ai terminé cette ridicule discussion en disant que j'étais venu pour faire exécuter les ordres des supérieurs. J'ai enjoint au comité de mettre par écrit les noms des opposants et leurs motifs, et tout le monde, voyant que la chose devenait sérieuse, a fini par approuver les dispositions du comité. Ainsi cela s'est terminé, après trois heures de débat, non sans beaucoup de patience de ma part.

Je n'ai pas également réussi à faire changer la résolution qu'a prise le sieur Bellecour de quitter la Comédie à Pâques prochain, ne pouvant plus tenir aux tracasseries et aux prétentions du sieur Molé. J'ai rendu compte à MM. les Premiers Gentilshommes de ce que j'avais fait, et ils l'ont approuvé. Mais, au milieu de tout cela, il est survenu un incident qui m'a causé beaucoup d'embarras et de courses. M. le duc de Duras, ayant accordé au sieur Lekain une représentation à son profit, sur la demande des comédiens, M. le maréchal de Richelieu s'y est opposé, cela étant contraire à ce qui avait été décidé lors de la représentation du sieur Molé. M. le duc de Duras m'a alors chargé de signifier à ses camarades qu'il ne se mêlerait plus de la Comédie, en me priant même de ne plus lui en parler. J'ai engagé M. le maréchal à voir M. le duc de Duras. Enfin, après bien des discussions, j'ai été chargé de prévenir le sieur Lekain d'avoir l'air de se désister et de faire le sacrifice de sa représentation, et, en même temps, d'aposter quelques comédiens pour dire, à l'assemblée, qu'il fallait aller demander cette grâce à M. le maréchal. Ce plan a réussi. Toute la Comédie s'est récriée sur le refus qu'avait fait M. le maréchal, et est allée chez lui après l'assemblée. Il n'a paru se rendre qu'à leurs prières, en leur disant que ce serait sans conséquence pour l'avenir. J'ai été rendre compte de ce résultat à M. le duc de Duras qui n'avait certainement point envie de ne plus se mêler de la Comédie.

Lundi 12 décembre. — J'ai fait part à M. de Villequier, chez moi, de tout mon travail, savoir : d'un premier mémoire sur les arrangements possibles pour faire participer, selon le désir de M. le duc d'Aumont, les dames de Paris à la fête de l'Orangerie, sans qu'elles soient cependant mêlées avec les dames de la Cour ; de même sur les moyens de leur procurer, dans l'après-midi, des rafraîchissements, sans que cela serve de prétexte à beaucoup de gens pour s'introduire dans l'Orangerie ; d'un second mémoire pour les entrées du Roi, de la Cour et de la ville dans l'Orangerie ; d'un troisième sur l'arrangement des salles à manger, sur les moyens d'y placer les dames commodément, et d'y faire entrer sans confusion les personnes qui doivent servir; d'un autre mémoire pour établir la nécessité des devis des dépenses pour les peintures et les planchers immenses qu'il faudra faire tant dans l'intérieur de l'Orangerie que dans les salles à manger, boutiques, salles de spectacles, ce qui sera un travail énorme, et auquel il faudra ajouter l'approvisionnement des poutres, solives et autres charpentes pour toutes les constructions et barrières dont il faudra une grande quantité pour prévenir la chute des balustrades de l'Orangerie. J'ai traité aussi, dans un autre mémoire, l'article du luminaire, des lustres, des girandoles et garnitures en fleurs artificielles. J'ai remis copie de ces différents mémoires à M. le duc de Villequier, afin qu'il en rendît compte à M. le duc d'Aumont, en insistant sur la nécessité d'obtenir des devis certains avant de rien commencer. Les artificiers que j'avais mandés ont ensuite fait voir à M. le duc de Villequier le plan d'un feu d'artifice que M. le duc d'Aumont leur avait demandé et que j'ai estimé, à la première inspection, tant pour l'artifice que pour la décoration, au moins 400 000 livres et, personne ne m'ayant contredit, j'ai demandé à huitaine un devis raisonné sur cet objet. Il me paraît absurde de jeter de la poudre en l'air pour tant d'argent, en vue d'un amusement de si peu de durée.

Les affaires des comédiens m'ont occupé aussi beaucoup depuis une quinzaine de jours, surtout pour le début d'une demoiselle Fleury, aux Français [1], qui est fort protégée par M. le maréchal. Ce dernier ayant écrit aux comédiens pour leur demander leur avis, plusieurs d'entre eux se sont contentés de répondre qu'ils n'avaient point d'avis, ce qui a piqué très fort M. le maréchal. Ce début, qui n'a pas été très agréable au public, m'a cependant valu des tracasseries de la part des protecteurs de cette demoiselle, M. le maréchal et M. le duc de Duras craignant toujours de se montrer et de décider lorsqu'il y a quelque protection marquante en avant. Mon travail devient de plus en plus difficile avec M. le maréchal qui change souvent d'avis et ne se souvient même plus des ordres qu'il a donnés. Il veut absolument que je force dans ce moment-ci les comédiens à faire assigner le directeur de l'Opéra, pour faire fermer le théâtre de Nicolet, quoiqu'il soit convenu du contraire, il y a quelque temps, avec M. le

---

1. Après avoir parlé des prochains débuts de Mme Vestris, le rédacteur des *Mémoires secrets*, ajoute :

« Une autre débutante doit débuter incessamment dans le rôle de Médée ; c'est une demoiselle Fleury, appelée *la Belle* ou *la Bête*, car elle est susceptible de ces deux surnoms... Elle a été instruite dans l'art de la déclamation par le chevalier de La Morlière, auteur très connu par ses aventures, ses escroqueries et son admirable talent de bien jouer la comédie sur le théâtre et hors du théâtre. » 28 avril 1768.

Lieutenant de police. Je ne m'imagine pas que le ministre se prête aux désirs de M. le maréchal sur cet objet.

Mercredi 21. — J'ai fait, pour les fêtes du mariage, cinq nouveaux mémoires outre ceux que j'avais remis à M. le duc de Villequier. M. le duc d'Aumont a été enfin persuadé de la dépense immense de la fête projetée à l'Orangerie et de celle du feu d'artifice dont le devis, comme je l'avais prévu, dépasse 400 000 livres. Après plusieurs réunions et de longs débats, j'ai été chargé de faire un mémoire d'après lequel le Roi puisse décider s'il y aura des fêtes d'éclat et extérieures. M. le duc d'Aumont se propose de faire voir en même temps à Sa Majesté les plans de la fête projetée dans l'Orangerie, sauf à donner cette fête ailleurs. On m'a demandé aussi un mémoire pour obtenir des fonds pour la construction du théâtre de Versailles, et pour d'autres dépenses des Menus sur lesquelles il n'a été reçu aucun acompte.

La grande affaire de la demoiselle Fleury, pour laquelle un grand nombre de protecteurs s'étaient mis en avant, est enfin terminée. Il a été décidé par M. le maréchal qu'on aurait l'air de la conserver jusqu'à Pâques, pour lui donner le moyen de s'engager un peu plus avantageusement dans les troupes étrangères et la dédommager des dépenses qu'elle a faites pour son début, mais qu'elle ne jouerait plus. La demoiselle Fleury et ses protecteurs ont été contents de ce biais auquel les comédiens ont consenti; mais M. le maréchal a ôté, jusqu'à nouvel ordre, la voix délibérative aux acteurs et actrices qui avaient refusé de donner leur avis par écrit sur les débuts de la demoiselle Fleury. Cette interdiction dure encore. M. le maréchal a aussi arrêté le sort de plusieurs sujets à la Comédie-Française, en les recevant soit à portion de part, soit aux appointements, soit à l'essai. J'ai écrit à M. le duc de Duras, qui est en Bretagne, pour lui faire part de ces changements, ainsi que du début de la dame Vestris qui a eu le plus grand succès dans le rôle d'Aménaïde de *Tancrède*.

Jeudi 29. — La musique du Roi et les acteurs de l'Opéra ont répété dernièrement, aux Menus, l'opéra d'*Alcione*[1] raccommodé par les surintendants de la musique. Il paraît que M. le duc d'Aumont a envie de donner cet ouvrage pour le mariage. M. le duc d'Aumont nous a fait part que le Roi, après avoir examiné avec attention les projets de fête dans l'Orangerie, avait dit qu'il fallait se borner aux fêtes ordinaires qui avaient été données aux mariages de feu M⁊ʳ le Dauphin. Quoique je l'eusse prévu, je n'en ai pas moins fait tout le travail, mais je ne regrette pas ma peine, car la dépense de ces fêtes m'effrayait beaucoup. On m'a demandé d'autres projets pour des fêtes intérieures.

M. le maréchal m'ayant demandé un plan pour la suppression du genre français aux Italiens je le lui ai remis, en y ajoutant un projet de dédommagement pour les sujets qu'on serait dans le cas de remercier, même avec une augmentation de pension, les sujets conservés gagnant assez avec les huit parts qui leur resteraient, pour compléter le genre italien et l'opéra-comique. Au reste, ceci n'est point encore une affaire terminée.

Nota. — Il n'y a point eu de spectacles à la Cour cette année à cause de la mort de la Reine, mais seulement quelques spectacles à Fontainebleau, sur le théâtre de la ville, pour le roi de Danemark.

---

1. Tragédie lyrique en 5 actes, avec un prologue, par de La Motte, musique de Marais, 1706, ouvrage fréquemment repris.

ANNÉE 1769

EXERCICE DE M. LE MARÉCHAL DE RICHELIEU

Vendredi 6 janvier. — J'ai été à Versailles pour y examiner de nouveau les dispositions des appartements et former en conséquence un plan de fêtes intérieures, suivant la décision du Roi. Nous avons été, avec M. le duc d'Aumont, chez M. le Contrôleur général auquel il a annoncé qu'il avait renoncé à son grand projet de fête dans l'Orangerie, à cause de la dépense. Mais il m'a paru que cela n'avait pas fait un grand effet, non plus que le mémoire que j'avais remis à M. le maréchal de Richelieu pour demander des acomptes sur cette année. Cependant il est impossible que le service puisse se faire sans secours, tous les fournisseurs et entrepreneurs étant à bout. Depuis mon retour de Versailles, j'ai remis à M. le duc d'Aumont différents projets, tant pour un feu d'artifice en face de la galerie, que pour les fêtes du grand appartement, dans toutes les pièces qui précèdent la galerie[1], de façon que toutes les

---

1. La grande galerie et les salons de la Paix et de la Guerre occupent toute la façade du principal corps du Château, sur les jardins, sa longueur est de 72 mètres, sa largeur de 10 mètres, sa hauteur de 13 mètres.

personnes présentes puissent y être admises et participent aux fêtes, sans être cependant mêlées avec la Cour. J'ai fait aussi quelques nouveaux mémoires et plans sur l'administration de la Comédie-Française et de la Comédie-Italienne. J'ai surtout démontré l'impossibilité de rétablir l'ordre à la Comédie-Française, si on ne met pas des bornes aux prétentions et aux partialités du sieur Molé, et si l'on accorde au sieur Bellecour sa retraite, qui entraînera celle de plusieurs autres. Je n'ai rien laissé ignorer à M. le maréchal, je ne sais quel parti il prendra. Mᵐᵉ Vestris continue ses débuts avec un grand succès.

Mardi 17. — Le sieur Molé étant venu me faire part de son mariage avec Mˡˡᵉ d'Épinay, j'ai saisi cette occasion pour lui représenter que, vu son changement d'état, il avait un double intérêt à ce que les affaires de la Comédie prospérassent. Il devait donc changer de conduite et contribuer au rétablissement du bon ordre, en mettant plus de douceur et moins de prétention dans ses procédés à l'égard de la société. J'ajoutai qu'il ne devait point douter que le peu d'égards qu'il avait marqué au sieur Bellecour, son ancien, ne fût cause de sa retraite, laquelle serait suivie de plusieurs autres, ce dont le public lui saurait très mauvais gré. Enfin, après une très longue conférence, le sieur Molé s'est rendu à l'avis que je lui ai proposé d'engager ses camarades à se joindre à lui pour faire changer de résolution au sieur Bellecour. Mais il m'a prié de lui laisser tout l'honneur de cette idée vis-à-vis de M. le maréchal et de l'assemblée. Il a été, en effet, à Versailles, où il a vu M. le maréchal qui, croyant que le sieur Molé agissait de son propre mouvement, a été très satisfait de cette démarche, et a fini par me croire (ainsi que M. le duc de Fronsac me l'a dit) des préventions

contre le sieur Molé. C'est ainsi qu'il est agréable de se
mêler des affaires de ces sortes de gens.

Le sieur Molé, de retour à Paris, a fait un discours très
pathétique à l'Assemblée, qui a été fort étonnée, surtout des
louanges qu'il a prodiguées au sieur Bellecour. Celui-ci,
tout en le remerciant, n'a pas été dupe de la démarche du
sieur Molé et a déclaré, d'ailleurs, que son parti était pris.
Les comédiens, ayant applaudi à la proposition du sieur
Molé, se sont rendus, ce matin, chez M. le maréchal, à Paris.
Celui-ci les a fort loués de cette démarche. Mais je venais de
recevoir, en entrant chez M. le maréchal, une lettre du
sieur Bellecour dont j'ai donné lecture. Après un détail
très long, mais très vrai, il concluait en disant qu'il était
très sensible à l'amitié de ses camarades, mais que son parti
était irrévocablement pris[1]. J'ai fait sentir aux comédiens
le tort qu'ils avaient eu de ne pas faire cette démarche plus
tôt et M. le maréchal a été de mon avis. J'ai cru également
devoir représenter devant les comédiens qu'il était fâcheux
pour moi que le maréchal me crût prévenu contre le sieur
Molé, et ce parce qu'il le lui avait dit, ajoutant que je ne
devais éprouver aucun désagrément quand je voulais bien
me mêler d'arranger les affaires de la Comédie. J'ai prié
ensuite M. le maréchal de vouloir bien décider sur une querelle assez vive entre le sieur Molé et le sieur Lekain. Ce
dernier a expliqué le fait en termes si vifs que M. le maréchal, craignant que cela n'allât plus loin, s'est déterminé à
dire au sieur Molé qu'il lui ferait plaisir de jouer le rôle qui
faisait l'objet de la discussion, ce que le sieur Molé, qui a
de l'esprit, n'a pas manqué d'accepter. Il a ainsi fini par

1. Bellecour ne se retira pas; il appartenait encore à la Comédie quand il
mourut, en 1778.

avoir, là encore, l'air du mérite, vis-à-vis de M. le maréchal, en voulant bien se prêter à faire son devoir. On peut juger, d'après cet exemple, ce qu'un particulier comme moi peut sur les comédiens et combien je devrais regretter tout le temps que je perds à me mêler d'un détail qui (quoi qu'en disent MM. les Premiers Gentilshommes de la Chambre) est très étranger à ma charge.

Lundi 30. — M. le comte de Saint-Florentin, sur les vives sollicitations de M. le maréchal, vient de terminer l'affaire des spectacles forains, en réduisant les places à 24 sous, à 12 sous et à 6 sous les dernières. On espère par ce moyen en chasser la bonne compagnie. Il a été décidé également que le Wauxhall de la foire Saint-Germain[1] n'ouvrirait plus avant six heures et demie. J'ai travaillé, ces jours-ci, à un projet de réduction de la distribution des médailles du mariage qui, selon les apparences, sera de moitié moins considérable qu'aux mariages précédents.

Jeudi 3 février. — La dame Vestris, en femme d'esprit, n'ayant point voulu faire usage de son ordre anticipé de réception, pour ne point contrevenir aux règlements de la Comédie, M. le maréchal, en approuvant son procédé, m'a chargé de lui donner, de semaine en semaine, les ordres successifs de son admission aux appointements et à l'essai, et enfin de sa réception à demi-part, qu'elle mérite au moins.

Samedi 17. — J'ai été très occupé d'une discussion entre

---

1. L'artificier Torré introduisit en France la mode des jardins publics déjà connus en Angleterre sous le nom de Wauxhalls. En 1764, il avait été autorisé à installer sur les boulevards, près de la porte Saint-Martin, des jeux pyrrhiques ou de feux d'artifice décorés. Il avait construit une espèce de théâtre qui contenait 1 200 places. Ce spectacle réussit et quelque temps après, Ruggieri en établit un semblable aux Porcherons.

le sieur De Belloy, auteur du *Siège de Calais*, avec les comédiens qui lui ont refusé de donner la reprise de cette pièce avant celle de *Manco*, du sieur Le Blanc, lequel n'avait consenti à la suspension de son ouvrage que pour laisser la place à *l'Anglais à Bordeaux*. Le sieur De Belloy a alors écrit une lettre très haute aux comédiens et les a interpellés publiquement dans leur foyer, en déclarant qu'il retirait sa pièce et qu'il ne donnerait plus rien à la Comédie. Cet incident a fait la matière des conversations à tous les soupers de Paris. Chacun en a raisonné à sa fantaisie. Enfin, après bien des courses, je suis parvenu à aplanir une partie des difficultés, et M. le maréchal a achevé de les lever entièrement en obtenant de l'auteur de *Manco* qu'il cédât la priorité au *Siège de Calais*. M. le maréchal a aussi décidé d'envoyer les sieurs Préville et Brizard à Marseille, pour y juger des talents du sieur Dallainville, frère du sieur Molé, qu'on veut rappeler à la Comédie-Française, mais qui ne veut pas y revenir sans qu'on lui assure trois quarts de part[1].

Mardi 21. — Le voyage des sieurs Préville et Brizard à Marseille ne pouvant être que très coûteux pour le Roi ou pour la Comédie, j'ai déterminé M. le maréchal à envoyer au sieur Dallainville un ordre de réception à demi-part, et à me remettre un ordre pour que le sieur Bellecour ait à continuer son service, ainsi que j'en étais convenu avec lui. Nous avons eu, ces jours-ci, assemblée chez M. Hébert,

---

1. Dallainville, frère de Molé, très goûté par le public de Lyon, débuta le 3 juillet de cette année par le rôle de Vendôme, dans *Adélaïde Duguesclin*. Son frère le présenta lui-même au public par un compliment qui fut fort applaudi.

Son séjour à la Comédie ne fut pas de longue durée. Au mois de février suivant, à la suite d'une représentation orageuse et d'une cabale suscitée par un de ses camarades nommé Chevalier, il prit le parti de retourner en province où il devint directeur de troupe.

avec M. le duc d'Aumont et M. le duc de Villequier, pour l'examen des plans du feu d'artifice. M. le duc a demandé qu'on fît un modèle en petit de la décoration qui doit être, d'après mes observations, d'une architecture régulière. J'ai proposé ensuite mon projet de distribution des médailles, sur lesquelles il y a les deux tiers de diminution en comparaison des mariages précédents. M. le duc d'Aumont m'en a demandé de nouvelles, me recommandant de me borner aux choses de décence et à celles indispensables.

Dimanche 26. — Nous avons eu quelques tracasseries, ces jours derniers, au sujet des spectacles forains. M. le Lieutenant de police m'ayant prié, pour éviter toutes ces discussions à l'avenir, de nommer des comédiens pour examiner les pièces des sieurs Nicolet, Audinot et autres, j'ai nommé le sieur Préville de la Comédie-Française, et le sieur Dehesse de la Comédie-Italienne.

Mardi 14 mars. — D'après les devis que les artificiers ont apportés hier chez M. le duc de Villequier, avec le dessin des différents coups de feu que j'avais demandé, nous avons reconnu que la dépense du feu d'artifice seul passerait 100 000 livres et les machines 50 000 livres, sans y comprendre la décoration et l'illumination projetées, au total environ 300 000 livres. J'ai proposé de diminuer le plus possible cette dépense, en rendant le feu d'artifice moins considérable, et en faisant la décoration en châssis peints sur toile, au lieu de les faire en relief, comme le propose M. Challe. On obtiendrait ainsi des effets de décoration plus intéressants qu'avec un morceau d'architecture solide, lequel serait, d'ailleurs, offusqué par toutes les pièces d'artifice qui seraient en avant. M. le duc de Villequier a approuvé ces réflexions ; mais, au total, je voudrais aller plus loin et qu'on épargnât une dépense aussi considérable pour l'amusement d'un quart d'heure ou d'une demi-heure, en se contentant de faire une illumination avec un bouquet ou girandole d'artifice. Je l'ai proposé à M. le duc de Villequier pour qu'il en parlât à M. son père.

Vendredi 17. — M. le maréchal a signé les différents ordres de réception pour la Comédie-Française et la Comédie-Italienne, ainsi que les ordres de retraite avec pension pour les acteurs français de la Comédie-Italienne, le genre français ayant été abandonné sur ce théâtre depuis la réunion de l'Opéra-Comique [1]. J'ai fait signer, hier, ces mêmes ordres à M. le duc de Duras, ce qu'il a fait avec beaucoup d'indifférence, me disant qu'il ne les approuvait pas tous ; mais je lui ai représenté que rien n'avait été arrêté sans son approbation, ayant eu soin de l'informer exactement de tout pendant son séjour en Bretagne.

Mardi 20. — J'ai expédié les différents ordres et règlements pour les Comédies. J'ai été accablé de remerciements de la part des sujets qui sont contents ; mais, d'autre part, j'ai été témoin des larmes de ceux qui ne le sont pas. J'ai cependant fait de mon mieux pour les dédommager, en obtenant pour eux des pensions honnêtes et qu'ils n'auraient eues qu'après 30 ans de services ; quelques-uns l'ont compris et sont venus m'en faire leurs remerciements. M. le prince de Conti m'a encore donné de l'occupation au sujet de la demoiselle Billioni [2] sa protégée ; trouvant mauvais qu'elle ne

---

1. En 1780, une nouvelle révolution survint au Théâtre-Italien. Le genre italien fut banni à son tour et le répertoire se composa de pièces françaises et d'opéras-comiques.

2. Cette actrice de la Comédie-Italienne, appartenait, comme pensionnaire, au théâtre, depuis 1767.

soit reçue qu'à quart de part, il m'a rendu son ordre. Sur quoi j'ai pris la liberté de lui représenter que la demoiselle Billioni n'avait été reçue qu'à sa considération, et qu'elle abusait de la protection dont il voulait bien l'honorer. M. le maréchal, auquel j'ai reporté l'ordre, m'a chargé de voir le prince.

Mercredi 29. — J'ai remis à M. le maréchal un mémoire pour obtenir du Roi la permission de transporter les comédiens italiens aux Tuileries pendant quelques années, lorsque l'Opéra sera rentré dans sa salle nouvelle, pour qu'on puisse bâtir, pour les Italiens, une salle dans un quartier moins incommode.

Vendredi 7 avril. — J'ai fait plusieurs voyages à Versailles, relativement au mariage de M. le duc de Chartres qui a eu lieu mercredi. Il serait trop long de détailler combien ce léger événement m'a donné de peines et occasionné de courses. M. le maréchal n'ayant pas plutôt donné un ordre qu'il le changeait une heure après, les embarras qu'il nous a causés pour la distribution des billets et pour placer sont inimaginables. Sa vivacité l'a souvent emporté d'une manière très désagréable pour ceux qui étaient obligés d'avoir affaire à lui dans cette circonstance. Je lui ai fait d'inutiles représentations sur les embarras où il allait se mettre ; il n'a voulu rien écouter. Aussi, a-t-il été obligé, le jour du mariage, d'abandonner la partie et de quitter les appartements, tout le monde l'assaillant et l'étouffant de tous les côtés. La Cour a eu mille peines à arriver soit à la chapelle, soit aux appartements et au souper. J'ai ouï dire que la même chose était arrivée, grâce à M. le maréchal, au mariage de Mgr le Dauphin. Il avait, pour la journée d'avant-hier, distribué des billets au moins pour le double de ce que les appartements pouvaient contenir, aussi y avait-il beaucoup de confusion aux barrières des cent suisses et des gardes du corps.

Le soir, le roi est entré au jeu dans le salon de la guerre à six heures. Pendant ce jeu, j'ai fait placer, sur huit gradins que j'avais fait élever au pourtour de la salle d'Hercule, toutes les femmes choisies que les huissiers faisaient entrer à mesure que je les en priais. Cet arrangement, au moyen des mesures que j'avais prises, s'est fait sans confusion. Le grand gradin, adossé à la cheminée, faisait un si bel effet que toute la Cour est venue le voir. Le Roi même a eu la bonté, pendant son souper, de m'en témoigner sa satisfaction, en me demandant si cela serait aussi beau au mariage de Mgr le Dauphin. J'ai eu l'honneur de répondre à Sa Majesté que nous ferions sûrement tout ce qui dépendrait de nous pour que cela fût encore mieux, s'il était possible. Il n'y avait aucun homme sur les gradins, ni dans l'intérieur de la barrière dont j'avais fait entourer la salle à manger, ce qui faisait un ensemble très agréable. Les appartements étaient garnis des lustres, girandoles et morceaux de composition des Menus. Je n'ai quitté le salon qu'à la fin du souper du Roi, mais excédé de la fatigue que j'ai éprouvée tous ces jours-ci.

Dimanche 30. — Je continue d'avoir de fréquents entretiens avec M. le duc d'Aumont et M. le duc de Villequier relativement aux projets pour le mariage. Nous en avons abandonné successivement plusieurs qui ont paru trop coûteux, une fois les devis connus. J'ai cru devoir mettre sous les yeux de ces Messieurs le relevé de la dépense pour le feu d'artifice donné en 1751, à l'occasion de la naissance de feu

Mgr le duc de Bourgogne, lequel a coûté plus de 500 000 livres, sans y comprendre les bois de charpente et planches, ce qui, tout compris, va à environ 600 000 livres. J'ai remis, en conséquence, à ces Messieurs, un mémoire où je propose de se borner à donner en face de la galerie du château un beau bouquet d'artifice, terminé par une superbe girandole, ce qui produirait une très grande économie et permettrait de dépenser davantage pour des objets plus agréables peut-être au Roi et au public, qu'un feu d'artifice dont le succès est toujours très incertain.

J'ai fait aussi des objections à M. le duc d'Aumont sur le projet de faire un rideau d'avant-scène, pour le grand théâtre, en broderie de relief, à cause de la lourdeur et de la cherté d'un pareil ornement. J'ai conseillé de faire un rideau peint en broderie or, ce qui fera un meilleur effet et sera beaucoup moins coûteux. M. le duc a adopté cette idée, ce qui fâche encore plusieurs personnes.

Les Comédies m'ont aussi beaucoup occupé et occasionné plusieurs voyages à Versailles. Les Italiens ont réclamé vivement au sujet de leurs pièces françaises qu'ils sont obligés d'abandonner au Théâtre-Français. M. le maréchal a terminé cette discussion, qui a été fort longue, en disant qu'il consentait à leur laisser ce fonds, mais qu'il allait non seulement rappeler à la Comédie-Italienne tous les sujets auxquels on avait retiré leur état, mais encore augmenter le nombre des parts afin de compléter une bonne troupe française. Rien ne serait plus juste, à mon avis, car les comédiens français ne se détermineront pas à jouer les pièces faites pour le Théâtre-Italien, et comme il y en a dans ce fonds de très bonnes, le public s'en trouvera privé. M. le duc de Duras continue à penser différemment de M. le maréchal sur l'administration des spectacles, ce qui augmente mes embarras et multiplie mes courses. J'ai été, il y a deux jours, à Versailles, relativement à une discussion très vive entre ces deux Messieurs pour deux quarts de part vacants par la mort du sieur Vellaine. M. le maréchal les a donnés aux demoiselles Luzzi et Doligny, M. le duc de Duras s'y est opposé, prétendant qu'on ne devait rien donner que de Pâques en Pâques. M. le maréchal s'appuie au contraire sur les promesses qui auraient été faites par M. le duc de Duras à la demoiselle Luzzi ; mais ce dernier prétend n'avoir fait cette promesse que parce qu'il avait compté sur la retraite de la demoiselle Bellecour. Je n'ai cessé, pour ainsi dire, de voir M. le maréchal et M. de Duras, en leur disant de mon cru des choses très honnêtes de l'un et de l'autre afin de les rapprocher, mais jusqu'à présent je n'ai pu y réussir.

M. le maréchal m'a dit que le Roi, d'après mon mémoire, avait consenti, ainsi que M. le comte de Saint-Florentin et M. de Marigny, à prêter aux comédiens italiens la salle des Tuileries pendant dix ans, pour leur donner le temps d'en bâtir une.

Mercredi 10 mai. — Enfin, à force de courses et de négociations, j'ai déterminé M. le duc de Duras à signer l'ordre pour les demoiselles Luzzi et Doligny. M. le maréchal m'ayant mandé que le sieur Molé était venu à Versailles, tout furieux, lui porter des plaintes, j'ai eu l'honneur de lui répondre que cela ne m'étonnait point, et que je craignais que les prétentions du sieur Molé pour sa femme ne perdissent la Comédie.

Depuis la retraite des français de la Comédie-Italienne, il s'est élevé entre les comédiens italiens et ceux du genre de l'opéra-comique des querelles que j'ai eu beaucoup de peine à terminer. Ces derniers ne seraient point fâchés d'expulser les premiers, comme on a fait pour les français, mais le sieur Carlin, arlequin, leur tient tête [1], et les traite comme des intrus au Théâtre-Italien.

Dimanche 21. — Nous nous sommes assemblés hier à l'hôtel des Menus. On y a présenté à M. le duc d'Aumont trois nouveaux projets et devis que j'ai fait faire du feu d'artifice par les différents entrepreneurs, chacun pour sa partie, afin qu'on pût bien se rendre compte de la dépense. M. le duc d'Aumont s'est arrêté au second projet qui est à peu près de moitié moins cher que le premier, mais qui dépasse d'un tiers le troisième, qui a paru insuffisant pour une fête aussi considérable. Afin d'économiser le plus possible sur cette dépense, j'ai présenté un mémoire pour acheter les bois nécessaires à la vente qui va se faire, à Meudon, de sapins et de pins. Il en résulterait plus d'un tiers d'économie, outre la facilité de façonner les bois près de Versailles, et sans incommodité pour la Cour. M. le duc a adopté cette proposition et doit en parler au Roi.

Samedi 15 juin. — J'ai remis, à Versailles, à M. le duc d'Aumont, un relevé des présents qui avaient composé la corbeille de Mme la Dauphine, en 1747, et la distribution qui en avait été faite, afin de former des projets sur cet article pour le prochain mariage. M. le duc est venu reconnaître avec moi les différents endroits où je pense qu'il faudra des barrières, balustrades et gradins, dont j'ai dressé

---

1. Carlo Bertinazzi, connu sous le nom de Carlin, avait débuté en 1714. Il resta au Théâtre-Italien jusqu'à sa mort, en 1783. Il était né à Turin en 1710. Le personnage d'Arlequin disparut avec lui de la scène.

l'état qu'il a approuvé et que j'ai remis au sieur Girault. Ces objets devront être faits solidement et de manière à servir à l'avenir dans toutes les fêtes de cette nature et autres. J'ai écrit à M. de Fontanieu[1] pour lui demander un état de toutes ses torchères, afin que, s'il en a un nombre suffisant, nous évitions au Roi une double dépense, en employant celles du garde-meuble. A mon retour à Paris, j'ai remis à M. le duc d'Aumont mon projet concernant la distribution des médailles. J'espère qu'il le fera agréer au Roi, puisque ce projet est au-dessous de celui de 1747 d'environ 80 000 livres.

M. le maréchal et M. le duc de Duras ont décidé, pour terminer la querelle entre les demoiselles Dubois et Vestris, qu'elles joueraient alternativement tous les rôles de leur emploi. J'ai remis à ces Messieurs un mémoire pour aviser aux moyens de lever les difficultés continuelles qu'on éprouve de la part de MM. les Gouverneurs et Commandants, lorsqu'il s'agit de faire venir quelques sujets des troupes de province.

Lundi 19. — M. le duc d'Aumont m'a dit avant-hier, à Marly, que le Roi avait agréé les différents plans, tant sur le second projet de feu d'artifice, que sur le banquet dans la salle de spectacle à Versailles; que Sa Majesté avait aussi fort approuvé le projet d'acquisition des bois, et qu'elle en avait même parlé avec satisfaction à M. le Contrôleur général. J'ai eu hier une grande discussion avec M. le duc d'Aumont qui ne veut plus d'autres artificiers que les sieurs Morel et Torré, ce dernier l'ayant engagé de retirer de cette entreprise les sieurs Séguin et Ruggieri[2], gens

1. Directeur du Garde-Meuble.
2. Torré et Ruggieri, Italiens l'un et l'autre, introduisirent en France la

fort honnêtes, fort habiles et anciens fournisseurs des Menus dans cette partie. J'ai inutilement représenté, même de l'avis du sieur Morel, qu'il était impossible que le sieur Torré et lui suffisent à l'exécution d'un aussi grand projet, et qu'il était plus naturel d'en confier une partie à des gens qui avaient fait leurs preuves d'habileté. M. le duc d'Aumont a tenu absolument à sa décision. Je souhaite qu'il n'ait pas lieu de s'en repentir.

Samedi 8 juillet. — Les comédiens français et italiens ont présenté un mémoire contre l'établissement des Wauxhalls. M. le maréchal se propose d'en parler à M. le comte de Saint-Florentin qui, suivant les dispositions de l'arrêt du Conseil, n'autorisera probablement que l'établissement d'un seul. Il a déjà donné l'ordre de discontinuer celui qu'on faisait sur les boulevards neufs, d'après les représentations que je lui ai faites. Mais les comédiens n'obtiendront pas une suppression complète. Les comédiens français demandent, de préférence aux Italiens, la salle des Tuileries, soit en attendant qu'on leur en bâtisse une autre, soit pour leur donner le temps de faire des réparations à la leur, pour rassurer le public qui est persuadé qu'on y court des dangers.

Mardi 11. — J'ai été, avant hier, à Versailles, pour me trouver à l'hôtel des Menus, où le Roi est venu voir le modèle de la salle du grand théâtre du château. Sa Majesté y est restée assez longtemps; elle m'en a paru très satisfaite, ainsi que de la décoration. Elle a visité tout le magasin et le

---

mode des spectacles pyrotechniques. Ruggieri a laissé des héritiers de son nom et de son art.

Morel, l'associé de Torré, a le titre d'artificier du Roi et figure sur la liste des fournisseurs de l'Académie royale de musique. Torré mourut en 1780.

cabinet de physique. Hier, au sortir de l'assemblée des comédiens, je me suis rendu chez M. le duc d'Aumont avec les artificiers et nos chefs de travaux. Ils lui ont présenté un modèle en relief du feu d'artifice. J'ai beaucoup discuté sur les nouvelles inventions proposées par le sieur Torré. Tous nos entrepreneurs et toutes les personnes présentes ont été du même avis que moi sur les dangers qui pourraient en résulter, ce qui a déterminé M. le duc d'Aumont à demander un essai devant lui dans quelques jours.

Vendredi 28. — Je suis revenu, avant hier, de Compiègne où M. le maréchal m'a fait attendre pendant six jours le choix des spectacles pour Fontainebleau. Il a été décidé, à mon grand regret, vu la dépense, qu'on y donnerait six actes d'opéra, indépendamment des autres spectacles et de la *Princesse de Navarre* [1], que M. le maréchal persiste à vouloir donner, bien qu'on lui ait rappelé le peu de succès de cet ouvrage au mariage de feu Mgr le Dauphin. Il a été décidé entre M. le maréchal et M. le comte de Saint-Florentin, d'après le mémoire des comédiens, qu'il n'y aurait qu'un seul Wauxhall au Cours, cet été, et un à la foire Saint-Germain, en hiver, en fixant l'heure de ces spectacles à 7 heures.

Mercredi 30. — Continuation des préparatifs du mariage. M. le duc d'Aumont a fait faire par le sieur Torré un essai de feu d'artifice qui n'a point répondu à son attente; il a demandé un autre projet. Je lui en ai apporté un par écrit et très détaillé qu'il a agréé ce matin. S'il ne s'y trouve rien de bien merveilleux, du moins le succès en est-il certain, car j'en ai supprimé toutes

---

1. Comédie-ballet en 3 actes, en vers, avec un prologue, de Voltaire, musique de Rameau. Cette pièce fut représentée, à Versailles, en 1745, pour le premier mariage du Dauphin.
Ce choix avait été inspiré au maréchal de Richelieu par sa vieille amitié pour Voltaire.

les pièces composées, me bornant à faire voir de grands coups de feu, ce qui sera mieux et beaucoup moins coûteux.

Vendredi 8 septembre. — J'ai été à Versailles pour voir les travaux de la salle et pour former un projet de distribution des loges, car il commence à y avoir un nombre considérable de prétendants. M. le duc m'a recommandé de faire supprimer tout ce qui serait possible de décoration et de charpente dans le feu d'artifice, pour porter une partie de l'économie qui en résultera à augmenter la beauté de l'illumination, et à procurer quelques amusements au peuple dans les jardins. Je lui ai porté, en conséquence, un nouveau projet.

Mercredi 12. — M. le maréchal m'a mandé, ce matin, que Madame Adélaïde[1] désire qu'on ne donne pas, à Fontainebleau, la *Princesse de Navarre*, cette pièce ayant été faite pour le mariage de M.gr le Dauphin, ce qui lui rappellerait des tristes souvenirs si on la jouait à la Cour. Je viens de faire arrêter tous les travaux qui, malheureusement, sont assez avancés. J'ai remis un mémoire à M. le duc d'Aumont sur la disposition de la salle et des loges pour son travail avec le Roi.

Samedi 30. — M. le duc d'Aumont m'a dit, à mon retour à Paris, d'où j'ai été absent pendant quelques jours pour un voyage que j'ai fait dans ma province, que le Roi avait donné son bon pour la distribution des médailles, ainsi que pour les présents de la corbeille de M.me la Dauphine, suivant les projets que j'avais préparés, et d'où il résulte une économie intéressante. J'ai écrit pour avoir des suifs d'Irlande, de Suisse et de Russie à meilleur marché, s'il est possible, que dans ce pays-ci, pour les illuminations.

---

1. Fille aînée du Roi.

Samedi 14 octobre. — Le Roi est arrivé à Fontainebleau samedi dernier. Tous ces jours-ci ont été employés à nos préparatifs et aux répétitions. Mardi, l'on a fait l'ouverture du théâtre par *Mérope* et l'acte des *Sauvages*[1]. Cela a médiocrement amusé. Le lendemain, on a joué *Isabelle et Gertrude* et le *Déserteur*[2]. Le Roi n'a pas caché qu'il s'était fort ennuyé à ce spectacle, surtout à cause de sa longueur. J'avais prévu ce qui est arrivé, mais M. le maréchal a insisté pour que ces deux pièces fussent jouées en même temps. J'avais cependant fait faire beaucoup de retranchements dans le *Déserteur*. Le Roi a été plus satisfait du spectacle du jeudi, composé de la *Fausse Agnès* et de l'acte d'*Ismène*[3], mais beaucoup de courtisans n'ont pas été du même avis. M. le duc de Noailles et M. le duc d'Ayen, son fils[4], crient beaucoup contre toutes les vieilleries, c'est leur mot, qu'on donne à la Cour, et qu'on projette de donner pour le mariage de Mgr le Dauphin. Il est bien difficile de contenter tout le monde; mais je suis habitué depuis longtemps à ces propos, et mon objet principal est que le Roi et la famille royale soient satisfaits. Comme j'ai fait servir, autant que j'ai pu, d'anciens habits pour les ballets, afin de diminuer la dépense, M. le maréchal ayant voulu absolument qu'on en fît de neufs, je

---

1. Entrée du ballet des *Indes galantes* de Fuselier, musique de Rameau, 1736.
2. *Isabelle et Gertrude*, ou *les Sylphes supposés*, comédie en un acte, mêlée d'ariettes, par Favart, musique de Blaise; Théâtre-Italien, 1765. Cette pièce est tirée du conte de Voltaire, *l'Education des filles*.
Le Déserteur, comédie en 3 actes, en prose, mêlée d'ariettes, par Sedaine, musique de Monsigny; Théâtre-Italien, 1769. Cet ouvrage, d'abord contesté, eut ensuite le succès le plus grand et le plus durable.
3. *La Fausse Agnès*, ou *le Poète campagnard*, comédie en 3 actes, en prose, précédée d'un prologue en vers, par Destouches, Théâtre-Français, 1759. *Ismène*, pastorale héroïque, en un acte, de Moncrif, musique de Rebel et Francœur, 1747.
4. Le duc de Noailles, capitaine des gardes du corps; le duc d'Ayen, même charge en survivance.

viens d'écrire à Paris pour cela. Le voyage doit se prolonger jusqu'au 14 novembre, au lieu du 7, et M. le maréchal veut terminer par un grand opéra. Nous lui avons proposé *Dardanus*[1], comme l'ouvrage le plus facile et le moins dispendieux, ayant dans les magasins la plus grande partie des choses nécessaires. M. le maréchal a été le proposer à Mesdames qui lui ont répondu qu'elles ne se mêlaient de rien, ce qui n'a pas fait plaisir à M. le maréchal. La chose est ainsi restée indécise. J'emploie le peu de moments qu'on me laisse à suivre les préparatifs du mariage. J'ai arrêté avec les artificiers un plan raisonnable et réduit, par quantité, qualité et calibre, pour le feu d'artifice, montant seulement à 65 000 livres. J'espère qu'il sera suffisant et même très beau, si les artificiers remplissent leurs engagements, tout en coûtant six fois moins que celui de la naissance de Mgr le duc de Bourgogne. Je m'occuperai la semaine prochaine du projet pour l'illumination, ainsi de toutes les parties successivement, car nous n'avons pas de temps à perdre. Du reste, je suis accablé de monde, ma maison étant l'auberge de tous les gens à talents et autres qui sont ici.

Mercredi 8 novembre. — Dimanche dernier, j'ai lu, chez M. le maréchal, mon mémoire sur l'administration de la Comédie-Française. Il m'a dit qu'il en était très content, ayant traité la chose dans le vrai, tant pour ce qui regarde tous les sujets en particulier, que pour l'administration intérieure de la troupe. Je ne crois pas, malgré cela, que mon plan ait une grande suite, parce qu'il est presque impossible que MM. les Premiers Gentilshommes de la Chambre

---

1. Opéra de La Bruère, musique de Rameau, 1739, déjà représenté à la Cour.

vouillent s'astreindre à faire exécuter les règlements, et à se mettre au-dessus des cabales et des protections. D'ailleurs, il suffit que l'un veuille une chose pour qu'elle ne soit pas du goût de l'autre. Au reste, je n'aurai rien à me reprocher, ayant dit tout ce que je sais et tout ce que je pense.

Samedi 11. — Je suis revenu, hier, de Fontainebleau. Nous y avons clos les spectacles par *Dardanus*, dont on a été plus content que des spectacles précédents, et, en effet, celui-ci a été très beau par la magnificence des décorations et la richesse des habits. Du reste, ce voyage a été des plus tristes et des plus fatigants pour moi, par les contradictions et tracasseries que j'ai éprouvées.

Mercredi 22. — Depuis mon retour, il ne s'est point passé de jour que je n'aie travaillé, soit avec M. le duc d'Aumont, soit avec M. le duc de Villequier, sur les projets du mariage. Je crois avoir fait tout ce qu'il était possible de faire pour que les choses aillent bien et, si l'exécution y répond, le Roi sera bien servi et à bon marché. J'ai remis à M. le duc d'Aumont différents échantillons de galons, franges, réseaux et autres dorures fausses de Lyon, qui, comparés avec les mêmes objets que l'on trouve à Paris, ont été jugés moins beaux et plus chers, outre l'inconvénient d'être obligés de payer comptant, ce que nous ne pouvons malheureusement pas faire. Ces échantillons ont été renvoyés à Lyon. J'ai été, samedi dernier, à Versailles, pour examiner, sur les lieux, s'il n'y avait point encore quelques obstacles à l'exécution de nos projets. Nous avons visité le théâtre, malgré le grand froid qu'il faisait, et vu les pièces qu'il est nécessaire de demander pour le service. Mais on avait déjà disposé d'une partie pour des logements à différentes personnes; ainsi le bien général est souvent sacrifié aux intérêts particuliers.

12 décembre. — Depuis plus de trois semaines, nous avons été continuellement occupés de répétitions pour les spectacles du mariage, et de faire et refaire de nouveaux projets, de sorte qu'après un travail et des écritures à l'infini, je me trouve ne pas être beaucoup plus avancé qu'il y a six mois. Les continuels changements d'avis me mettent dans l'impossibilité de faire commencer les décorations et les habits, chose cependant aussi importante que pressée, car les dépenses augmenteront si l'on attend au dernier moment. Les ouvriers seront alors plus difficiles et plus chers. J'ai remis, sur tout cela, mes observations par écrit à M. le duc d'Aumont. Je lui ai aussi remis un mémoire sur le feu d'artifice. Les nouveaux éclaircissements que je me suis procurés ont fort fâché les artificiers. Ils ont prétendu qu'ils étaient faux. J'ai fait faire des réponses à leur mémoire, ce qui fait véritablement un procès par écrit.

Un autre objet qui ne m'a pas moins occupé depuis Fontainebleau, est un nouveau projet de salle pour la Comédie-Française, que l'on offre de construire pour rien, et même avec une place en avant, à condition que le Roi autorisera les auteurs du projet à prendre, suivant le prix des locations, différents terrains et bâtiments dans le quartier, pour y construire des hôtels[1]. Ce projet avait séduit les comédiens et paraissait du goût de MM. les Premiers Gentilshommes de la Chambre; mais, après l'avoir examiné, j'ai cru devoir représenter que ce projet comprenait plusieurs millions de

---

1. L'auteur de ce plan était l'architecte Liégeon.

dépense, et qu'on ne pouvait s'y arrêter sans être certain que ses auteurs fussent en état d'assurer, par une compagnie solide et solvable, l'exécution d'un pareil plan. J'ai fait remarquer qu'il ne suffisait pas d'abattre les maisons et de rembourser les propriétaires sur le prix des locations, attendu que la construction d'une salle de théâtre n'était point de nécessité publique, comme le serait un marché, un hôtel de ville ou une fortification. MM. les Premiers Gentilshommes de la Chambre ayant approuvé mes observations, j'en ai prévenu les auteurs du projet, en leur disant que ces Messieurs ne solliciteraient point de lettres patentes qu'ils ne leur eussent présenté une compagnie solvable, en état de faire justice à tout le monde. Cela les a un peu étonnés; ils ont promis de la chercher, mais je doute qu'ils la trouvent.

Vendredi 29. — Toujours même continuité de travail et mêmes indécisions; toujours mêmes inquiétudes de ma part, surtout à raison du manque d'argent. J'espère, cependant, que M. l'abbé Terray, nouveau Contrôleur général[1], nous traitera mieux que son prédécesseur. On peut même dire que les intérêts du Roi l'exigent, et c'est ce que je chercherai à lui démontrer. J'ai assisté à différents marchés que M. le duc d'Aumont a faits pour la corbeille de Mme la Dauphine, avec toute l'économie possible. Quant à moi, je n'ai voulu proposer ni protéger aucun marchand ni fournisseur, me contentant de donner mon avis quand M. le duc me le demande. Le marché des artificiers a été enfin terminé à peu près comme je le désirais. Ils ont même consenti, non sans peine, à porter à 20 000 fusées la grande girande, au lieu de 16 000, prévues par le devis. J'espère que

---

2. L'abbé Terray fut appelé au contrôle général le 23 décembre 1769. Il remplaça Maynon d'Invau, qui lui-même avait remplacé Laverdy.

cela sera d'un bel effet, et je crois qu'ils cherchent à se distinguer dans cette occasion. J'ai eu différentes conférences avec M. le maréchal et M. le duc de Duras au sujet des Français et de leur salle, pour laquelle il y a divers projets, mais ces Messieurs continuent toujours à différer d'avis. Malgré toutes les courses que je fais de l'un à l'autre et les mémoires que je leur remets, je ne réussis pas beaucoup à les rapprocher. Il paraît même que les spectacles ne sont qu'un prétexte, et qu'il y a du personnel de part et d'autre. Cette discussion, outre la peine qu'elle me cause, me met dans des embarras continuels, et me fait perdre un temps précieux, surtout dans les circonstances présentes.

ANNÉE 1770

EXERCICE DE M. LE DUC D'AUMONT

Mercredi 3 janvier. — J'ai remis, dimanche dernier, à M. le duc d'Aumont, à Versailles, différents mémoires sur les préparatifs des spectacles du mariage. Je lui ai présenté la soumission détaillée pour les illuminations, qu'il a agréée comme étant la moins coûteuse de toutes celles qui nous ont été données. Il a été décidé, malgré toutes les représentations du sieur Arnoult, machiniste, qu'on donnerait *Castor et Pollux* au mariage, après *Persée*[1], Mme de Villeroy tenant beaucoup à cet arrangement.

Mardi 16. — M. le maréchal de Richelieu m'a fait part que le Roi avait arrêté la construction de la nouvelle salle du Théâtre-Français à l'hôtel de Condé, sur les plans du sieur De Wailly[2], présenté par M. de Marigny, et que les 150 000 livres destinées à achever les ouvrages du Louvre y

1. *Castor et Pollux*, de Bernard et Rameau, 1737. *Persée*, de Quinault et Lulli, 1682.
2. Charles De Wailly, architecte, membre de l'Académie d'architecture, en 1767, et de l'Académie de peinture en 1771, mort en 1798. Il eut pour collaborateur, dans la construction de la salle du Théâtre-Français (aujourd'hui l'Odéon), l'architecte Peyre, inspecteur des bâtiments du Roi, membre de l'Académie d'architecture en 1767. Peyre mourut en 1785.

seraient employées jusqu'à ce que la salle fût finie; qu'il serait en outre prélevé tous les ans 50 000 livres sur les états des Menus pour cette construction, indépendamment de l'acquisition des terrains de l'hôtel de Condé, qui sera faite par la ville. On aurait ainsi une petite place à l'angle des rues des Cordeliers, de Condé et de la Comédie. J'ai travaillé, en conséquence, aux arrangements à faire pour la translation des Français au théâtre des Tuileries pendant qu'on bâtira la nouvelle salle [1]. Le Roi a consenti que la dépense de la translation fût payée par les Menus et les Bâtiments, chacun pour la partie qui les concerne.

MM. les Premiers Gentilshommes de la Chambre, ainsi que M. le grand'maître de la Garde-Robe se sont rassemblés chez M. le duc d'Aumont. M. le duc de Duras a lu un grand mémoire contre les prétentions de M. le duc de La Vauguyon [2]. Ces Messieurs l'ayant approuvé, avec quelques corrections, j'ai été chargé d'en faire faire une copie pour chacun d'eux : ce que j'ai fait, ayant pris plusieurs commis auxquels j'ai été obligé de le dicter moi-même.

Mardi 30. — L'argent ne vient pas, malgré toutes les promesses faites. Nos entrepreneurs, que je suis obligé de nourrir de vaines espérances, ont épuisé toutes leurs ressources ; et d'un autre côté, pour les mêmes raisons, la salle de Versailles n'avance point. Il serait cependant bien malheureux que toutes les dépenses faites jusqu'à présent devinssent inutiles, ou que l'ouvrage fût mal fait en étant trop précipité.

---

1. La Comédie-Française prit la place de l'Opéra, le 23 avril, dans la salle des Tuileries, qui avait été appropriée à son usage.

2. Le duc, gouverneur des Princes, prétendait, après le mariage du Dauphin, passer au service de ce dernier comme premier gentilhomme de la Chambre et grand'maître de la Garde-Robe. Il invoquait le précédent de M. de Montausier, gouverneur du Grand Dauphin.

Je ne cesse d'en parler à M. le duc d'Aumont pour qu'il sollicite encore plus vivement. La mort du sieur Paulin[1], comédien, embarrasse fort M. le maréchal par les demandes de différents sujets auxquels il a promis des portions de part. Pour tâcher d'obvier aux cabales intérieures de la Comédie-Française, MM. les Premiers Gentilshommes de la Chambre ont agréé la proposition que je leur ai faite de substituer au Comité permanent un comité de cinq acteurs qui changerait tous les mois, lequel ferait en même temps les fonctions de semainier. Cet arrangement ayant plu aux comédiens, les cinq qui doivent former le premier comité ont été tirés au sort. Je souhaite que ce nouvel essai réussisse, mais je n'en réponds pas.

Vendredi 9 février. — J'ai été deux fois à Versailles depuis huit jours. Nous y avons eu une grande assemblée avec les surintendants de la musique, maîtres de ballet, auteurs, machinistes et décorateurs, pour arrêter les programmes de *Persée* et de *Castor*. Ce travail a été d'autant plus long que l'on a aussi arrêté l'état des chanteurs, chanteuses, des chœurs, danseurs, danseuses, symphonistes et autres à employer, ainsi que la distribution des jours de fête. Le Roi a avancé le mariage au 16 mai, ce qui raccourcit beaucoup le temps qui nous est laissé. Nous avons aussi les répétitions à faire, les changements à prévoir, de sorte qu'il n'y aura pas un moment à perdre.

Samedi 17. — Tout le travail que j'avais fait d'après l'assemblée de Versailles est à peu près inutile. Il y a eu, à la demande de M. le duc d'Aumont, une autre assemblée chez Mme la duchesse de Villeroy, mardi, où tout le monde a été appelé. Elle a duré depuis le matin jusqu'au soir. On

---

[1]. Paulin appartenait à la Comédie depuis 1742. Il créa le rôle de Polyfonte, dans *Mérope*.

y a fait des changements, tant sur le choix des sujets, que sur la distribution des jours de répétition et de représentation. J'ai cependant trouvé le moyen, dans le nouveau travail que j'ai été obligé de faire, de gagner cinq jours, ce qui ne laisse pas que de faire une économie sur les paiements de tout le monde. Cela me console un peu de ma peine. Quoique nous soyons sans argent, on vient d'augmenter le nombre des ouvriers des ateliers de Paris de plus de deux cents, et cela est malheureusement indispensable.

Jeudi 1er mars. — Une grande partie des plans pour les fêtes du mariage ayant été de nouveau dérangée, il a fallu recommencer à travailler sur de nouveaux frais, ce qui nous a occupés toute la fin du mois dernier. Le roi a arrêté définitivement le nombre des spectacles et la durée des fêtes jusqu'au 16 juin. Je comptais qu'elles finiraient au 10 juin, ce qui aurait fait une épargne considérable sur le paiement des sujets. Je suis actuellement occupé de parer à cela, en cherchant le moyen de renvoyer le plus de sujets possibles dans l'intervalle d'un spectacle à un autre. Si je réussis, cela pourra faire une économie de 30 à 40 000 livres. D'après la décision du Roi, je mets en ordre successivement tout ce qui concerne les barrières, gradins, consignes, etc. Au moyen de toutes ces précautions j'espère que la peine sera moins considérable lors de l'exécution. Nous continuons à éprouver beaucoup de difficultés de la part des Bâtiments, qui se rejettent sur le défaut d'argent. D'un autre côté, je ne sais comment nos entrepreneurs viennent à bout de faire travailler plus de 500 ouvriers avec le peu de fonds qu'ils reçoivent. Je fais faire actuellement les voitures qui doivent transporter les meubles de campagne du Roi et les autres effets de voyage de Mᵐᵉ la Dauphine. Mᵐᵉ la comtesse de Noailles[1] a voulu absolument augmenter de six le nombre de ces voitures, en sus de ce que j'avais projeté; toutes mes représentations à cet égard ont été inutiles.

Dimanche 11. — Nous continuons à travailler aux préparatifs du mariage avec d'autant plus d'activité que le moment approche très vite, et qu'il s'est fait encore divers changements. Nous avons eu plusieurs assemblées, et je suis venu à bout de gagner 12 jours de paiement en moins, en ne faisant commencer les répétitions que le 30 avril, à Versailles, au lieu du 18. Ainsi, les sujets ne viendront s'y établir qu'à cette époque, ce qui donnera aussi plus d'aisance au sieur Arnoult, lequel est malheureusement dans son lit par les suites d'une chute considérable qu'il a faite au théâtre. Le projet des différents bijoux achetés pour la corbeille, et qui sont à distribuer, m'occasionne un travail fort vétilleux, car je désirerais gagner quelque chose pour le Roi sur les prix faits, et en même temps que ceux auxquels ces présents sont destinés en soient contents. Nous avons fait de nouvelles épreuves pour diminuer la quantité de suif nécessaire aux illuminations.

Je suis occupé, depuis quelques jours, d'un arrangement assez difficile entre M. le duc d'Aumont et M. le maréchal, au sujet d'une discussion assez vive entre eux. M. le duc d'Aumont veut que Mˡˡᵉ Clairon joue, lors du mariage, les rôles de *Sémiramis* et d'*Athalie*, à la place de Mˡˡᵉ Dumesnil[2]. M. le maréchal s'y oppose avec la plus grande énergie,

---

1. La comtesse de Noailles avait été choisie comme dame d'honneur de la Dauphine. On l'avait surnommée Mᵐᵉ l'Étiquette.
2. Chacune de ces deux actrices avait sa protectrice. La duchesse de Villeroy tenait pour Clairon; la comtesse Du Barry pour Dumesnil. Ce fut la première qui l'emporta et Clairon joua aux fêtes de Versailles le rôle d'Athalie et celui d'Aménaïde dans *Tancrède*. On y fit cependant paraître, grâce aux instances de Mᵐᵉ Du Barry, Dumesnil dans *Sémiramis*.

ayant déclaré qu'il en parlerait plutôt au Roi, auquel il représenterait que M. le duc d'Aumont, tout en disant qu'il ne voulait point se mêler de la Comédie, en intervertissait tout l'ordre; et que, quant à lui, il ne consentirait jamais que l'on fît ce chagrin à Mlle Dumesnil, à moins que Mlle Clairon ne rentrât tout à fait à la Comédie. J'ai rendu une partie de cette réponse à M. le duc d'Aumont qui n'en est que plus déterminé à suivre son plan. Je suis retourné chez M. le maréchal, et j'ai pris sur moi de lui dire toutes sortes de choses honnêtes de la part de M. le duc d'Aumont, et j'ai entrevu que si M. le duc voulait s'expliquer lui-même avec M. le maréchal il aurait lieu d'en être content. J'ai envoyé un courrier à M. le duc d'Aumont pour l'y engager, mais la réponse a été qu'il ne changerait point d'avis, et qu'il renoncerait plutôt au spectacle de la Comédie-Française, si Mlle Clairon ne jouait pas les deux rôles qu'il lui avait destinés. Je ne sais comment finira cette affaire qui me donne beaucoup de tracas.

Samedi 31. — Nous avons eu, mercredi, répétition générale au nouveau théâtre pour y essayer l'effet des voix, des chœurs et des symphonies. Il y a eu un concours de monde si prodigieux, M. le duc d'Aumont ayant cru inutile de faire donner des billets, que toutes les portes ont été forcées et que nous avons eu mille peines à pénétrer dans la salle et faire placer tout le monde. Au reste, autant qu'il a été possible d'en juger, la salle est assez favorable pour les voix et pour la musique. Tout le monde a été très content de la beauté de la salle et de la grandeur du théâtre. Le Roi m'ayant fait l'honneur de m'interroger, j'ai fort assuré Sa Majesté que la salle était bien éprouvée, et qu'il n'y aurait certainement pas autant de monde les jours de fête et de spectacle. Il m'a paru, d'ailleurs, que le luminaire de la salle sera très coûteux. Nous nous occupons des moyens de diminuer cette dépense.

Dimanche 8 avril. — J'ai eu à signer plus de douze cents billets et à faire tous les billets de voiture pour la répétition qui a eu lieu lundi, et dont tout le monde a paru content, quant à l'effet des voix et des instruments. On a éclairé davantage la salle et nous devons faire encore de nouveaux essais à ce sujet.

Jeudi 26. — Je vais, après-demain, m'établir tout à fait à Versailles jusqu'au 20 juin. Nous avons encore eu, dans ces derniers jours, des changements qui m'ont donné beaucoup de travail et occasionné plusieurs courses à Versailles. J'ai remis à M. le président de Cotte, directeur de la Monnaie, l'ordre de faire frapper les médailles du mariage. J'ai également remis à M. le duc d'Aumont et à M. le duc de Villequier un état de la distribution qui doit en être faite, ainsi que des présents que j'ai tous étiquetés avec les noms, pour qu'il n'y ait point de méprises, lorsque Mme la Dauphine en fera la distribution. J'ai préparé et signé tous les billets de voiture, ainsi que les différents états d'ordres et de consignes à donner, tant pour les répétitions que pour les jours de fêtes et de spectacles. Tout est en ordre, autant qu'il est possible, dans un si grand détail. Il est décidé que Mlle Clairon jouera à la Cour et rentrera peut-être à la Comédie. Je souhaite que cela produise un grand avantage, mais j'ai le malheur de n'en rien croire. Au milieu de toutes ces occupations, nous avons eu le mariage de M. le duc de Bourbon qui a eu lieu avant-hier [1]. Il n'y avait presque

---

[1]. Louis-Henri-Joseph de Bourbon Condé, duc de Bourbon, épousa, le 24 avril, Louise-Marie-Thérèse-Batilde d'Orléans.

personne à l'appartement à cause d'une dispute entre les princes et les ducs [1], et d'ailleurs il y a eu fort peu de curieux, tout le monde réservant ses habits pour le mariage de Mᵍʳ le Dauphin. J'ai eu aussi une discussion avec les aumôniers parce que je voulais faire rentrer le poêle du mariage, pour le faire servir dans une autre occasion. Mais M. le duc d'Aumont l'a fait donner à ces Messieurs qui sont fort près regardant sur les plus petits intérêts.

Dimanche 6 mai. — Depuis notre établissement à Versailles, nous avons eu deux répétitions de *Persée*. M. le duc d'Aumont ayant voulu laisser entrer tout le monde sans billet, il y a eu une foule horrible. Les loges contenaient au moins le double de personnes qu'il n'y en aura aux représentations. Nous commençons à faire la liste des personnes qui se sont fait inscrire, soit à Paris, soit ici, pour avoir des billets des différentes fêtes du mariage, ce qui est presque innombrable. Il y aura nécessairement beaucoup de refus et beaucoup de mécontents. Nous visitons presque tous les jours, matin et soir, les différents magasins et ateliers pour faire avancer les travaux qui sont en retard, par la faute des bâtiments qui ne sont pas encore finis, malgré toutes les promesses qui avaient été faites de livrer la salle et les autres bâtiments au retour du voyage de Compiègne de l'année dernière. M. le duc d'Aumont et M. le duc de Villequier, qui voient en ce moment les choses de plus près, sont fort inquiets ; mais je le suis moins, l'expérience m'ayant appris que les entrepreneurs des Menus ne manquent jamais à remplir leurs promesses, quelque considérable que puisse être la besogne.

2. Cette querelle de préséance prit un caractère aigu, à l'occasion du mariage du Dauphin.

J'ai obtenu un règlement pour le logement, pendant les fêtes, des sujets des spectacles, que les bourgeois voulaient pressurer. Il a été décidé qu'ils paieraient 4 livres par jour pour une chambre de maître garnie et une chambre de domestique, et 3 livres pour une seule chambre de maître. Au reste, les sujets externes, et ceux qui, étant attachés au Roi, le sont également à l'Opéra, ne séjourneront point. Ils viendront seulement pour les répétitions, on leur payant 6 livres chaque fois, et, dans le cas où ils seraient forcés de coucher à Versailles, il leur sera donné 6 livres en sus pour se loger et souper. Il est vrai qu'il en coûtera plus de voitures, mais l'économie n'en sera pas moins grande, puisque la majeure partie des sujets, au lieu d'être payés tout le temps des fêtes, ne le seront que les jours qu'ils viendront ici. D'ailleurs, il faudrait toujours en renvoyer une grande partie pour le service des spectacles de Paris qui ne peuvent fermer. Les sujets de la danse qu'on fera rester à demeure, à cause des répétitions, seront payés à raison de 12 livres par jour, suivant le règlement. Les demoiselles des chœurs et les symphonistes de la musique du Roi, demeurant à Paris, seront payés à raison de 10 livres par jour, mais sans tirer à conséquence, vu la cherté des vivres et des logements, qui ne fera qu'augmenter encore au moment des fêtes.

Vendredi 11. — M. le duc d'Aumont ayant pris le parti de faire faire des billets pour les répétitions, les choses vont beaucoup mieux, mais ma besogne augmente d'autant, car je dois les signer et les distribuer. Nous commençons même à distribuer ceux des fêtes, ce qui est d'un détail immense, vu la prodigieuse quantité qu'on en accorde, tout en en refusant beaucoup. Ils sont tous signés de moi et aux armes de M. le duc d'Aumont, avec son paraphe. Malgré cela, je ne doute pas qu'on n'en contrefasse beaucoup au moment des fêtes. Nous avons eu, lundi dernier, la troisième répétition de *Persée*. On a été plus content du luminaire, le théâtre étant éclairé de plus de 3 000 lumières, ce qui est bien considérable. Je ne crois pas cependant qu'on puisse diminuer de beaucoup ce nombre, par la disposition du théâtre qui est immense, et surtout par la manière dont M. Arnoult a arrangé ses châssis de décorations. D'ailleurs, la grandeur énorme de ce théâtre, très commode pour le service, exige un nombre considérable de sujets pour les chœurs et pour la danse. Aussi je pense que ce local ne pourra jamais servir que dans les fêtes de très grand apparat et où l'on ne regardera pas à la dépense. On a été très content des lustres que j'ai fait mettre entre les colonnes de la salle, lesquels éclairent bien les plafonds des galeries, ainsi que le grand plafond, qui est un très beau morceau du sieur Durameau[1].

On a exigé, et avec raison, plusieurs changements à quelques décorations, d'après les observations que j'ai faites à M. le duc d'Aumont. M. Arnoult en a été un peu contrarié, mais il a dû s'en consoler aisément, la majeure partie ayant été trouvée de la plus grande beauté, surtout celle de la Gloire, qui a cependant besoin d'être plus éclairée. Nous avons un camp de 300 gardes françaises, établi dans le parc, pour toutes les manœuvres des magasins, le service du théâtre et les comparses dans les opéras. M. de Bombelles,

---

1. Ce plafond représente Apollon préparant des couronnes aux hommes illustres dans les arts.
Durameau était né en 1733. Il avait la spécialité des plafonds. Il est l'auteur de celui de la galerie d'Apollon au musée du Louvre et qui représenté *l'Été*. Il mourut en 1796. Il était membre professeur de l'Académie de peinture, peintre de la Chambre et du Cabinet du Roi et garde des tableaux de la couronne.

qui les commande[1], et en qui M. le duc d'Aumont paraît avoir beaucoup de confiance, se donne beaucoup de peine pour les exercer.

Le Roi est venu voir la salle et l'a visitée jusqu'aux combles. Il a fait supprimer les lustres que M. de Marigny avait fait placer au-dessus de l'amphithéâtre. Quand le Roi a eu terminé la visite de la salle, on a levé le grand rideau qui avait été trouvé fort beau. Le théâtre était occupé par toutes les demoiselles de la danse, vêtues en belles étoffes de taffetas blanc, et par les danseurs en uniforme rouge avec brandebourgs d'or. C'est l'habit que les uns et les autres ont pris pour les répétitions. Le Roi a été très content de cet ensemble, ainsi que de la décoration représentant la mer, avec le rocher d'Andromède. Sa Majesté en a témoigné sa satisfaction au sieur Arnoult. J'ai été visiter hier les travaux du parc, pour le feu d'artifice et pour l'illumination; j'ai été très content des dispositions prises. M. le duc d'Aumont et M. le duc de Villequier sont partis avec le Roi, qui est allé au-devant de Mᵐᵉ la Dauphine à Compiègne. Nous avons fait la répétition, hier, des postes et consignes. On travaille à force, depuis avant-hier, à monter la salle du festin royal dans la salle de spectacle. Je crois que cela fera un très beau coup d'œil. Je commence à me sentir vivement de la fatigue, ce qui m'oblige à me baigner tous les jours.

Vendredi 18. — Mᵐᵉ la Dauphine étant arrivée, mercredi matin, de la Muette, la cérémonie du mariage s'est faite à midi et demi. La chapelle, où nous avions fait construire des gradins, était remplie de monde. Mᵐᵉ la Dauphine, en

---

[1]. Le comte de Bombelles, capitaine des gardes françaises. Ce régiment comprenait six bataillons composés chacun d'une compagnie de grenadiers et de quatre compagnies de fusiliers. Le maréchal duc de Biron en était le colonel.

allant à son appartement, a trouvé les grands appartements garnis de plus de 5000 personnes, dans la plus grande parure, surtout la galerie. Jamais il n'a régné tant d'ordre, car toutes les personnes qui avaient à faire circulaient aussi aisément que s'il n'y eût eu personne. Après le passage de Mme la Dauphine, on a fait évacuer toutes les pièces pour disposer le grand appartement pour le soir. Après que Mme la Dauphine eut reçu les serments des principaux officiers de sa maison, M. le duc d'Aumont lui a présenté la clef d'un magnifique cabinet de velours brodé en or, avec des sculptures en bronze et en or moulu, que nous avons fait faire, et que j'avais fait placer dans la chambre à coucher[1]. Ce cabinet renfermait, dans différents tiroirs, les présents de la corbeille, consistant en une magnifique parure, composée d'une montre d'émail bleu avec sa chaîne tout en diamants, un étui de côté, de même avec sa chaîne, une tabatière et un éventail, le tout de la plus grande richesse; un grand nombre de tabatières, de montres et autres objets dont j'avais fait l'état avec les étiquettes pour la distribution. M. de La Touche, M. Hébert et moi avons reçu, des mains de la princesse, chacun une très belle boîte.

Toutes les tables de jeu ayant été rangées dans la galerie, le Roi s'y est rendu avec toute la Cour et joua au lansquenet. Les autres tables de cavagnol et d'autres jeux furent occupées par les princes, princesses, seigneurs, et dames de la Cour. Les appartements depuis le salon d'Hercule étant

---

1. Ce coffre à bijoux coûtait 22 000 livres. « C'était un cabinet de six pieds de long sur trois et demi de haut, couvert en partie de velours cramoisi, magnifiquement brodé. La broderie des cinq panneaux se montait à 8 000 livres, et la sculpture, faite par Bocciardi, à 4 445 livres. L'ébéniste Evalde en avait fourni le corps et Gouthière les cuivres ciselés. » *Le Livre des collectionneurs*, par Maze-Sencier.

remplis, on fit filer les curieux au nombre de plus de 6 000 personnes dans la galerie pour voir le jeu du Roi, mais en dehors de la balustrade, en ressortant par l'appartement de la Reine. Il y eut un peu plus d'embarras que le matin à cause d'un orage considérable qui survint et qui, ayant duré toute la soirée, fit refluer tout le public qui était dans les jardins pour voir le feu d'artifice et les spectacles. Dans les galeries de la chapelle, on força les barrières et les sentinelles. Cependant, grâce au parti que j'ai pris de faire filer tout le monde pour voir le jeu du Roi, il n'arriva aucun accident. Cette manœuvre ne causa aucun embarras, mais me donna beaucoup de fatigue. Le Roi, vu le mauvais temps, ayant ordonné que le feu d'artifice et l'illumination fussent remis à un autre jour, continua le jeu jusqu'à l'heure du festin. Les appartements furent éclairés par le gouvernement. La galerie, ornée de superbes guéridons que j'avais empruntés au garde-meuble, et d'une grande quantité de girandoles, de morceaux de composition et de lustres des Menus, présentait le plus beau coup d'œil. Le Roi se rendit, avec la famille royale, sur les dix heures, à la salle du festin royal disposée dans celle du spectacle. Sa Majesté la trouva garnie d'une quantité de monde prodigieux. Toutes les dames, sur le devant des loges, en grande parure, formaient un spectacle aussi surprenant que magnifique. Aussi fixa-t-il l'attention de toute la Cour. La salle de festin était ornée d'une quantité prodigieuse de bougies, dont la lumière se répétait dans les glaces des galeries hautes de la salle. Il y eut, pendant le festin, un grand concert de 180 musiciens, placés en face du Roi, dans un superbe salon, construit au bord du théâtre, sous l'avant-scène. Ce salon, construit par le sieur Arnoult, en laissait deux autres de côté pour tout le service du Roi, de sorte qu'il n'y avait aucun embarras dans l'enceinte de la salle à manger. La galerie haute de la chapelle, par laquelle le Roi se rendit des appartements à la salle du festin, était magnifiquement éclairée. Nous y avions placé, sur de grands gradins, les musiciens des gardes françaises et suisses, qui exécutèrent des fanfares pendant le passage de la Cour. Ils étaient habillés à la turque. Le souper dura deux heures et demie ; après quoi le Roi reconduisit Mme la Dauphine dans son appartement où le coucher se fit, selon l'usage.

Hier, on donna l'opéra de *Persée*. On avait passé la nuit à défaire tout ce qui avait servi au festin royal. Ce spectacle a été beaucoup mieux qu'on ne pouvait s'y attendre après des préparatifs aussi pressés, et avec des machines dont les mouvements étaient encore si peu connus des ouvriers. D'ailleurs, on a été très content de la magnificence du spectacle. Mme la Dauphine n'a pas paru y prendre goût. Il est vrai que c'est un opéra bien sérieux pour quelqu'un qui ne connaît pas encore le spectacle et qui n'aime pas la musique. Aussitôt le spectacle fini, on a travaillé à débarrasser le théâtre de toutes les décorations pour y installer la salle du bal paré. Tous les ouvriers et soldats y sont actuellement occupés. C'est un jour de repos pour la Cour, mais très fatigant pour nous.

Dimanche 20. — Tout étant prêt, hier à deux heures, pour le bal paré, le Roi, accompagné de la famille royale, se rendit, à six heures, dans le salon préparé à cet effet sur la partie de la scène de la grande salle. La Cour a été des plus nombreuses et des plus brillantes, malgré les discussions survenues entre la maison de Lorraine et les personnes titrées. Les danseurs étaient en cadenettes et les danseuses en grandes boucles. Le bal a duré jusqu'à dix heures du soir. On y a servi une collation de rafraîchissements de toute espèce, et avec la plus grande abondance, ainsi que dans les loges des spectateurs. L'ordonnance, la richesse et la décoration de cette salle ont étonné tout le monde, et mérité au sieur Arnoult les justes éloges du Roi et de la famille royale. Le plafond immense de cette salle représente Psyché conduite à l'immortalité par l'Amour et admise au rang des divinités. Il est de la composition du sieur Briard, de l'Académie[1]. M. le duc d'Aumont avait donné un grand nombre de billets pour toutes les galeries et loges de ce salon, ainsi que dans toutes celles de la salle, qui était ornée d'une grande quantité de lustres et de girandoles, tant dans l'intérieur que sur les glaces des galeries, en sorte que l'ensemble de ces deux salles, séparées seulement par l'avant-scène du théâtre, attirait l'admiration de tout le monde. On a été non moins satisfait du bon ordre qui a régné partout, malgré le concours immense des personnes qui ont joui de cette fête, et qui d'elles-mêmes cédaient leurs places à celles qui n'avaient pas encore pu en trouver. Toute la partie de salle du bal était garnie de banquettes pour les princes, princesses, ambassadeurs et seigneurs de la Cour dans l'ordre usité. Les musiciens de l'orchestre étaient vêtus en dominos de taffetas rose qu'ils ont rendus après le bal.

Tout étant prêt pour le feu d'artifice, je suis venu en rendre compte à M. le duc d'Aumont, et le Roi s'étant rendu dans la galerie, à la croisée du milieu que j'avais fait griller de peur d'accident, j'ai donné le signal. Ce feu, dont la variété et le choix des pièces parurent nouveaux, aurait eu

---

[1]. Briard, né à Paris en 1725, membre et professeur adjoint de l'Académie en 1768, mort en 1777.

plus de succès sans l'orage qu'il avait essuyé le 16. Au reste, tout le monde en a été content, surtout de la grande girandole de la fin, composée de plus de 20 000 fusées, la plus considérable qu'on ait jamais vue. Le Roi en a témoigné sa satisfaction à M. le duc d'Aumont. Sa Majesté eut la bonté de me la marquer aussi, ayant été appuyée sur moi pendant toute la durée du feu. Le feu était de la composition des sieurs Morel et Torré et était moins un feu de décoration qu'un feu d'air. Pendant le souper du Roi, toutes les décorations, charpentes, caisses et autres objets, furent enlevés en moins d'une heure pour faire place à l'illumination, la plus magnifique et la plus considérable qui se soit vue à Versailles. L'objet qui frappa d'abord la vue était le palais du soleil élevé à une prodigieuse hauteur à la tête du canal. Sa forme et son éclat fixèrent particulièrement l'attention des spectateurs. Ce fut le signal de l'illumination générale. Il eût été à désirer que le Roi et la famille royale eussent pu jouir en entier de cette superbe fête, en voyant tous les bosquets illuminés, le grand canal couvert d'une grande quantité de gondoles illuminées et remplies de musiciens, enfin de tous les différents spectacles, danses et orchestres répandus dans le parc, et enfin être témoins de la satisfaction universelle. Les gens même du peuple se servaient des termes de féerie et d'enchantement pour exprimer leur étonnement. Ce qu'il y a encore de plus étonnant, c'est que chacun était si content et si occupé de ce qu'il voyait qu'il n'y a pas eu le moindre accident ni au feu, ni pendant la fête de nuit. Chacun est resté le plus tard qu'il a pu. Pour moi, excédé de fatigue, je me suis retiré à deux heures. Nos ouvriers, sans se reposer, se sont mis à préparer tout ce qui était nécessaire pour le bal masqué de demain.

Dimanche 22. — Le bal masqué a eu lieu hier, dans les grands appartements. Il y avait un orchestre dans le salon d'Hercule, où M⁸ʳ le Dauphin, Mᵐᵉ la Dauphine et les princes dansaient, un dans la salle de Mars, un dans celle de Mercure et des buffets dans les salons de la Guerre et de la Paix et celui de Vénus[1]. On a servi abondamment toutes sortes de rafraîchissements et de confitures. Les Menus ont fourni aux ménétriers des dominos de différentes couleurs, en toile, qui ont été rendus ce matin. On leur a payé à chacun un louis, comme au bal paré. L'on ne donna point de billets pour ce bal. MM. les Premiers Gentilshommes de la Chambre étaient seulement aux portes d'entrée, ayant les huissiers de la Chambre près d'eux, lesquels faisaient démasquer une personne de chaque compagnie, et qui en répondait. Il y eut beaucoup d'ordre dans ce bal, qui dura jusqu'à huit heures du matin. Nous avions eu, samedi, après midi, répétition générale d'*Athalie*, dont on a fait aujourd'hui une nouvelle répétition avec les décorations et les comparses.

Vendredi 25. — Avant-hier, mercredi, *Athalie* avec les chœurs[2], où Mᵐᵉ Clairon n'a point eu autant de succès que M. le duc d'Aumont et Mᵐᵉ de Villeroy l'espéraient. D'ailleurs, tout le monde a été enchanté de la magnificence du spectacle, tant pour la partie des décorations, que pour les

---

[1]. La salle de Mars et la salle de Mercure sont au premier étage, dans l'aile donnant sur la terrasse du côté de la Chapelle. La salle de Mars était, au XVIIIᵉ siècle une salle de jeu et de concerts. La salle de Mercure, contiguë à la précédente, s'appelait aussi Chambre du Lit, parce que Philippe V y avait couché après sa reconnaissance comme roi d'Espagne.

Les salons de la Guerre et de la Paix étaient chacun à l'une des extrémités de la grande galerie. Ces trois pièces occupaient toute la longueur du bâtiment central sur les jardins. Le salon de Vénus, dans l'aile du côté de la Chapelle, est séparé de celui de Mars par le salon de Diane.

[2]. Musique de Gossec.

habillements des acteurs, chœurs et comparses dont le nombre était prodigieux.

Lundi 28. — Les décorations de *Persée* ayant été remises en place, ce spectacle a eu lieu samedi. Il a été encore mieux que la première fois. Les machinistes et les ouvriers commencent à mieux connaître le théâtre. Pour leur donner un peu plus de temps pour préparer *Castor et Pollux,* le Roi en a retardé la représentation au 9 juin. Comme il ne peut pas y avoir de répétition générale avant le 6, j'ai pris le parti de renvoyer à Paris tous les acteurs, choristes et symphonistes afin de n'avoir pas à payer inutilement cette grande quantité de sujets. Il n'est resté à Versailles que les sujets de la danse pour faire les ballets de *Castor et Pollux* et de la *Tour enchantée*[1].

Dimanche 10 juin. — Hier, *Castor et Pollux.* Ce spectacle, si beau par lui-même, a été trouvé superbe, tant pour la partie des habillements que pour celle des décorations, surtout la dernière. Il n'y aurait eu rien à désirer, s'il y eût eu un peu moins d'égalité dans les arbres des Champs-Élysées. Tout le théâtre était éclairé parfaitement, mais fort chèrement, d'autant qu'il faut renouveler les lumières deux ou trois fois, à cause de l'air qui entre de tous côtés dans la salle, ce qui rend même les répétitions très coûteuses. Mais il est impossible de faire autrement dans les premiers essais. Je cherche à parer à cette dépense. J'ai eu l'honneur de remettre aux Princes et Princesses leurs médailles, savoir une d'or et une d'argent. Nous avons fait la distribution des autres.

1. Ouvrage inspiré par Mme de Villeroy. La musique était de Dauvergne, les paroles de Jolliveau, secrétaire perpétuel de l'Académie royale de musique.

Mercredi 19. — Nous avons eu, ces jours-ci, plusieurs répétitions de *Tancrède* et de la *Tour Enchantée*, production de Mme de Villeroy. M. le duc d'Aumont aurait bien désiré se reposer sur ses lauriers en finissant par *Castor*. Cela eût été bon même au point de vue de l'économie. Mais Mme la duchesse et M. de Bombelles, qui veut qu'on voie manœuvrer ses soldats dans un tournoi, n'ont jamais voulu y consentir. Cette manœuvre me paraît, jusqu'à présent, très froide. On a fait venir de Paris des espadonneurs [1], mais ils étaient si insoutenables que l'on a été obligé d'en revenir aux danseurs. Du reste, ce spectacle doit être magnifique par les habits.

Vendredi 22. — *Tancrède*, mercredi dernier. Mlle Clairon y a mieux réussi que dans *Athalie*. On a ensuite donné la *Tour Enchantée*. Tout le monde a admiré la magnificence des habits, ainsi que la richesse des quatre chars attelés de deux chevaux chacun, qui ont fort bien joué leur rôle. Mais le tournoi a paru froid, ainsi que l'intrigue de la pièce, qui, à ce point de vue, a été fort critiquée. Pour comble de malheur, les décorations qui avaient été fort bien aux répétitions, ont été tout de travers. Il y avait plus de 800 personnes sur le théâtre qui embarrassaient les machinistes, M. de Bombelles ayant voulu absolument, malgré mes observations, employer un nombre prodigieux de ses soldats. Mais, au total, si ce ballet avait eu plus d'intérêt, et si l'on avait eu plus de temps pour bien faire manœuvrer les soldats, et donner de l'action au tournoi, je crois que l'on eût fait un spectacle des plus magnifiques et des plus singuliers. Mais l'on a tout précipité, puisque, huit jours auparavant, les dé-

---

1. L'espadon est une grande et large épée à deux mains.

corations étaient à peine commencées. M™º de Villeroy n'a
même fait venir la musique des ballets que la veille de la
première répétition. Cependant ce spectacle méritait plus
d'attention, vu la dépense considérable qu'on a faite pour
cela. L'on avait été même si pressé que l'on avait oublié une
place publique pour *Tancrède*. Je l'ai fait faire en quatre
jours par le sieur Boquet, suivant les idées que je lui ai données. Elle a été, heureusement, très réussie.

Mercredi 4 juillet. — MM. les Premiers Gentilshommes
de la Chambre ayant accordé au sieur Vestris la survivance
du sieur Dupré pour la place de directeur des écoles de
danse, avec 2 400 livres d'appointements, pour former des
sujets, ce qu'il ne fait point, j'ai inséré dans le brevet que le
sieur Vestris rendra compte tous les trois mois des sujets
qu'il élèvera, et qu'il les fera voir. Ces Messieurs auraient
ôté les appointements au sieur Dupré, sans la protection de
M. le duc de La Vrillière, ci-devant comte de Saint-Florentin[1].

Mercredi 25. — Il y a eu, lundi, à l'assemblée des Français,
une grande discussion au sujet du répertoire de Fontainebleau. Les demoiselles Dubois et Vestris ont refusé de jouer
dans les pièces où M¹¹ᵉ Clairon serait employée à la Cour.
J'en ai écrit sur-le-champ à M. le maréchal à Compiègne.
M. le duc d'Aumont, qui en est très justement piqué, m'a
chargé de faire un nouveau répertoire où l'on pût se passer
de ces demoiselles pendant tout le voyage.

Samedi 28. — D'après le désir de M. le duc d'Aumont,

---

1. Le ministre de la Maison du Roi, qui s'était appelé successivement Phi-
lippeaux et Saint-Florentin, fut fait duc de La Vrillière cette année. De là
cette épitaphe épigrammatique qu'on lui décocha :

> Ci gît sous cette pierre un homme assez commun,
> Ayant porté trois noms et n'en laissant aucun.

j'ai été deux jours chez Mᵐᵉ la duchesse de Villeroy, où nous avons arrêté le répertoire nouveau de Fontainebleau, de manière que les demoiselles Dubois et Vestris ne paraissent point de tout le voyage. C'est le moyen le plus sûr de les punir. Nous avons fait aussi le répertoire des Italiens et des actes d'opéra, le tout consistant en quinze spectacles. J'ai envoyé ce travail à Compiègne à M. le duc d'Aumont. Je suis effrayé de cette augmentation de dépenses qui vient s'ajouter à celles de cette année déjà si chargée. Les mémoires qui me rentrent sont très élevés et n'approchent pas encore de ceux que j'attends. Je suis dans une affliction réelle au point d'en être malade. Il est vrai que sur cette dépense considérable, il reste dans les magasins une quantité prodigieuse d'effets en tout genre, habits, décorations et autres, qui resserviront aux mariages suivants, par les soins que j'ai pris de les faire serrer dans le plus grand ordre. Une des choses qui m'a plus affligé, c'est l'augmentation du mémoire de l'artifice, malgré les devis que j'avais pris la précaution de faire faire. Mais le sieur Torré, abusant de la confiance de M. le duc d'Aumont qui a cédé à toutes ses demandes, se trouve avoir dépassé de beaucoup le projet de dépense pour sa partie. Je n'ai pu m'empêcher d'en écrire, ce matin, à M. le duc d'Aumont, en lui marquant que j'avais les mêmes craintes relativement à la confiance qu'il avait accordée à l'entrepreneur des illuminations.

Jeudi 29. — M. le duc d'Aumont est toujours très mécontent des demoiselles Dubois et Vestris, et même de toute la Comédie-Française, et est bien déterminé à ne point accorder, même de l'avis de M. le maréchal, les 12 000 livres d'indemnité que les comédiens sollicitent à cause du peu de spectateurs qu'ils ont eus, à Paris, pendant les fêtes du mariage. M. le maréchal veut retrancher aux demoiselles Dubois et Vestris leur gratification de 1769, ainsi qu'à quelques comédiens qui ont été jouer à Madrid, chez M. le président de Rosambo, la *Partie de chasse de Henri IV* [1]. Il commence à dire de temps en temps qu'il ne veut plus se mêler des comédiens. M. de Duras attend ce moment avec impatience, mais comme il ne vient point, cela occasionne des pourparlers sans fin.

A mon retour de Compiègne, j'ai trouvé une affaire qui ne fera point plaisir à M. le maréchal et dont je lui ai envoyé le détail. Quelques comédiens, à l'instigation du sieur Lekain et de la dame Drouin, ont signé et présenté un mémoire à M. de Sartines, pour le ministre, lui demandant à retourner dans le faubourg Saint-Germain, et cela, sans l'aveu de MM. les Premiers Gentilshommes de la Chambre, à l'autorité desquels le sieur Lekain voudrait soustraire la Comédie. Celle-ci se trouve divisée en deux partis; ils nomment entre eux royalistes ceux qui désirent rester aux Tuileries et ont refusé de signer le mémoire, et germanistes ceux qui veulent retourner au faubourg Saint-Germain.

Jeudi 30. — M. le maréchal a mandé les comédiens français, qu'il a semoncés très vigoureusement sur leurs divisions et sur leur démarche pour retourner au faubourg Saint-Germain. Les auteurs du projet ont allégué de mauvaises raisons pour se disculper. Ceux du parti contraire ont fortement déclamé contre l'assemblée clandestine qui avait eu lieu à ce sujet chez la dame Drouin, et sur les troubles qu'occasionnait l'esprit d'intrigue du sieur Lekain. Il est vrai que, depuis longtemps, les supérieurs sont embarrassés

---

1. Louis Le Peletier de Rosambo, président à mortier au Parlement de Paris, qui avait une maison de campagne au bois de Boulogne.

pour réprimer les entreprises de ce comédien, parce qu'ils ont pour de le perdre. M. le maréchal a quitté les comédiens fort en colère, me laissant avec eux. J'ai péroré encore pendant longtemps et il a été enfin décidé qu'on ne parlerait plus de cette affaire.

Mardi 25 septembre. — Nous avons eu, mardi 11 de ce mois, la cérémonie de la prise d'habit de Madame Louise[1], pour laquelle les Menus ont fourni le luminaire nécessaire, une poignée brodée et une tribune dans l'église des Carmélites pour la musique du Roi, avec quelques estrades.

Mercredi 17 octobre. — On a ouvert le théâtre à Fontainebleau, samedi 13, par *Arlequin et Scapin rivaux*, et le *Bûcheron*[2], suivi d'un ballet, qui était beaucoup trop nombreux. Dimanche et lundi, répétitions du matin au soir et fort fatigantes pour le divertissement des *Trois cousines*[3] qui ont été données hier avec l'*École des maris*. Ce spectacle, à force d'être chargé d'agréments, n'a pas eu, à beaucoup près, le succès qu'en espérait Mme de Villeroy, laquelle a fait une injustice au sieur Francœur, surintendant de la musique, en faisant battre la mesure par son survivancier, le sieur Dauvergne. Ce dernier est aussi un très habile homme, mais il ne me paraît pas avoir encore acquis la vivacité né-

---

1. Louise-Marie de France était entrée le 11 avril de cette année au couvent des carmélites de Saint-Denis. Elle reçut l'habit le 17 septembre suivant, et prononça ses derniers vœux le 2 septembre 1771. Elle remplit successivement les fonctions de maîtresse des novices, de prieure et de procureuse. Elle mourut à 50 ans, en 1787.

2. *Arlequin et Scapin rivaux pour Coraline*, canevas Italien en un acte, 1744, sans nom d'auteur.

Le Bucheron ou les trois souhaits, comédie à ariettes de Guichard, musique de Philidor, Théâtre-Italien.

3. Nouvelle représentation des *Trois Cousines* de Dancourt.

cessaire pour cela. J'ai consolé de mon mieux le sieur Francœur de cette espèce d'insulte, après quarante ans de services distingués, tant il est vrai qu'on vieillit vite en ce pays, et qu'il faut savoir s'en retirer à temps.

Samedi 17 novembre. — Avant-hier, mercredi, l'on donna *On ne s'avise jamais de tout* et le *Devin du village* les deux seuls opéras-comiques que le Roi aime. Nous avons terminé, jeudi, par les *Plaideurs* et la *Fête de Flore*, acte de MM. de Saint-Marc et Trial, lequel a eu un médiocre succès. Ainsi les spectacles de ce voyage ont peu réussi en général, malgré toutes les peines que l'on s'est données. Il eût mieux valu en épargner la dépense, en se bornant, comme autrefois, à une bonne tragédie, et à une bonne comédie française par semaine, et une comédie italienne avec un opéra comique, ou quelquefois un petit acte dont le succès eût été certain auparavant à Paris. Il ne fallait point, comme on l'a fait, prodiguer les divertissements qui ne peuvent jamais manquer d'être très coûteux, vu la quantité de personnes que cela entraîne, et conséquemment une multitude d'habits et d'autres accessoires, indépendamment des frais de répétition.

Mercredi 21. — J'ai été, lundi, à l'assemblée des comédiens français, où je leur ai fait des reproches sur leur manque continuel de subordination et d'observation aux règlements. La discussion a été aussi vive que longue. Cependant, ils n'ont pas disconvenu que mes reproches fussent fondés, surtout sur le peu d'attention qu'ils mettaient à la lecture et à la réception des pièces nouvelles, qui presque toutes tombaient. J'ai proposé différents moyens pour parer à cet inconvénient, lesquels ont été longuement débattus; mais l'on n'a rien arrêté. J'ai été en rendre compte à M. le maréchal. Je ne lui ai point laissé ignorer qu'une partie du désordre de la Comédie vient du défaut d'exemple qui puisse en imposer, et surtout contre la demoiselle Dubois, qui, abusant de sa protection, ne fait aucun service depuis six mois. Je l'ai déterminé, non sans peine, à recevoir les comédiens pour aviser avec eux aux moyens de réprimer le désordre, et lui ai promis de lui remettre avant mes réflexions par écrit.

Le lendemain, les comédiens sont venus au nombre de huit chez moi. Nous avons fort discuté leurs affaires, et sommes convenus des points principaux dont nous parlerions à M. le maréchal. Nous nous sommes rendus chez lui. J'y ai proposé, entre autres objets, le rétablissement du comité tel qu'il doit être aux termes des règlements, en lui donnant la force et la considération nécessaires pour pouvoir suivre tout ce qui serait utile au bien du service. M. le maréchal y a consenti et a nommé du comité les sieurs Bellecour, Préville, Brizard, Molé, Dauberval et d'Allainval, avec le semainier d'usage. J'ai été chargé de projeter un nouveau règlement en conséquence de ce rétablissement, et j'ai commencé à y travailler aujourd'hui.

Lundi 26. — M. le maréchal ayant approuvé et signé le règlement pour le rétablissement du comité, je l'ai envoyé, ce matin, aux comédiens français, avec un ordre de trois mois de congé pour la demoiselle Dubois, pour sa santé, dont je crois qu'elle ne s'occupera pas beaucoup.

Samedi 1er décembre. — M. le duc d'Aumont m'ayant demandé de nouveau mon avis au sujet des spectacles de Versailles, et conseil sur ce qu'il y avait à faire, je lui ai répété ce que je lui avais dit à Fontainebleau, à savoir que, dans les circonstances présentes, on ne pouvait que lui savoir gré de ne point faire de dépenses, et de réserver tout ce qui était préparé pour le mariage de Mgr le comte de Provence. M. le duc de Duras, suivant cet exemple, s'abstiendrait peut-être aussi de faire des dépenses cet hiver, d'où il résulterait une économie intéressante pour le Roi. D'après cela, j'ai reçu, hier, une lettre de M. le duc d'Aumont qui me mande qu'il n'y aura point de spectacles. En conséquence, j'ai fait cesser tout de suite les travaux, et j'en ai écrit à M. de Duras dans l'espoir qu'il se déterminera à ne rien donner avant le mariage.

Mercredi 5. — Lundi, j'ai été à l'assemblée des comédiens que j'ai trouvés fort en colère des méchants propos de la demoiselle Sainval, à laquelle j'en ai dit mon avis. Le soir, j'ai été voir le début du sieur La Rive[1], élève de Mlle Clairon. Quoique la peur lui ait fait perdre la tête, le public lui a cependant trouvé des dispositions.

Samedi 19. — J'ai été on ne peut plus occupé depuis quelque temps relativement à un mémoire raisonné que M. le maréchal m'a demandé au sujet du quart des pauvres des spectacles. M. le maréchal a remis ce mémoire à MM. les administrateurs des hôpitaux, et je les ai vus plusieurs fois pour leur proposer un abonnement. Mais toutes nos conférences n'ont abouti jusqu'à ce moment qu'à des demandes considérables d'augmentation. J'ai en vain cherché à démontrer à ces Messieurs que les comédiens sont dans l'impossibilité de payer une somme aussi forte que le quart net de la recette. Je leur ai présenté l'état journalier des dépenses de

---

1. Jean Mauduit, dit de La Rive, né à La Rochelle en 1747, débuta par le rôle de Zamore, dans *Alzire*, le 3 décembre 1770. Il ne fut reçu qu'en 1775, et quitta le théâtre en l'an IX. Il mourut en 1827.

l'une et l'autre Comédie. Après les avoir examinées et discutées longtemps entre nous, ces Messieurs m'ont répondu qu'ils ne pouvaient sortir des conditions fixées à l'origine pour le quart des pauvres. En vain, je leur ai fait voir que les frais avaient quadruplé depuis cette époque, et que si les comédiens ne faisaient pas ces dépenses considérables et forcées, les recettes diminueraient considérablement et cela au préjudice même du quart des pauvres. Ils ont persisté à demander une augmentation, et remis à leur première assemblée pour me rendre réponse sur la quotité [1].

1. L'abonnement de 1762 expirait en avril 1771 et les administrateurs des hôpitaux voulaient en revenir au prélèvement pur et simple du quart. L'Opéra renouvela son traité pour 72 000 livres par an. L'abonnement des deux Comédies, malgré les réclamations des administrateurs, fut continué sur le pied de 60 000 livres pour la Comédie-Française et de 55 000 livres pour la Comédie-Italienne, jusqu'à la Révolution où un nouveau régime fut inauguré. Après une courte éclipse, le droit des pauvres fut remis en vigueur et continua d'être l'objet de récriminations inutiles de la part des entrepreneurs de théâtre.

ANNÉE 1771

EXERCICE DE M. LE DUC DE DURAS

Mercredi 23 janvier. — Le Roi a avancé le mariage du comte de Provence de quelques jours, ce qui me fait refondre une partie de mes projets. J'ai été, avant-hier, à Marly, avec le sieur Girault, où M. le duc de Duras a fait voir au Roi tous les plans, tant pour Versailles que pour Marly, pour le mariage de Mgr le comte de Provence. Sa Majesté, à laquelle M. le duc de Duras a dit qu'il m'avait chargé de tout, en a paru satisfaite. M. le duc les a, en conséquence, arrêtés, promettant de n'y rien changer, non plus qu'aux spectacles qu'il a choisis. Il ne s'agit plus que d'avoir de l'argent. J'ai été, à mon retour, rendre compte de tout à M. le duc d'Aumont, qui m'a engagé à employer le sieur Challe, dessinateur du cabinet du Roi, dans les travaux du mariage, tandis que, lui, n'a pas voulu s'en servir pour les fêtes de l'année dernière. Nos entrepreneurs en ont beaucoup d'humeur, car le sieur Challe, qui a été presque inutile en 1770, a cherché à se faire honneur à leurs dépens de tout ce qui a réussi. J'espère toutefois réussir à contenter M. le duc d'Aumont. Je désirerais que la discussion entre M. le maréchal et M. le duc de Duras fût aussi facile à arranger; mais malgré toutes mes tentatives et mes courses continuelles, les cartes se brouillent plus que jamais. M. le maréchal m'a dit, notamment, qu'il n'entendait pas que M. le duc de Duras se mêlât d'autre chose que du service de Versailles, et il m'a chargé de l'en prévenir, en lui disant que, quand il le voudrait, il se réunirait avec ses camarades et lui pour parler au Roi. M. le duc de Duras, auquel j'en ai fait part, m'a chargé d'une lettre fort honnête par laquelle il prie M. le maréchal de vouloir bien lui expliquer par écrit ses dernières résolutions. Après avoir communiqué la lettre à M. le duc d'Aumont, selon les intentions de M. le duc de Duras, j'ai été la porter à M. le maréchal. Mais à peine a-t-il voulu la lire. Il m'a remis sur-le-champ un écrit, signé de lui, portant que son intention était que M. le duc de Duras ne se mêlât, cette année, que du service des spectacles de la Cour; qu'à l'égard de ceux de Paris il se réservait de donner des ordres que je porterais ensuite à la signature de M. le duc de Duras; et que, dans le cas de dissentiment, après avoir employé auprès de M. le duc tous les moyens de conciliation, il prétendait avoir la prépondérance comme l'ancien. Tel est le résumé de son avis qu'il m'a donné ce matin, lequel, je crois, ne sera pas bien accueilli par M. le duc de Duras.

Jeudi 24. — J'ai vu, ce matin, M. le duc de Duras, qui s'est mis fort en colère après avoir lu la réponse de M. le maréchal. Il m'a dit que le Roi en déciderait; qu'il croyait valoir M. le maréchal par la naissance et le jugement, et qu'il était plus en état que lui de gouverner les spectacles; que M. le maréchal donnait des ordres de débuts à tort et à travers à des sujets que le public sifflait. J'ai cru devoir lui conseiller de prendre sur lui de s'expliquer directement avec M. le maréchal, dont il obtiendrait sans doute davantage qu'en traitant par un tiers. Il m'a enfin promis d'aller le voir après demain.

Dimanche 27. — Mon premier soin a été, vendredi matin, d'aller prévenir M. le maréchal que M. le duc de Duras allait venir le voir pour lui proposer que la prépondérance appartînt à celui d'année. M. le maréchal m'a répondu qu'il ne consentirait point à cela, parce qu'il ne voulait point que les spectacles fussent perdus par la faiblesse de M. le duc de Duras et la brutalité de M. de Fronsac; qu'au reste il verrait avec plaisir M. le duc de Duras. J'ai couru chez ce dernier, persuadé que sa présence ferait plus que tous mes discours, mais je l'ai trouvé dans des dispositions tout à fait différentes. Il m'a dit qu'il ne voulait point s'exposer à n'être point maître de lui, et il m'a paru, en effet, si échauffé, que je n'ai pas cru devoir le presser davantage.

Dimanche 3 février. — M. le duc de Duras m'a appris qu'il avait eu une explication très vive avec M. le maréchal, et que M. le duc d'Aumont devait en parler au Roi. J'ai fait, à mon retour, de vaines tentatives auprès de M. le maréchal pour l'engager à prévenir un pareil éclat. Il m'a répété tout ce qu'il m'avait déjà dit sur M. le duc de Duras et sur M. le duc de Fronsac, en ajoutant qu'ils ne seraient pas trois mois à s'occuper des Comédies sans se couper la gorge.

Mercredi 6. — M. le maréchal, que j'ai vu avant-hier, m'a demandé si ses camarades lui avaient fait part du mémoire qu'ils avaient présenté au Roi contre lui. Je lui ai répondu que je ne croyais pas à ce mémoire. Il m'a répliqué qu'il avait lieu d'y croire et qu'il allait en faire un de son côté. Je l'ai laissé de fort mauvaise humeur. J'ai été en informer M. le duc d'Aumont, qui m'a assuré qu'après mûres réflexions il avait pris le parti d'en parler à Mme Du Barry, pour qu'elle engageât M. le maréchal, qui est son ami, à se prêter à la demande juste de M. le duc de Duras, afin d'éviter de porter devant le Roi une discussion fâcheuse entre camarades. J'ai été sur-le-champ faire part de cette réponse à M. le maréchal, en y ajoutant toutes sortes de choses honnêtes de la part de M. le duc d'Aumont, ce qui le mit de meilleure humeur.

Samedi 9. — M. le duc de Duras m'a envoyé chercher, avant-hier, pour l'accompagner chez M. le maréchal, où ils ont eu enfin ensemble une explication. M. de Duras a témoigné tout le désir qu'il avait de bien vivre avec lui, en lui disant toutes sortes de choses flatteuses. Il lui a représenté que, s'ils différaient par hasard d'avis sur l'application des règlements, il offrait, quant à lui, de s'en rapporter à un tiers. M. le maréchal a d'abord répliqué à M. de Duras qu'il n'avait qu'à se faire un département particulier sur les autres districts. Enfin, après une longue discussion, n'ayant plus de bonnes raisons à opposer aux objections de M. de Duras, il a fini par demander quelque temps pour faire ses réflexions. M. le duc, se pressant de regarder cette affaire comme terminée, m'a dit en particulier que ce serait moi qui serais l'arbitre. Je l'ai remercié de cet honneur, en l'assurant fort que je ne l'accepterais pas. Je suis bien éloigné de croire que M. le maréchal soit prêt à se rendre. J'ai été rendre compte à M. le duc d'Aumont de l'entrevue de ces Messieurs. Il m'a fort exhorté à accepter l'arbitrage pour s'en débarrasser. M. Hébert a aussi fort appuyé en ce sens. Mais je n'ai pas besoin de nouvelles tracasseries qui ne font qu'augmenter mon travail et ma fatigue et nuisent à ma santé.

Mercredi 27. — Il y a lieu de croire que mon grand entretien avec M. le Contrôleur général n'a abouti à rien, puisque, à mon grand regret, on persiste à vouloir beaucoup de spectacles et de fêtes, malgré la disette d'argent. Cependant M. le duc de Duras m'a assuré que M. l'abbé Terray avait promis des fonds et que le Roi lui-même avait recommandé à M. Le Clerc de s'en occuper. La querelle entre M. le maréchal et M. le duc de Duras est toujours aussi vive. J'ai prié M. le duc de trouver bon que je ne me mêlasse plus de cette affaire, où je ne pouvais rien, et qui ne pouvait me procurer que des désagréments. M. le maréchal, auquel j'avais fait la même prière, m'a dit qu'il était déterminé à donner un mémoire au Roi, et il m'a montré l'écrit fait du vivant de Mme la maréchale de Duras [1], en s'étendant beaucoup sur ce que M. le duc d'Aumont ne s'était point conformé au règlement et avait disposé de tous les emplois des Menus sans l'aveu de ses camarades. Je lui ai répondu que M. le duc de Duras pouvait faire valoir contre lui une autre pièce qui contenait leur accord mutuel relativement aux spectacles et adressée à l'Intendant des Menus. Il m'en a demandé tout de suite une copie. Je la lui ai envoyée en rentrant chez moi. Peut-être le fera-t-elle changer d'avis, du moins je le désire.

Mardi 12 mars. — J'ai fait, avant-hier, le répertoire de toutes les répétitions à faire, tant à Paris, qu'à Versailles, pendant les trois semaines de Pâques, pour les spectacles du mariage. J'ai aussi travaillé plusieurs fois, pendant cette quinzaine, avec M. le maréchal au sujet des arrangements

---

1. Cet écrit était relatif au partage des attributions entre les Premiers Gentilshommes de la Chambre.

des spectacles de Paris, mais sans décision, d'autant qu'il en est toujours au même point avec M. le duc de Duras. J'ai reçu l'approbation de M. le duc de La Vauguyon pour les deux mémoires, le premier pour les épées de mariage de Mgr le Dauphin[1], dont une d'or de plus de 5 000 livres au lieu de 1 800 livres qu'elle devait coûter et que j'ai réduit le plus qu'il m'a été possible, la dite épée devant revenir à M. le duc de La Vauguyon; le second pour les pendules et montres, montant à 66 060 livres, que j'ai réglé, vu l'attente du paiement, à 47 400 livres[2]. J'ai fort recommandé au fourbisseur que l'épée de Mgr le comte de Provence n'excédât pas 1 800 livres.

Samedi 16. — J'ai travaillé, mercredi, avec M. le duc de Richelieu, pour les portions de part et appointements à donner aux Comédies. Je lui ai fait connaître les projets de M. le duc de Duras à cet égard; mais sur plusieurs articles je l'ai trouvé d'un sentiment opposé sur lequel je n'ai pu le faire revenir. Il a même été d'avis de recevoir à l'essai des sujets que le public et les comédiens trouvent très mauvais. J'ai en conséquence pris le parti de réunir les demandes des comédiens, et à côté les avis de M. le maréchal et de M. le duc de Duras, pour leur en remettre à chacun une copie. Je renonce à chercher à les accorder, leur animosité réciproque étant égale. En effet, M. le duc de Duras, ayant su que M. le maréchal était d'un avis contraire au sien, s'est fort emporté en m'assurant que les sujets auxquels il s'intéres-

---

[1]. Ces épées avaient été fournies par Ravoisier, fourbisseur du Roi.

[2]. « Pinon, valet de chambre, horloger du Roi, reçoit (pour le mariage du Dauphin) une importante commande. Nous y remarquons deux pendules allégoriques; l'une représente la Paix et l'Abondance; l'autre figure l'alliance de la France avec l'Empire, couronnée par l'Hymen et l'Amour. » — *Le Livre des collectionneurs*, par Maze Sencier.

sait auraient satisfaction, et que le sieur d'Allainval, auquel M. le maréchal donnait un quart de part, n'aurait rien. J'ai voulu adoucir M. le duc sur cet article, en lui conseillant de céder ainsi quelque chose de son côté, d'autant que les comédiens demandaient le sieur d'Allainval; il n'a voulu entendre à rien.

J'ai passé la journée de mercredi avec les comédiens, au sujet d'un nouveau mémoire que m'a demandé M. le duc de Duras en réponse à celui que lui ont adressé les administrateurs des pauvres. Je crois que la réponse est sans réplique, du moins si l'on veut partir des principes vrais. J'ai aussi fait un mémoire en réponse à la demande que fait le bureau de la ville d'une indemnité de 60 000 livres pour les jours de fermeture de l'Opéra pendant les fêtes du mariage de Mgr le Dauphin [1]. J'ai démontré qu'en forçant les recettes d'un tiers au delà de ce qu'ils auraient reçu pendant les jours de fermeture, il leur serait dû au plus 15 000 livres, et que, puisque le ministre pensait qu'une indemnité leur était due, on se montrerait magnifique en la portant à 24 000 livres. M. le duc d'Aumont a envoyé mon mémoire à M. le duc de La Vrillière.

Mardi 26. — Ces jours derniers se sont passés en répétitions, entre autres de l'opéra de *Linus* [2]. Mais cet ouvrage, composé par trois musiciens, les sieurs Dauvergne, Le Breton et Trial, exige de grands changements et des retran-

---

1. La Ville de Paris avait repris, à la fin de 1769, la direction de l'Opéra, par suite de la démission de Berton et Trial.
2. L'opéra de *Linus* était sur le chantier depuis longtemps. Le poème était de La Bruère, mort en 1754. Collé, dans ses *Mémoires*, dit : « J'avais bien voulu me charger de son poème de *Linus*, que Rameau n'a point achevé de mettre en musique, suivant les nouvelles corrections de M. de La Bruère. » — Octobre 1754.
La musique fut refaite ou complétée par Dauvergne, Berton et Trial.

chements dans la musique, au moins pour une heure. M. le duc de Duras m'a dit avoir parlé à M. le Contrôleur général de la fête de Marly, et que ce ministre lui avait répondu que Sa Majesté désirait que cette fête eût lieu. Mais, sans argent, il sera impossible d'y songer. Il n'y a pas de quoi payer les musiciens qui viennent à Versailles pour les répétitions, pas même de quoi donner les pourboires des cochers !

Jeudi 8 avril. — Depuis le commencement de ce mois, nous avons été tous les jours en répétitions, soit à Paris soit à Versailles, pour les opéras du mariage. Il y a encore beaucoup de corrections et de retranchements à faire à celui de *Linus*. Nous avons fait un nouvel essai de lumières pour le théâtre qui épargnera beaucoup de bougies, parce qu'on ne sera plus dans le cas de les renouveler pendant le spectacle. J'ai fait faire pour cela des étuis de fer blanc, avec des ressorts, dans lesquels sont les bougies. M. Hébert a enfin reçu 25 000 livres, mais ce petit secours m'a donné encore plus d'embarras, parce que tout le monde en voulait avoir la majeure partie. J'ai ainsi mécontenté, non seulement ceux auxquels je n'ai rien pu donner, mais encore ceux auxquels je n'ai pu répartir que de faibles sommes. J'ai été très occupé, ces jours-ci, par les billets de voiture à faire et à distribuer, et par les répétitions. M. le duc de Duras m'a dit, avant-hier, qu'il n'y aurait point de tragédie dans le nombre des spectacles du mariage; et que le Roi supprimait la fête de Marly, ce qui m'a fait le plus grand plaisir.

J'ai proposé en outre à M. le duc de Duras la suppression des médailles, qui, sans faire de bien à personne, coûteront au moins 80 000 livres. Je sens bien que c'est un peu trancher dans le vif, et parler même contre l'agrément de ma place, mais c'est un sacrifice que je fais avec plaisir. J'ai travaillé aussi à l'expédition de différents ordres pour la rentrée des comédiens français. M. le maréchal a consenti à la réception du sieur d'Allainval, mais il n'a encore rien terminé pour la Comédie-Italienne. Il voudrait recevoir, à la recommandation de M. le prince de Conti, la dame Billioni, de préférence à des bons sujets désirés par le public. Je crains que cela n'augmente encore l'humeur de M. de Duras.

Mardi 16. — J'ai écrit à M. de Cotte[1] qu'il n'y aurait pas de distribution de médailles, le Roi ayant agréé ce retranchement que j'avais proposé. M. le duc de Duras ayant consenti à la réception de Mme Billioni, M. le maréchal a signé les ordres pour la Comédie-Italienne.

Samedi 27. — Plus nous approchons du mariage, plus mes inquiétudes augmentent sur le découragement de nos entrepreneurs et fournisseurs qui sont à bout de voix, et ne reçoivent aucun secours. Mes demandes et mes écritures sont sans effet. J'ai été, hier, à Versailles, où M. le duc de Duras m'a dit que, d'après ma demande, l'opéra de *Linus* serait retranché, ainsi que le bal masqué. Ce sera autant de dépense de moins. Il a été décidé que le feu d'artifice, qui devait être donné à Marly, le serait à Versailles, le lendemain du mariage. Ainsi, nous n'avons plus que dix jours pour le mettre en place.

Lundi 6 mai. — Nous avons été fort occupés des états de toutes les personnes qui se sont fait inscrire pour les fêtes du mariage. M. le duc de Duras s'en étant rapporté à moi,

---

1. Directeur des monnaies et médailles.

j'ai fait mon projet avec trois personnes seulement, au lieu de 12 ou 15 qui y avaient été employées l'année dernière, et qui n'avaient servi qu'à embrouiller la chose. S'il n'arrive pas de changement, je crois que cette partie ira bien. J'ai pris toutes les précautions possibles contre la contrefaçon des billets, et pour éviter qu'on ne se servît de noms supposés. Nous continuons à faire des répétitions.

M. le duc d'Aumont, à la sollicitation de M. Hébert, vient d'arrêter un supplément de gratifications pour l'année 1770, et une indemnité de 40 000 livres pour l'Opéra, à la demande de M. le duc de La Vrillière. Il a été accordé au sieur Arnoult une augmentation de 3 000 livres d'appointements pour lui faire 6 000 livres, comme les avait son prédécesseur, et 6 000 livres d'argent comptant. Ce n'est pas le payer assez pour quatre ans de travaux sans discontinuer, et sur lesquels il n'a rien gagné, n'ayant voulu être chargé d'aucune entreprise. Il serait beaucoup mieux payé d'un particulier. M. le duc d'Aumont nous a annoncé que le Roi avait accordé 12 000 livres à M. de La Touche, 16 000 livres à M. Hébert, et 24 000 livres à moi. Nous l'en avons remercié. M. le duc m'a appris qu'il faisait retravailler à *Linus*, qu'il veut faire donner par M. de Duras sur le grand théâtre à la fin de cette année, ce qui me fâche, parce que cela fait une planche pour donner sans nécessité de grands spectacles à Versailles.

Dimanche 12. — Quoique M. Le Clerc ait manqué de parole pour les fonds des bijoutiers, j'ai cependant obtenu que ceux-ci me remissent le surplus des bijoux, ce qui m'a mis à même de finir mon état de distribution, de numéroter et étiqueter toutes les pièces. J'ai été voir la corbeille, qui, je crois, ne sera pas moins agréable que celle de Mme la Dauphine, quoiqu'elle ne coûte qu'environ la moitié. M. Le Clerc a fait un ordre pour les 39 000 livres des bijoutiers en trois paiements sur le trésor royal, ce qui leur donne beaucoup d'humeur.

Notre travail est accablant depuis plusieurs jours, tant pour les ordres à donner que pour répondre à toutes les lettres de demandes de billets pour les fêtes, et qui excèdent peut-être de 10 000 à 12 000 le nombre des places à donner.

Vendredi 17. — J'ai disposé, le lundi, tous les bijoux dans la corbeille qui est très belle. Le Roi, auquel j'ai eu l'honneur de faire voir, au lever, la montre, l'étui de côté [1] et la tabatière de Mme la comtesse de Provence, en a été très content.

Mme la comtesse de Provence étant arrivée à Versailles mardi matin, M. le duc de Duras lui a remis ces bijoux de la part du Roi. Nous nous sommes rendus ensuite dans les appartements pour y faire placer tout le monde. Malgré les peines infinies que nous avions prises pour ne donner des billets qu'à des personnes de bonne compagnie, les gardes et les Suisses avaient fait entrer toutes les personnes qui se présentaient sans billet. Alors nous avons pris le parti de trier la meilleure compagnie pour la faire passer dans la galerie, et ce n'est pas sans peine que nous sommes parvenus à la composer un peu bien. La curiosité, d'ailleurs, n'était pas la même que l'année dernière; la Cour n'était pas même très brillante.

M. et Mme la comtesse de Provence ayant reconduit, après la messe, le Roi à son appartement, sont rentrés chez eux.

---

1. Ce bijou, fourni par le joaillier Gaillard, est ainsi décrit dans sa facture, « Un étui avec sa chaîne, garni en brillants, au nombre de 2 533, et 221 roses de Hollande, le dit étui garni de couteaux, ciseaux, tablettes, porte-crayon, demi-pied et autres effets à l'usage de Mme la comtesse de Provence, 28 147 livres. » — *Le Livre des collectionneurs*, par Maze Sencier.

M. le duc de Duras, après les présentations, a remis à Mme la duchesse de Brancas [1] la clef de la corbeille des bijoux [2]. J'en ai tiré tous ceux que la princesse a distribués aux personnes présentes. Nous nous sommes rendus, de bonne heure après dîner, dans les appartements que nous avons trouvés remplis. Ce n'est pas sans une peine infinie que nous avons réussi à y mettre de l'ordre, en faisant filer tous les curieux pendant le jeu du Roi le long des balustrades, et ressortir par l'appartement de Mme la Dauphine. L'arrivée à la salle du festin a eu lieu dans le même ordre que l'année dernière, ainsi que l'arrangement de la musique et de la salle. Le Roi m'a paru satisfait. Avant-hier, mercredi, il y a eu encore grand appartement, mais on n'a laissé entrer que peu de monde.

L'affluence était considérable dans les jardins pour le feu d'artifice, qui était celui préparé pour la fête de Marly et qui a été heureusement mis en place à temps. Le jour étant tombé et le Roi étant placé à la croisée du milieu, qui était grillée ainsi que celles des deux côtés pour la famille royale, j'ai donné le signal avec une lance à feu. J'avais remis le matin à Sa Majesté un livre où j'avais fait dessiner tous les coups de feu. Le temps était des plus favorables, l'exécution n'a rien laissé à désirer. Tout le monde en a fait les plus grands éloges, et le public a fort applaudi à la vue d'une décoration importante d'architecture de feux de différentes couleurs, et surtout en voyant sortir d'un coup de feu trois globes dans l'un desquels était le médaillon du

---

1. Dame d'honneur de la comtesse de Provence.
2. « De La Roue, miroitier, fournit le cabinet des bijoux de Mme la comtesse de Provence. Ce beau meuble, composé de 48 tiroirs, est garni de satin bleu et galonné d'or brodé. Il revient à 16 500 livres, y compris la sculpture, les cuivres, les ferrures, etc. Les broderies d'or coûtent à elles seules 9 000 livres. » — *Le Livre des collectionneurs.*

Roi, et dans les deux autres ceux de Mᵍʳ le Dauphin et de Mᵐᵉ la Dauphine, de Mᵍʳ le comte de Provence et de Mᵐᵉ la Comtesse. Le tout s'est terminé par une girande de 8 000 fusées. Tout le monde a été extrêmement satisfait, prétendant qu'on n'avait rien vu de mieux en ce genre, ni de mieux exécuté. Cependant, le vrai est qu'il était parti des pièces l'une avant l'autre, à ma grande inquiétude. Mais l'on ne s'en est point aperçu, grâce à l'intelligence du sieur Girault qui présidait à ce feu et qui n'a point perdu la tête. M. le duc de Duras a eu la bonté de m'en faire témoigner par le Roi satisfaction entière, en me faisant valoir d'une façon très embarrassante pour moi, car le mérite en appartient bien plus réellement à ceux qui travaillent depuis plusieurs mois sans relâche à cette fête, et avec un zèle surprenant quoique sans argent. M. Le Clerc a été bon prophète en disant que cela n'irait pas moins bien.

Le Roi a soupé ensuite à son grand couvert, après lequel Sa Majesté et la famille royale ont vu une très belle illumination sur les parterres du nord et du midi et en face de la galerie. Bien que cette illumination fût moins considérable que celle de l'année dernière, on en a été très satisfait, surtout de deux magnifiques cordons de lumières sur les corniches du pourtour de tout le bâtiment. Un troisième cordon devait être installé en haut, mais les Bâtiments s'y sont opposés, prétendant qu'ils n'avaient pas le moyen de réparer les ardoises que l'on pourrait casser en allant allumer. Il y a eu de la musique et des danses toute la journée dans le jardin.

Hier, jeudi, la première représentation de la *Reine de Golconde*[1], dont on a été très satisfait, surtout des décora-

---

1. Opéra-comique de Favart et Duni.

tions et des habillements. Le Roi a eu la bonté de me dire que cela me faisait honneur, et M. le duc de Duras a voulu que je l'accompagnasse, ce matin, chez toute la famille royale, où il m'a fait dire les choses les plus obligeantes, bien capables de me dédommager de la peine et de la fatigue que j'ai essuyées, et même des petits risques où je me suis trouvé exposé, en allant remédier à quelques accidents qui, heureusement, n'ont point été graves.

Mercredi 21. — Le bal paré a eu lieu hier. La jonction des deux salles et le nouvel arrangement qui avait été fait ont eu le plus grand succès. Tout le monde en ayant fait compliment, j'ai cru devoir dire que c'était l'ouvrage de M. le duc d'Aumont, ce qui a paru lui faire grand plaisir. L'assemblée était des plus nombreuses et des plus brillantes. Tout s'est passé dans le plus grand ordre, grâce aux précautions prises. Comme on prétendait qu'il avait été employé plus de 10 000 livres de bougies, j'en ai fait faire ce matin le relevé qui s'est trouvé monter à 2 700 bougies, y compris le pourtour de la salle, c'est-à-dire à 675 livres de bougies. C'est ainsi qu'on se plaît à grossir les objets de dépenses. J'ai cru devoir remettre une note de ce relevé à M. le duc de Duras pour le Roi. J'ai été aussi fort persécuté par ceux qui prétendaient à des présents, et même par ceux qui, en ayant eu, voudraient qu'on les leur échangeât contre de plus chers. Mais j'ai fort exhorté M. le duc de Duras à ne point se prêter à ces vilenies.

Lundi 27. — Avant-hier, samedi, deuxième représentation de la *Reine de Golconde*, avec plus d'ensemble et de succès encore que la première fois. Il a été fort question de nouveau ces jours-ci de la fête de Marly pour le 20 juin; mais j'ai fait de mon mieux pour l'empêcher, et je crois avoir réussi.

Vendredi 31. — Avant-hier, mercredi, première représentation des *Projets de l'Amour*, opéra de MM. l'abbé de Voisenon et Mondonville. J'avais tout lieu de craindre pour l'exécution des machines et même pour l'ensemble de ce spectacle. Pour démolir les décorations de *Golconde* et mettre en place celles des *Projets de l'Amour*, au nombre de dix grands changements, nous n'avons eu que trois jours, sur lesquels il a fallu en prendre un et demi pour la répétition des machines et pour la répétition générale de l'ouvrage, faite la veille de la représentation et qui a été la seule. C'est donc une chose presque incroyable que cet ouvrage aussi compliqué en décorations ait pu être exécuté. Nous avons reçu beaucoup de compliments pour les décorations et les machines, mais on n'a pas été également content de l'ouvrage. Ce spectacle, ainsi que j'en avais prévenu M. le duc de Duras, a fort ennuyé; mais il y a tenu. Hier, répétition de *Gaston et Bayard* que l'on donne ce soir, et dont les décorations ne sont pas encore prêtes, tant on travaille toujours à la hâte et au jour le jour. Je suis accablé de demandes par les fournisseurs auxquels je ne peux donner que des paroles vagues. Je fais à force les états pour congédier tout le monde la semaine prochaine, mais je crains bien qu'il n'y ait pas d'argent pour payer.

Dimanche 2 juin. — Avant-hier, vendredi, la tragédie de *Bayard*, de M. De Belloy, dont on a été très content. J'ai le malheur de ne pas être du même avis.

Vendredi 7. — Nous avons terminé les spectacles, mercredi, par la seconde représentation des *Projets de l'Amour*, qui n'a pas eu plus de succès que la première, quant au poème et à la musique. Je suis revenu, hier, à Paris, après avoir terminé l'état des paiements, mais j'ignore quand on y satisfera.

Mardi 11. — Depuis mon retour, j'ai travaillé successivement avec M. le maréchal de Richelieu et avec M. le duc de Duras pour les spectacles. Ce dernier m'a remis un bon du Roi d'une gratification annuelle de 1 200 livres pour le sieur De Belloy.

Samedi 15. — M. le maréchal a, hier, communiqué, chez lui, au comité de la Comédie-Française un mémoire de M. le duc de Duras, lequel a souffert, ainsi que je l'avais prévu, les plus grandes difficultés. Il s'agissait de la réception à l'essai du sieur Dugazon[1] à cause de ses sœurs, la dame Vestris et la dame Dugazon, et du projet de M. le duc de faire jouer les rôles de pères et de financiers par les sieurs Préville, Auger et Feulie[2]. Les comédiens ont représenté que ce serait faire le plus grand tort à la Comédie que de dénaturer ainsi les emplois, et que la réception du sieur Dugazon était contraire au règlement, les supérieurs ne devant faire débuter personne dans les emplois remplis. M. le maréchal leur a répondu qu'il n'y avait pas de règles sans exception; mais il leur a demandé leurs réflexions par écrit. Ils les ont envoyées aujourd'hui, et M. le maréchal les a tout de suite communiquées à M. le duc de Duras, chez lui, en ma présence. Ils ont eu chacun leur façon de penser. Cependant M. le maréchal a signé l'ordre d'essai du sieur Dugazon. Rien n'est décidé pour le surplus.

Mardi 18. — J'ai été, avant-hier, à Marly, où il a été

---

1. L'excellent comédien Dugazon avait débuté le 29 avril de cette année. Il fut reçu en 1772; mort en 1809.

2. Louis-Henri Feulie, né en 1736, débuta en 1764. Il fut reçu en 1766 et mourut en 1774. Il jouait les valets.

beaucoup question, chez Mme Du Barry, du sort que l'on ferait à la demoiselle Heynel, danseuse de l'Opéra, pour la fixer dans ce pays-ci[1]. L'Opéra lui accorde 6000 livres, dont partie doit être ignorée des autres sujets, ce qui est impossible; et l'on demande une pareille somme sur les Menus, ce qui serait de la plus dangereuse conséquence. J'en ai prévenu M. le duc d'Aumont qui est d'avis de ne lui accorder que 2000 livres, comme première danseuse des ballets du Roi. M. le duc de Duras s'étant rendu, hier matin, au Comité, chez M. le maréchal, le sieur Molé y a lu un grand mémoire tendant à prouver que, les supérieurs continuant à s'écarter des règlements, il était impossible que la Comédie subsistât longtemps. M. de Richelieu et M. de Duras ont presque toujours été d'avis différents; ainsi, après une conversation de plusieurs heures, on n'a presque rien conclu. Je crois que, en général, le Comité avait raison, mais j'ai pris le parti du silence pour ne pas me trouver entre le marteau et l'enclume, d'autant que je vois différemment l'administration des spectacles, et qu'il ne me paraît pas raisonnable de donner et de retirer tour à tour au Comité le pouvoir qu'il devrait en effet conserver.

Dimanche 4 août. — M. le duc de Duras m'ayant demandé un aperçu des dépenses du mariage, je lui en ai fait un pour les présents, corbeille, feu d'artifice, illuminations, spectacles, y compris la fête projetée pour Marly, se montant à environ 1 800 000 livres, avec les gratifications. Il en était si content qu'il en voulait des copies pour en donner

---

1. Ses débuts à l'Opéra eurent lieu en 1758. Elle venait de Stuttgart.
On réussit à conserver ce précieux sujet à l'Opéra. Mlle Heynel ne se retira qu'en 1782.

à tout le monde; si je n'eusse pas fortement représenté que ce n'était qu'un aperçu. Il a voulu cependant en porter une au Roi et à M. le duc de La Vrillière. Sa Majesté a eu la bonté de m'en témoigner sa satisfaction. J'ai vu aussi, à Compiègne, M. le maréchal. Il a été beaucoup question des Comédies, sur lesquelles ces Messieurs continuent à différer d'avis. Ils ont cependant été d'accord sur la punition que j'ai infligée au caissier de la Comédie-Italienne pour avoir donné quelques coups de bâton au maître des ballets. Je l'ai obligé de faire des excuses à ce dernier, ainsi qu'aux comédiens, en le privant d'ailleurs du droit d'entrée aux assemblées et de ses jetons, ainsi que de ses entrées au spectacle. Cette punition, que j'avais exprès rendue sévère, lui a sauvé son état. Heureusement, tout le monde a été content, même le coupable.

Jeudi 15. — J'ai été aux assemblées des comédiens pour les arrangements du répertoire de Fontainebleau et de celui de Paris pendant ce voyage. M. le duc de Duras voulant, nonobstant mon avis, faire rester à Fontainebleau les premiers acteurs, ce qui est plus cher et n'est pas arrivé depuis dix ans, j'ai proposé aux doubles de remettre des pièces pendant ce temps, ce qui leur a fait grand plaisir. J'ai aussi notifié à la Comédie de ne jouer que deux fois par semaine les pièces de Molière, le dimanche et le jeudi, pour les laisser un peu reposer, et ce par les premiers acteurs; ce qui a été agréé. M. le duc de Duras a donné à la dame Vestris et au sieur Brizard 600 livres de gratification dont M. Beaujon[1] leur a fait l'avance, car il n'y a rien dans la caisse des Menus.

---

1. Nicolas Beaujon, banquier de la Cour, fondateur de l'hospice qui porte son nom.

Mardi 27. — M. le maréchal m'ayant demandé de faire quelques règlements pour la police intérieure et les entrées sur le théâtre, je les lui ai remis. Il les a signés et les comédiens sont venus m'en remercier. M. le maréchal et M. le duc de Duras ont signé une permission d'un emprunt de 24 000 livres par les comédiens italiens, vu les mauvaises recettes qu'ils ont faites depuis plusieurs mois.

Mardi 3 septembre. — J'ai porté, hier, à l'assemblée des Français, différents arrangements pour les emplois des acteurs. J'ai notifié à Mᵐᵉ Bellecour d'abandonner les soubrettes pour se charger des rôles de caractère, ce qui souffre beaucoup de difficultés [1]. Les comédiens prétendent que les jeunes soubrettes actuelles ne sont pas encore en état de tenir l'emploi en chef, attendu qu'elles ignorent la tradition que la dame Bellecour peut seule leur donner. Cet ordre a donc excité beaucoup de mouvements dans les esprits, ainsi que le projet de faire jouer les rôles à manteau et les financiers par les sieurs Préville, Auger, Feulie et Dugazon. M. le duc de Duras a accordé 500 livres de gratification au sieur Pontouil [2], élève du sieur Préville. Il a donné l'ordre de faire fournir à la dame Vestris une chaise de poste pour ses voyages de Fontainebleau, et de lui donner en même temps un logement, ce qui ne peut être que d'un très mauvais exemple et peut devenir très coûteux pour le Roi.

Samedi 7. — Quelques habitants du faubourg Saint-Germain sont venus à Choisy faire au Roi des représen-

---

1. Mᵐᵉ Bellecour, née en 1730, commençait en effet à être un peu mûre pour les soubrettes.
2. Pontouil venait de débuter dans le tragique. Il ne resta pas à la Comédie-Française et alla tenir son emploi en province. Il mourut en 1806, secrétaire général de l'administration de la loterie.

tations sur le tort que leur faisait l'absence des comédiens français de leur quartier, relativement à leur commerce. On m'a demandé un mémoire en conséquence. J'y ai démontré que les circonstances ne permettant point d'exécuter le projet de la construction de la Comédie sur le terrain de l'hôtel de Condé, il paraissait plus convenable de remettre les comédiens à leur hôtel en y faisant faire les réparations nécessaires, et en y joignant des commodités tant pour leur service que pour le public. Ce projet épargnerait peut-être plusieurs millions au Roi. Voilà où en est cette affaire qui occupe fort M. le duc de Duras.

Vendredi 27. — J'ai été fort occupé du rétablissement de la salle des Français dont j'ai fait lever les plans. Il a été convenu que la ville donnerait 200 000 livres pour l'acquisition de deux maisons nécessaires à ces arrangements projetés[1]. Le Roi donnera le surplus pour l'arrangement intérieur. Le tout doit être arrêté à Fontainebleau. J'ai remis, ce matin, à M. le duc de Duras un mémoire de tous les fournisseurs des Menus qui lui rappellent les promesses qu'il leur a faites avant le mariage et lui demandent de les tenir. Il en est fort embarrassé. Je l'ai fort engagé à ne point se laisser aller aux demandes qui lui sont faites de quelques actes d'opéra pour Fontainebleau, en lui représentant que cette économie ne pourrait que lui faire honneur. Je l'ai même engagé à ne point donner la pièce *Amour pour Amour*[2] dont les divertissements et les danses coûteraient très cher, à cause des sujets qu'il faudrait déplacer.

M. le duc de Duras a accordé une nouvelle gratification

---

1. Ces maisons étaient situées rue des Mauvais-Garçons, aujourd'hui rue Grégoire-de-Tours.
2. Comédie en trois actes, par La Chaussée, 1741.

de 500 livres au sieur Ponteuil qui a eu du succès à ses débuts. Les comédiens italiens ont pris le sieur Grétry avec le titre d'inspecteur de leur théâtre, aux appointements de 1 200 livres afin d'éviter de lui donner cette somme en pension, à cause des conséquences.

Mardi 1ᵉʳ octobre. — Nouveaux troubles à la Comédie-Française, où j'ai porté les ordres de M. le duc de Duras, relatifs à la distribution des pièces de Molière. Les principaux acteurs, qui ne se soucient pas de jouer les mauvais rôles, ont soulevé beaucoup de difficultés. L'article pour les pièces à remettre par les acteurs en double n'a pas soulevé moins de réclamations. Mais l'ordre que les doubles pourront jouer, tous les quinze jours, un bon rôle de leur emploi a excité les plus grandes plaintes. Les acteurs en chef prétendent que les doubles ne peuvent jouer les premiers rôles sans leur consentement, ajoutant qu'au moyen des pièces remises par les doubles et des dimanches et des jeudis pris par les pièces de Molière, ils seraient réduits à ne jouer presque plus rien. Le quatrième article annonçant que la distribution des rôles des pièces qui doivent être jouées dans la quinzaine sera envoyée au supérieur pour y faire les changements qu'il jugera convenables, a excité encore plus de murmures. Les comédiens prétendent que MM. les Premiers Gentilshommes de la Chambre renverseraient par là, à leur fantaisie, les emplois. N'ayant pu rien terminer sur tous ces débats, j'ai dit au Comité de me suivre chez M. le duc de Duras. Je les ai précédés pour lui dire tout ce qui s'était passé à l'assemblée. Il s'est mis fort en colère; mais j'ai réussi à le calmer avant leur arrivée. Après les avoir écoutés tranquillement, il a cherché à leur persuader que ces ordres étaient pour le plus grand avantage de la Comédie. Le Comité l'a prié de vouloir bien venir lui-même à une assemblée pour juger des représentations de leurs camarades, et le jour a été pris pour dimanche prochain.

Vendredi 11. — Je me suis rendu, dimanche matin, avec M. le duc de Duras, à l'assemblée de la Comédie-Française. Les comédiens lui ont fait les mêmes représentations auxquelles il a fait les mêmes réponses que chez lui, en y ajoutant toutes sortes de choses flatteuses, mais en les assurant qu'il veillerait à l'exécution des ordres qu'il avait donnés pour le bien de la société et la satisfaction du public. Ils n'ont pas osé réclamer davantage, bien que plusieurs se fissent violence pour ne rien dire. Je suis arrivé, le dimanche soir, ici, à Fontainebleau, où j'ai fait le service d'usage de la distribution du répertoire.

J'ai reçu ordre de faire un habit tragique très riche dont le Roi fait don à la dame Vestris. D'ailleurs, on n'a pas encore donné un écu pour le voyage.

Mercredi 23. — Quoique je fusse incommodé, je n'en ai pas moins profité du temps où j'ai été libre, pour faire un extrait de toutes les dépenses de 1770. Cette dépense se monte à 4 608 003^l 17^s 6^d; savoir, pour le solde de la construction du grand théâtre 754 598^l 10^s 5^d, y compris les taxations [1]; pour la corbeille, présents, médailles et voyage à Strasbourg pour aller chercher Mme la Dauphine 292 137^l 11^s 6^d; pour les fêtes du jardin, feu d'artifice, illuminations, spectacles du jardin, bois de construction et autres rentrés dans les magasins, 664 675^l 8^s 1^d; pour les grands spectacles, 1 267 770^l 0^s 7^d, y compris les taxations, le paiement des sujets, chant

---

1. La somme qui revenait aux trésoriers, receveurs et autres agents des finances pour les fonds dont ils avaient le maniement.

et danse, les gardes françaises, musiciens, luminaire des bals, répétitions et spectacles, tous les fournisseurs et marchands en tous genres, peintres décorations, machines, etc., ensemble les gratifications ; pour le voyage et les grands spectacles à Fontainebleau 395 932¹ 6ˢ ; enfin pour le solde des bâtiments et remises par M. Hébert 135 975¹ 11ˢ 10ᵈ. Le reste des dépenses consiste dans les états pour toilette, toiles de la Cène, les fêtes solennelles, les menues fournitures de la Chambre, les gages, gratifications et récompenses, les deuils, lits de justice, voitures de la Cour, les comédies et concerts, le voyage à Compiègne, les dépenses imprévues selon l'usage ordinaire. Quoique les dépenses de ladite année soient considérables, elles sont certainement bien au-dessous de ce qu'on raconte dans le public. Au reste, les constructions du théâtre, les décorations, habits, machines, etc., sont des objets réels qui restent et qui diminueront d'autant les dépenses de l'avenir. C'est même ce qu'on a déjà pu juger cette année.

Mercredi 30. — J'ai appris que le sieur La Rive, élève de Mˡˡᵉ Clairon, et qui a coûté beaucoup d'argent pour son éducation et ses habits, s'était évadé [1]. Cela devrait servir de leçon pour ne plus faire à l'avenir de pareilles dépenses.

Jeudi 7 novembre. — M. le duc de Duras m'a fort occupé, ces jours-ci, pour les arrangements des projets de la salle de la Comédie-Française.

Les arrêts du Conseil ont été rendus à cette occasion et

---

1. La Rive, qui avait débuté au mois de décembre de l'année précédente, se lassa sans doute d'attendre sa réception. Aucun biographe ne parle de ce brusque départ. Après avoir joué en province, La Rive débuta de nouveau en 1775 à la Comédie-Française et fut reçu.

j'ai été nommé commissaire pour leur exécution. Ainsi, c'est un surcroît de travail. Du reste, je ne fais qu'écrire et courir pour les fonds. L'embarras de nos entrepreneurs et fournisseurs augmente tous les jours.

Mardi 19. — Nous avons terminé les spectacles, samedi, par la seconde représentation de *Zémire et Azor*[1], où il y a eu beaucoup de changements qui ont occasionné plusieurs répétitions. M. Hébert ayant touché 80 000 livres au lieu de 100 qui lui avaient été promises, j'ai fait repartir les sujets et la musique, et je suis revenu, avant-hier, à Paris. J'ai trouvé ce matin, chez le duc de Duras, les comédiens français ; il leur faisait une longue exhortation sur leurs devoirs. Il m'a donné les ordres pour les spectacles qui recommenceront mardi prochain, à Versailles. J'ai obtenu qu'il n'y aurait que deux spectacles par semaine, ce qui fera autant d'épargne pour le Roi.

Mercredi 19. — J'ai fait un mémoire relatif à la réunion de l'Opéra aux Menus dont il est question. Mais je crois cette affaire très difficile à concilier entre MM. les Premiers Gentilshommes de la Chambre et le ministre qui a le département de l'Opéra, aussi je crains bien qu'on ne me fasse faire un travail inutile.

Dimanche 1ᵉʳ décembre. — Ayant reçu un courrier le soir, je me suis rendu, de bonne heure, vendredi matin, à Versailles. J'ai reçu l'ordre de faire préparer la grande salle pour l'opéra d'*Amadis*, refait en partie par M. de La Borde[2].

---

1. Comédie-ballet en 4 actes, en vers, mêlée de chants et de danse, par Marmontel, musique de Grétry. Donnée le 16 décembre suivant au Théâtre-Italien, elle eut un très grand succès.
2. Opéra de Quinault et Lulli, 1684.

J'ai accompagné, hier, M. le duc de Duras à l'assemblée des comédiens italiens. Il leur a fait une semonce sur leur négligence, et leur a lu une lettre du ministre qui déclare, de la part du Roi, que tout comédien qui demandera à l'avenir, par humeur, son congé, ne pourra jouer dans aucune troupe de province, ni passer à l'étranger où il serait réclamé. Je leur ai envoyé copie de cette lettre ainsi qu'aux comédiens français. De retour chez moi, j'ai travaillé aux arrangements d'*Amadis*, et j'ai pu me convaincre qu'en se servant de tout ce qui est dans les magasins, tant en décorations qu'en habits, il en coûterait encore au moins 30 000 livres pour faire tout ce qui sera nécessaire de surplus, en décorations, habits, tailleurs, machinistes, comparses et autres, en voitures, luminaire, etc. C'est une dépense bien considérable pour une seule représentation. Je viens d'en écrire à M. le duc de Duras.

Mercredi 4. — J'ai reçu, lundi, le contre-ordre pour l'opéra d'*Amadis*, ainsi que je le désirais. Nous avons eu, le soir, une longue assemblée, avec M. Hébert et M. de Chouzy[1] qui nous a fait part des projets de réunion de l'Opéra aux Menus. J'ai donné lecture de mes mémoires sur la forme que je crois nécessaire d'établir pour cette réunion, et sans laquelle je crois que MM. les Premiers Gentilshommes de la Chambre n'y consentiront point. Mon avis a été fort combattu, mais probablement on y reviendra.

Mercredi 11. — J'ai fait un mémoire pour l'établissement d'une école dramatique dont le sieur Préville a donné le projet. On propose de réunir à la Comédie-Française les privilèges des Comédies de Versailles, Compiègne et Fontaine-

---

1. Premier commis du ministère de la Maison du Roi.

bleau, pour en faire une seconde troupe suivant la Cour, et d'où l'on tirerait, à l'avenir, tous les sujets pour la Comédie-Française. On mettrait le sieur Préville à la tête de cette troupe comme directeur. J'ai fait ce mémoire selon les vues de M. le maréchal. Je désire que ce projet, qui va me donner encore beaucoup d'embarras, soit aussi utile qu'on se l'imagine, mais j'en doute. C'est ce que l'événement justifiera.

Samedi 14. — J'ai informé M. le duc de Duras que M. d'Hénin[1] disait que le sieur Girault n'était point en état de faire la salle des comédiens français et qu'il était ridicule de lui donner la préférence sur les sieurs De Peyre et De Wailly, habiles architectes, qui offraient de la faire à meilleur marché; qu'en conséquence j'avais conseillé au sieur Girault de faire taire toute cette cabale en renonçant à cette entreprise. Tout ceci est bien une suite du peu d'intelligence qui règne malheureusement entre MM. les Premiers Gentilshommes de la Chambre.

Lundi 16. — M. le duc de Duras m'a témoigné beaucoup de peine de voir le sieur Girault renoncer à l'entreprise de la Comédie-Française. Je lui ai représenté qu'il était de la dignité de MM. les Premiers Gentilshommes de la Chambre d'examiner avant tout un projet que l'on disait non seulement meilleur, mais encore beaucoup au-dessous du prix demandé par un homme sous leurs ordres; qu'autrement ce serait se compromettre vis-à-vis du public, et courir le risque de faire tenir encore des propos désagréables sur les Menus. M. le duc d'Aumont, que j'ai vu hier, a été d'avis que le sieur Girault continuât à être chargé de l'entreprise. Cependant, en lui répétant ce que j'avais dit à M. le duc de Duras et

---

1. Celui que l'on appelait, à cause de sa petite taille, le Nain des princes.

y ajoutant que l'honneur de MM. les Premiers Gentilshommes de la Chambre y était fortement intéressé, j'ai commencé à l'ébranler, et je l'ai enfin déterminé aujourd'hui à voir les projets des sieurs De Peyre et De Wailly, et à leur demander un devis, ce qui est très essentiel.

Jeudi 19. — J'ai été à Choisy où l'on a joué, en petit comité, *la Vérité dans le vin* et *le Bal bourgeois*[1]. J'y ai fait part à M. le duc de Duras des réflexions de M. le duc d'Aumont au sujet de la construction du théâtre des Français. Mme Du Barry, chez laquelle il m'a mené, a d'abord fort insisté pour qu'il n'y eût aucun changement à l'arrêt du Conseil qui charge le sieur Girault de l'entreprise. Mais elle s'est enfin rendue à toutes les raisons que j'avais données à MM. d'Aumont et de Duras. Elle a consenti à voir les projets du sieur De Peyre. J'ai été chargé de dire aux comédiens de se trouver aussi à cet examen.

Dimanche 22. — M. le duc de Duras s'étant rendu le matin, ainsi que moi et les comédiens français, chez Mme Du Barry, les plans que le sieur De Peyre avait apportés ont été longuement examinés et discutés. Mais outre l'intérêt de la recette qui y est fort lésée, les comédiens n'y trouvent aucune des commodités nécessaires pour leur service. Aussi ont-ils fini par donner la préférence au plan du sieur Girault lequel, d'ailleurs, est beaucoup moins cher que celui du sieur De Peyre, sur quoi, ce dernier a offert de se renfermer dans les mêmes bornes et de se conformer aux demandes des comédiens. Mais ils ont de nouveau représenté l'inutilité de priver le sieur Girault de cette entreprise pour ne faire que

---

1. *La Vérité dans le vin*, ou *les Désagréments de la galanterie*, comédie qui fait partie du théâtre de société de Collé. — *Le Bal bourgeois*, opéra-comique en un acte, de Favart, foire Saint-Germain, 1738.

les mêmes choses que lui. Mᵐᵉ Du Barry a fini cette longue discussion, qui a duré deux heures, en disant au sieur De Peyre qu'elle rendait justice à tous ses talents, mais que, comme il ne s'agissait pas d'un monument intéressant pour sa réputation, et les comédiens trouvant de l'avantage dans l'exécution du plan du sieur Girault, il lui paraissait naturel que celui-ci en fût chargé, ainsi que l'avis du Conseil l'avait décidé. Elle a ajouté qu'elle serait d'ailleurs très aise de lui procurer quelque ouvrage digne de ses talents, si l'occasion s'en présentait.

Mercredi 25. — M. le maréchal m'a remis, hier, un projet du sieur Liégeon[1] architecte, pour la salle des Français, au carrefour Bucy. Ce plan comprend une place et le percement de plusieurs rues. M. le maréchal m'ayant demandé mon avis par écrit, je le lui ai envoyé en lui marquant que ce projet, ayant un caractère d'utilité publique et d'embellissement pour le faubourg Saint-Germain, c'était au ministre à en juger, et à examiner si ses auteurs avaient des fonds suffisants pour remplir leurs engagements et ne point laisser leur ouvrage imparfait. J'ai ajouté que je ne pouvais donner aucun avis sur le plan de la salle, le sieur Liégeon n'étant entré dans aucun détail à cet égard.

Samedi 28. — J'ai vu, hier, M. le maréchal, encore au sujet du nouveau plan de salle qu'il m'avait envoyé, jeudi dernier, par le sieur Louis, son architecte[2], et qu'il m'a fallu examiner avec lui pendant deux heures. Mais je n'ai pu,

---

1. Il y avait ainsi quatre projets en présence, celui de Girault, celui de Liégeon, celui de De Wailly et De Peyre, et la restauration de l'ancienne salle. On va voir surgir un cinquième projet de l'architecte Louis.

2. L'architecte Louis, né en 1735, est surtout connu par le magnifique théâtre de Bordeaux, construit de 1778 à 1780. On lui doit aussi les galeries du Palais-Royal et la salle actuelle du Théâtre-Français.

Cet artiste distingué est mort dans le dénûment le plus complet à une date qui est restée ignorée.

malgré la bonne opinion que le sieur Louis a de son plan, que lui représenter qu'il avait beaucoup de rapport avec celui de M. De Peyre qui avait été refusé. Il m'a répondu que cela ne faisait rien parce que M. le maréchal lui accordait une protection décidée. Et, en effet, M. de Richelieu m'a dit hier que si le plan du sieur Liégeon, qu'il regardait comme le plus beau parce qu'il contribuait à l'embellissement de Paris, ne pouvait être exécuté, il n'était pas douteux qu'il fallût donner la préférence à celui du sieur Louis qu'il trouvait superbe, ce dernier se soumettant d'ailleurs à ne point excéder les prix qui seraient convenus. Il m'a chargé d'en écrire à M. le duc de Duras, ce que j'ai fait sur-le-champ. M. de Duras est venu me voir ce matin et m'a dit qu'il trouvait mauvais que le sieur Girault ne continuât pas à faire ses marchés. Je lui ai représenté que, d'après ces variations, le sieur Girault ne pouvait le faire sans risques; je l'ai engagé à voir M. le maréchal pour s'expliquer avec lui au sujet du nouveau plan et même l'examiner afin de n'avoir rien à se reprocher vis-à-vis du public. M. le duc de Duras s'est rendu à mon avis et doit voir demain M. le maréchal. Du reste, il n'approuve pas les réflexions de M. le duc d'Aumont au sujet de la réunion de l'Opéra aux Menus et doit demander une assemblée de MM. les Premiers Gentilshommes de la Chambre à ce sujet.

ANNEE 1772

EXERCICE DE M. LE DUC DE FLEURY

Jeudi 2 janvier. — Nous avons eu deux assemblées chez M. le maréchal et chez M. le duc de Duras, où les comédiens ont examiné les plans du sieur Louis. Celui-ci leur a fermé la bouche en leur disant qu'il savait qu'ils étaient prévenus contre lui. M. le duc de Duras a fait de très justes observations contre ce plan, et l'on n'a rien décidé, ce dont les comédiens ont été fort aises. L'on est seulement convenu de faire voir ces nouveaux plans à Mme Du Barry.

Mercredi 8. — J'ai été fort occupé, ces jours-ci, de l'affaire du sieur Louis qui m'a occasionné beaucoup de courses. On n'a rien décidé dans l'assemblée tenue à Versailles à ce sujet. Tous les comédiens désirent l'exécution du plan du sieur Girault, à l'exception des sieurs Lekain et Molé qui ne sont jamais de l'avis de leurs camarades. Je leur ai conseillé de mettre le sieur Louis au pied du mur, en le priant d'apporter à leur assemblée ses plans avec ses devis détaillés sur la dépense qu'il se proposait de faire et dont il avait annoncé le montant à MM. les Premiers Gentilshommes de la Chambre. Ce que j'avais prévu est arrivé. Le sieur Louis, serré de près et ne pouvant justifier, papier sur table, ce qu'il avait avancé, n'est point venu à l'assemblée, et a fait dire qu'il renonçait à son projet, voulant éviter les tracasseries. M. le maréchal a été aussi étonné que M. le duc d'Aumont et M. le duc de Duras ont été contents du parti pris forcément par le sieur Louis. J'ai eu soin de conseiller aux comédiens de ne point laisser ignorer au public la demande qu'ils avaient faite au sieur Louis. Ainsi il n'est plus question à présent que du projet du sieur Liégeon, qui, je crois, avortera de même, et l'on sera obligé d'en revenir à celui du sieur Girault qui est le plus sage, dans les circonstances présentes.

Samedi 11. — Dans l'assemblée de MM. les Premiers Gentilshommes de la Chambre, ces Messieurs sont convenus de ne plus songer à la réunion de l'Opéra, si le ministre ne bornait point ses droits à sa présence à l'assemblée générale pour la reddition des comptes, et ne réduisait pas son autorité à celle qu'il a, comme ministre de Paris, sur les autres spectacles pour la police. On ne veut pas non plus que sa voix soit prépondérante. Je doute que le ministre veuille acquiescer à de pareilles propositions.

Mercredi 15. — M. le duc de Duras, sur mes instances, a pris le parti d'écrire à M. de Chouzy une lettre ostensible pour le ministre, par laquelle il lui mandait que MM. les Premiers Gentilshommes de la Chambre, s'étant assemblés pour conférer sur le projet de l'Opéra, avaient arrêté de ne rien faire à ce sujet que d'accord avec le ministre. Telle est en substance cette lettre que M. de Chouzy doit faire voir à M. le duc de La Vrillière. Dans les dispositions où sont les esprits, je doute fort que ce projet ait jamais son exécution.

Dimanche 19. — M. de Chouzy m'ayant dit qu'il avait montré à M. le duc de La Vrillière la lettre de M. le duc de

Duras, et qu'il ne doutait point que le ministre ne lui en parlât à Marly, j'en ai prévenu M. le duc. Mais quelque chose que celui-ci ait pu faire pour le mettre sur la voie, il n'a été nullement question entre eux de l'affaire. Celle des comédiens français n'est pas plus avancée, le sieur Liégeon mettant toujours son projet en avant ; mais je crois que ce sera l'accouchement de la montagne. L'affaire de l'école dramatique, ainsi que la nouvelle demande des administrateurs des pauvres pour leur quart, et qui va probablement occasionner encore beaucoup de débats, m'ont aussi fort occupé.

Mercredi 22. — J'ai rendu compte à MM. les Premiers Gentilshommes de la Chambre que M. de Chouzy m'avait dit que le ministre voyait avec beaucoup de peine le projet de l'école dramatique, dans lequel on voulait englober les spectacles suivant la Cour ; qu'à l'égard de l'affaire de l'Opéra il ne fallait plus y songer, parce que M. le duc de La Vrillière ne consentirait jamais à se dépouiller d'une partie de son département ; surtout lorsque, pour le bien de la chose, il consentait à partager une autorité qu'il possédait seul. Nous avons aussi parlé de l'affaire des pauvres. Ces Messieurs m'ont chargé d'entretenir Mme Du Barry de ces différentes questions ; ce que j'ai fait. Sa réponse a été, quant à l'affaire de l'école, qu'elle ne voulait point fâcher M. de La Vrillière, mais qu'elle espérait qu'il voudrait bien consentir, par amitié pour elle, à un arrangement. Elle a promis de faire parler aux administrateurs pour les engager à prendre des tempéraments sur le quart des pauvres. Elle a ajouté qu'à l'égard de l'Opéra, M. le duc de La Vrillière n'étant pas déjà content de l'école dramatique, elle craignait de lui en parler ; qu'au reste elle verrait M. de Chouzy.

Samedi 25. — Les comédiens, assemblés ce matin, chez

M. le duc de Duras, pour l'examen des plans du sieur Liégeon, n'en ont point été satisfaits, non qu'ils ne soient beaux et grands, mais parce qu'ils craignent avec raison que le percement des rues, les acquisitions de maisons pour une place vis-à-vis de la Comédie, les divers bâtiments à y faire, ne reculent leur retour au faubourg Saint-Germain de plusieurs années. M. le duc de Duras les a menés ensuite chez M. de Sartines, lieutenant de police, pour lui faire voir ces plans.

Jeudi 30. — Nous avons eu assemblée chez M. le duc de La Vrillière, à Paris, où M. le duc de Duras s'est trouvé avec M. de Sartines. Le ministre a été très content du plan du sieur Liégeon, mais il exige que la compagnie pour la sûreté des fonds se montre. Le sieur Liégeon promet de satisfaire à cette demande aussitôt qu'il aura un arrêt du Conseil. J'ai vu hier, avec M. Hébert, M. de Chouzy, qui trouve beaucoup de difficultés à l'exécution de ce plan, par le refus que pourront faire les propriétaires, nonobstant arrêt du Conseil, de laisser visiter leurs maisons et de les vendre, et enfin par les mécomptes qui peuvent se rencontrer dans l'acquisition de plus de cinquante maisons. Il n'en voit pas moins dans l'établissement de l'école dramatique qui donne beaucoup d'humeur au ministre. A l'égard de l'Opéra, il a tourné très court en nous disant qu'il était impossible de traiter de cette affaire avant que MM. les Premiers Gentilshommes de la Chambre et le ministre fussent convenus ensemble de l'utilité de la réunion. J'ai rendu compte à ces Messieurs de cette conversation qui les inquiète. Ils m'ont fait faire des mémoires en réponse; je crains que ce ne soit papier et peine perdus.

Jeudi 20 février. — M. le maréchal ayant remis mes mémoires sur les affaires en question à Mme Du Barry, elle a envoyé chercher, en présence de M. le duc de La Vrillière et de plusieurs autres ministres, M. de Chouzy, auquel elle les a remis. Celui-ci a été fort étonné, Mme Du Barry pouvant remettre directement les mémoires à M. de La Vrillière. Elle lui a dit tout bas que le Roi ne goûtait pas le projet de l'Opéra, parce qu'il était impossible qu'un pareil spectacle pût être confié à six personnes. Ce peu de mots a suffi pour faire comprendre à M. de Chouzy comment il devait traiter désormais cette affaire vis-à-vis de son ministre. Ainsi, je la regarde en mon particulier comme manquée, et tout mon travail comme bon à allumer du feu. Je ne regrette que le temps que j'y ai perdu. Le projet de l'école dramatique ne me paraît point devoir avoir une meilleure issue; je le regrette peu, car ce sera de l'argent qu'il en coûtera de moins au Roi. Les projets du sieur Liégeon doivent être portés au Conseil, mais je doute que M. le Contrôleur général se laisse éblouir par ces belles spéculations, et que les ministres ne pensent pas que ce serait une entreprise que le Roi serait obligé de faire un jour à ses dépens.

Mercredi 26. — M. de Chouzy a prévenu MM. les Premiers Gentilshommes que le Roi avait décidé que le projet du sieur Liégeon ne pouvait avoir lieu que si l'on trouvait les moyens, sans déranger les propriétaires des maisons dans leur propriété, de procurer des issues nouvelles à la Comédie. On s'est assemblé en conséquence, ce matin, chez M. le duc de Duras. Les sieurs Chalgrin, architecte [1], Lié-

---

[1]. L'architecte Chalgrin était, à cette époque, intendant des bâtiments du comte de Provence et membre de l'Académie d'architecture. Il a construit l'hôtel du duc de La Vrillière, rue Saint-Florentin, l'église de Saint-Philippe du Roule, et l'arc de Triomphe de l'Étoile. Il est mort en 1811.

geon et Girault y ont cherché, en présence de M. de Chouzy, d'autres moyens, et ont trouvé qu'il serait possible de construire la salle dans un terrain qui sert de jeu de boule, derrière le café Procope[1]. En achetant cette maison et quelques autres, on pourrait pratiquer une petite place devant la salle, et donner du débouché aux voitures. Cette idée ayant été communiquée sur-le-champ à M. le duc de La Vrillière, chez lequel je me suis rendu, il l'a approuvée et décidé que les sieurs Liégeon et Girault travailleraient à examiner les moyens de la mettre à exécution, et à lever les difficultés s'il s'en trouve. Malgré cela, je crois que les comédiens peuvent bien rester encore trois ou quatre ans aux Tuileries. Le Roi a consenti à la réunion des privilèges de Versailles, Compiègne et Fontainebleau, en faveur du sieur Préville, à ses risques; Sa Majesté voulant cependant bien l'aider pendant cet essai de trois ans de 6 à 7 000 livres par an.

Dimanche 15 mars. — Hier, grande assemblée chez M. le duc de Duras, avec les comédiens, pour l'examen des comptes du sieur de Néelle, leur caissier; son commis, le sieur Lacange, prétendant qu'il y avait un déficit considérable. Mais cela s'est trouvé faux, et le commis a été soupçonné d'avoir cherché, par ce moyen, à enlever sa place au sieur de Néelle. M. le duc d'Aumont, que j'ai vu après, m'a engagé à chercher de nouveaux moyens pour la réunion de l'Opéra aux Menus. Il avait d'abord renoncé à ce projet, mais il y revient. Mais je le crois à présent impossible. On s'y est trop mal pris vis-à-vis du ministre.

1. Tous les Parisiens savent que le café Procope qui, après des fortunes diverses, existait encore en 1885, était situé rue de l'Ancienne-Comédie, en face l'ancienne salle du Théâtre-Français. Il est de nouveau fermé au moment où nous écrivons cette note.

Mardi 7 avril. — Le sieur Lekain ayant persuadé à M. le duc de Duras qu'il fallait diminuer la salle de la Comédie aux Tuileries, en rapprochant le rond-point du théâtre, j'ai fait de mon mieux pour faire naître des difficultés, afin d'épargner cette nouvelle dépense au Roi. Mais M. le duc, convaincu, d'après le sieur Lekain, que la grandeur de cette salle obligeait les acteurs à forcer leur voix, m'a chargé de voir M. de Marigny, pour obtenir la permission de faire ce changement. Après quoi, d'accord avec M. le maréchal de Richelieu, il a confié cet ouvrage au sieur Le Noir, architecte protégé du sieur Lekain, lequel s'est engagé à faire la réparation en douze jours[1], et pour 8 000 livres. M. le duc d'Aumont a trouvé très mauvais qu'on prît un étranger pour cela. Il est fâcheux que M. le duc de Duras se laisse aller à favoriser de pareils projets. J'ai pris la liberté de lui représenter qu'il en serait peut-être fâché par la suite; que l'on ne retirerait pas un grand avantage de cette dépense; que, d'ailleurs, si les comédiens se fatiguaient, on devait moins l'attribuer à la grandeur de la salle qu'à leur ambition de s'écraser les uns les autres, et que le sieur Lekain était celui qui avait introduit l'habitude de crier au théâtre et d'y être toujours hors de nature. En outre, il résultera de tout ceci une perte de 40 000 livres sur la recette, au grand regret des comédiens, qui ne se flattent pas, quoi qu'en dise M. le duc de Duras, que le sieur Lekain les en dédommage en jouant davantage.

Samedi 11. — M. le duc de Duras m'a aussi fort occupé

---

[1]. Nicolas Lenoir, né à Paris en 1726. Il était pour les besognes expéditives. En 1781, après l'incendie de l'Opéra au Palais-Royal, il construisit, pour ce spectacle, la salle de la Porte-Saint-Martin en 75 jours.
Il est mort en 1810.

pour l'affaire de l'école du sieur Préville, qui lui disait une chose, tandis qu'il en disait une autre au ministre et une troisième à moi. Enfin il a été décidé que la demoiselle Montansier[1] continuerait encore cette année la jouissance de ses privilèges, et qu'il les prendrait l'année prochaine pour en faire l'essai pendant deux ans. Je suis bien persuadé qu'on ne tirera pas grande utilité de ce projet et qu'on finira par l'abandonner. D'ailleurs il en résulterait un grand inconvénient; celui de détourner le sieur Préville de son métier, car il est impossible qu'il puisse servir sa société et le public, en étant occupé à la direction d'une troupe hors de Paris.

Mardi 21. — J'ai appris, hier, que l'administration de l'Opéra était confiée au sieur Rebel[2]. Ainsi tout le travail que MM. les Premiers Gentilshommes m'ont fait faire a été inutile pour eux, puisque dans la crainte de me donner trop d'autorité, et pour avoir voulu exclure totalement le ministre de cette administration, ils ont perdu l'occasion de réunir ce spectacle aux Menus. Le ministre a, au contraire, remis toute son autorité au sieur Rebel, ne se retenant absolument que l'inspection en grand sur ce spectacle.

Mercredi 5 mai. — J'ai été, hier, à l'assemblée des Français qui a été fort orageuse. M. le maréchal ayant ordonné aux

---

1. Marguerite Brunet, dite Montansier, née en 1730, joua la comédie en province et même au Théâtre-Français, avant de devenir une directrice de théâtre très active et très habile. Ce fut elle qui fit bâtir la salle de la rue des Réservoirs à Versailles et plus tard celle de la rue de Louvois qui prit successivement les titres de Théâtre-National et plus tard de Théâtre des Arts. Emprisonnée comme suspecte pendant la Révolution, elle sortit de prison à la chute de Robespierre et réclama une indemnité de 7 millions à la Convention. Elle obtint 300 000 livres de l'Empereur. Sous la Restauration, elle s'associa au Théâtre des Variétés, alors installé au Palais-Royal. Elle mourut en 1820.

2. Surintendant de la musique du Roi, compositeur fécond. Sa direction dura jusqu'en 1775, époque de sa mort.

comédiens de reprendre un perruquier qu'ils avaient renvoyé[1], ils ont trouvé fort extraordinaire qu'on voulût les forcer à reprendre cet homme, disant qu'ils devaient être au moins les maîtres de choisir leurs domestiques. Ils ont ajouté à cela les propos les plus vifs contre l'autorité que s'arrogeaient MM. les Premiers Gentilshommes de la Chambre; j'ai fait inutilement tout ce qui m'a été possible pour les engager à obéir et à faire ensuite des représentations à M. le maréchal. Toute ma rhétorique a été perdue et je n'ai rien obtenu après deux heures de cris et de discussions.

Vendredi 22. — J'ai travaillé avec M. le maréchal sur les Comédies. Le sieur Lekain est d'avis qu'on ne tienne plus de comités, prétendant que MM. les Premiers Gentilshommes de la Chambre, après les avoir consultés, font toujours le contraire de leur avis. Il cite, par exemple, la réception du sieur Dugazon faite contre le sentiment de toute la Comédie, et qui lui est très onéreuse, puisqu'il y a déjà trois comiques reçus. Cette réflexion n'a point plu à M. le duc de Duras à qui j'en ai fait part.

Lundi 25. — J'ai été, ce matin, à l'assemblée des comédiens français où j'ai trouvé beaucoup d'agitation. Les comédiens se plaignent de la hauteur de Mme Vestris, protégée de M. le duc de Duras. Elle se plaint, de son côté, des mauvais procédés de ses camarades. Le sieur Lekain ne manque pas, pour sa part, d'exciter le trouble. Toutes ces choses ne tendent qu'au détriment du spectacle et à l'éloignement du public déjà très mécontent.

Samedi 30. — La Comédie-Française m'a donné beaucoup d'occupation, M. le duc de Duras, se plaignant amèrement

---

1. Le perruquier de la Comédie s'appelait Huguet et demeurait rue de l'Échelle.

des mauvais procédés que la dame Vestris lui a dit avoir essuyés à la dernière assemblée, m'a chargé de dire aux comédiens qu'il désapprouvait fort leur conduite, qu'il en avait parlé au Roi, et que le Roi avait dit que le seul moyen de rétablir l'ordre parmi eux était de faire un exemple, en renvoyant même le meilleur d'entre eux s'il ne se rangeait pas à son devoir. Il est certain qu'il y en a plusieurs parmi eux qui fomentent le désordre par l'espèce d'indépendance où ils veulent être. C'est à quoi MM. les Premiers Gentilshommes de la Chambre les ont eux-mêmes autorisés en vivant trop familièrement avec eux. Les femmes surtout, trop écoutées, ont achevé de perdre la subordination, et la protection même que M. le duc de Duras accorde à la dame Vestris, qui en abuse peut-être, excite la jalousie de toute la troupe. En sortant de chez M. le duc, j'ai été à la Comédie. Je leur ai fait des reproches d'avoir fait débuter la demoiselle Sainval, cadette [1], qui a eu du succès, sans prévenir leurs supérieurs du jour de ce début. Ils se sont excusés en disant que, sans cela, la Comédie aurait fermé. Après leur avoir fait d'autres observations sur différents objets et sur lesquels ils n'ont pu me donner que des raisons vagues, j'en suis venu à l'article de la dame Vestris. Je leur ai dit que M. le duc de Duras trouverait très mauvais que la dame Vestris manquât d'égards envers eux, et qu'il ne pouvait davantage admettre les procédés déshonnêtes qu'on avait avec elle; que M. le duc avait rendu assez de services à chacun des comédiens en particulier pour ne pas être

---

1. Mlle Sainval cadette avait débuté le 27 mai dans le rôle d'Alzire. Elle n'avait pas moins de talent que sa sœur qui appartenait à la Comédie depuis 1767, mais elle avait plus de beauté.
Elle ne fut reçue qu'en 1776, se retira en 1792 et mourut en 1836.

étonné du peu d'égards que l'on montrait pour elle, par la raison que l'on croyait qu'il la protégeait, ce dont, d'ailleurs, il ne se cachait pas. Ce peu de mots a mis toutes les têtes aux champs; on s'est écrié que la Comédie était perdue, qu'il fallait abandonner le métier, personne n'étant fait pour ramper sous la dame Vestris et pour recevoir ses ordres. On a tout exagéré. Les sieurs Préville et Molé étaient furieux. J'ai cherché inutilement à leur faire entendre qu'on n'exigeait pas cela d'eux, mais seulement des égards réciproques. A peine ont-ils voulu m'entendre. Ils ont enfin rejeté le conseil que je leur ai donné d'aller chez M. le duc de Duras. Tel est le précis de cette longue altercation qui a duré près de deux heures. J'ai cru prudent de taire les autres choses que m'avait dites M. le duc de Duras, car j'ai vu le moment où il n'y aurait point eu de spectacle le soir, ce qui aurait fait histoire dans le public. Je les ai quittés en les laissant fort mécontents de ma visite. J'ai été prévenir tout de suite M. le duc de Duras pour que, dans le cas où les comédiens se détermineraient à aller chez lui, il ne se compromît pas, et prît des tempéraments afin que le public ne prît pas parti dans cette affaire.

Jeudi 4 juin. — J'ai appris lundi, à l'assemblée, du sieur Molé lui-même, que M. le duc de Duras lui avait témoigné son mécontentement; mais que, n'ayant pas été soutenu dans cette occasion par ses camarades, il ne ferait plus à l'avenir aucune objection sur les ordres qui seraient donnés à la Comédie. Je lui ai répondu qu'il ferait très bien de ne plus vouloir toujours attacher le grelot. M. le duc de Duras, que j'ai vu ensuite, m'a marqué toute son humeur, en me disant qu'il ne voulait plus voir les comédiens de sa vie. M. le maréchal m'a dit la même chose, mais ils ne tiendront ni l'un ni l'autre parole.

Mardi 9. — Les comédiens français demandent à force la rentrée du sieur Préville. Ils n'ont personne pour jouer les rôles à manteau, le sieur Bonneval étant, à cause de sa mauvaise santé, presque hors de combat[1], mais MM. les Premiers Gentilshommes de la Chambre ne veulent pas en entendre parler, ce qui n'est pas juste, puisqu'il est impossible de s'en passer. Ils auront le désagrément de s'y voir forcés par la nécessité. Les débuts de la demoiselle Sainval, cadette, continuant avec le plus grand succès, et le public s'imaginant que M. le maréchal lui est contraire à cause de la demoiselle Dubois, et M. le duc de Duras à cause de la dame Vestris, j'ai cru devoir leur conseiller de recevoir la débutante à l'essai. C'est le moyen de mettre fin à tous les propos et ils y ont consenti.

1er juillet. — Les comédiens français se trouvent dans le plus grand embarras. La demoiselle Sainval a gagné en jouant une fluxion de poitrine et une pleurésie dont le public est très inquiet. Ils ne sont pas moins embarrassés par la défense qui leur a été faite de jouer plus d'une fois par semaine du Molière. Ils ne savent que donner. Le sieur Bellecour a un congé d'un mois, la demoiselle Dubois son éternel enrouement, et le sieur Lekain part pour les eaux, tout en se portant assez bien pour se détourner de plus de cent lieues de son chemin et aller gagner mille écus en Bretagne. J'ai mandé toutes ces choses à M. le maréchal de Richelieu et à M. le duc de Duras afin qu'ils voient à prendre

---

1. Bonneval était né en 1711. Il se retira en 1773. Il fut remplacé par Desessarts.

un parti sérieux, s'ils ne veulent pas anéantir la Comédie-Française.

Mercredi 12 août. — Il y a eu, avant-hier, assemblée à la Comédie-Française. Ce spectacle continue d'être aussi mal servi par les acteurs que par les actrices. Il en est de même de la Comédie-Italienne. Les premiers sujets ne se donnent pas la peine de jouer. La dame La Ruette, qui vient d'obtenir une pension de 1 500 livres sur les Menus, est à se reposer à sa campagne où le sieur Clairval[1] lui tient compagnie. J'ai informé M. le duc de Duras du tort qui résultait de cette situation pour la Comédie et pour la satisfaction du public. Il m'a répondu que si je connaissais un moyen de leur faire faire leur devoir, je l'obligerais de le lui dire. J'ai répliqué que si MM. les Premiers Gentilshommes n'avaient pas ce pouvoir, ils ne devaient pas être étonnés que je ne réussisse pas mieux qu'eux.

Lundi 31. — J'ai eu beaucoup de peine à faire établir aux deux Comédies le répertoire de Fontainebleau, sauf les changements qui surviendront par la maladie ou la mauvaise volonté des sujets qui dédaignent presque le service de la Cour. La plupart sont de très mauvaise humeur de ce que je suis parvenu à les empêcher de s'établir à demeure à Fontainebleau, pour n'y faire presque rien et y coûter beaucoup d'argent au Roi. Il a été accordé 1 200 livres de gratification à la demoiselle Sainval, cadette, tant en faveur du plaisir qu'elle a fait au public que pour sa maladie.

---

1. Mme La Ruette, femme de l'acteur de ce nom, appartenait à la Comédie-Italienne depuis 1761, et Clairval depuis 1752. Ils étaient l'un et l'autre très appréciés du public, et ne se contentaient pas, paraît-il, de jouer les amoureux au théâtre.

Mardi 8 septembre. — J'ai été, hier, à l'assemblée de la Comédie-Française pour des changements au répertoire de Fontainebleau. C'est une affaire d'état de concilier tous ces messieurs et toutes ces dames. Je n'ai pu m'empêcher de leur représenter qu'il était étonnant de trouver toujours des difficultés et des contradictions, lorsqu'il s'agissait du service de la Cour. J'ai été rendre compte de toutes ces difficultés à M. le maréchal que j'ai trouvé avec la demoiselle Colombe, débutante aux Italiens [1]. Il est émerveillé de son prétendu talent, au point qu'il lui a dit, devant moi, qu'il voulait lui faire répéter un de ses rôles. Doit-on s'étonner si un Intendant des Menus est si peu en mesure de faire tout ce qui conviendrait pour le bien des spectacles, lorsqu'un grand seigneur, et de l'âge de M. de Richelieu, veut descendre à faire répéter des rôles à une débutante.

Dimanche 4 octobre. — J'ai été, hier, à Choisy, où Mme Du Barry m'a demandé d'ajouter au répertoire de Fontainebleau *Alphée et Aréthuse* [2] pour la demoiselle Arnould. Je l'ai quittée croyant le répertoire ainsi fixé. Mais ayant été chez le Roi, Sa Majesté m'a demandé si je n'étais pas venu à Choisy pour quelques variations dans le répertoire. J'en suis convenu. « Eh bien! pour peu que vous restiez, m'a-t-elle fait l'honneur de me dire, vous n'en serez pas encore

---

1. « Le tripot est fort intrigué à l'occasion du début d'une demoiselle Colombe qui, jusqu'à présent attachée à ce spectacle (le Théâtre-Italien) comme actrice de remplissage et comme danseuse, a débuté avec un succès prodigieux dans *le Huron* et dans *Tom Jones*. Toutes les femmes chantantes sont enragées de sa réussite et, craignant avec raison d'en être bientôt éclipsées, cabalent auprès des Gentilshommes de la Chambre pour empêcher qu'elle ne soit reçue. » — *Mémoires secrets*, 1772.
Elle était vénitienne. Sa réception eut lieu l'année suivante.
2. *Alphée et Aréthuse*, 2me entrée des *Fêtes d'Euterpe* de Danchet, musique de Dauvergne, 1758.

quitte. » Et, en effet, comme je me disposais à partir, Mme Du Barry m'a envoyé chercher pour me dire que, toutes réflexions faites, elle ne voulait pas de *la Cinquantaine* [1]. J'ai inutilement plaidé la cause de M. de La Borde, premier valet de chambre et auteur de cet ouvrage, devant M. le duc d'Aiguillon. Elle a persisté en me disant que, quelque amitié qu'elle eût pour M. de La Borde, elle ne voulait pas s'ennuyer ni ennuyer les autres.

Dimanche 11. — Je suis arrivé à Fontainebleau le 6, après avoir arrangé tout à Paris pour le départ du Roi et de la famille royale, de la musique et autres personnes. Il paraît que tout le monde est content du choix des spectacles, excepté M. de La Borde qui m'a écrit deux lettres fort vives, m'accusant d'avoir dégoûté Mme Du Barry de *la Cinquantaine*. Je lui ai répondu sur le même ton, sans compromettre personne, car j'aurais pu lui dire que M. le duc d'Aiguillon s'était moqué de moi lorsque j'avais plaidé la cause de son ouvrage. J'ai montré ces différentes lettres à Mme Du Barry qui doit lui faire écrire à ce sujet.

Lundi 16 novembre. — La clôture des spectacles de Fontainebleau s'est faite, samedi dernier, par *Tom Jones*, suivi d'un ballet où le sieur Vestris fils a dansé [2]. On a été très content de lui, ainsi que du ballet où les premiers sujets ont paru. Le sieur Larrivée, ainsi que sa femme ont chanté dans les divertissements. Tout le monde est convenu que dans l'Europe il serait difficile de réunir un si grand nombre de

---

1. Pastorale en 3 actes, de Desfontaines, musique de La Borde, représentée sans succès, l'année précédente, à l'Opéra.
2. Le fils du grand Vestris avait débuté quelques jours auparavant à l'Opéra avec le plus grand succès.

sujets d'un talent aussi distingué. Le Roi et Mme la Dauphine ont eu la bonté de m'en témoigner leur satisfaction.

Dimanche 22. — Une très vive querelle est survenue entre le sieur Préville et le sieur Molé. Le premier veut que le sieur Molé lui fasse des excuses sur une réponse assez déplacée qu'il lui a faite à l'assemblée. Le sieur Molé, de son côté, demande aussi des excuses. L'un et l'autre menacent de quitter la Comédie s'ils n'ont pas satisfaction. Cette querelle a occasionné à M. le duc de Duras beaucoup d'embarras et à moi une infinité de courses. M. le maréchal, chez lequel j'ai accompagné M. le duc de Duras, au lieu de chercher à arranger cette affaire, n'a parlé que du peu d'ordre qui règne dans les spectacles, ajoutant que je n'avais pas le courage d'en imposer aux comédiens. M. le duc de Duras lui a proposé de nous accompagner à une assemblée pour me prescrire, devant les comédiens, la conduite que je devais tenir à leur égard. Il s'y est refusé, comme nous nous y attendions bien, parce qu'il a lui-même peur des comédiens. Ainsi nous ne sommes pas plus avancés sur cette affaire. J'ai reçu deux bons du Roi, l'un de 2 000 livres de pension pour la demoiselle Arnould, l'autre de 1 500 livres pour la demoiselle Guimard, ce qui donne aussi de l'humeur à M. le maréchal [1].

Lundi 23. — J'ai été, ce matin, chez M. le duc de Duras que j'ai déterminé, non sans peine, à venir à l'assemblée, dans la crainte que les sieurs Préville et Molé n'élevassent quelque explication sur leur différend. Nous sommes conve-

---

1. « Cette légère faveur (la pension accordée à la D^lle Guimard) a été acceptée à cause de la main dont elle vient, car on sait que ce n'est qu'une goutte d'eau dans la mer. Il y aura de quoi payer le moucheur de chandelles des spectacles de cette illustre courtisane. » — *Mémoires secrets*, 1772.
Le théâtre particulier de Mlle Guimard était rue de la Chaussée-d'Antin.

nus que, si cela avait lieu, il leur dirait qu'il n'était venu à l'assemblée que pour leur demander s'ils avaient quelques représentations à faire contre le règlement de 1766. Et, en effet, il a débuté par là. Tous les comédiens lui ont répliqué que ce règlement était très sage et ne laissait rien à désirer. Il les a pris alors sur le temps en leur faisant voir qu'ils n'étaient point rangés suivant leur ordre de réception, conformément au règlement, et leur a fait prendre, en conséquence, leurs places, en leur disant que l'exécution du règlement dans les petites choses amenait celle des objets plus importants. Ils en sont convenus en reprenant gaiement leurs places. Il a ordonné aux semainiers d'avoir toujours les règlements sous les yeux, lors des assemblées, pour y recourir en cas de difficultés, et de remettre la voie du scrutin en vigueur. M'ayant adressé la parole, ainsi que nous en étions convenus, il m'a chargé de surveiller les semainiers pour qu'ils fussent très exacts à remplir leurs fonctions, en me priant d'être très sévère sur cet article. Il s'est étendu sur différents objets, et y a mis de la fermeté, mêlée de douceur et de politesse et a enfin laissé les comédiens très contents de sa visite. Il n'a point été question de la querelle des sieurs Molé et Préville, le premier n'étant pas venu à cette assemblée, peut-être par prudence.

Samedi 28. — M. le maréchal a fait, avant hier, le choix des pièces de son répertoire pour l'année prochaine. J'en ai envoyé copie aux deux Comédies. J'étais chez M. le maréchal quand le sieur Molé y est arrivé. Ayant été fort caressé, il s'est enhardi à prier M. le maréchal de lui écrire qu'il n'avait aucun tort vis-à-vis du sieur Préville, et de faire l'éloge de son zèle et de ses talents. Si j'ai été surpris d'une pareille audace, je l'ai été encore davantage lorsque M. le maréchal lui a dit que cela était juste et qu'il n'avait qu'à faire le projet de la lettre telle qu'il la désirait. Le sieur Molé a couronné sa hardiesse en disant qu'il espérait que M. le maréchal lui ferait obtenir une pension pour ses bons services et cela lui a été promis. J'ai été prévenir de tout cela M. le duc de Duras qui, avec raison, en est très fâché. Je lui ai conseillé de voir lui-même M. le maréchal pour empêcher, s'il est possible, le mauvais effet que produirait une pareille lettre. J'ai été ensuite à Versailles où j'ai trouvé un autre objet de discussion au sujet des pensions accordées aux demoiselles Arnould et Guimard. M. le duc de La Vrillière m'a demandé si c'était MM. les Premiers Gentilshommes de la Chambre qui les avaient sollicitées, ajoutant que cela faisait beaucoup de bruit dans Paris. Je lui ai répondu que ces Messieurs n'en avaient eu connaissance que par les bons qui m'avaient été envoyés par Mme Du Barry. Il m'a dit de lui remettre copie de ces bons. J'ai été en prévenir Mme Du Barry, qui m'a dit que je pouvais les envoyer et qu'elle verrait M. le duc de La Vrillière. C'est ce que j'ai fait. Je ne suis pas éloigné de croire que c'est M. le maréchal qui a fomenté tout cela. J'ai trouvé, ce matin, chez M. le maréchal, le sieur Molé avec son projet de lettre que M. le maréchal avait fait copier. J'ai été très étonné lorsque M. le maréchal m'a dit de la signer, comme il en était convenu avec M. le duc de Duras. Mais en le faisant, j'ai exigé que le sieur Molé m'en remît l'original de sa main, ce qu'il a fait. Elle est assez extraordinaire pour être transcrite ici.

« Vos supérieurs, Monsieur, m'ont chargé de répondre à la lettre qu'ils ont reçue de vous, que certainement vous n'avez pas compté au fond de votre cœur obtenir d'eux l'ordre de retraite que vous leur avez demandé; que vous connaissez trop le cas qu'ils font de votre personne, de vos talents et de vos bons services pour l'avoir espéré. Ils ont été très aises d'apprendre de vous-même que vous n'avez ni dit, ni eu l'intention de rien dire d'offensant ou de déplaisant au sieur Préville, et ils ont vu avec la plus grande peine qu'un léger démêlé, dont vous n'avez pas été l'auteur, et qui n'aurait pas dû sortir de l'assemblée, avait fait autant d'éclat, quand le plus simple éclaircissement l'aurait terminé. Ils vous invitent à jouir, dans une société qui doit vous aimer et vous estimer, de toute la tranquillité que vous devez y avoir au milieu du travail que vous y faites. Ils veulent que vous comptiez, dans toutes les occasions, sur leur protection et sur leur justice, et qu'enfin vous vous livriez au service de la Cour et du public avec autant de plaisir que vous avez jusqu'ici montré de zèle, et qu'on en a eu à jouir de vos talents. Je suis enchanté d'être en cela leur interprète, et de vous assurer, Monsieur, etc. »

Telle est la lettre qu'il m'a fallu signer, à mon grand regret.

Dimanche 29. — J'ai été très étonné en apprenant, hier, de M. le duc de Duras qu'il n'était nullement convenu avec M. le maréchal de la lettre qu'il m'avait fait signer. Il a été à la Comédie pour défendre au sieur Molé d'en faire usage; mais celui-ci lui a répondu avec beaucoup d'insolence. M. le duc de Duras m'a chargé d'en aller marquer tout de suite sa surprise à M. le maréchal. Ne l'ayant pas trouvé, j'ai pris le parti de lui écrire. Il m'a répondu que la chose avait été convenue et que si la lettre n'avait pas été écrite, il faudrait l'écrire. J'ai porté, ce matin, cette réponse à M. le duc de Duras qui en est très courroucé, et m'a donné rendez-vous pour aller demain avec lui chez M. le maréchal.

Lundi 30. — La discussion entre M. le maréchal et M. de Duras a été, ce matin, extrêmement vive. M. le maréchal a prétendu que le sieur Molé n'avait aucun tort. M. le duc lui a représenté que cette lettre ne ferait qu'augmenter la suffisance de cet acteur, tant vis-à-vis de ses supérieurs que vis-à-vis de ses camarades. Enfin, après bien des discours, on est convenu que le sieur Molé garderait sa lettre, mais qu'il en écrirait une à la première assemblée, où il dirait qu'il n'avait jamais prétendu rien dire d'offensant pour le sieur Préville. Je crois qu'on aura de la peine à l'y déterminer.

Mercredi 2 décembre. — J'ai été très occupé de l'affaire des bons de pension des demoiselles Arnould et Guimard. Après plusieurs courses chez Mme Du Barry, chez M. le duc de La Vrillière et chez M. le duc de Fleury, rien n'a été décidé. Mme Du Barry a dit que les bons qu'elle avait donnés étaient une simple recommandation et que c'était au ministre à prendre les ordres du Roi. M. le duc de Fleury ne veut plus se mêler de cette affaire. Il m'a montré une lettre de M. le duc de La Vrillière qui le prie cependant de prendre le bon du Roi pour une gratification annuelle de 1 200 livres, afin de compléter à la demoiselle Heynel, danseuse, un sort de 12 000 livres, qu'on lui fait tant sur les ballets du Roi que sur la cassette de Sa Majesté et l'Opéra.

Jeudi 3. — M. le maréchal, en me remettant, ce matin, le privilège de l'école dramatique du sieur Préville, m'a chargé de faire un nouveau projet de brevet et de le communiquer à M. de Chouzy pour qu'il puisse en parler au ministre; ce qui va faire encore l'objet d'une nouvelle discussion. J'ai trouvé le sieur Molé chez M. le maréchal, qui a employé plus d'une heure à le déterminer à écrire la lettre à l'assemblée dont on était convenu ces jours derniers. Enfin, il l'a écrite, après nous avoir fort impatientés de tous ses raisonnements et m'avoir fait perdre mon temps jusqu'à trois heures après midi.

Dimanche 6. — Après une petite discussion très honnête entre M. le duc de Fleury et M. le duc de La Vrillière, il a été convenu que M. le duc de Fleury prendrait directement les bons du Roi pour les demoiselles Arnoult, Guimard et Larrivée et pour le sieur Le Breton, sous la dénomination de gratifications annuelles. J'ai dressé en conséquence le mémoire pour le Roi. M. le duc de Fleury m'ayant chargé de le communiquer à Mᵐᵉ Du Barry, en la prévenant que tout était d'accord avec M. le duc de La Vrillière, elle a tout approuvé à son tour. Ainsi cette affaire s'est terminée à l'amiable. J'ai fait part à M. de Chouzy des réflexions de M. le maréchal au sujet de l'école dramatique du sieur Préville en le priant d'y répondre par écrit. Il a répondu en expliquant que le ministre n'avait donné au sieur Préville qu'un brevet pour trois ans, afin que, si MM. les Premiers Gentilshommes de la Chambre n'étaient pas contents après cet essai, l'on pût retirer le privilège. J'ai ensuite demandé à M. de Chouzy où en était l'affaire de la salle de la Comédie-Française, d'après les projets du sieur Liégeon. Mais M. le duc de La Vrillière, chez lequel nous sommes descendus pour avoir des nouvelles, nous a dit qu'il croyait que cette affaire était manquée ; que le sieur Liégeon se retournait de tous les côtés pour gagner du temps, dans l'espérance de trouver une compagnie qui lui fît les fonds, mais qu'il y avait à parier qu'il n'en viendrait pas à bout. J'en ai rendu compte à M. le duc de Duras qui a été très fâché que j'en ousse parlé à M. de Chouzy. Le sieur Liégeon a, en effet, cherché à lui faire entendre que M. de Chouzy et moi nous étions contre lui. J'ai trouvé ce procédé très mauvais de la part du sieur Liégeon, ce qui m'a mis dans le cas de dire à mon tour ce que je pensais de lui.

Mercredi 9. — La lecture de la lettre du sieur Molé ayant été faite, avant-hier, à l'assemblée, le sieur Lekain a prétendu que le sieur Molé avait tort d'écrire qu'il n'avait rien dit d'offensant pour le sieur Préville et que sa lettre n'en était point une d'excuses. Le sieur Brizard a prétendu le contraire et a proposé de répondre au sieur Molé. Les esprits se sont échauffés. Le sieur Lekain a parlé avec beaucoup de véhémence, en disant que le sieur Molé était un impertinent qu'on gâtait. Le sieur Brizard a continué à soutenir le parti contraire en disant que c'était la dame Préville qui était une insolente, et qu'on voyait bien qu'on avait pris le parti de dégoûter le sieur Molé, du travail et des talents duquel on ne pouvait cependant se passer. Je n'ai pu terminer cette grande altercation qu'en me faisant remettre cette lettre sous le prétexte de demander aux supérieurs s'ils jugeaient à propos qu'on y fît réponse. J'ai été rendre compte à M. le maréchal de ce bacchanal. Il s'est fort emporté contre le sieur Lekain et tous ceux qui avaient été de son avis. Mais le mien a été de ne plus parler de cette affaire. M. le duc de Duras, que j'ai vu ensuite, a été fâché que Brizard et quelques autres soutinssent Molé. L'un m'a dit que j'aurais dû envoyer Lekain en prison, l'autre que j'aurais dû répondre à Brizard comme il le méritait. Mon rôle, entre ces deux Messieurs, devient de jour en jour plus difficile.

Lundi 28. — J'ai été, ce matin, à l'assemblée des comédions français que j'ai fort grondés sur le cas où leur négligence me mettait toujours d'essuyer des reproches de la part de leurs supérieurs qui blâmaient ma faiblesse à leur égard. Ils sont convenus d'être plus attentifs à l'avenir. Je ne puis, dans le vrai, me plaindre de leur manière en général avec moi; mais ils mettent peu de suite dans leurs projets, les uns voulant d'une manière, les autres d'une autre. Ainsi se termine cette année que je ne croyais pas devoir être susceptible de tant d'événements et de tracasseries, auxquels M. le duc de Fleury n'a pas voulu, avec raison, prendre part. J'ai, depuis mon retour de Fontainebleau, avancé autant que j'ai pu les états des dépenses de 1772. Le service de cette année s'est fait, pour la partie des fonds, tout aussi désagréablement que les années précédentes, et je suis même absolument hors de mesure sur cet objet.

ANNÉE 1773

EXERCICE DE M. LE MARÉCHAL DE RICHELIEU

Jeudi 7 janvier. — On a donné, avant-hier, à la Cour, *Didon*, pour le début de la demoiselle Raucourt qui a eu beaucoup de succès[1]. Elle a été, en conséquence, reçue à l'essai avec une gratification de 1500 livres sur les Menus que le Roi lui a accordée.

Samedi 9. — On a joué, hier, à la Cour, *Arlequin gentilhomme par hasard* et *le Diable à quatre*[2], dont la famille royale a été fort mécontente. Le Roi me l'ayant dit devant M. le maréchal, celui-ci a voulu me jeter le chat aux jambes quoiqu'il eût voulu absolument faire donner cette pièce contre mon avis. Je ne lui ai rien répondu, mais j'ai su que Sa Majesté savait à quoi s'en tenir.

Mercredi 13. — La demoiselle Raucourt continue à avoir beaucoup de succès. Le public enthousiasmé a demandé à

1. Ell avait débuté le 23 septembre précédent dans ce même rôle de Didon. On ne saurait exprimer, disent *les Mémoires secrets*, la sensation qu'elle a faite et de mémoire d'homme on n'a rien vu de pareil. » Elle avait 16 ans 1/2.
2. *Arlequin gentilhomme par hasard*, comédie en 5 actes, en vers, par Dominique; à la Foire, 1712. — *Le Diable à quatre* ou *la Double Métamorphose*, opéra-comique en 3 actes, mêlé d'ariettes, par Sedaine; Foire Saint-Laurent, 1756.

grands cris une représentation à son profit, ce qui a excité beaucoup de tumulte. M. le maréchal a ordonné aux semainiers, dans le cas où l'on renouvellerait cette demande, de répondre que le Roi la désapprouvait. Mon avis aurait été que les comédiens ne disent rien.

Dimanche 24. — On a joué, vendredi, à Versailles, *Mithridate*. La demoiselle Raucourt a joué le rôle de Monime. On a été très content. Mme la comtesse Du Barry lui a fait présent d'un habit de 8 ou 9 000 livres et a aussi donné au sieur Brizard une très belle tabatière.

La construction de la nouvelle salle des Français a été décidée dernièrement au Conseil, vis-à-vis de l'ancienne salle. Le sieur Liégeon en est chargé. Elle doit être isolée entre quatre rues. Le bureau de la ville doit en faire les avances, au moyen de 300 000 livres que le Roi lui donne avec l'ancien hôtel des comédiens, indépendamment des autres arrangements qui seront pris par Sa Majesté [1].

Lundi 25. — Nous avons eu, chez M. de Chouzy, une assemblée où M. le duc de Duras s'est trouvé ainsi que le sieur Liégeon, M. Moreau, son associé, architecte de la ville, et M. Charlier, ancien échevin, chargé des affaires de la ville [2]. Il a été décidé que le sieur Liégeon serait chargé de la construction de la salle et que M. Moreau examinerait les devis pour constater l'argent nécessaire à emprunter par la ville, et qu'il veillerait à la solidité de l'édifice.

Mercredi 27. — J'ai été, ce matin, chez M. le duc de Duras

---

1. Ce ne fut pas encore le dernier mot de cette affaire. Nous avons dit que le plan de Liégeon fut définitivement écarté et qu'on en revint à l'emplacement de l'hôtel de Condé.

2. Moreau, maître général, contrôleur, inspecteur des bâtiments de la Ville, garde des fontaines publiques, et maître des œuvres de charpenterie, rue de la Mortellerie, à l'arsenal de la ville.

Charlier, échevin en 1766, rue des Mauvaises-Paroles-Sainte-Opportune.

où les comédiens se sont rendus, pour examiner le plan du sieur Liégeon, en présence de MM. Moreau, Soufflot et Charlier. M. Liégeon et son associé ont pris note des différents changements qui leur ont été demandés et doivent rectifier leurs plans en conséquence. Après quoi ces plans seront présentés au Roi pour être arrêtés définitivement.

Jeudi 18. — J'ai été voir les préparatifs de la fête de Mme Du Barry [1]. Nos ouvriers y travaillent jour et nuit, malgré le mauvais temps qu'il fait. M. le maréchal et Mme Du Barry sont dans la plus grande inquiétude que cela ne soit pas prêt pour après-demain. Je les ai rassurés. J'ai été, hier soir, à l'hôtel des Menus, pour la répétition qui s'y est faite par les comédiens français et italiens et les sujets de l'Opéra, M. le maréchal m'ayant fort recommandé de veiller à ce que cela ne fût pas plus long que la fête que M. le duc d'Aiguillon a donnée précédemment à Mme Du Barry, j'ai fait faire, en conséquence, quelques retranchements. La répétition a duré jusqu'à deux heures et demie du matin, ayant commencé après le souper que Mme Du Barry a fait servir dans le foyer.

Lundi 22. — J'ai été fort fatigué de ma journée de samedi à Versailles. M. le maréchal m'a envoyé plusieurs fois chez Mme Du Barry, ainsi qu'à son pavillon [2], pour presser les

---

1. M. Vatel donne une analyse de deux pièces qui furent représentées dans cette soirée et qui paraissent être justement attribuées à l'abbé de Voisenon. La première est intitulée : *Le Réveil des muses, des talents et des arts*, joué par Mmes Laruette (Thalie), Raucourt (Melpomène), Dervieux (Terpsichore), et par Dauberval, Préville et Suin. La seconde pièce a pour titre : *Le Marchand de baromètres*. En voici un couplet :

> Du Barry de ces lieux a chassé la froidure,
> Ses regards forment le printemps ;
> Son cœur serein ressemble à sa figure,
> Son baromètre est toujours au beau temps.

Ce n'est pas le meilleur, mais ce n'est pas le plus mauvais.
2. « La comtesse fit construire un hôtel sur le terrain vacant qui se trouvait

ouvriers. D'un autre côté j'ai été plusieurs fois pour surveiller les travaux qui se faisaient chez Mgr le Dauphin. Tout s'étant trouvé absolument en état, au grand étonnement de tout le monde, chez Mme Du Barry, la compagnie, composée de quatorze dames, des ministres et de plusieurs courtisans, s'est rendue à minuit à son pavillon. La fête, composée de différents spectacles français et italiens, de chant, d'opéra et de danses, a été des plus complètes et a paru contenter tout le monde. Elle a duré jusqu'à six heures du matin.

Jeudi 25. — M. le marquis de La Chaîne et M. le marquis de Montboissier, commandants des mousquetaires, sont venus voir le maréchal et lui faire part d'un mémoire que M. le duc de Fronsac leur avait remis, par lequel les comédiens français faisaient des représentations à M. le maréchal au sujet de la grande quantité des officiers des mousquetaires qui entraient sans payer au spectacle. Ce mémoire, de la composition du sieur Lekain et signé de toute la troupe, est un peu vif. MM. les commandants y ont répondu encore plus vivement, en traitant les comédiens d'insolents et d'imposteurs, et en demandant leur punition. M. le maréchal ayant dit qu'il n'avait eu aucune connaissance de ce mémoire, s'est fort emporté contre son fils. J'ai pris sur moi de rabattre les coups en disant que M. le duc de Fronsac ayant rencontré les comédiens qui allaient chez M. le maréchal, il

---

entre le pavillon Binet (c'était le nom du vendeur, ancien valet de chambre du du Dauphin) et la rue de Montboron. La façade donne sur l'avenue de Paris. Elle est élevée de deux étages. La grande porte est accompagnée de deux colonnes. Elle est cintrée. Au milieu étaient les armes de Mme Du Barry; elles étaient soutenues par deux figures de grandeur naturelle, représentant Flore et Minerve. » — Vatel. *Histoire de Mme Du Barry*.

Les deux figures existent encore.

Le Doux fut l'architecte de cet hôtel, qui est aujourd'hui celui du général commandant la subdivision militaire.

avait cru lui épargner cette discussion, en se proposant de traiter cette affaire avec MM. les commandants; que, de plus, ces Messieurs devaient faire attention que ce mémoire n'était pas fait pour eux, mais pour demander l'appui de leurs supérieurs, et que je pensais que MM. les commandants pourraient borner leur ressentiment à la réprimande que M. le maréchal ferait aux auteurs du mémoire. M. le maréchal a paru goûter mon avis et a fait à ces Messieurs des excuses sur ce que le mémoire leur avait été communiqué. Je l'ai laissé néanmoins fort en colère contre M. le duc de Fronsac que j'ai prévenu en lui envoyant un courrier à Marly.

Samedi 27. — J'ai été hier à Versailles; M. le duc de Fronsac s'y est rendu. Je ne lui ai point caché tout le mécontentement de M. le maréchal. Il a écrit à MM. les commandants qu'il était étonné qu'ils eussent remis à son père un mémoire qu'il ne leur avait communiqué que de confiance et dans la vue d'arranger cette affaire à leur satisfaction, sans en donner l'embarras à M. le maréchal qui avait, en effet, le droit de se plaindre qu'il se fût ingéré de faire quelque chose sans sa participation. M. le duc de Fronsac m'ayant remis la lettre ouverte pour la communiquer à M. son père, avant de l'envoyer à MM. les commandants, j'y suis allé ce matin. M. le maréchal ayant vu que M. le duc se condamnait lui-même, s'est calmé, me disant que, bien que son fils eût tort, il n'approuvait pas qu'il s'humiliât ainsi devant des étrangers. Il m'a remis la lettre en me disant qu'il s'en rapportait à ma prudence. J'ai pris le parti de la renvoyer à M. le duc de Fronsac en lui conseillant de dire à M. son père qu'il ne se mêlerait plus dorénavant que des choses où il pourrait lui éviter des fatigues de corps. J'espère, d'après cela, que leurs explications ne seront pas vives. Cette petite affaire n'a pas laissé que de m'occuper.

Lundi 8 mars. — J'ai été, ce matin, à l'assemblée des comédiens français que j'ai trouvés fort agités à cause de leur salle. Ils ont fait une délibération pour demander l'exécution de l'arrêt du Conseil du 1er novembre 1771, par lequel le Roi veut bien faire aux comédiens un don gratuit de 300 000 livres pour leur salle, et demandant en conséquence la liberté d'y faire travailler tout de suite, offrant de fournir l'argent qui sera nécessaire pour le surplus, si besoin est, et rejetant le projet de les placer ailleurs. Je doute que les supérieurs approuvent cette représentation. La querelle pour l'entrée des mousquetaires est finie. Il a été convenu que les commandants tiendraient la main à ce qu'il ne se trouve que cinq officiers de chaque compagnie aux spectacles, non compris l'officier de garde et l'état-major; que de plus ils n'iraient point aux trois premières représentations des pièces nouvelles, hors l'officier de garde et l'état-major.

Mercredi 10. — Hier, à Versailles, *le Cid*, dans lequel la demoiselle Sainval a débuté. On l'a trouvé très grimacière. M. le maréchal a accordé 3 000 livres de gratification à la demoiselle Raucourt.

Mercredi 17. — Les comédiens ont été faire à M. le duc de La Vrillière des représentations très instantes sur l'impossibilité où ils sont de se charger d'un emprunt de 1 200 000 livres pour la construction de leur salle. Le ministre leur a promis de se charger de leur mémoire, s'il ne contenait que des choses raisonnables.

Dimanche 21. — M. le Contrôleur général a fait savoir qu'il trouvait pour construire la salle de la Comédie-

Française des entrepreneurs qui faisaient des soumissions à un quart meilleur marché que le sieur Liégeon, qu'ainsi il se chargeait de faire bâtir cette salle sans lui. Ainsi voilà un nouvel incident qui pourra retarder encore la construction du bâtiment. Le Roi vient de conserver à la demoiselle Montansier ses privilèges et accorde au sieur Préville, sur les Menus, 12 000 livres dont 6 000 seront employées aux appointements pour les élèves, et les 6 000 restant seront pour lui. Ce marché me paraît plus sûr pour le sieur Préville que son premier projet [1].

Vendredi 16. — A mon retour de Versailles, où j'étais allé pour la cérémonie de la Cène, j'ai travaillé avec M. le maréchal et M. le duc de Duras qui ont arrêté les parts et les portions de part à donner aux Comédies Française et Italienne. La demoiselle Sainval, cadette, n'a été reçue qu'aux appointements. Il a été question de la rentrée de la demoiselle Dubois aux Français, mais M. le duc de Duras s'y est opposé d'autant plus fortement qu'il ne restait qu'une demi-part vacante.

Dimanche 2 mai. — L'affaire de la rentrée de la demoiselle Dubois aux Français m'a occasionné aussi plusieurs voyages, à Versailles, chez Mme Du Barry, et nombre de courses chez M. le maréchal et M. le duc de Duras qui s'y oppose toujours et qui ne veut plus entendre parler de comédie que cela ne soit décidé. Voici un nouvel objet de discussion entre ces Messieurs. C'est une affaire survenue au sujet des comédiens que le sieur Préville avait engagés lorsqu'il devait réunir les privilèges de Versailles, Fontainebleau et

---

1. On a vu que ce projet consistait dans la réunion des trois privilèges des théâtres de Versailles, Compiègne et Fontainebleau.

Compiègne, et qui ne veulent point rester avec la demoiselle Montansier et attaquent le sieur Préville en indemnité au parlement. C'est le sieur Molé qui a suscité cet embarras, qui m'a occasionné beaucoup de courses chez M. le duc de La Vrillière et à la Comédie. Le ministre a pris le parti d'évoquer l'affaire au Conseil, et M. le maréchal a défendu au sieur Molé et à ses partisans de s'en mêler. MM. les Premiers Gentilshommes de la Chambre m'ont appris que M. le Contrôleur général se charge définitivement de la construction de la nouvelle salle des Français, ne leur demandant pour cela que leur ancien hôtel. Cela étant, je ne sais rien qui puisse empêcher dorénavant cette affaire de finir.

Mardi 11. — Grande discussion, hier, à l'assemblée de la Comédie-Française, au sujet de la distribution de quelques rôles. La demoiselle Hus a réclamé son ancienneté contre les partages faits et dont elle avait été autrefois la cause, ayant voulu avoir, au préjudice de ses anciennes, un emploi en chef. Aujourd'hui que ses beaux jours sont passés, on lui rend le change. M. le maréchal a ordonné que l'ancien arrangement subsisterait, nonobstant les réclamations de la demoiselle Hus.

Lundi 24. — J'ai remis, hier, à Versailles, à M. le maréchal, le nouvel état de distribution des rôles de la Comédie-Française qu'il m'avait demandé et qu'il a approuvé. J'ai remis, ce matin, à l'assemblée, l'ordre pour l'établissement d'un nouveau comité, qui a souffert beaucoup de difficultés, entre autres de la part du sieur Brizard, qui refusait d'en être, en disant qu'il suffisait que le comité proposât quelque chose pour que les supérieurs fissent le contraire. Le sieur Lekain a insisté sur ce qu'on ne pouvait exiger que le comité veillât à l'exécution des règlements, toutes les fois que

M. le maréchal se croirait en droit de les enfreindre lui-même, sous prétexte que celui qui fait les lois peut les détruire. Comme M. le maréchal n'a que trop répété ce propos devant eux, j'ai été assez embarrassé pour leur répondre. Enfin, je leur ai représenté que le bien de la Comédie exigeait qu'on ne fît pas attention à ce qui pouvait être dit dans un moment de vivacité; qu'il fallait examiner si l'exécution des règlements était nécessaire au bien du service, et s'il convenait qu'il y eût un comité pour y veiller. J'ai ajouté enfin que ceux qui avaient été nommés pour le composer devaient se tenir honorés de la confiance des supérieurs. Les comédiens, étant convenus de la nécessité du comité, ont accepté d'en faire partie, et je leur ai remis un ordre pour la nouvelle distribution générale de toutes les pièces du répertoire. Il serait très heureux que les prétentions et les cabales ne rendissent pas inutile un travail aussi essentiel.

Vendredi 4 juin. — M. le duc de Duras est toujours très mécontent de ce que M. le maréchal de Richelieu persiste à vouloir faire rentrer la demoiselle Dubois à la Comédie-Française. Il m'a écrit une lettre de quatre pages à ce sujet, me chargeant d'en remettre une copie à M. le maréchal et une à Mme Du Barry qui est fort ennuyée de cette discussion. Je dois en faire faire une troisième copie qu'il veut montrer au Roi. Je ne sais ce que tout cela produira.

Dimanche 6. — J'ai été à Versailles pour l'affaire de la demoiselle Dubois. M. le maréchal, qui avait vu M. de Duras, m'a dit de ne point faire part de la lettre que j'avais reçue. Ainsi, je n'ai rien dit. J'apprends que la demoiselle Dubois ne veut plus rentrer à présent à la Comédie. L'affaire en est là. M. le maréchal en est furieux.

Mardi 8. — J'ai lu, hier, à l'assemblée des comédiens français, une lettre de M. le duc de Duras où il témoigne tout son mécontentement de leur conduite à son égard. Ils ont paru sensibles à ses reproches, en convenant qu'en effet ils avaient tort, quand il s'agissait de leurs affaires, de faire toujours intervenir M. le maréchal et de ne pas en parler également à M. le duc de Duras. Ils m'ont prié de lui témoigner tous les regrets qu'ils éprouvent de lui avoir déplu, ce que j'ai fait en les quittant. Mgr le Dauphin et Mme la Dauphine sont venus, ce matin, à Notre-Dame et à Sainte-Geneviève, où j'avais tout fait préparer, et se sont promenés ensuite aux Tuileries.

Samedi 19. — J'ai remis, avant-hier, au sieur Aubert, joaillier de la Couronne, différents bijoux qui me restaient des précédents mariages, ayant engagé Mme Du Barry, qui se mêle de la corbeille de Mme la comtesse d'Artois, à les faire prendre par M. le maréchal, ce qui diminuera d'autant la dépense à faire pour cet objet.

Dimanche 27. — J'ai été fort occupé par une tracasserie qui s'est élevée entre M. le duc de Duras et M. le duc de Fronsac, au sujet d'une dispute de rôles entre la demoiselle Vestris et la demoiselle Raucourt. M. le duc de Fronsac, s'intéressant à cette dernière, l'a fait jouer au préjudice de la demoiselle Vestris, ce que M. le duc de Duras a trouvé très mauvais. Il s'en est plaint à M. le maréchal qui m'a chargé d'en parler à son fils pour lui dire qu'il avait tort et qu'il ne devait pas ainsi prendre parti pour faire une chose désagréable à M. le duc de Duras. Nous avons eu, ces jours-ci, répétition, à l'hôtel des Menus, de l'opéra de *Sabinus* de MM. Chabanon et Gossec. M. le maréchal en ayant indiqué plusieurs autres à Versailles pour différents ouvrages, je lui ai écrit pour lui signaler les dépenses considérables que ces répétitions occasionneraient par suite du voyage des musiciens. Je lui ai proposé, pour ménager les intérêts du Roi, de ne faire répéter que les ouvrages qui en vaudraient la peine et qu'il serait dans l'intention de donner. Je ne sais si j'aurai gain de cause, car il ne veut entendre aucune observation.

Samedi 10 juillet. — J'ai engagé, hier, les comédiens français qui ont été chez M. le maréchal, à lui demander un arrangement définitif pour le répertoire de Fontainebleau, en lui présentant tous les projets qu'il a successivement arrêtés et changés. Il a été enfin obligé de supprimer beaucoup de pièces qu'il avait choisies, et qu'il était impossible de donner à la Cour, à cause de leur style et de leur mauvais ton. Ainsi il a fait pour les comédiens ce qu'il n'avait pas voulu faire sur mes représentations. Cette assemblée a été peu décente, car les comédiens étaient comme pair à compagnon avec lui, les uns le prenant par le bras et lui demandant à déjeuner, les autres des bonbons. Il a été leur chercher des confitures et des dragées qu'ils s'arrachaient les uns aux autres. Je rougissais pour lui de cette scène indécente à son âge et dans son rang. Après cela, il fait beau voir un Intendant des Menus vouloir faire respecter l'autorité des supérieurs dans leur assemblée particulière. Ce qui m'a étonné, c'est que les comédiens n'en aient pas fait davantage. Cependant quelques-uns ont eu l'honnêteté de dire, en ma présence, que j'étais bien malheureux de me mêler de leurs affaires, surtout si, après toutes les peines que je me donnais sans cesse pour eux, j'étais dans le cas de recevoir des reproches.

Mardi 13. — J'ai dû courir aujourd'hui chez M. le Lieutenant de police pour que l'on fît la découverte d'un homme qui vend des billets dans la cour des Tuileries, et que l'on a dit à M. de Duras être un homme tenant au sieur Molé.

Mardi 3 août. — M. le maréchal m'a donné l'ordre de faire faire les ballets des spectacles du mariage par les sieurs Vestris et Dauberval conjointement avec le sieur Laval[1]. Mme Du Barry et M. le duc de Duras n'approuvent pas cet arrangement qui ne peut qu'occasionner de l'embarras et de la tracasserie; c'est ce qui est arrivé. Ayant fait part, hier, aux sieurs Laval, Vestris et Gardel de cet ordre, le sieur Vestris est venu me retrouver, une heure après, pour me dire qu'il ne pouvait travailler sous le sieur Laval en qualité d'aide et qu'il demandait à faire un opéra seul; le sieur Dauberval s'en est allé tout de suite à Compiègne et le sieur Laval m'a dit qu'il ne voulait point faire de ballet. J'ai montré à M. le duc de Duras un règlement de M. le maréchal pour infliger des amendes aux comédiens qui, ayant des maisons de campagne, négligent leurs devoirs. Il l'a approuvé mais...

Mercredi 15 septembre. — Il y a eu une grande discussion, lundi, à l'assemblée des comédiens français, au sujet de ceux qui ne veulent point rester pendant tout le voyage à Fontainebleau; mais j'ai notifié que la chose ayant été ordonnée par M. le maréchal, non seulement je retrancherais la pistole, mais encore je ne ferais point fournir de voitures à ceux qui ne resteraient pas.

---

1. Les trois sommités chorégraphiques de l'Opéra.

Mardi 27. — J'ai porté, hier, à l'assemblée des comédiens français, les ordres que M. le maréchal m'a dit être les derniers pour les spectacles de Fontainebleau. Je souhaite qu'il en soit ainsi. Il y a eu une discussion très vive au sujet d'une nouvelle tracasserie que le sieur Molé voulait faire au sieur Lekain, mais que j'ai fait avorter par les précautions que j'avais prises en prévenant avant l'assemblée le sieur Lekain. Ce dernier m'a dit, sur la question que je lui ai faite à l'assemblée, que non seulement il resterait à Fontainebleau, mais même qu'il y jouerait tout ce qui serait ordonné pour le service de la Cour, et, entre autres, le rôle d'Oreste quoique très fatigant. Comme le sieur Molé avait dit à M. le maréchal tout le contraire, il a été très étonné de la parole que le sieur Lekain me donnait. Blanc de colère, voyant son projet manqué, il est sorti et rentré plusieurs fois à l'assemblée, en disant mille extravagances, qu'il ne voulait point quitter sa femme, et cent autres absurdités, auxquelles j'ai opposé le plus grand sang-froid, en continuant le travail. J'ai été, en sortant, rendre compte de tout cela à M. le maréchal qui s'est fort emporté contre le sieur Molé et a mandé sa femme aujourd'hui. Je me suis trouvé à cet entretien; il a voulu lui parler d'abord avec fermeté, mais elle a crié si fort qu'il a été obligé de céder. Elle m'a pris à partie, en disant que je n'aimais pas son mari et que M. le duc de Duras les détestait tous les deux parce qu'ils faisaient leur cour à M. le maréchal. Je me suis contenté de lui répondre que je n'étais point dans le cas de haïr son mari, mais que j'avais mission de lui faire faire son devoir, et que si, contre toute raison, elle le pensait, elle avait eu grand tort de s'exalter ainsi en ma présence contre M. le duc de Duras, parce qu'elle devait craindre qu'alors je ne fasse part de cette noirceur à M. le duc de Duras. J'ajoutai qu'elle devait être tranquille sur ce point, mais qu'au surplus, en rendant justice aux talents et même au travail de son mari, je ne pouvais dissimuler qu'il mettait le trouble dans la société par ses tracasseries, son air d'indépendance et ses jalousies. M. le maréchal ayant appuyé très faiblement ce que je disais, la chose en est restée là. C'est ainsi que nous sommes soutenus; mais je l'avais prévu, et peut-être, si j'eusse été absent, m'aurait-il donné tort, ainsi que cela lui arrive souvent, en se plaignant à tout le monde, tandis que je suis, pour ainsi dire, chez lui plus que chez moi, ce qui me fait perdre un temps que je ne puis réparer qu'en prenant même souvent sur mes repas et sur mon sommeil. En effet il exige aussi qu'outre les assemblées je me trouve encore, le soir, aux spectacles, et souvent je cours de l'un à l'autre dans la même journée.

Vendredi 24. — M. le maréchal m'ayant remis un mémoire des danseurs et danseuses qui veulent être payés pour les répétitions, je lui ai fait voir que cette demande était contraire aux règlements de 1763, que je l'ai prié de faire revivre dans les circonstances des fêtes prochaines, en ce qu'il ordonne que toutes les fournitures de bas, souliers et petite oie, serviraient pour deux spectacles. J'ai fort insisté sur cela, le sieur Vestris ayant menacé de ne pas danser à moins qu'on ne lui donnât une seconde paire de bas; mais il a perdu son procès, et même je lui ai fait rendre, ainsi qu'à ses camarades et autres, après le spectacle, tout ce qui doit rentrer dans les magasins.

Dimanche 17 octobre. — On a joué à Fontainebleau,

mardi 12, *Electre*[1], où le sieur Lekain a fait grand plaisir. Comme on s'est plaint qu'il y avait trop de tragédies sur le répertoire, M. le maréchal y a substitué des comédies; ainsi voilà déjà des changements.

Jeudi, l'on a donné *le Médecin par occasion* et *la Folie du jour*[2]. Ces deux pièces, que M. le maréchal s'était vanté de faire revivre au théâtre, n'ont pas plu, et Mgr le Dauphin lui en ayant fait reproche, j'ai appris qu'il n'avait point hésité à répondre que ce spectacle n'était point de son choix, et qu'on ne le consultait sur rien, tandis que je pouvais prouver au besoin à Mgr le Dauphin, par vingt-cinq répertoires corrigés de la main de M. le maréchal, toutes les bonnes pièces qui lui ont été proposées et qu'il a toujours rejetées pour ne prendre que de mauvaises choses, ou trop rebattues, malgré toutes les représentations qui lui ont été faites. Mais le plus sage est de souffrir jusqu'à la fin ces injustices et ces mauvais procédés. Nonobstant ce que lui a dit Mgr le Dauphin, il a assuré, depuis, les comédiens qu'on avait été très content de ces deux pièces.

Il a accordé une gratification de 1 000 livres pour un habit qu'il donne au sieur Le Breton, directeur de l'Opéra, pour paraître avec éclat en battant la mesure aux spectacles du mariage. Je suis ici surchargé de travail par la correspondance continuelle qu'il faut que j'entretienne à Paris, tant pour les spectacles qui s'y font, que pour les travaux relatifs au mariage. Les prétentions des sieurs Vestris, Gar-

---

1. De Crébillon.
2. *Le Médecin par occasion*, comédie en 5 actes, en vers, de Boissy; Théâtre-Français, 1745.
La Folie du jour, comédie en un acte, en vers libres, du même auteur; Théâtre-Français, 1745. La « folie du jour » est celle de représenter des comédies dans des sociétés bourgeoises.

del et Dauberval contre le sieur Laval, maître des ballets, me donnent aussi beaucoup d'occupations. M. le maréchal ayant voulu qu'on lui fît un choix des pièces à donner au retour à Versailles, j'y ai travaillé avec les comédiens, et, après avoir fait de notre mieux, il a, à son ordinaire, rejeté le choix en entier, et fait faire une liste de pièces que personne n'aurait osé proposer. La plupart des comédiens se sont retirés, ne pouvant cacher leur étonnement. Il y a lieu de croire que Mgr le Dauphin, auquel il veut montrer ce chef-d'œuvre, rejettera ce qui ne lui conviendra pas. Il pourrait bien peut-être me faire encore l'honneur de ce répertoire; mais ce qui m'afflige le plus, c'est que l'argent ne vient pas, et que tous les entrepreneurs sont aux abois.

Vendredi 5 novembre. — J'ai reçu de Mme Du Barry tous les bijoux de la corbeille qu'elle a fait fournir par le sieur Aubert, joaillier de la Couronne; je les ai portés chez M. le maréchal, qui, avec raison, ne les a point trouvés beaux. Il doit en parler à Mme Du Barry. Nous sommes fort occupés pour les billets des fêtes; M. le maréchal fait refaire continuellement de nouvelles listes et prend des engagements avec tout le monde, qu'il ne pourra jamais remplir.

M. le duc de La Vrillière a montré au Roi et à la famille royale les habits que j'ai fait faire pour Mgr le comte d'Artois. Ils ont été trouvés magnifiques, quoique ces dix habits aient coûté 31 000 livres de moins que les six faits pour Mgr le Dauphin lors de son mariage; j'en ai reçu de grands compliments. Il y aura la même économie sur les autres objets dont j'ai été personnellement chargé.

Lundi 8. — La clôture des spectacles à Fontainebleau s'est faite, samedi 6, par *la Belle Arsène*, de MM. Favart et

Grétry. Cet opéra-comique nous a occasionné autant de dépenses, d'embarras et de monde qu'un grand opéra; du reste il a réussi.

Jeudi 18. — Mme la comtesse d'Artois étant arrivée de Choisy, avant-hier, à onze heures du matin, nous avons été à sa toilette, où M. le maréchal de Richelieu lui a remis la montre, l'étui de côté et la tabatière, le tout enrichi de diamants. La princesse a trouvé ces présents du Roi très beaux. Après quoi, nous sommes passés dans les appartements pour y placer tous les curieux. Après la cérémonie du mariage, nous sommes retournés chez Mme la comtesse d'Artois à laquelle M. le maréchal a présenté la corbeille avec les bijoux à distribuer. J'ai eu l'honneur de les remettre à la princesse à mesure que les personnes auxquelles ils étaient destinés se sont présentées. M. le maréchal a eu une très magnifique montre enrichie de diamants. J'ai vu renouveler dans cette occasion ce qui était arrivé aux précédents mariages; plusieurs personnes n'ont pas été contentes, ayant plus considéré la valeur de la matière que l'honneur du présent.

Nous nous sommes rendus, l'après-midi, aux appartements où le plus grand désordre a régné, M. le maréchal ayant attendu la dernière extrémité, malgré toutes nos instances, pour donner des billets, et ayant gardé même chez lui tous ceux qu'il avait promis. La même confusion s'est produite au festin royal; malgré tous mes efforts, les gardes ont été forcés de tous les côtés ; aussi tout le monde a été très mécontent, et surtout les personnes qui, étant venues sur la promesse de billets, se sont trouvées sans places. Aussitôt le festin royal fini, nos ouvriers ont passé la nuit pour démonter la salle du festin et le salon de musique, et l'on a joué, hier, l'opéra d'*Ismenor*[1], qui, bien qu'analogue à la circonstance, n'a pas été fort goûté. Mais on a été très content des décorations et des habits. Tout notre monde, qui est sur pied nuit et jour, travaille à force pour les préparatifs du bal paré et du feu d'artifice.

Dimanche 21. — Enfin, contre mon attente, le bal paré a eu lieu avant-hier. Les ouvriers ont travaillé jusqu'au moment de l'arrivée du Roi. J'ai été assez heureux pour parvenir à placer convenablement les personnes qui méritaient le plus d'attention et dont j'ai reçu tous les remerciements. En général on a été très content de ce magnifique spectacle; d'autant que la Cour était des plus nombreuses et des plus éclatantes. Le Roi s'étant rendu à neuf heures, à sa croisée, dans la galerie, avec toute la Cour, j'ai donné le signal et les artificiers ont tiré un feu pantomime représentant les forges de Vulcain. Le Roi en a témoigné à plusieurs reprises sa satisfaction; la Cour a imité le langage du maître. J'avoue que, vu le mauvais temps continuel qu'il a fait, j'étais dans des transes épouvantables. Il est vrai qu'il y a eu quelques parties qui ont manqué, mais personne ne s'en est aperçu et tout le monde m'a adressé des compliments, ainsi que de l'illumination que j'ai fait faire dans les cours du château et sur la place d'armes.

Le Roi a daigné me donner, dans cette occasion, une nouvelle preuve de bonté, en faisant passer sur ma tête la charge

---

1. « *Ismenor* était très protégé par Mme la comtesse Du Barry, qui, n'étant pas contente des premières paroles, a fait faire les secondes par le sieur Desfontaines, sur la musique de Rodolphe. Son objet avait été de faire sa cour au comte et à la comtesse d'Artois, en y faisant insérer tout ce qu'on pouvait dire de plus direct et de plus flatteur à leur louange. Toute cette fadeur n'a point eu de succès, et malgré les efforts de la protectrice qui applaudissait beaucoup, le Roi, à la fin de l'Opéra, est venu dire à Mme la comtesse d'Artois : Ma fille, avez vous bien bâillé ! » — *Mémoires secrets*, 1773.

d'Intendant de l'ordre royal militaire de Saint-Louis, et j'ai été décoré du cordon rouge avant-hier matin. Sa Majesté a mis le comble à cette grâce par la manière dont elle a bien voulu m'en honorer, et j'ai eu la satisfaction de voir que tout le monde a bien voulu paraître y prendre part par les compliments que j'en ai reçus.

Jeudi 26. — Le bal masqué a eu lieu cette nuit. Je n'y ai pas été, me trouvant incommodé. Il y a eu beaucoup de monde, et fort mauvaise compagnie, attirée par la mangeaille des buffets, et conséquemment beaucoup d'embarras partout.

Dimanche 28. — Hier, samedi, l'opéra de *Belléruphon* [1], qui a eu le plus grand succès. Les trois vols de *Bellérophon* ont été très bien exécutés, sans accident. Les décorations et les habits ont été trouvés magnifiques. Il est fâcheux que toutes ces dépenses ne servent qu'une fois.

Dimanche 12 décembre. — Cette dernière semaine a été très pénible pour moi par la suite de mon travail sur les dépenses. On a joué, au petit théâtre, mardi, *l'Irrésolu* et *Don Pasquin d'Avalos* [2]. M. le maréchal a reçu de grands reproches de la famille royale sur cette dernière pièce qu'il a voulu absolument faire jouer.

Hier, *Ernelinde*, dont il paraît qu'on a été content [3], ainsi que des habits et décorations. Mais il y avait encore, contre

---

1. *Bellérophon*, tragédie lyrique en 5 actes avec un prologue, musique de Lulli, 1679. Le poëme de cet opéra fut longtemps attribué à Thomas Corneille. En 1741, Fontenelle déclara qu'il en était l'auteur.

2. *L'Irrésolu*, comédie de Destouches, 1713. *Don Pasquin d'Avalos*, comédie en 1 acte, en vers, de Montfleury, 1673. Les grosses plaisanteries de cet ouvrage avaient choqué la Cour.

3. Tragédie lyrique de Poinsinet, musique de Philidor, 1767. Cet ouvrage fut repris en 1769 sous le titre de *Sandomir*.

mon avis, une quantité prodigieuse de soldats comparses, dont je me suis enfin heureusement défait, leur ayant fait payer ce matin près de 17 000 livres, pour ce qu'il en coûte en bois chandelles, etc., et toute leur petite oie de spectacle qu'ils ont emportée. Mme la Dauphine a fait donner 3 000 livres d'appointements au sieur Caillot, ancien acteur de la Comédie-Italienne, pour jouer uniquement à la Cour, ce qui a donné de l'humeur à M. le maréchal, tandis qu'il a fait accorder à la demoiselle Dumesnil 1 500 livres sur la Cassette et 1 000 livres sur les Menus, une pareille pension de 1 000 livres sur les Menus au sieur Molé et au sieur Clairval, de la Comédie-Italienne.

Jeudi 16. — M. le maréchal a déterminé Mme la Dauphine à se contenter de 1 500 livres pour le sieur Caillot, en lui promettant de lui donner d'ailleurs des gratifications en raison de ses services.

Jeudi 30. — J'ai remis à M. le maréchal un état des mille trois personnes employées dans les fêtes depuis quatre mois et qu'on ne peut renvoyer sans argent.

Vendredi 31. — Nous avons vu M. le Contrôleur général et M. Le Clerc auxquels nous n'avons pas laissé ignorer que les sujets ne s'étaient déterminés à retourner à Paris que sur l'assurance que M. le maréchal leur avait donnée qu'ils seraient payés à leur arrivée. Nous lui avons représenté que la plupart avaient été forcés de laisser leurs effets en gage pour leur nourriture et leur logement; qu'une grande partie, tels que les danseurs, avaient perdu leurs écoliers à Paris à cause de leur service à la Cour, et qu'enfin il était prouvé qu'un particulier qui voudrait avoir à sa campagne des gens à talents, pendant une semaine, les payerait plus cher qu'ils ne le seront après quatre mois d'un travail forcé pour le Roi. M. le maréchal a appuyé très faiblement toutes ces raisons et nous nous sommes retirés avec des paroles très vagues, moi le cœur d'autant plus navré que je n'avais cessé de faire des représentations sur la multiplicité des dépenses et le nombre des spectacles; ce qui ne m'a même attiré que du chagrin et des tracasseries. J'ose espérer que je ne retrouverai jamais une pareille année, car, malgré tout mon zèle et ma bonne volonté, je crois que je n'y pourrais résister, puisque ma santé en a souffert véritablement.

ANNÉE 1774

EXERCICE DE M. LE DUC D'AUMONT

Mardi 4 janvier. — M. le maréchal de Richelieu m'a remis, vendredi, différents ordres de pension et de gratifications annuelles ou extraordinaires à employer dans les états de son année, savoir 1 500 livres de gratification annuelle au sieur Le Breton, 1 000 livres au sieur Philidor, 2 000 livres de gratification extraordinaire à la dame Bellecour, 500 livres au sieur Anseaume [1] et 3 000 livres au sieur Caillot. La dame Vestris a obtenu 1 500 livres de pension sur la cassette du Roi. Je ne puis faire aucune réflexion à ce sujet, si ce n'est que ces messieurs me paraissent magnifiquement traités.

Jeudi 20. — J'ai fait la lecture, lundi, à l'assemblée des Français, de nouveaux articles de règlement que j'avais préparés de concert avec M. le duc de Duras. Ils y ont été bien reçus; j'ai invité les comédiens à les transcrire sur un regis-

---

[1] Anseaume avait été souffleur à l'Opéra-Comique et était à cette époque secrétaire des assemblées et répétiteur aux Italiens. Il a écrit un grand nombre de pièces pour ces deux théâtres. Les compliments de clôture du Théâtre-Italien à cette époque sont tous de sa façon. Il est mort en 1784.

tre particulier, ainsi que ceux qui pourraient venir plus tard, afin d'y avoir recours dans l'occasion et de pouvoir les ajouter aux anciens règlements.

Dimanche 23. — M. le duc d'Aumont m'a remis, hier, un ordre de 1 000 livres de gratification annuelle pour le sieur Le Bel, premier violon des Italiens, qui sert, à la Cour, dans les opéras-comiques, depuis que ce genre s'y est introduit; et un autre ordre de 1 500 livres par an pour le sieur Caillot, pour ses voitures, ce qui lui complète 3 000 livres. M. le duc de Duras est sur le point d'avoir une nouvelle tracasserie avec M. le maréchal, qui veut continuer à se mêler des Comédies, quoiqu'il ne soit plus d'année, ce qui dérange fort les espérances contraires de M. le duc. J'ai aussi travaillé avec M. le maréchal, qui a arrêté le projet de distribution de la gratification de 10 000 livres accordée par le Roi aux comédiens français [1], et ce au prorata du travail de chacun, pendant l'année dernière; chose juste, mais à laquelle les comédiens ne sont pas accoutumés.

Lundi 7 février. — J'ai été particulièrement occupé, ces jours-ci, du spectacle qui doit avoir lieu à Choisy, malgré le froid excessif qu'il fait. J'ai fait partir tous nos ouvriers, et envoyé chercher des décorations à Fontainebleau. Ainsi voilà le commencement des dépenses; mais on ne parle point d'argent. Nos chefs sont, d'ailleurs, fort en mouvement tant pour les bals chez Mme la Dauphine, que pour les petits spectacles chez Mme Du Barry.

Jeudi 24. — Il s'est élevé une petite discussion entre M. le duc d'Aumont et M. le duc de Duras, qui désirait que

---

[1]. Cette gratification était annuelle.

le sieur Lekain fût un des maîtres de l'école dramatique, avec 3 000 livres d'appointements. Mais M. le duc d'Aumont n'est pas de cet avis, parce qu'il trouve qu'il en coûte déjà assez au Roi en donnant 12 000 livres pour cette école en laquelle il n'a pas grande confiance. J'ai tâché, dans le rapport que j'ai fait de l'un à l'autre, de supprimer ce qui pouvait leur donner réciproquement de l'humeur. Je désire avoir paré à tout par là, et qu'ils puissent bien vivre ensemble.

Dimanche 27. — J'ai rendu compte à M. le maréchal du règlement que j'avais fait faire du mémoire du sieur Aubert, joaillier de la Couronne, de 65 000 livres à 54 000 livres. Ce dernier, n'en ayant pas été content, avait nommé les sieurs Lempereur et Le Blanc, joailliers, pour arbitres, lesquels s'étaient contentés de retrancher seulement 1500 livres sur ce mémoire. M. le maréchal ayant décidé qu'on ne pouvait en appeler de ce ridicule règlement parce qu'il est rendu par des arbitres, j'en ai été pour la peine que j'avais prise afin d'empêcher que le Roi fût ainsi lésé.

Lundi 7 mars. — M. le duc de Duras m'ayant remis un mémoire pour prouver la nécessité d'adjoindre le sieur Lekain à l'école, j'en ai rendu compte à M. le duc d'Aumont qui n'est pas encore bien convaincu de cette vérité. M. Moreau, chargé actuellement de la construction de la nouvelle salle des Français, a mis sous leurs yeux, en présence de M. le duc de Duras et de moi, ses plans sur lesquels les comédiens ont fait leurs observations et leurs demandes relatives à leur service.

M. le duc de Duras m'a envoyé, hier soir, un état du nombre des sujets qui doivent composer l'école, de leur âge et de leur figure, et en même temps ordre pour faire préparer le théâtre des Menus pour y voir après-demain les élèves.

Mercredi 9. — Je me suis rendu, ce matin, chez M. le duc de Duras, avec les comédiens italiens auxquels il a remis la nomination d'un nouveau comité pour suivre leurs affaires; et ordre en conséquence à la troupe de se conformer aux décisions du comité comme émanées des supérieurs, qui voulaient bien lui confier une partie de leur autorité.

Je me suis rendu, cette après-midi, au théâtre des Menus où les élèves ont joué, en présence de M. le maréchal et de M. le duc de Duras, *le Tartuffe* et *la Pupille*[1]. La plupart de ces élèves ont montré beaucoup d'intelligence et de dispositions.

Vendredi 15 avril. — J'ai fait ces jours-ci un règlement concernant la lecture des pièces, que ces Messieurs m'avaient demandé et qu'ils ont signé.

Mardi 19. — J'ai été, hier, à l'assemblée des comédiens français qui sont fort en discussion sur le projet de donner des jours aux doubles, pour jouer les pièces qu'ils voudront. Mon avis a été qu'on suivît les anciens usages, en faisant jouer les doubles avec les premiers sujets, puisque c'était ainsi que tous les anciens comédiens s'étaient formés.

Samedi 14 mai. — Le malheur affreux que nous venons d'éprouver par la mort du Roi, arrivée mardi 10, à trois heures après-midi, de la petite vérole, ne m'a pas permis de m'occuper d'autres objets. J'ai été continuellement de Paris à Versailles pour donner les ordres des choses demandées relativement à la maladie qui a commencé le 30 avril. Après

---

1. Comédie en un acte, en prose, de Fagan; Théâtre-Français, 1734.

avoir passé plusieurs jours entre la crainte et l'espérance, Sa Majesté a enfin succombé, avec toute la résignation possible, le onzième jour de sa maladie, au grand regret de tous ceux qui avaient le bonheur de lui être attachés, et qu'il avait honorés, ainsi que moi, de ses bontés.

Le Roi, ainsi que toute la Cour, s'étant retiré à Choisy, quelques heures après la mort, M. le duc d'Aumont m'a chargé d'aller requérir M. le duc de La Vrillière de venir mettre les scellés sur tous les effets du feu Roi, ce qui a été fait. J'ai été choisi pour un des témoins de cette triste circonstance. Le genre de la maladie ayant exigé de très promptes obsèques, elles se sont faites avant-hier jeudi, sans cérémonie, à Saint-Denis. Mais je n'en ai eu que plus d'occupations par les ordres indispensables et précipités qu'il a fallu donner.

Lundi 23. — J'ai été occupé, tous les jours précédents, de recherches sur ce qui s'est passé à la **mort de Louis XIV**. J'ai envoyé le tout à M. le duc de Fleury, pour prendre les ordres du Roi, que Sa Majesté a mis en marge de ma lettre même. Après quoi j'ai ordonné les tentures de deuil, habillements, etc. Nous avons projeté les choses relatives aux services qui doivent se faire tant à Saint-Denis qu'à Paris, et le tout avec toute l'économie possible, en faisant resservir, autant que cela se pourra, tout ce qui existe des précédents catafalques dans les magasins. Comme on parle déjà du sacre, je suis en même temps occupé des recherches pour cette grande cérémonie. Le malheur que nous avons éprouvé est suivi d'un autre. Mesdames ayant la petite vérole à Choisy, le Roi et la famille royale ont été forcés de venir s'établir à la Muette, où Sa Majesté a reçu les grands officiers qui avaient servi le Roi pendant sa maladie. Elle a travaillé avec ses ministres, et rappelé au Conseil M. le comte de Maurepas[1]. J'ai rendu compte à M. le duc d'Aumont, à la Muette, de toutes nos occupations.

Mardi 31. — Quoique je ne sois pas bien portant, mon travail a été ces jours-ci à l'infini, tant par les courses continuelles que j'ai faites à la Muette, pour prendre les ordres de M. le duc d'Aumont, que pour les états des choses à faire pour les catafalques, les ornements à fournir à Saint-Denis et à Paris, enfin pour les deuils à accorder en argent aux officiers de la maison du Roi et aux cours de justice de Paris. J'ai dû, pour tout cela, faire plusieurs mémoires, et écrire des lettres détaillées à M. le duc d'Aumont, afin de le mettre en état de faire connaître à Sa Majesté la nature des différentes dépenses à faire. Sur quoi, Elle a décidé de se conformer, pour les ornements de deuil, à ce qui s'est pratiqué, tant à Saint-Denis qu'à Paris, à la mort de Louis XIV.

J'ai remis aussi à M. le duc de Duras une lettre, en forme de mémoire, sur les principales choses à faire pour le sacre, qui est décidé pour l'année prochaine. Je prévois que ce sera un travail immense pour moi; tout vient à la fois.

La santé de Mesdames est aussi bonne qu'on peut le désirer, et leur piété filiale est récompensée.

Samedi 4 juin. — M. le duc de Duras m'a remis, à la Muette, hier, le bon du Roi, au bas de la lettre très détaillée que je lui avais écrite, sur les choses à faire pour le sacre. M. le duc d'Aumont m'a également remis le bon de Sa Ma-

---

1. Le comte de Maurepas, ministre de la Marine, en 1749, avait été disgracié et exilé pour un quatrain sur un bouquet de roses blanches porté par Mme de Pompadour.
Après vingt-cinq ans de disgrâce, et à l'âge de 73 ans, il était replacé à la tête des affaires. Il mourut en 1781.

josté au bas de mon mémoire sur les deuils à payer en argent, et d'après lequel je vais former des états en règle, et écrire à tous les chefs de chaque partie pour savoir les qualités et nom d'un chacun.

Samedi 11. — Nous avons été, lundi dernier, à Versailles, comme témoins, à la levée du scellé, où le Roi nous a occupés toute la journée, ayant commencé par nous faire la lecture du testament, qui est des plus simples, et dont les actes de religion occupent la majeure partie. J'avoue que j'ai vu avec plaisir la calomnie confondue, puisque au lieu des grands trésors qu'on disait que le feu Roi avait amassés, nous n'avons trouvé que 44 000 livres d'argent et des bijoux de médiocre valeur. Le feu Roi n'était nullement curieux dans ce genre. Aussi, à la réserve de quelques vaisselles d'or, l'on peut dire que cela était beaucoup au-dessous de ce qui se trouve journellement au décès des particuliers un peu opulents. Cependant, dans le temps où nous étions occupés à inventorier tous les effets, que les enfants et les petits-enfants du feu Roi étaient appelés, par le testament, à se partager, on prétendait, dans les pièces à côté, qu'on était obligé de faire étayer le cabinet pour soutenir tout l'or que nous entassions dans les coffres. Tout cela s'est cependant transporté très facilement, ainsi que les bijoux et papiers, dans le carrosse du Roi, à la Muette. Mais la méchanceté aura bien de la peine à avouer sa défaite.

Lundi 30. — Le Roi est parti, vendredi, pour Marly, résolu de s'y faire inoculer avec les princes ses frères, et Mme la comtesse d'Artois. Je suis dans la plus grande inquiétude sur ce grand événement, ce qui ajoute beaucoup à la fatigue de mon travail. Dieu veuille que cela se borne à ma peine particulière!

Dimanche 3 juillet. — Depuis quinze jours, le Roi est resté à Marly pour son inoculation dont les suites ont été des plus heureuses. Il en a été de même pour celle de Monsieur, de Mgr le comte d'Artois, et Mme la comtesse. MM. les Premiers Gentilshommes de la Chambre y ayant presque toujours été, je ne les ai vus que quelques instants. J'ai cependant travaillé avec M. le duc d'Aumont relativement aux cérémonies et décorations des catafalques de Saint-Denis et de Paris, et je suis venu à bout de le déterminer à ne faire que des choses décentes, et non très dispendieuses, comme on cherchait à l'y engager, contrairement aux intentions du feu Roi, qui les avait fait assez connaître par son testament, où il recommande à ses obsèques la plus grande simplicité.

J'ai remis, à M. le duc de Duras, mon travail relatif au sacre pour qu'il pût prendre les ordres du Roi, et je fais partir demain les inspecteurs des Menus pour aller prendre, à Reims, toutes les mesures et dimensions nécessaires afin de faire commencer, à leur retour, les travaux suivant les ordres que je recevrai.

Dimanche 17. — Depuis le retour de nos inspecteurs que j'avais envoyés à Reims, j'ai été très occupé des mémoires à faire pour le Roi, relativement à la cérémonie du sacre. Dans un de ces mémoires, j'ai proposé, pour éviter des doubles emplois dans les dépenses, que le Garde-Meuble et les Menus agissent de concert pour fournir chacun ce qu'ils pouvaient avoir dans leurs magasins réciproques en état de servir dans cette cérémonie. Comme il s'élève déjà beaucoup de prétentions, j'en ai fait un mémoire particulier pour que le Roi puisse se décider. J'ai fait aussi un projet pour les médailles, mais beaucoup plus économique que celui du mariage de 1770, quoique j'aie l'augmentation des maisons des princes et des princesses. Mais il faut, pour cela, que M. le duc de Duras tienne bon sur toutes les demandes que l'on ne manquera pas de faire à cet égard.

Jeudi 28. — Tous ces jours-ci se sont passés en voyages à Saint-Denis pour tous les ordres à donner, relativement à la cérémonie de la pompe funèbre du feu Roi, qui a eu lieu hier. Elle a duré cinq heures. Il y avait eu beaucoup de prétentions relativement aux ornements d'église; les évêques prétendaient garder leurs chappes de velours noir. Aussi avais-je pris sur moi, pour éviter une double dépense, d'écrire, avant la cérémonie, aux religieux de Saint-Denis, que je leur envoyais un ornement complet (dont j'ai fait le détail exact dans ma lettre) pour les différents services, et que Sa Majesté confiait cet ornement à leur garde, à titre de dépôt, pour en avoir soin et l'entretenir. Cette lettre a, en effet, mis fin aux prétentions qui s'étaient élevées.

Jeudi 4 août. — J'ai été occupé, ces jours-ci, des ordres relatifs au voyage de Compiègne, où la Cour s'est rendue le 1er de ce mois, et où j'ai été obligé d'envoyer, hier, une des maisons de bois de Saint-Hubert, pour mettre le billard que la Reine a demandé très promptement.

Lundi 15. — Je me suis rendu, le 5 de ce mois, à Compiègne, d'où, M. le duc de Duras ayant pris les ordres du Roi, nous en sommes partis pour Reims le 8. M. de Fontanieu, Intendant du Garde-Meuble, M. le Contrôleur général de la Maison du Roi, ainsi que les chefs et entrepreneurs des Menus s'y sont trouvés, M. le Grand Maître des cérémonies est convenu, avec nous, de ce qu'il y avait à faire tant dans l'archevêché que dans la cathédrale, dont le chœur sera augmenté de deux travées pour la Cour et le public. Nous avons vu les ornements, les offrandes et présents du Roi précédent, pour nous conformer aux usages. Le chapitre a formé différentes demandes, en conséquence desquelles j'ai fait un mémoire pour le Roi. Nous avons été fort bien vus dans cette ville; j'y ai été très occupé pour y trouver une maison et un emplacement suffisant et commode pour tous les officiers des Menus. Je suis revenu hier au soir à Paris, après avoir passé trois jours dans ma famille.

Samedi 20. — M. le duc de Duras m'a remis mardi les bons du Roi. Sa Majesté a consenti, sur la demande du chapitre de Reims, à augmenter l'ornement de douze tuniques et de quatre chappes, et d'ajouter un présent particulier aux offrandes d'usage qui consistent en une buire de vermeil, deux paix, dont l'une d'argent et l'autre de vermeil, et deux burettes de vermeil. Le don du Roi sera un beau ciboire d'or. Le Roi a aussi accordé plusieurs augmentations en dentelles, et a, d'ailleurs, approuvé tous les arrangements pris pour son sacre fixé au 15 juin de l'année prochaine. J'ai donné, en conséquence, les ordres nécessaires aux orfèvres, joailliers et autres, qui doivent travailler pour cette cérémonie.

Mardi 6 septembre. — M. Turgot ayant été nommé à la place de Contrôleur général, et M. de Vaines, premier commis, j'ai cru devoir faire un mémoire pour les instruire, l'un et l'autre, des objets des dépenses du sacre, d'après les ordres du Grand Maître des cérémonies, et les décisions du Roi sur ces mêmes ordres, ainsi que des arrangements pour les payements pris en conséquence par M. l'abbé Terray, son prédécesseur. Je remettrai ce mémoire à M. le duc de Duras pour qu'il puisse en conférer avec le nouveau ministre des Finances.

Vendredi 28 octobre. — L'absence de MM. les Premiers Gentilshommes de la Chambre, qui séjournent ordinairement à Fontainebleau, m'a donné le temps de me livrer à un travail plus suivi avec les chefs et entrepreneurs des Menus, relativement aux opérations du sacre, sur lesquelles je fais faire des devis très détaillés. J'ai envoyé, en conséquence, le sieur Girault à Reims pour lever les plans exacts des constructions à faire. Il en est revenu avant-hier, et j'espère qu'en continuant mon travail, je serai en état de connaître, dans le courant du mois prochain, à peu près l'objet de cette dépense. Je rends compte par écrit à M. le duc d'Aumont, et à M. le duc de Duras, de mes différentes opérations. J'ai déterminé M. le duc de Duras à ne point faire imprimer un nouveau livre du sacre, ce qui fera peut-être par suite une économie de deux ou trois cent mille livres.

La faillite du caissier de la Comédie-Italienne qu'on n'a pas voulu surveiller, ainsi que je l'avais recommandé, n'a pas laissé que de me causer aussi de l'embarras [1]. Les comédiens français ont perdu le sieur Feulie de la petite vérole ; il est fort regretté du public et de ses camarades.

Vendredi 11 novembre. — J'ai suivi, ces jours-ci, mon travail pour le sacre. J'ai fait arrêter à M. le duc de Duras les états des étoffes pour l'ornement de l'église de Reims, et

---

1. Ce caissier s'appelait Linguet. « Il vient de prendre la fuite et fait aux acteurs une banqueroute d'environ 50 000 livres. » — *Mémoires secrets*, 1774.

je suis entré, à cet égard, dans les détails les plus circonstanciés pour tâcher d'économiser sur cette dépense. Cela est d'autant plus nécessaire que cet ornement sera infiniment plus cher que celui donné en 1722 au sacre du feu Roi, non seulement à cause de la magnificence, mais encore à cause de l'augmentation que le Roi a bien voulu accorder sur le nombre des tuniques et chappes. J'ai fait le même travail sur les linges et dentelles nécessaires à cette cérémonie. Je continuerai de même sur les autres objets.

Mardi 15. — M. le duc de Duras m'a chargé de préparer une lettre qu'il fera signer par M. le duc de La Vrillière pour répondre aux plaintes très vives qui s'élèvent sur la manière dont les comédiens de l'un et l'autre théâtre remplissaient leurs devoirs vis-à-vis du public. Je l'ai fait passer au ministère; je crains qu'elle ne produise pas l'effet qu'en attend M. le duc de Duras.

Jeudi 1er décembre. — M. le duc de Duras ayant approuvé tous les plans, devis et marchés de toutes les fournitures à faire, tant en étoffes, galons, broderies, hermine, constructions, décorations, argenterie, et autres relatives au sacre, je lui ai remis une copie au net, pour son travail avec le Roi. J'y ai joint un mémoire par extrait, avec une récapitulation générale, tant sur les habits du Roi, des pairs, des grands officiers de la Couronne, du chancelier, et autres[1], que sur les ornements de la cathédrale de Reims, l'ornement à donner à Saint-Marcoul[2], le poêle de la couronne, pour Aix-la-Chapelle, les dentelles et linge, les pré-

---

1. Tous ces habits furent exécutés sur les dessins de Boquet, par Delaistre, tailleur des Menus.
2. La châsse de saint Marcoul, pieux personnage du VIe siècle, était dépo-

sents de l'offrande du Roi, les médailles, le payement des officiers des cérémonies, les droits d'église, le voyage des religieux de Saint-Denis pour la couronne et l'épée de Charlemagne[1], le voyage d'Aix-la-Chapelle[2], le transport des officiers du Roi et des musiciens, et leur payement, le luminaire, les constructions tant à l'archevêché qu'à l'église, celle du pont conduisant de l'archevêché à la cathédrale, comme en 1722. Toutes ces dépenses s'élèvent ensemble, par aperçu, à 638 023^l 12^s 4^d, si toutefois on veut bien s'en tenir à ce qui s'est pratiqué à peu près en 1722. Car si l'on veut, comme il paraît que M. le duc de Duras le désirerait, des constructions décorées, des colonnades, des sculptures et des peintures, il en coûterait alors 123 070 livres de plus, ce qui porterait la dépense totale à environ 760 000 livres. Encore serait-elle de 400 000 livres au-dessous de celle fixée par M. le Contrôleur général. J'ai cependant cru devoir faire de mon mieux pour engager M. le duc de Duras à épargner, s'il est possible, les décorations, ou du moins à présenter les projets sous deux points de vue au Roi, afin que Sa Majesté puisse décider en connaissance de cause. J'ai remis, en conséquence, à M. le duc de Duras le second mémoire que j'avais fait en même temps que le premier.

J'ai vu, hier, à Versailles, M. le duc de Duras qui m'a dit avoir montré tout mon travail à M. Turgot, Contrôleur général, lequel avait été d'autant plus content que, n'ayant pas

sée au monastère de Corbigny, à 6 lieues de Reims. Il était d'usage que le Roi y fît une visite après son sacre. Le voyage n'eut pas lieu en 1775 par suite du mauvais état des chemins.

1. La couronne et l'épée de Charlemagne étaient conservées à Saint-Denis.
2. Ce fut La Ferté qui fut chargé de porter, selon l'usage, cet ornement sur le tombeau de Charlemagne à Aix-La-Chapelle.

d'idée sur un aussi grand détail, il aurait estimé la dépense bien au delà de 800 000 livres, et qu'il avait été, en conséquence, de l'avis, après l'examen des plans et dessins, de faire les décorations ainsi que la gravure de la principale cérémonie du sacre pour l'ajouter aux gravures du sacre de 1722 [1]. D'après cela, je n'ai plus aucune réflexion à faire.

Mercredi 7. — M. le duc de Duras a fait voir, dimanche, en présence des sieurs Girault et de moi, à M. de Maurepas, les plans et devis du sacre dont ce ministre, qui avait vu celui de Louis XV, a été très satisfait. Le lendemain, nous avons eu l'honneur de les mettre sous les yeux du Roi, qui les a examinés avec attention et a bien voulu en témoigner sa satisfaction; après quoi nous nous sommes retirés. M. le duc de Duras a fait alors voir à Sa Majesté mon travail sur tous les objets à fournir pour le sacre. Le Roi, ayant bien voulu le lire en entier, à ce que nous a dit M. le duc, Sa Majesté a donné ses bons et décisions sur tous les objets qui les requéraient, et a ordonné que la décoration aurait lieu tant devant l'archevêché, que pour le pont, l'intérieur et l'extérieur de l'église, et que la salle du banquet royal serait aussi décorée de travées pour le public, ce qui augmentera la dépense nécessairement. M. le duc de Duras ayant bien voulu rendre compte à Sa Majesté du sacrifice

---

1. Cette magnifique planche, de 57 cent. de hauteur sur 83 de longueur, représente « le serment de Louis XVI ». Elle a pour légende : « Décoration du sacre de Louis XVI, Roi de France et de Navarre, à Reims, le 10 juin 1775, sur les ordres de M. le duc de Duras, Pair de France, Premier Gentilhomme de la Chambre de S. M., ordonnée par M. Papillon de La Ferté, intendant et contrôleur de l'argenterie, menus plaisirs et affaires de la Chambre de Sa Majesté. » Elle est signée : « Dessiné d'après nature et gravé par J.-L. Moreau le jeune, dessinateur et graveur du cabinet du Roi, 1779. » Elle se trouve à la chalcographie du Louvre.

personnel que je faisais d'un droit, dont avaient joui mes prédécesseurs, de toutes les charpentes, ferrures et autres objets qui avaient valu à M. Le Fèvre, Intendant des Menus en 1722, 300 000 livres, et que j'avais même pris le parti de me servir de tous les bois existants dans les magasins des Menus pour les y faire rentrer après le sacre, de même que de louer à Reims autant de bois de charpente qu'il serait possible, le Roi a bien voulu me dédommager de ce sacrifice, en m'accordant l'assurance d'un intérêt dans les Poudres, ou autres places de finance. Cette grâce est d'autant plus flatteuse pour moi, qu'elle est l'effet de la satisfaction de Sa Majesté. Le Roi a aussi décidé qu'il ferait sa cavalcade en habit de l'ancien costume. J'ai engagé M. le duc de Duras à préférer aussi cet habillement pour les huit pages de la Chambre, ce qui serait pour eux une distinction flatteuse dans cette cérémonie, et coûterait peut-être moins que les habits brodés qu'il faudrait leur faire à neuf.

Dimanche 11. — Nous avons eu, hier, une assemblée chez M. de Chouzy, où les sieurs Préville et d'Allainval se sont trouvés, pour examiner un projet que M. le duc de Duras a actuellement de réunir à la Comédie-Française les privilèges des comédies de Versailles, Compiègne et Fontainebleau. Il se proposerait d'en confier la direction au sieur Préville pour y placer les sujets de son école dramatique, et les faire entrer ensuite, s'ils sont bons, à la Comédie-Française. Le sieur Préville nous a fait part, en conséquence, de trois projets différents qui nous ont tous paru présenter de grands inconvénients, soit parce que la Comédie-Française ne voudra pas courir les risques d'une telle entreprise, ainsi qu'en est convenu le sieur Préville, soit parce qu'à son défaut, la perte, s'il y en avait, retomberait sur le Roi. Il ne pourrait en être autrement si cette réunion se faisait sous la forme d'une troupe appartenant à Sa Majesté et suivant la Cour. Enfin il faudrait dédommager les propriétaires actuels de ces privilèges. Après une très longue dissertation, on s'est résumé à dire qu'il fallait demander à M. le duc de Duras la liberté pour le sieur Préville de traiter avec les propriétaires des privilèges, pour les exploiter à ses risques et y faire passer ses élèves, lorsqu'ils seraient en état, afin que l'on pût juger de leurs talents. Le sieur d'Allainval s'est chargé d'aller rendre compte de cette conclusion à M. le duc de Duras.

Mercredi 17. — M. le maréchal de Richelieu m'a envoyé chercher, ce matin, pour me demander l'explication du projet de M. le duc de Duras. Il s'est mis fort en colère contre le sieur Préville, en disant que cet acteur voulait se faire directeur de la Comédie-Française, mais qu'il saurait bien empêcher l'exécution de ce ridicule projet, et même faire ôter au sieur Préville son emploi[1] qui n'était qu'onéreux au Roi. Il m'a chargé d'aller à la Comédie-Française, qui était assemblée, pour lui signifier de ne rien faire sans qu'il en fût instruit. Je m'y suis rendu ; le sieur d'Allainval ayant fait la lecture des trois projets suivant l'ordre de M. le duc de Duras, tous les comédiens se sont récriés contre, de la manière la plus vive et la plus tumultueuse. Le sieur Préville, qui était absent, n'a pas été ménagé. Ses camarades ont dit qu'il trahissait son corps par un pareil projet, puisqu'il tendait à créer une seconde troupe à leur préjudice. Le sieur Molé, prévenu peut-être par M. le maréchal, est arrivé au milieu de tous les cris, armé d'un mémoire dont la lecture

---

1. De directeur de l'école dramatique.

a duré une heure et demie, dans lequel il démontrait le danger des projets du sieur Préville, non seulement pour la Comédie, mais même pour les Italiens, insistant sur l'inutilité de son école et les avantages des troupes de province, pour former des sujets. Ce mémoire était écrit avec force, et en homme de l'art, mais outré et laissant trop voir son animosité contre le sieur Préville, ainsi que l'esprit d'indépendance des comédiens. La lecture du sieur Molé a été souvent interrompue par les applaudissements des comédiens et il m'a été impossible de me faire entendre. Ils ont dressé un mémoire pour prier M. le duc de Duras non seulement de prendre communication du mémoire du sieur Molé, mais même de le montrer au Roi et à la Reine, ce que j'ai trouvé très déplacé parce que cela m'a paru tenir de la menace. N'ayant trouvé ni M. le maréchal, ni M. le duc de Duras, je leur ai écrit ce qui venait de se passer.

Jeudi 19. — Samedi, tous les comédiens français se sont assemblés chez M. le duc de Duras, où le sieur Molé a fait, en présence de M. le duc de Fronsac, la lecture de son mémoire. M. le duc de Duras leur a dit qu'il le relirait en particulier. J'ai vu, hier, M. le maréchal qui s'est plaint vivement en me disant qu'on négligeait ses avis, parce qu'on le croyait moins en faveur, mais qu'il avait eu son tour, et qu'il s'en était servi pour être utile à M. le duc de Duras. J'ai cherché à le calmer en l'assurant que M. le duc de Duras ne conclurait rien que d'accord avec lui; qu'il avait seulement voulu voir s'il y avait possibilité de faire réussir un projet qu'il croyait utile à la Comédie. M. le maréchal ne m'a pas paru bien convaincu. J'ai été instruire M. le duc de Duras de ces dispositions, afin qu'il aille s'en expliquer avec lui.

ANNÉE 1775

EXERCICE DE M. LE DUC DE DURAS

Dimanche 15 janvier. — On a été très occupé, aux Menus, de tous les habits de quadrille ordonnés par la Reine pour son bal qui doit avoir lieu demain, ce qui ne laisse pas d'occasionner une dépense assez importante, vu la quantité de plumes et de dorures fines ordonnées par Sa Majesté.

Dimanche 22. — Le spectacle du bal chez la Reine a été des plus magnifiques. Depuis mardi tous nos entrepreneurs et ouvriers ont été fort occupés pour monter et décorer la petite salle de spectacle pour le bal de demain, où tous les quadrilles qui ont été dansés lundi dernier, chez la Reine, doivent être redonnés, afin que le public puisse aussi en jouir.

Mercredi 8 février. — Il y a eu bal, lundi, chez la Reine, avec des quadrilles nouveaux, qui nous ont fort occupés; on a passé toute une nuit à faire pour le Roi un très bel habit garni de dentelles à la Henri IV, qui avait été ordonné au moment où l'on s'y attendait le moins. J'ai conclu, hier, avec les entrepreneurs, sur des soumissions au rabais, les marchés pour le transport de différents effets de sacre à Reims, comme bois, meubles et autres, que j'envoie tant par terre que par eau.

Samedi 11. — J'ai reçu, hier, l'ordre de faire décorer le salon d'Hercule pour le bal qui doit avoir lieu le 20 de ce mois. Tout le monde est fort occupé pour ces divertissements auxquels l'archiduc Maximilien, arrivé mardi dernier, prend aussi part [1].

Lundi 6 mars. — La fête des princes, en l'honneur de l'archiduc, a eu lieu la semaine dernière [2], et le lendemain le bal et les quadrilles au salon d'Hercule. Tous nos ouvriers sont sur les dents. Je commence à m'occuper de demander les différents mémoires relatifs aux quadrilles qui ont eu lieu, cet hiver, chez la Reine, afin de pouvoir en connaître le plus tôt possible les dépenses.

Samedi 25. — J'ai travaillé ces jours-ci au règlement des mémoires qui me sont rentrés sur les dépenses des bals de la Reine. Je suis très peiné de cette dépense qui excédera 100 000 livres, vu la quantité de dorures fines qu'on a été obligé d'employer pour les habits des quadrilles. En envoyant cet aperçu à M. le duc de Duras, je lui ai fait part de mes tristes réflexions sur une dépense aussi considérable

---

1. L'archiduc Maximilien, frère de la Reine, était en visite à Versailles sous le nom de comte de Bourgaw. « Il n'a fait aucune sensation agréable dans Paris et à la Cour. Il n'a plu ni par sa figure, ni par son esprit; il a paru sans goût, sans amour pour les arts et les belles choses. » — *Mémoires secrets*, 1775.

2. Cette fête eut lieu au manège de Versailles.
« Elle consistait en une foire, un café, un bal, un souper. Elle a commencé à 9 heures du soir. La dépense est très considérable. On avait mis à contribution l'Opéra, la Comédie-Italienne, la Comédie-Française, Nicolet, Audinot, toute la foire, et les spectacles n'en ont pas paru meilleurs. » — *Mémoires secrets*, 1775.

pour quelques bals et l'ai fort exhorté de se tenir en garde sur toutes les demandes qui pourront lui être faites, surtout pour la fête de Marly où l'on se propose déjà de donner une loterie pour les dames de la Cour.

Lundi 27. — M. le duc de Duras ayant été nommé, avant-hier, maréchal de France, j'ai été, hier, lui en faire mon compliment à Versailles[1]. Il m'a dit qu'il avait montré au Roi, à la Reine et à M. le Contrôleur général, le bordereau des dépenses des bals que je lui avais envoyé; que Leurs Majestés, ainsi que le ministre, n'avaient point trouvé cette dépense trop considérable pour avoir amusé toute la Cour pendant l'hiver entier. A cela je n'ai rien eu à répliquer. A l'égard de la fête de Marly, M. le maréchal m'a dit avoir pris toutes les précautions pour être sûr de la qualité et du prix des objets qu'il destinait pour les présents.

Lundi 10 avril. — Ces jours derniers ont été employés, à Versailles et à Paris, en conférences avec M. le maréchal de Richelieu et avec M. le maréchal de Duras sur l'arrangement des deux Comédies, suivant l'usage ordinaire de chaque année. On a beaucoup parlé des abus, du peu de docilité des comédiens, de la nécessité de faire observer les règlements et de ce qu'il faudrait faire pour rétablir le bon ordre. J'ai été chargé à l'ordinaire de faire de nouveaux projets en conséquence, lesquels n'auront pas probablement plus d'exécution que ceux des années précédentes.

Vendredi 28. — Les théâtres de Paris ont rouvert lundi dernier. Il y a eu assemblée des comédiens français

---

1. Le duc de Duras, dans cette même année, fut nommé maréchal de France et élu membre de l'Académie française, où il remplaça de Belloy, l'auteur du *Siège de Calais*.

chez M. le maréchal de Richelieu, où j'ai lu quelques articles des nouveaux règlements. Mais on a beaucoup parlé comme à l'ordinaire sans rien statuer de positif. Chacun criait et faisait valoir ses prétentions; au reste la part des Français a été très bonne cette année, elle a produit plus de 15 000 livres et celle des comédiens italiens au moins autant.

Lundi 1ᵉʳ mai. — Tous les Menus se sont trouvés, avant-hier, chez M. le maréchal de Duras, tant pour le sacre que pour la fête de Marly. M. Laujon[1] y a lu un plan de divertissement pour Marly, qui ne m'a pas paru aussi plaisant qu'à l'auteur. J'ai pris la liberté d'en dire mon avis à M. le maréchal qui a fait aussi faire la lecture du programme de la tragédie du *Connétable de Bourbon* de M. de Guibert[2], que le Roi a demandée au grand théâtre pour le mariage de Madame Clotilde[3]. C'est un grand spectacle qui exige beaucoup de dépenses. Je verrai cependant à faire servir tout ce qui sera possible pour les diminuer.

Lundi 22. — Le Roi, la Reine et la famille royale ont vu, avant-hier, en détail, les pièces de vaisselle d'or et d'argent, l'ornement d'église, ainsi que les habillements qui doivent servir au sacre. Leurs Majestés en ont témoigné à M. le maréchal de Duras ainsi qu'à moi leur satisfaction. J'ai eu, à mon retour, une forte querelle avec le prévôt de la cathédrale de Reims au sujet d'une augmentation considérable de luminaire qu'il demandait pour l'église, mais j'ai tenu

1. Ce fécond auteur dramatique et chansonnier était né en 1727. Il fut de l'Académie française en 1807 et termina sa longue carrière en 1811.
2. Le comte de Guibert est aussi l'auteur d'un ouvrage intitulé *Essai sur la tactique*. Il est plus connu par la passion qu'il inspira à Mˡˡᵉ de Lespinasse que par ses tragédies.
3. Marie-Adélaïde-Clotilde-Xavière de France épousa, le 27 août, Charles-Emmanuel-Ferdinand-Marie, prince de Piémont.

bon, et il n'en a pas été des plus contents. Je suis presque à tout moment obligé d'avoir des prises pour combattre les prétentions d'un chacun. M. le maréchal me renvoie tout le monde, et quoique je sois levé tous les jours à cinq heures du matin, je trouve encore les journées bien courtes pour tout ce qui me reste à faire.

Vendredi 26. — M. le maréchal de Duras ayant désiré de faire voir au public de Paris les ornements du sacre, ils ont été exposés à l'hôtel des Menus deux jours de suite. Il y a eu un concours incroyable de monde de tous les états, surtout pour voir la couronne de diamants[1]. Après quoi j'espère pouvoir emballer et faire partir le tout avec les inspecteurs des Menus.

Lundi 5 juin. — Je suis arrivé, vendredi dernier, à Reims. Mon premier soin a été d'aller visiter les travaux faits tant à l'archevêché qu'à la cathédrale, galeries, tribunes, jubé, dont je ne donnerai point ici la description, M. le maréchal se proposant de la faire imprimer. Ce que je puis dire, c'est que j'ai été étonné de l'immensité de ces travaux, ainsi que de leur élégance, n'ayant pu m'en former une idée si étendue sur les plans et dessins. Mais craignant qu'on n'eût outrepassé de beaucoup les devis que M. le maréchal avait mis sous les yeux du Roi, j'ai fait part de mes inquiétudes à nos entrepreneurs. Ils m'ont avoué qu'en travaillant ils avaient reconnu qu'il y avait eu beaucoup de choses qu'il leur avait été impossible de prévoir dans les devis, et que, de plus, ils avaient été forcés de faire certains travaux indispensables, tant par les ordres des officiers des cérémonies, que pour

---

[1]. Le régent figurait parmi les nombreux diamants qui ornaient cette couronne, exécutée par Aubert, joaillier de la couronne.

mettre l'ensemble nécessaire dans une décoration aussi importante; qu'en conséquence il en résulterait une augmentation de dépense assez forte. Ce peu de mots m'a pénétré d'un des plus vifs chagrins que j'aie jamais ressentis. Tout en les louant sur la beauté de leurs travaux, je n'ai pu m'empêcher de leur faire des reproches sur ce qu'ils m'avaient mis dans le cas de ne pas présenter un devis exact. Cette altercation a été d'autant plus vive qu'ils n'ont pu me dire à quel chiffre pouvait monter l'augmentation de la dépense. Ils se sont contentés de me répondre que, s'il le fallait, ils y perdraient du leur, mais que, dans une opération aussi compliquée et aussi importante, il ne paraîtrait jamais étonnant que l'on n'eût pu tout prévoir, surtout si l'on tenait compte de la précipitation avec laquelle M. le maréchal avait exigé les devis et les changements ordonnés depuis. Quoique je sentisse la vérité de cette réponse, je n'en ai pas été moins affecté.

M. le maréchal étant survenu dans ce moment de crise, je lui ai rendu compte de la discussion que je venais d'avoir, en ajoutant que je le priais de vouloir bien en prévenir le Roi et le ministre, et de demander aux entrepreneurs de me remettre d'ici au 20 juillet tous leurs mémoires. Il leur a donné cet ordre après avoir entendu les mêmes explications qui m'avaient été fournies. Il a promis aussi d'en parler au Roi. Du reste, il a été parfaitement content de toute cette magnifique décoration et construction, qui a fait l'admiration de toutes les personnes qui l'ont déjà vue. Il est vrai que c'est la chose la plus complète qui ait jamais été faite dans les Menus.

Jeudi 8. — J'ai remis hier, au chapitre assemblé, où j'ai pris séance, la lettre du Roi, avec l'ornement dont Sa Majesté fait don à l'église de Reims. Ils m'ont fait faire ce matin leurs remerciements par deux députés.

Mardi 13. — Le Roi est arrivé ici, vendredi soir, sur les quatre heures. Son entrée a été des plus brillantes. Avant-hier, dimanche 11, jour de la Trinité, s'est faite la cérémonie du sacre, aux acclamations presque continuelles de toute la Cour et d'un peuple immense. Jamais spectacle ne fut plus attendrissant. Peu de personnes, je crois, ont pu le soutenir sans répandre des larmes. L'attendrissement de la Reine a été si vif qu'elle a été obligée de quitter quelque temps sa tribune ; elle a partagé les acclamations et les applaudissements de son auguste époux. Le Roi, malgré la chaleur, a très bien soutenu cette longue cérémonie, laquelle s'est trouvée à la vérité abrégée, grâce au livre de la cérémonie et des prières du sacre que j'avais fait imprimer pour que chacun sût ce qu'il avait à faire ou à dire. Je suis très aise d'avoir eu cette idée. Hier, le Roi a été reçu grand-maître de l'ordre du Saint-Esprit.

Mercredi 14. — Ce matin, le Roi est allé, en cavalcade, toucher les malades à Saint-Remi[1]. Le Roi a reçu, dans sa marche magnifique, de nouvelles marques de l'amour de son peuple. Sa Majesté a daigné me témoigner, à son lever, sa satisfaction sur tout ce qui a été fait par les Menus, et j'eus en même temps l'honneur de prendre congé d'Elle pour mon départ pour Aix-la-Chapelle, qui est fixé à demain, et où je

---

1. Ce fut dans le parc de l'abbaye que le Roi, ayant le manteau et le collier de l'ordre du Saint-Esprit, toucha les malades des écrouelles au nombre de 2 400. Voici comment on procédait.

« Le premier médecin appuyait sa main sur la tête de chacun des malades, dont un capitaine des gardes tenait les mains jointes. Le Roi, la tête découverte, les touchait, en étendant la main droite, du front au menton et d'une joue à l'autre, formant le signe de la croix et prononçant ces paroles : Dieu te guérisse, le Roi te touche ». — *Le sacre et couronnement de Louis XVI.*

vais porter, de la part du Roi, le drap mortuaire que les rois de France ont coutume de faire présenter, après leur sacre, au tombeau de Charlemagne. La Reine ayant eu aussi la bonté de me marquer son contentement, je me trouve ainsi très dédommagé de toute la peine que j'ai eue. J'avais fait, dès le lendemain du sacre et les jours suivants, la distribution des médailles d'or et d'argent, mais non sans peine, beaucoup de gens voulant en avoir quoiqu'ils n'y eussent aucun droit; d'autres voulant en avoir d'une valeur plus considérable que celle qui leur était destinée. J'ai prié M. le maréchal de Duras de tenir ferme pour pouvoir faire quelque économie qui compense un peu l'augmentation des dépenses de décoration; je serais au désespoir si ce travail, que j'ai fait avec le plus grand ordre et le plus grand soin, venait à être encore dérangé. J'ai fort exhorté M. le maréchal à faire en sorte d'éviter la dépense de la fête de Marly, en lui conseillant d'en rester, cette année, sur ses lauriers. J'ai eu encore une augmentation de dépenses à laquelle je ne m'attendais pas et qui ne devait point regarder les Menus; c'est l'argent que le Roi a ordonné que l'on jetât au peuple au moment de l'intronisation.

Mardi 18 juillet. — Je suis revenu à Paris le 12 de ce mois. Je me suis occupé tout de suite de l'examen des médailles que M. le maréchal de Duras a fait frapper et distribuer en mon absence, à mon grand regret, ce qui change tous mes projets à cet égard. Avec toutes les demandes nouvelles qui lui ont été faites, et auxquelles il a acquiescé, c'est un labyrinthe dont je vois que j'aurai beaucoup de peine à me tirer.

Jeudi 31 août. — La cérémonie du mariage de Madame Clotilde s'est faite le lundi 21. Il y a eu le même jour, dans la soirée, grand appartement dans la galerie, suivi du festin royal. Le mardi 22, bal paré; les jours suivants, répétition du *Connétable de Bourbon*, dont la représentation, très magnifique par ordre même du Roi, a eu lieu le lundi 26.

Mardi 5 septembre. — J'ai préparé, ces jours-ci, un règlement pour la distribution à venir des billets de voitures, et je l'ai fait signer par MM. les Premiers Gentilshommes de la Chambre, ainsi qu'un état des personnes auxquelles on accordera des chaises. De plus, j'ai fait un règlement pour le payement des sujets employés dans des spectacles de la Cour. J'ai aussi travaillé à l'examen des différents mémoires du sacre qui commencent à me rentrer. Je n'ai pas rassuré M. le maréchal sur leur montant, et il en est aussi affligé que moi. J'ai saisi cette occasion pour l'exhorter à diminuer le plus possible la dépense du prochain voyage de Fontainebleau. Il a en conséquence retranché trois ballets, en ne laissant subsister que ceux que la Reine a dansés le carnaval dernier, et que Sa Majesté veut voir exécuter sur le théâtre.

Jeudi 21. — Indépendamment du travail forcé que j'ai à faire pour mettre en règle le plus tôt possible toute l'affaire du sacre, j'ai été obligé de faire plusieurs courses à Versailles et de me mettre en relations avec M. de Malesherbes, ministre actuel de la Maison du Roi[1]. J'ai eu à l'entretenir du projet qu'a M. le maréchal de Duras de réunir l'administration de l'Opéra à celle des spectacles qui sont sous les ordres de MM. les Premiers Gentilshommes de la Chambre.

---

1. Lamoignon de Malesherbes, président de la Cour des Aides, venait de remplacer le duc de La Vrillière au ministère de la Maison du Roi. Il y resta jusqu'au 12 mai 1776 et se retira avec Turgot.

M. le maréchal prétendait que M. de Malesherbes ne demandait qu'à se défaire de ce spectacle, et m'avait prévenu que le ministre désirait me voir pour traiter de cette affaire avec moi. Je me suis donc rendu chez M. de Malesherbes, mais j'ai été fort étonné du résultat de cette visite. Le ministre m'a demandé, en présence de M. Borot, premier commis de la Maison du Roi, si j'avais connaissance du projet de M. le maréchal de Duras pour la réunion de l'Opéra aux autres spectacles. Je lui ai répondu que j'étais précisément envoyé près de lui pour avoir l'honneur de lui en parler. Il m'a alors répliqué sur-le-champ que la chose était impossible, que jamais cette réunion n'aurait lieu, et que je devais même chercher les moyens de faire abandonner cette idée à M. le maréchal de Duras. Il a ajouté qu'il avait fait assez connaître à ce dernier que, tout en désirant ne point entrer dans tous les détails minutieux de l'Opéra, il ne se départirait jamais cependant de l'influence qu'il devait y avoir, comme étant dans le département de son ministère. Il a fini par me conseiller d'insinuer à M. le maréchal qu'une telle administration était au-dessous de sa naissance, et qu'il n'y avait le plus souvent que des tracasseries à y gagner. M. de Malesherbes, connaissant tout le désir de M. le maréchal d'avoir ce spectacle sous ses ordres, a dû convenir que la commission qu'il me donnait était un peu délicate.

Mercredi 26. — J'ai fait distribuer, ces jours derniers, dans la maison du Roi et aux spectacles le nouveau règlement imprimé sur la distribution des billets de voitures de la nouvelle régie[1]. Il en résultera nécessairement de l'économie, si l'on veut y tenir la main.

---

1. La mise en régie des coches, diligences, messageries, rouliers, etc., était une des réformes inaugurées par Turgot. « On prétend que le Roi gagnera

Samedi 7. — J'ai été, hier, à Choisy, pour le spectacle. Le Roi ayant permis qu'on applaudît, cela a donné beaucoup d'action au jeu des acteurs dont on a été content. La Reine a bien voulu m'en marquer sa satisfaction dont j'ai fait part aux comédiens, en les prévenant cependant que l'on n'était point content du peu de zèle que la plupart d'eux marquaient pour le service du public. Je n'ai point dissimulé à la Reine que les bontés trop marquées dont elle honorait les comédiens les rendaient souvent très indisciplinés pour leur service. M. le maréchal de Duras a fort appuyé ces réflexions.

Jeudi 19. — J'ai terminé depuis mon arrivée à Fontainebleau le règlement du bordereau des mémoires du sacre y compris les objets non entrés dans les devis et qui s'élève à 80 658 livres. J'ai remis cet état à M. le maréchal de Duras avec celui des médailles, tant en or qu'en argent, que j'ai sauvées de la distribution et qui doivent être rendues au Roi. Le montant en est d'environ 14 000 livres, ce qui réduit la dépense du sacre à environ 800 000 livres, c'est-à-dire à environ 100 000 livres au delà du premier devis.

Samedi 4 novembre. — Les spectacles de Fontainebleau se continuent à l'ordinaire sauf les changements d'usage dans le choix des pièces du répertoire; c'est assez d'un rhume pour déranger tous les projets. Il est vrai que la

---

deux millions à ce changement, et que le public sera mieux servi et à meilleur compte. » — *Mémoires secrets*, 1775.

Cette réforme ne fut pas sans exciter beaucoup de mécontentements qui se produisirent même sous la forme poétique. On fit ce quatrain contre Turgot :

Ministre ivre d'orgueil, tranchant du souverain,
Toi qui, sans t'émouvoir, fais tant de misérables,
Puisse ta poste absurde aller un si grand train
Qu'elle te mène à tous les diables!

saison y contribue beaucoup, les sujets étant obligés d'être presque toujours en route jour et nuit, tant pour le service de la Cour que pour celui de Paris. Le Roi a fait distribuer déjà une cinquantaine de volumes de la description du sacre qui ont été achetés de l'imprimeur qui avait fait faire cet ouvrage à son compte[1]. Nous avons été occupés, ces jours-ci, des préparatifs d'une course de chevaux anglais dans la plaine de Barbau, à deux lieues d'ici. Il a fallu pour cela faire venir une maison de bois de Paris, l'élever sur des bâtis de charpentes, dresser tous les poteaux et enfin payer la musique des gardes françaises et suisses, ce qui fait encore une augmentation de dépenses. On a annoncé que de pareilles courses auraient lieu trois fois par an, savoir : une ici et deux dans la plaine des Sablons[2].

Lundi 13. — Le Roi a ordonné lui même qu'on fît, pour la tragédie de *Menzikoff*, qui a été donnée vendredi, tous les habits à ses dépens[3]. Enfin la Reine ayant désiré, à la suite de cette tragédie, un ballet, il a fallu envoyer chercher à Paris toutes les étoffes et faire venir les tailleurs pour en faire les habits; on a passé la nuit pour ces préparatifs, ce

---

1. Voici le titre de cet ouvrage :

« Sacre et couronnement de Louis XVI, Roi de France et de Navarre, à Rheims, le 11 juin 1775, précédé de Recherches sur le sacre des Rois de France depuis Clovis jusqu'à Louis XV, et suivi d'un journal historique de ce qui s'est passé à cette auguste cérémonie, enrichi d'un très grand nombre de figures en taille-douce, gravées par le sieur Patas, avec leurs explications. — Paris, chez Vente, libraire des Menus-Plaisirs du Roi, au bas de la montagne Sainte-Geneviève, et chez Patas, rue Basse-des-Ursins, derrière Saint-Denis de la Chartre, 1775, avec privilège du Roi. »

Le *journal historique* est de l'abbé Pichon, historiographe de Monsieur et Chantre de la Sainte-Chapelle du Mans. Les *recherches* sont de Gobet, secrétaire du conseil du comte d'Artois.

2. La plaine de Barbau est une enclave de la forêt de Fontainebleau. La plaine des Sablons faisait autrefois partie de la forêt de Rouvret, aujourd'hui le bois de Boulogne.

3. Tragédie de La Harpe qui ne fut point représentée au Théâtre-Français.

qui m'a obligé de donner, au milieu de la nuit, à souper à tout ce monde. Le Roi ayant remarqué qu'un des acteurs de la tragédie de *Menzikoff* était habillé d'une étoffe pareille à celle des Pairs au sacre, j'ai dit que c'était en effet une veste qui n'avait pas été employée. On a vu par là qu'on se servait de ce qu'on avait, ce qui a produit un très bon effet.

Dimanche 17 décembre. — Nous avons été fort occupés des préparatifs de la tragédie du *Connétable de Bourbon* et du ballet de *Médée et Jason*, que la Reine a demandé pour samedi prochain au grand théâtre. J'ai cru devoir prévenir M. le maréchal de Duras que ce spectacle serait fort coûteux, surtout à cause des répétitions continuelles qu'on en fait.

Dimanche 24. — La représentation du *Connétable de Bourbon*, qui n'a pu avoir lieu à cause de la maladie du sieur Lekain, a été remise à samedi prochain. J'ai reçu de nouveaux ordres pour la pension du sieur Vestris et pour une gratification extraordinaire de 1200 livres pour le sieur Nival, musicien de la Reine, et enfin pour faire faire au sieur Lekain un habit magnifique dont le Roi lui fait présent. Tout cela ne s'accorde pas toujours avec les projets d'économies qu'on a en vue et sur lesquelles j'ai remis un grand mémoire ces jours-ci à M. le duc de Villequier.

Dimanche 31. — Samedi, l'on a donné *le Connétable de Bourbon*. L'on n'a pas été très content des corrections qui ont été faites[1]. Cette tragédie a été suivie du ballet panto-

---

1. C'était la seconde représentation à la Cour de cet ouvrage qui ne fut point donné à Paris.

mime de *Médée et Jason* dont le spectacle a été magnifique ; il est fâcheux que cela ait coûté autant[1].

[1]. « On a donné le ballet de *Médée et Jason* (de Noverre) exécuté, il y a plusieurs années, à Paris, dans l'Opéra d'*Ismène et Isménias* (de Laujon et de La Borde). Cette pantomime est un poème complet en 3 actes. M.lle Allard y a reparu et a rempli le rôle de Médée dans le genre le plus tragique. Les accessoires des décorations du spectacle en ont rendu les effets plus frappants, au point de passer des yeux à l'âme et de l'émouvoir fortement. » — *Mémoires secrets*, 1775.
Ce ballet fit fureur à Paris.

ANNÉE 1776

EXERCICE DE M. LE DUC DE FLEURY

Mercredi 7 février. — M. le maréchal de Duras m'a chargé, ces jours-ci, de demander à M. le maréchal de Richelieu si son intention était bien de ne plus se mêler des Comédies, parce que, dans ce cas, il abandonnerait la Comédie-Italienne à M. le duc de Fronsac, ne voulant rien avoir à discuter avec lui. M. le duc de Richelieu qui, en effet, avait dit qu'il ne voulait plus se mêler de rien, a changé trois fois d'avis, et demande même un quart de part pour le sieur La Rive et un autre pour la demoiselle Colombe avant Pâques[1]. M. le duc de Duras ne voulant point y consentir, les voilà plus partagés de sentiments que jamais, ce qui va achever de mettre l'anarchie dans les Comédies. Quant à moi, j'ai pris le parti de ne plus m'en mêler tant que ces Messieurs ne seront pas plus d'accord entre eux.

Dimanche 24. — J'ai été fort occupé, ces jours-ci, de la

1. La Rive, qui n'avait pas été reçu à son début en 1770, avait passé cinq années en province et à l'étranger. Il avait débuté de nouveau, au mois d'avril 1775, et avait été reçu.

Mlle Colombe, dont il a été déjà question, avait un grand succès à la Comédie-Italienne.

proposition qui m'a été faite de me charger de l'administration de l'Opéra pour rechercher s'il y aurait quelque moyen de diminuer les dépenses, et de les rapprocher de la recette, et enfin de rétablir la subordination dans ce spectacle. J'ai rendu compte à MM. les Premiers Gentilshommes de la Chambre de la proposition que m'avait faite M. de Malesherbes à cet égard. Ces Messieurs ont jugé que je ne pouvais refuser cette marque de confiance du ministre, d'après le compte qu'il en avait probablement rendu au Roi.

J'ai donc consenti à me charger de cet essai pendant un temps, mais à condition qu'on me donnerait, pour m'assister dans ce travail, M. Hébert, M. de Chouzy qui avait suivi cette administration pendant longtemps, étant premier commis de la Maison du Roi, et M. Buffault, attaché au bureau de la ville, pour suivre les opérations des recettes et dépenses de l'Opéra[1]. Le ministre ayant agréé mes demandes, nous nous sommes mis tout de suite en besogne, pour tâcher de remplir ses vues. Il paraît que le public nous sait quelque gré de nous être chargés de cette administration et a l'espoir que nous trouverons les moyens d'assurer ses plaisirs. J'ai reçu déjà plusieurs plans anonymes, où il y a de bonnes choses, dont nous pourrons profiter. Telle est aujourd'hui la situation de cette affaire qui sera une nouvelle occasion de travail pour moi.

Samedi 2 mars. — J'ai eu l'honneur de présenter au Roi et à la famille royale, avant-hier, mon ouvrage de l'*Extrait*

---

1. Cette société prenait en régie l'administration de l'Opéra dont la Ville était fort embarrassée depuis la mort de Rebel. Il faut joindre aux noms indiqués dans ce passage ceux de L'Escureul de La Touche, intendant des Menus, de Bourboulon, son survivancier, et de Des Entelles, survivancier de La Ferté.

de la vie des peintres, qui a été reçu avec bonté[1]. Mgr le comte d'Artois m'a fait l'honneur de me marquer sa satisfaction de ce que j'étais chargé de l'administration de l'Opéra. J'ai cru devoir profiter de cette occasion pour lui répondre que nous étions flattés de la confiance de Sa Majesté, mais que nous ne pouvions répondre à ses vues qu'autant que nous ne trouverions point d'entraves dans le désir que nous avions de faire cesser les abus et de rétablir l'ordre. J'ai eu l'honneur d'ajouter que le Roi venait de nous donner une nouvelle preuve de son désir de soutenir ce spectacle essentiel pour Paris, pour les arts, et même pour le commerce, en accordant 6 000 livres pour faire venir de Naples le sieur Piccinni, célèbre compositeur, et que la cour de Portugal demandait aussi[2].

Mardi 19. — M. le maréchal de Richelieu, M. le maréchal de Duras continuent à ne rien décider sur les arrangements pour les sujets des spectacles, pour Pâques prochain, ce qui occasionne beaucoup d'incertitudes et met ceux qu'on renverrait dans le plus cruel embarras pour se placer ensuite en province. Les comédiens français sont fort occupés de la banqueroute de leur caissier. Ils perdent, à ce qu'ils croient, plus de 100 000 livres. C'est bien leur faute de n'avoir pas mieux veillé à leurs affaires, malgré tous les avis que je leur ai donnés[3].

---

1. Cet ouvrage en deux gros volumes in-8 est intitulé : *Extrait des différents ouvrages publiés sur la vie des peintres*. Il parut cette année même, 1776. Il n'est signé au titre que des initiales : M. P. D. L. F., mais le nom de l'auteur est dans l'approbation et dans le privilège qui est de 1774.

2. L'engagement de Piccinni était pour trois ans. Le célèbre compositeur arriva de Naples à Paris le 31 décembre de cette année. Son premier ouvrage à l'Opéra, *Roland*, dont Marmontel avait fait le livret, fut représenté avec un grand succès, en janvier 1778, malgré la cabale des Gluckistes et des Ramistes.

3. Ce caissier s'appelait Fontaine. Il s'était enfui avec la femme de Thomassin, acteur de la Comédie-Italienne.

Mercredi 3 avril. — La clôture des théâtres à Paris s'est faite samedi 29. J'ai été, en conséquence, fort occupé de courses chez M. le maréchal de Richelieu et chez M. le maréchal de Duras, relativement aux arrangements à prendre pour le service des Comédies à la rentrée, et pour la distribution des parts et portions de parts. J'ai eu l'honneur de voir, à Versailles, avant-hier, M. de Malesherbes, dont j'ai pris les ordres au sujet d'un article à mettre dans les nouveaux règlements de l'Opéra[1] et dont l'objet est de priver les sujets de leurs pensions à la Cour, dans le cas où ils quitteraient l'Opéra par humeur. J'avais fait un mémoire très détaillé que la Reine a daigné approuver comme indispensable pour le rétablissement du bon ordre. Ainsi, il y a lieu de croire que cet article, inséré dans le règlement, en imposera aux mutins et assurera le service du public. M. le comte de Maurepas, que j'ai vu également, a pensé de même.

Jeudi 18. — Les spectacles de Paris ont recommencé lundi dernier. Malgré les belles promesses faites par les comédiens français, dans leurs compliments de clôture et de rentrée, de faire tous leurs efforts pour satisfaire le public, c'est la première chose à laquelle ils manquent. Les sieurs Monvel[2] et La Rive refusent de jouer les rôles de leur emploi qu'ils trouvent faibles ou mauvais, quoiqu'ils aient

---

1. Ce règlement, appuyé d'un arrêt du conseil, est du 30 mars. Il est en 41 articles. MM. Papillon de La Ferté, Maréchaux Des Entelles, L'Escureul de La Touche, Bourboulon, intendant des Menus, Hébert, trésorier, et Buffault, ancien marchand de soie, y sont nommés en titre « pour gouverner l'Opéra avec l'autorité la plus étendue », ayant sous eux un directeur général, deux inspecteurs, un agent et un caissier.

2. Boutet dit Monvel avait débuté en 1770, et avait été reçu en 1772 pour les seconds rôles tragiques. Sa carrière fut brillante, mais agitée. Il a composé un grand nombre de pièces de théâtre pour la Comédie-Française et la Comédie-Italienne. Il est mort en 1812, membre de l'Institut.
Il est le père de Mlle Mars.

obtenu l'un et l'autre des augmentations de part. Il y a eu, pour cela, une assemblée, hier, chez M. le maréchal de Duras. Comme on m'a demandé mon avis, j'ai répondu qu'à la place de M. le duc de Duras, je n'hésiterais pas à forcer ces deux comédiens à remplir leurs devoirs vis-à-vis du public et de leur société et à les punir par une prison très rigoureuse en cas de refus; que même je me résignerais ensuite à la fâcheuse nécessité de les perdre, s'il n'y avait pas moyen de leur faire entendre raison, en les empêchant toutefois de passer à l'étranger et de s'engager dans aucune troupe du royaume. Les avis des comédiens ont été partagés, les uns trouvant le mien juste, les autres trop sévère. On a fini par mettre cette affaire en négociations, c'est-à-dire par tout perdre. Du moins, je le crains.

Dimanche 4 mai. — Ce que je prévoyais au sujet des sieur La Rive et Monvel n'a pas manqué d'arriver. Ils ont eu gain de cause, et l'on a fait venir un sujet pour les remplacer dans les rôles qu'ils refusaient. La demoiselle Raucourt[1], qui n'avait pas besoin de ce mauvais exemple, en profite pour refuser aussi les rôles qui ne lui plaisent pas, quoiqu'elle vienne d'obtenir un quart de part d'augmentation. D'après cela il n'est guère possible d'espérer que la Comédie puisse satisfaire le public, qui se portait cependant en foule aux Français.

Nous nous sommes trouvés dans une tracasserie très considérable, et qui nous a occasionné beaucoup de courses et de travail, relativement à notre administration de l'Opéra. Les sujets de la danse, choqués de notre règlement, que la Reine a approuvé, ainsi que M. de Malesherbes, ont pré-

1. Elle avait débuté avec éclat en 1772, et avait été reçue en 1773.

senté un mémoire fort indécent à M. le maréchal de Duras, qui, bien que cela ne le regarde en rien, l'a accueilli contre l'avis de M. le duc d'Aumont. J'ai dû répondre par un mémoire très circonstancié et très détaillé, qu'il a fallu ensuite discuter dans plusieurs assemblées, pour prouver à M. le maréchal l'extravagance de l'insubordination des sujets de la danse, le ridicule de leurs prétentions et les conséquences dangereuses qui en résulteraient non seulement pour les intérêts de l'Académie, mais encore pour ceux du Roi et pour le service de la Cour. M. le maréchal, voyant que nous étions déterminés à abandonner la machine, a enfin pris le parti de nous dire que nous avions raison sur tous les points. Ainsi, le résultat de cette tracasserie, qui nous a fait perdre beaucoup de temps et qui a donné beaucoup d'humeur aux sujets qui se croyaient soutenus par M. le maréchal, est qu'il est peu agréable de se mêler d'une affaire où, pour toute récompense, on peut courir les risques de déplaire aux protecteurs.

Dimanche 9 juin. — La retraite de M. de Malesherbes, auquel M. Amelot a succédé dans le département de la Maison du Roi, m'a donné beaucoup d'occupations [1]. Les nouvelles tracasseries de l'Opéra nous ont déterminés à demander au nouveau ministre notre retraite. Mais comme il nous a priés de continuer nos services à ce spectacle jusqu'à ce qu'il fût au fait de cette administration, nous n'avons pu le lui refuser. Nous avons essuyé, à cette occasion, de nouvelles contradictions de la part de M. le maréchal de Duras,

---

1. M. Amelot, conseiller d'État, intendant des Finances, ancien intendant à Dijon, venait de remplacer M. de Malesherbes au ministère de la Maison du Roi. C'était un grand ami de M. de Maurepas. Il quitta le ministère en 1783 et mourut à la prison du Luxembourg, pendant la Terreur.

qui avait d'abord pensé que nous ferions bien de nous retirer, et a été ensuite d'un avis contraire. J'ai vu, à cette occasion, particulièrement, à Versailles, M. le comte de Maurepas et M. Amelot, auxquels j'ai promis un mémoire très détaillé de ce qui s'était passé depuis que nous étions chargés de la manutention de l'Opéra, ce qui a paru leur faire bien plaisir. J'ai, en conséquence, travaillé ces jours-ci à ce mémoire, où je rends compte de tous les motifs qui ont déterminé le règlement et l'ordonnance, ainsi que des réclamations faites par différents sujets, et de nos réponses, et enfin de toutes les mesures que je crois nécessaires pour soutenir ce spectacle. J'ai aussi fait faire une copie de différents mémoires sur l'administration des Menus, ainsi que m'en a prié M. le comte de Maurepas, pour mettre M. Amelot au fait de cette partie.

Dimanche 23. — Le fait le plus intéressant, ces jours précédents, et qui m'a donné de grandes occupations à la Comédie-Française, est l'évasion de la demoiselle Raucourt, qui a laissé derrière elle beaucoup de dettes. Ce n'est point une perte; son talent était médiocre et sa conduite détestable[1]. On a proposé à la demoiselle Sainval, cadette, qui est à Lyon, de venir à Paris. Mais M. le maréchal de Duras ne voulant point lui accorder une demi-part, elle ne veut pas quitter 12 000 livres qu'elle a pour venir gagner ici 3 000 livres. J'ai remis, ces jours-ci, au ministre mon grand mémoire au sujet de l'Opéra pour avoir ses décisions.

Dimanche 6 juillet. — Toujours beaucoup de tracasseries

---

1. On inventa, à cette époque, des bonnets à la Raucourt caractérisés par un petit panier percé qui les surmontait.

aux spectacles. La demoiselle Sainval, cadette, a débuté la semaine dernière; les avis sont fort partagés sur le compte de cette actrice[1].

Mercredi 24. — La demoiselle Sainval, cadette, continue ses débuts, mais il s'en faut de beaucoup qu'elle réponde à la réputation dont elle jouissait à Lyon, tant il est vrai que le cadre et l'ensemble font juger différemment les acteurs. D'ailleurs, on apporte, par l'envie qu'on a de s'amuser dans les spectacles de province, plus d'indulgence, et les comédiens oublient alors les traditions des grands acteurs de Paris. On commence à regretter la demoiselle Raucourt. La demoiselle Sainval l'aînée est, de son côté, une très mauvaise tête. Il a fallu employer, lundi dernier, toute l'autorité de la police, M. le maréchal de Duras y ayant échoué, pour l'empêcher de paraître sur le théâtre, en même temps que la dame Vestris, dans le rôle de Roxane, qu'elle prétendait jouer. Hier, mardi, il y a eu spectacle à Trianon, chez la Reine, composé de la Comédie-Française, des Italiens, et des ballets de l'Opéra. Les Menus fournissent tout et font tous les arrangements nécessaires. Cependant ce ne sont point eux qui y paraissent comme ordonnateurs.

Dimanche 1ᵉʳ septembre. — L'état des dépenses du sacre est totalement terminé.

Je l'ai présenté en huit chapitres pour qu'on puisse reconnaître, dans tous les temps, les différents objets de cette dépense. Cet état monte, y compris les gratifications accordées par le Roi et les taxations du trésorier, à 830 158ˡ 12ˢ 11ᵈ.

---

1. Elle avait débuté une première fois en 1772 et reparaissait au Théâtre-Français après un long séjour en province.

Savoir :

	Livres.	Sols.	Den.
1° Les habillements du Roi, des Princes, Pairs et autres.	148.183	17	9
2° Les ornements d'église et médailles.	159.692	11	3
3° Les présents et médailles.	134.654	17	8
4° Les constructions, dorures, peintures et autres.	249.122	14	10
5° Voitures par eau et par terre.	54.106	14	»
6° Luminaire, livres, impressions, payement des musiciens, officiers des cérémonies, voyage d'Aix-la-Chapelle.	24.962	5	4
7° Dépenses particulières et faux frais.	16.936	14	8
8° Gratifications accordées par le Roi.	32.160	»	»
Taxation du Trésorier.	10.240	17	5
TOTAL.	830.158	12	11

Il faut déduire de ce total environ 12 000 livres pour les médailles que j'ai remises en nature au Roi.

Lundi 30. — Le Roi ayant accordé quelques gratifications nouvelles pour le sacre, cet état est arrêté définitivement à 835 828ˡ 12ˢ 10ᵈ. J'ai été, d'ailleurs, occupé le reste de ce mois à préparer le répertoire de Fontainebleau où il y aura beaucoup de nouveautés. Il y a eu, ces jours derniers, spectacle à Trianon. La Reine a fait donner par les Menus au sieur Picq, danseur, une montre et une chaîne d'or [1].

Samedi 12 octobre. — Le Roi étant arrivé à Fontainebleau mercredi, les spectacles ont commencé jeudi par *Zuma*, tragédie nouvelle de M. Lefèvre, qui n'a pas réussi [2]. Hier,

---

1. Picq, élève de Noverre, était premier danseur du théâtre de Naples. Il ne fit que passer à Paris. Il fut successivement attaché aux théâtres de Londres et de Saint-Pétersbourg comme maître de ballets.

2. Elle obtint plus de succès à Paris où elle fut jouée au mois de janvier suivant.

les comédiens italiens ont donné *la Soirée des Boulevards*, avec des divertissements de l'Opéra. Ce spectacle a occasionné beaucoup de dépenses, tant pour les décorations que pour les habits et le nombre prodigieux de sujets qui y ont été employés [1].

Jeudi 31. — Le Roi vient de faire donner à M. de Champfort, auteur de *Mustapha et Zéangir*, tragédie nouvelle, une marque de sa satisfaction, par une gratification annuelle de 1 200 livres, que sa Majesté lui a accordé sur les Menus [2].

Samedi 19 novembre. — Le Roi m'a ordonné, ces jours derniers, à son dîner, de faire un très bel habit au sieur Molé. J'ai aussi remis, de la part du Roi et de la Reine, une magnifique boîte enrichie de diamants à M. Cromot, à l'occasion de la fête que Monsieur a donnée, à Brunoy, à la Reine [3].

Lundi 11. — J'ai reçu l'ordre de donner un mandement de 2 400 livres de gratification au sieur Picq, danseur, qui est réclamé par l'ambassadeur pour aller remplir à Venise l'engagement qu'il y a contracté d'y danser au carnaval prochain. Cette petite affaire m'a occasionné beaucoup de démarches auprès de cet ambassadeur.

Jeudi 19. — J'ai donné, ces derniers jours, l'état des payements de tous les sujets employés aux spectacles et aux ballets, pendant le voyage de Fontainebleau.

Le total sera d'environ 220 000 livres après le règlement des mémoires. Je craignais que cela ne fût beaucoup plus cher.

1. C'est une nouvelle représentation de cet ouvrage de Favart.
2. Représentée l'année suivante à Paris, cette tragédie n'eut qu'un succès d'estime.
3. Cromot du Bourg, ancien premier Commis au contrôle général, était surintendant des finances de Monsieur, comte de Provence. Il avait été l'ordonnateur de la fête donnée par ce dernier au Roi et à la Reine, dans sa maison de campagne de Brunoy.

J'en ai fait un petit extrait que j'ai prié M. le duc de Fleury de mettre, sous les yeux du Roi, avec un état de tous les habits faits pour les huit grands ballets, pour les comédies et les actes d'opéra, ainsi que des décorations. Le nombre des habits neufs est de 121 ; il y en a 461 raccommodés à neuf. On a fait cinq décorations complètement neuves, six ont été retouchées entièrement, et deux n'ont été que raccommodées. J'espère que le Roi sera content de ce détail et du prix.

Samedi 30. — Les spectacles ont recommencé lundi 21, à Versailles. J'ai travaillé, tous les jours que j'ai passés à Paris, aux états de 1775. J'ai vu M. Necker qui est Directeur général des Finances[1] ; il m'a parlé de l'administration des Menus. Je lui ai dit qu'il devait trouver, sur cette partie, tous les éclaircissements que j'avais remis, l'année dernière, au Contrôleur général avec un projet d'économies ; mais il est convenu avec moi que les économies sur les dépenses extraordinaires dépendaient absolument de la volonté du Roi et des choses qu'on ordonnerait.

Samedi 14 décembre. — Les comédiens français ont demandé qu'il leur fût payé au moins 20 livres par jour à chacun, pour leur séjour à Fontainebleau. J'ai fait le relevé de ce qui leur a été payé par représentation, depuis 1750 jusqu'à 1762, y compris leur pistole de Fontainebleau et je leur ai prouvé que loin de servir le Roi pour rien, comme ils le prétendent, ils gagnaient par l'abonnement que j'avais fait en 1762 avec eux, à raison de 650 livres par représentation, 340 livres par chaque spectacle à la Cour. Encore faut-il y ajouter la

---

1. Necker n'eut pas le titre de Contrôleur général. On ne crut pas pouvoir admettre un protestant au conseil. Il n'en eut pas moins toute l'autorité d'un ministre des Finances.

pistole qu'ils avaient obtenue contre mon avis, en 1773, attendu que tout avait été compris dans l'abonnement de 650 livres dont ils m'avaient fort remercié dans le temps. Mais je crains bien que les bonnes raisons que j'ai données ne soient sans effet, et que MM. les Premiers Gentilshommes de la Chambre, auxquels ils ont présenté leur mémoire, ne leur donnent gain de cause. Ce sera encore une augmentation de dépense à perpétuité pour le Roi.

ANNÉE 1777

EXERCICE DE M. LE MARÉCHAL DE RICHELIEU

Samedi 15 février. — Spectacles à l'ordinaire à la Cour, quoique, ces jours-là, la Reine vienne souvent à ceux de Paris, et qu'il en coûte 10 louis chaque fois pour la loge de Sa Majesté et pour sa suite. J'ai reçu, ces jours derniers, des ordres pour différentes dépenses, et entre autres pour des gratifications que la Reine a demandées pour les musiciens qui ont été au sacre, gratifications qu'ils ont obtenues à force de persécuter Sa Majesté. La somme, quoique très modique pour chacun d'eux en particulier, ne laisse pas cependant d'en faire une assez considérable pour le Roi. Je les ai réduites au taux le plus bas possible, mais je n'en ai pas moins la main journellement forcée.

Samedi 22. — J'ai reçu ordre de M. le maréchal de Richelieu de faire payer par M. Hébert un mémoire de 6 000 livres [1]

---

1. Hinner, harpiste allemand, vint à Paris vers 1774. Il donna à Paris un petit opéra, *la Fausse Délicatesse*, qui eut peu de succès, puis fut attaché à la musique de la Reine. En 1781, il était à Londres où il se faisait applaudir par sa manière de jouer l'adagio. Mais l'arrivée de Mme Krumpholtz, quelques années après, le fit oublier. Il revint à Paris où il était encore en 1803. — Fétis, *Biogr. des musiciens.*

que la Reine lui a remis pour les dettes du sieur Hinner, son maître de harpe. Je n'ai pu me dispenser de conseiller à M. le maréchal de représenter à Sa Majesté qu'on abusait de ses bontés. En effet, les autres musiciens ne manqueront pas de demander les mêmes grâces, et avec d'autant plus de raison qu'ils sont bien moins payés, et servent à tous les concerts particuliers de la Reine.

Mercredi 15. — M. le maréchal de Richelieu a fait donner à M. Laujon, auteur de quelques couplets dans un des spectacles de la semaine dernière, une boîte de 75 louis, et au sieur Grétry, qui en a fait la musique, une gratification de 1200 livres. J'avoue que j'ai vu avec chagrin cette dépense pour un travail aussi peu considérable, et pour un spectacle qui, d'ailleurs, a coûté beaucoup plus en habits et en décorations qu'il ne valait. Mais M. le maréchal ne veut écouter aucune représentation. Heureusement les spectacles de la Cour ont été clos hier.

Samedi 29. — Les spectacles du soir ayant cessé le 15 de ce mois, j'ai employé cette vacance au travail des états de 1775 et 1776, et aux arrangements intérieurs des Comédies. MM. les Premiers Gentilshommes ont distribué différentes portions de part aux comédiens. Comme je n'ai pas eu le bonheur d'être tout à fait de l'avis de M. le maréchal de Duras sur certaines décisions qui m'ont paru injustes, cela m'a valu une querelle de sa part. Ainsi l'expérience me démontre tous les jours le désagrément de traiter avec des grands seigneurs qui prétendent avoir toujours raison, c'est même ce qui m'a déterminé à solliciter très vivement auprès de M. Amelot afin d'être déchargé de l'administration de l'Opéra. Je n'ai obtenu cette faveur qu'avec beaucoup de peine. On ne pourra, je l'espère du moins, critiquer notre gestion, puisque, à très peu de chose près, nous avons mis la dépense au pair de la recette. Ainsi la ville y bénéficiera beaucoup, quoique l'année ait été moins longue et qu'il y ait eu cinq bals et cinq spectacles de moins, à cause du Jubilé. L'Opéra est rentré, par notre démission, sous l'administration directe de la ville. Je désire qu'elle n'éprouve pas d'événements plus fâcheux que nous; mais il est bien à craindre que les protections, qui nous ont tant tourmentés cette année, ne la mettent à son tour dans l'embarras.

M. le maréchal de Richelieu a accordé une gratification de 240 livres au sieur Dorsonville, débutant de la Comédie-Italienne[1]. Il serait à désirer que ces sortes de dépenses se prissent sur les fonds de la Comédie et ne fussent point à la charge du Roi, puisque c'est pour le service de la chose.

Lundi 21 avril. — J'ai reçu, mardi dernier, l'ordre de disposer l'opéra de *Castor et Pollux*, au grand théâtre, pour l'arrivée de l'Empereur[2]. C'est une dépense que j'aurais bien voulu éviter, et qui d'après le premier aperçu que j'en ai fait, avec les entrepreneurs des Menus, sera d'environ 110 000 livres, M. le duc d'Aumont ayant jugé à propos de faire donner à l'Opéra tous les habits qui avaient été faits, pour cet ouvrage, en 1770, lors du mariage. J'ai remis cet aperçu à M. le maréchal pour le placer sous les yeux du Roi, ce qu'il a fait. Sa Majesté ayant ordonné qu'on allât en avant sur les préparatifs, j'ai vu M. Necker qui a promis les fonds nécessaires.

Dimanche 11 mai. — J'ai été occupé, sur la fin du mois

---

1. Dorsonville, qui avait une jolie voix de haute contre, fut reçu en 1779.
2. L'Empereur, frère de la Reine, était arrivé au mois d'avril précédent.

dernier, des préparatifs de *Castor et Pollux*, dont j'ai cherché à diminuer la dépense le plus possible. En effet, cet opéra, qui a été donné lundi dernier, n'a eu qu'une seule répétition générale, et malgré cela l'on en a été content. Du reste, j'avais disposé le tout de telle manière que j'ai pu régler tout de suite les mémoires, et les remettre à M. le maréchal de Richelieu. Celui-ci en a été très satisfait, la dépense ayant été réduite de 110 000 livres à 59 303¹ 13ˢ 8ᵈ. Aussi ai-je poussé l'économie jusqu'à la lésinerie, ayant même fait raccommoder de vieux bas de laine qui avaient servi aux soldats comparses en 1770, reblanchi de vieilles gazes etc.; j'ai même retranché, sous le prétexte que le chemin de Versailles est actuellement éclairé, les flambeaux aux sujets, ce qui a excité beaucoup de rumeurs. Comme cette suppression servira d'exemple pour les spectacles dans tout le cours de l'année, cela fera une économie de 8 à 10 000 livres par an. M. Necker a été d'autant plus satisfait de cette diminution, à laquelle il ne s'attendait pas, que je lui ai démontré, d'après l'état même, que sur les 59 303¹ 13ˢ 8ᵈ de dépenses il n'y avait que 38 823¹ 6ˢ 8ᵈ pour le paiement du luminaire, des décorations, des étoffes pour les habits, des plumes, bas, souliers, gants, le paiement des peintres, tailleurs, perruquiers, et des ustensiles de théâtre, les copies de musique, bois, rafraîchissements etc., et que le surplus avait été employé au payement des voitures, des soldats, acteurs, actrices, chœurs, symphonistes, danseurs et danseuses, dont le mieux payé n'avait pas reçu, pour un travail depuis le 20 avril jusqu'au 5 mai, plus de 54 livres en tout.

M. Necker en a été étonné, surtout quand je lui ai fait voir que, sans compter les ouvriers du théâtre, il y avait eu cinq cent soixante dix-neuf personnes employées pour ce spectaclo. Mais j'ai fait sentir à M. Necker que s'il était question d'établir un pareil spectacle, avec décorations et habits, et sans le secours que je m'étais procuré de l'Opéra, il en aurait coûté au moins 200 000 livres.

Mercredi 11 juin. — MM. les Premiers Gentilshommes de la Chambre se sont assemblés, hier, pour examiner la demande faite par M. de Beaumarchais qui veut intenter un procès aux comédiens français [1]. Il réclame une part dans le produit des petites loges louées à l'année, ce qui autoriserait, si cette demande était admise, les autres auteurs à élever la même prétention. Les comédiens étaient présents à cette assemblée. On a arrêté, après une très longue et très ennuyeuse discussion, que M. le maréchal de Duras verrait les principaux auteurs de l'Académie française, pour leur proposer un arrangement plus avantageux, mais sans mettre, toutefois, les comédiens en demeure de compter vis-à-vis d'eux du produit des petites loges. Il reste à savoir si M. de Beaumarchais voudra y acquiescer. Les comédiens retirés, il a été convenu, après beaucoup de débats, que M. le maréchal de Duras se chargerait de l'administration des spectacles, à condition d'en rendre compte à M. le maréchal de Richelieu. Je ne sais si cet arrangement plaira beaucoup à M. le duc de Fronsac; j'en doute fort.

Mardi 27. — M. le maréchal de Duras, à l'assemblée de mercredi dernier, a fait part de ses différents projets sur les deux Comédies. Mais il pourrait bien y trouver plus de difficultés qu'il ne pense, car M. le duc de Fronsac n'est nulle-

---

1. C'est le commencement de cette longue campagne entreprise par Beaumarchais afin d'obtenir pour les auteurs dramatiques une rétribution plus équitable de leurs ouvrages.

ment déterminé à lui laisser toute l'autorité. Il en résulte, pour moi, beaucoup de courses depuis l'assemblée de ces Messieurs, tant à Paris qu'à Versailles.

Samedi 12 juillet. — Enfin, après bien des démarches de ma part, l'arrangement pour le partage des Comédies a été fait entre MM. les maréchaux de Richelieu et de Duras. Ce dernier a la Comédie-Française, et M. le maréchal de Richelieu a la Comédie-Italienne, conjointement avec M. le duc de Fronsac. Je désire que cette combinaison produise enfin l'union entre ces Messieurs; mais je n'y croirai que lorsque l'expérience en aura été faite.

Jeudi 31. — La Reine a ordonné que les Menus payassent 4 800 livres au sieur Hinner, son joueur de harpe, pour aller se perfectionner dans son art en Italie. Le voyage de Fontainebleau aura lieu. Sa Majesté a choisi les spectacles qu'elle désire, entre autres l'opéra d'*Iphigénie* [1], de M. Glück, et plusieurs actes d'opéra avec des fragments de ballets. J'ai commencé à faire les devis de la dépense de ces spectacles, afin que le Roi puisse la connaître et ordonner ensuite ce qu'il jugera convenable. On parle aussi de nouveaux spectacles à Choisy pour le mois prochain. Je ne crois pas que tous ces projets de dépenses plaisent à M. Necker.

Jeudi 27 septembre. — On a projeté, dans le cours de ce mois, beaucoup de répertoires pour Fontainebleau. Enfin, on en a arrêté un, où, malgré mes représentations, on a compris l'opéra d'*Iphigénie*, qui ne fait pas une nouveauté assez intéressante pour la dépense qu'il occasionnera. Au

---

1. Glück a fait deux Iphigénies : *Iphigénie en Aulide* représentée en 1774 et *Iphigénie en Tauride* représentée en 1779.

reste, d'après ce répertoire, j'ai fait un devis estimatif de ce que peut coûter le voyage, et je suis entré à cet égard dans les plus grands détails. Je l'ai remis à M. le duc de Fronsac pour le faire voir au Roi et à M. Necker, car il faut nécessairement de l'argent. J'ai voulu éviter la dépense du séjour des comédiens français à Fontainebleau, mais je n'ai pu en venir à bout, quoique je les aie rassurés sur la prétendue crainte qu'ils avaient que la Reine ne fît venir les comédiens de Fontainebleau, pour jouer au palais des proverbes[1]. Sa Majesté m'a fait dire qu'ils pouvaient être tranquilles à cet égard, et qu'elle me ferait avertir si elle avait envie de quelques spectacles particuliers.

Dimanche 12 octobre. — La Cour s'étant rendue à Fontainebleau le 9, les spectacles ont commencé le lendemain. Il a fallu aussi faire les préparatifs pour les courses de chevaux, et arranger la maison de bois pour le billard du roi. Tous ces objets entraînent nécessairement des dépenses; mais, malgré tous mes soins et tous mes désirs d'économie, je ne peux m'y opposer.

Samedi 1ᵉʳ novembre. — Avant-hier, jeudi, l'on a donné l'opéra d'*Iphigénie* de M. Glück. Cet ouvrage a failli me causer des désagréments. M. Glück m'a fait demander comment et par qui il serait logé, nourri et payé à Fontainebleau, voulant s'assurer de tous ces objets avant de se rendre ici. Il a ajouté que, si l'on n'avait pas besoin de lui, il profiterait du beau temps pour retourner en Allemagne. J'avais cru

---

1. Carmontel, lecteur du duc d'Orléans, avait mis à la mode les petites pièces de salon qui ont reçu le nom de proverbes. Il en a fait un très grand nombre, remarquables par la vérité des caractères et le naturel du langage.

devoir profiter de cette proposition pour éviter au Roi une dépense inutile. J'avais, en conséquence, fait répondre à M. Glück que, comme son opéra avait été joué longtemps à Paris, et qu'il était parfaitement su, nous ne voulions pas abuser de sa complaisance en l'empêchant de profiter du beau temps pour se rendre à Vienne. M. Glück, peu content de ma réponse, qui ne s'accordait point avec ses vues, a jugé à propos de faire dire à la Reine, par M. le comte de Mercy, ambassadeur de l'Empereur, que je lui avais mandé crûment qu'on n'avait pas besoin de lui. J'ai cherché presque inutilement à me justifier d'un pareil mensonge; tant il est vrai qu'en voulant ménager les intérêts du Roi, l'on ne récolte le plus souvent que des tracasseries. Au reste, l'opéra a eu un succès tel quel, et comme une seconde représentation eût encore augmenté la dépense, j'ai tant fait qu'elle n'aura pas lieu.

Jeudi 13. — J'ai été occupé, tous ces jours derniers, des mémoires et de la formation des états d'émargements qui sont considérables. Je regrette surtout la dépense du spectacle de jeudi dernier qui se composait des *Fausses Confidences*, de *Fatmé*, comédie-ballet, de M. de Saint-Marc, musique de M. Dezaides, qui n'a eu aucun succès, ni du côté des paroles, ni du côté de la musique, et de ballets où le sieur Gardel, malgré tout ce que j'ai pu dire, a employé cinquante-deux danseurs et danseuses, et les musiciens des gardes françaises qu'il a fallu faire venir exprès de Paris[1].

Dimanche 16. — Les spectacles de Fontainebleau se sont

---

1. *Les Fausses Confidences*, comédie en 3 actes, en prose, de Marivaux, Théâtre-Italien, 1756. — *Fatmé*, comédie ballet en 2 actes, avait pour sous-titre *le Langage des fleurs*. *Fatmé* ne parut pas sur la scène de Paris. Gardel fit représenter aussi pendant ce voyage : *la Chercheuse d'esprit* et *Ninette à la Cour*.

terminés par *Matroco,* opéra-comique de M. Laujon qui n'a pas eu un grand succès, malgré tout le grand spectacle dont cette pièce était accompagnée¹.

Lundi 22. — Je commence à voir qu'après le règlement des mémoires, la dépense du voyage de Fontainebleau sera d'environ 260 000 livres. J'ai craint, pendant plusieurs jours, qu'elle ne montât beaucoup plus haut, à raison de la quantité de spectacles et ballets qui ont été donnés.

2. *Matroco,* drame burlesque en 4 actes, en vers, mêlé d'ariettes et de vaudevilles, avait été représenté à Chantilly, chez le prince de Condé. Il fut joué à Paris sans succès, en 1778.

ANNÉE 1778

EXERCICE DE M. LE DUC D'AUMONT

Dimanche 18 janvier. — Un objet qui me tracasse en ce moment est la nomination à la place de dessinateur du cabinet du Roi, vacante par la mort du sieur Challe. M. le maréchal de Duras a une espèce de parole de M. le duc d'Aumont en faveur du sieur Moreau qui a fait les dessins et les gravures du mariage en 1770 et ceux du sacre. Mais M. le duc d'Aumont, qui désirerait partager cette place entre le sieur Paris, architecte, et le sieur Durameau, peintre d'histoire [1] et protégé par M. d'Angevilliers [2], m'avait chargé de faire en sorte d'engager M. le maréchal à se désister. M. de Duras, que j'ai vu plusieurs fois à ce sujet, ne voulant pas y consentir, j'ai proposé de partager la place en trois. M. le

---

1. Jean-Michel Moreau, né en 1841, « le dessinateur par excellence des élégances parisiennes et des fêtes royales dans la seconde moitié du xviiie siècle ». — Baron Portalis, *les Dessinateurs d'illustrations*.

Pierre Adrien Paris était architecte et dessinateur. Il eut une part considérable dans le grand ouvrage de l'abbé Saint-Non, *le Voyage à Naples et dans les deux Siciles*, 1781-1786.

Le peintre Durameau, auteur du plafond de la salle du théâtre de Versailles.

2. Le comte de La Billarderie d'Angevilliers, directeur et ordonnateur général des bâtiments du Roi, arts, manufactures, académies, etc.

duc d'Aumont veut bien y consentir, mais je ne sais si M. le maréchal sera du même avis.

Mardi 20. — Nous avons été à l'assemblée chez M. le duc d'Aumont. M. de Villequier m'a dit, en particulier, qu'il avait eu une querelle très vive avec M. son père, sur son choix des sieurs Paris et Durameau pour la place de dessinateur du cabinet du Roi, et qui devait être donnée de préférence au sieur Machy ou au sieur Robert[1], mais qu'il ne dirait point son avis. Ces Messieurs ayant pris séance, M. le maréchal de Duras a réclamé la parole qui lui avait été donnée en faveur du sieur Moreau. M. le duc d'Aumont a répliqué qu'il n'avait pas pris d'engagement formel, et M. le maréchal de Richelieu a ajouté qu'il n'en avait pas entendu parler. M. le duc de Duras m'ayant interpellé plusieurs fois d'une manière très vive, j'ai été obligé de dire qu'en effet il avait proposé le sieur Moreau, et que, dans le temps, on n'avait rien objecté contre cette proposition. M. le duc d'Aumont ayant présenté, à l'appui d'un mémoire sur les talents des sieurs Paris et Durameau, une très belle collection de dessins du sieur Paris, cela n'a pas séduit M. le maréchal de Duras qui a dit qu'il ferait aussi apporter des dessins du sieur Moreau. Enfin, après une discussion très vive, M. le duc d'Aumont ayant proposé de partager la place en trois, ce parti a été accepté, et l'ordre donné en conséquence pour les brevets.

---

1. Pierre-Antoine de Machy, peintre et graveur, membre de l'Académie de peinture et professeur de perspective. Il avait déjà travaillé pour les Menus.

Hubert Robert, paysagiste, eut beaucoup de vogue à cette époque. Il habita longtemps l'Italie et en rapporta une grande quantité de tableaux et de dessins. Il fut reçu à l'Académie en 1765. « Il a, dit Mariette, une touche agréable et ses tons sont assez argentins ; il est un peu trop indécis dans sa couleur, mais il met beaucoup d'esprit dans ses dessins. Chacun lui en demande, surtout ceux qu'il fait légèrement colorés. » — *Abecedario*.

Après l'assemblée, M. le maréchal de Duras m'a pris en particulier pour me charger de prévenir M. le duc d'Aumont et M. Hébert que les comédiens trouvaient mauvais qu'ils eussent des petites loges à leur spectacle sans payer. Je me suis excusé de cette commission, parce que, indépendamment de ce que M. le maréchal a pris l'habitude de ne plus me consulter sur ce qu'il fait aux Comédies, j'ai trouvé qu'il serait très désagréable pour moi de me charger de cette commission, lorsque M. le maréchal, beau-frère et camarade de M. le duc d'Aumont, n'ose lui en parler directement.

Dimanche 1ᵉʳ février. — Hier, ont été signés à l'assemblée les brevets du sieur Paris, comme dessinateur du cabinet du Roi, du sieur Durameau, comme peintre du cabinet et du sieur Moreau, comme graveur dudit cabinet. Il a été accordé 400 livres de pension au sieur Lempereur[1], ancien graveur des Menus.

Mercredi 11. — J'ai fait un nouveau mémoire pour démontrer à MM. les Premiers Gentilshommes que la quantité d'habits prêtés aux spectacles et l'abus qui en résulte diminuent d'autant les magasins des Menus, aux dépens du Roi. La Reine devant avoir, pour ses bals particuliers, des quadrilles, Sa Majesté a demandé que les mémoires de ses habits et ceux des dames et seigneurs des quadrilles fussent payés par les Menus. C'est une augmentation de dépense pour notre partie, et j'en ai prévenu la finance.

Dimanche 22. — L'appartement de la Reine ne s'étant pas trouvé assez vaste pour l'exécution du ballet, nous avons été obligés de disposer la petite salle de spectacle pour ce

---

1. Lempereur a gravé avec talent un grand nombre de dessins pour l'illustration des livres de cette époque.

bal qui a eu lieu mercredi dernier. Les habits, faits par la demoiselle Bertin [1], n'ont pas été trouvés merveilleux. Nous ne les en paierons pas moins, ainsi que toutes les autres dépenses de ce bal.

Dimanche 1ᵉʳ mars. — Les spectacles ont toujours lieu, à l'ordinaire, trois fois par semaine. La petite salle de spectacle n'ayant pas été trouvée suffisante pour l'exécution des ballets du bal, la Reine a ordonné que l'on préparât le grand salon d'Hercule; ce qui a été fait avec une promptitude incroyable. Tout s'est trouvé prêt pour le mercredi 25 du mois dernier. Il y avait à ce bal une cour nombreuse et beaucoup de danseurs. Au reste, je ne sais si le résultat de ces plaisirs amusera beaucoup M. le Directeur général des Finances.

Mercredi 11. — J'ai remis, avant-hier, à M. le duc de Villequier, par ordre de la Reine, une belle boîte d'or émaillé pour le sieur Gardel qui a fait les ballets de la Cour.

Dimanche 22. — M. Necker a décidé qu'il ferait solder les 2 500 000 livres restant dues sur les années 1774, 75 et 76, tant les gages et appointements que les fournisseurs, savoir, deux tiers en contrats à 4 p. 100, moitié de l'autre tiers en argent, et l'autre moitié en assignations payables l'année prochaine. Il en résultera pour moi un travail considérable pour combiner les choses de manière que toutes les petites parties et les gages modiques puissent être payés en entier en argent. Ainsi il faudra nécessairement que les

---

1. Marchande de modes de la Reine, qui eut une grande vogue à cette époque. Elle était le ministre au département des modes et disait, quand elle était mandée à Versailles, qu'elle allait « travailler » avec Sa Majesté. Ses ateliers étaient rue Saint-Honoré.

grosses parties prenantes supportent plus des deux tiers en contrats qui perdent considérablement.

Dimanche 29. — Il a été décidé, à l'assemblée de jeudi dernier, par MM. les Premiers Gentilshommes de la Chambre, qu'il serait passé, sur les états des Menus, 1 200 livres de gratification annuelle pour le sieur Le Breton, Surintendant de la musique en survivance, jusqu'au temps où il deviendra titulaire, et ce, sans tirer à conséquence pour les autres survivanciers ; 2° Il a été accordé 1 000 livres de gratification au sieur Gelin, ancien musicien, et ce sur la demande de M. Amelot ; 3° 1 500 livres de gratification annuelle à la demoiselle Trial, par ordre de la Reine[1] ; 4° On a souscrit à la demande que j'ai faite de ne porter à l'avenir aucune dépense de copiste de musique, que celles ordonnées par écrit, certifiées ensuite par les surintendants, et enfin remises à la bibliothèque de musique du Roi ; 5° Ordre de faire rentrer tous les habits des Menus prêtés aux Comédies et à l'Opéra, ainsi qu'aux particuliers ; 6° Ordre d'accorder des grâces particulières au sieur Vestris fils, jusqu'à ce qu'il y ait une place vacante dans le ballet du Roi.

Mercredi 6 mai. — A la dernière assemblée de MM. les Premiers Gentilshommes de la Chambre, M. le duc de Duras a donné lecture d'un mémoire très extraordinaire des auteurs au sujet de leurs arrangements d'intérêt avec les comédiens. Cela a paru naturel, mais ce qui n'a pas paru tel, c'est leur prétention de s'ériger en un corps qu'ils appellent

---

1. Gélin, chanteur de l'Opéra et de la musique du Roi, prit sa retraite, avec 2 000 livres de pension, pendant cette année 1779. Il avait chanté les basses avec succès pendant vingt ans.

La femme de Trial, sociétaire, comme son mari, de la Comédie-Italienne.

dramatique. De là, ils veulent gouverner les spectacles pour que rien ne s'y fasse que de leur avis. MM. les Premiers Gentilshommes de la Chambre, ainsi que je l'avais prévu, et que j'en avais prévenu M. le maréchal, se sont tous récriés contre le ridicule de ce mémoire, en protestant qu'ils ne reconnaîtraient jamais un pareil corps, ajoutant toutefois qu'il était juste de faire rendre aux auteurs ce qui pouvait être dû à leurs travaux. M. le maréchal n'a pas laissé de discuter vivement pour eux; mais ces Messieurs l'ont prié de faire en sorte que les auteurs retirassent de pareilles propositions, ce qui ne l'a nullement satisfait. Il avait flatté les auteurs de faire réussir leurs demandes. Je ne sais la tournure que prendra cette affaire.

Lundi 25. — Nous avons été occupés, ces jours derniers, de la construction d'une salle de spectacle en bois dans un bosquet de Marly, pour de petites fêtes que la Reine se propose de donner. On a trouvé cette salle très jolie et assez grande pour contenir la Cour.

Vendredi 12 juin. — On a été très content des spectacles de Marly, ainsi que de tous nos arrangements. Ce qui est fâcheux, c'est que cela se passe à un moment où l'on est très embarrassé pour payer les fournisseurs et autres. Hier, M. le duc de Villequier a rapporté, à l'assemblée de MM. les Premiers Gentilshommes de la Chambre, mon mémoire d'où il suit que, pour payer les fournisseurs un tiers en argent et deux tiers en contrats, M. Hébert a reçu de trop 576 464 ^{l} 6^s 8^d en contrats, et conséquemment cette somme de moins en argent. Un nouveau mémoire sur cette situation inacceptable sera présenté à M. de Maurepas et à M. Necker.

Mercredi 17. — Il y a eu, samedi dernier, spectacle de Bouffons italiens à Versailles[1]. Quel que soit l'enthousiasme des partisans de ce spectacle, je doute que ce genre ait grand succès dans ce pays. Il y a eu ensuite un ballet.

Mardi 1er septembre. — Il y a eu plusieurs spectacles, dans la fin du mois dernier, à Choisy, avec ballets, ce qui occasionne beaucoup de dépenses, et surtout sans argent. J'en ai prévenu M. le duc de Villequier, et surtout de la dépense qu'entraîne nécessairement la multiplicité de différents spectacles en un seul jour.

Dimanche 27. — Les représentations des fournisseurs se multiplient de plus en plus. La perte des contrats sur la place augmente tous les jours. Elle est de 40 p. 100. Au reste, les spectacles ont continué à Choisy et dans l'orangerie, à Versailles, et avec autant de magnificence que si l'on avait de l'argent en abondance.

Samedi 10 octobre. — J'ai fait part à MM. les Premiers Gentilshommes de la Chambre, dans leur assemblée de mercredi dernier, d'un mémoire que j'avais remis à M. Necker pour refuser 80 000 livres qu'il m'accordait, ainsi qu'à l'Intendant des Écuries, pour l'opération du règlement des fournisseurs en contrats pour les années 1774, 1775 et 1776, et de la demande que je faisais que cette somme servît à dédommager ceux des fournisseurs qui souffriraient le plus de cet arrangement, ce que M. Necker m'avait accordé. Ces Messieurs m'ont beaucoup loué de mon désintéressement

---

[1]. Les chanteurs italiens avaient été engagés par De Vismes, directeur de l'Opéra à cette époque. Ils débutèrent à l'Opéra par les *Finte Gemelle* de Piccini.

qui, au fond, n'était qu'une justice. Ils m'ont dit que cette somme m'appartenait et que c'était à moi d'en faire la distribution qui me conviendrait. Je m'y suis refusé ne voulant pas qu'il en résultât pour moi quelque tracasserie, et j'ai prié ces Messieurs de décider sur l'emploi de cette somme après examen des représentations des fournisseurs.

Jeudi 13 novembre. — Il a été accordé une augmentation de 1000 livres de pension à la demoiselle Dumesnil, ancienne comédienne[1], plus une gratification de 1000 livres au sieur Brizard[2]. Il y a eu, depuis le 12 octobre jusqu'à ce jour, quatorze spectacles, tant à Marly qu'à Versailles et chez la Reine, en comédies, actes d'opéra, bouffons, ballets, ce qui ne diminue pas les dépenses, tant pour le fond de la chose, que par les petits théâtres qu'il a fallu faire, soit à Versailles, soit à Marly. Tout cela ne plaît pas beaucoup à la Finance, et m'amuse encore moins, car le public se plaît à augmenter encore énormément ces sortes de dépenses.

Samedi 5 décembre. — J'ai travaillé, la semaine dernière, avec M. le duc de Villequier, qui est fort occupé de différents projets d'économie, surtout de diminuer la dépense des bougies de spectacles, en y substituant de l'huile d'une composition particulière, et qu'il prétend ne rien sentir. Cependant je crois avoir éprouvé le contraire. Mais quand même il n'en serait pas ainsi, je crois que cette manière d'éclairer les spectacles ne peut réussir[3].

---

1. Mlle Dumesnil était retirée depuis 1776.
2. Brizard appartenait à la Comédie depuis 1758. Il ne se retira qu'en 1786.
3. Il s'agit probablement ici de l'huile de pied de bœuf.
L'éclairage à la chandelle fut pendant longtemps le seul employé aux théâ-

Vendredi 18. — J'ai été très occupé, depuis douze jours, surtout par les préparatifs du bouquet ordonné par le Roi pour la naissance du prince que nous attendons, et dont Sa Majesté a fixé la dépense à environ 15 000 livres. J'ai aussi travaillé à un extrait des dépenses des spectacles de la Cour depuis seize ans, d'où il résulte que, déduction faite des gages, pensions qui figurent dans l'état des comédies et concerts, les spectacles, tant de Versailles que de Fontainebleau, ont coûté, année commune, environ 250 000 livres, ce qui est très éloigné de tous les millions qu'on se plaît à mettre en avant.

Dimanche 27. — La Reine est accouchée d'une princesse le samedi 19, laquelle a été baptisée dès le même jour[1]. Sa Majesté a ordonné que le bouquet d'artifice fût tiré dès le soir même, ce qui a été exécuté au moyen du grand nombre de personnes que j'ai prises pour transporter tout de suite dans la place d'armes toutes les caisses et chevalets d'artifices. Il a été tiré sur les huit heures et a parfaitement

---

tres. Les chandelles, pour le Théâtre-Français, étaient au nombre de 268, pesant ensemble 40 livres et coûtant 21 livres.

« En 1783, il y avait eu un progrès. La seule rampe du Théâtre-Français était éclairée par 128 bougies de cire. « MM. les comédiens français, » dit l'auteur d'un mémoire qui leur est adressé pour solliciter l'entreprise de l'éclairage de la Comédie, « semblent persuadés que la déclamation qui leur est particu-
« lière pour la tragédie ne peut se prêter à l'usage de l'huile parce que la fu-
« mée leur porterait à la gorge et à la poitrine. La rampe du théâtre de
« l'Opéra, ajoute le même mémoire, est éclairée par des biscuits (sorte de lam-
« pions de huit mèches et en huile de pied de bœuf) faisant ensemble 800 mè-
« ches environ, dont chacune donne une fois plus de lumière qu'une bougie. »
Les chanteurs étaient donc, en 1783, d'humeur plus accommodante que les tragédiens, car la rampe de l'Opéra devait vraisemblablement exhaler une puanteur et une fumée insupportable. » — *Étude sur la mise en scène*, par M. E. Perrin, 1883.

1. Marie-Thérèse-Charlotte eut pour parrain le roi d'Espagne et pour marraine l'Impératrice-Reine, représentés par le comte de Provence et la comtesse d'Artois.

réussi, quoique j'en aie diminué la moitié, vu la circonstance. Ainsi la dépense ne sera que de 6 000 livres environ, au lieu de 15 000. J'ai envoyé tout de suite à Paris pour faire illuminer les hôtels d'usage, y compris le Contrôle général sur la demande de M. Necker, et tout a été fait à point nommé.

ANNÉE 1779

EXERCICE DE M. LE MARÉCHAL DE DURAS

Samedi 9 janvier. — J'ai eu, au commencement de cette année, une explication avec M. le Directeur général des Finances, au sujet des propos que l'on avait tenus sur les dépenses faites à l'occasion des couches de la Reine, dépenses que l'on faisait monter à plus de 200 000 livres. On avait dit également que le Directeur général avait envoyé chercher en particulier chacun des fournisseurs pour régler avec eux cette dépense. Ces propos étaient d'autant plus mortifiants que le Roi avait su, dès le lendemain même des illuminations, que la dépense, fixée par Sa Majesté à 15 000 livres, n'avait pas dépassé 5 000 livres, vu les réductions que j'avais cru devoir faire, la Reine étant accouchée d'une princesse. Quant aux illuminations, tant à Versailles qu'à Paris, pour les hôtels des Menus, ceux de MM. les Premiers Gentilshommes de la Chambre, du Contrôle général, des premiers commis des finances, et pour les maisons dépendant des Menus, qu'il est d'usage d'illuminer au compte du Roi (ayant employé pour ma maison trente terrines en tout), la dépense, pendant deux jours, a été d'environ 7 000 livres. Ainsi la totalité des dépenses du feu d'artifice, des illuminations, du payement des soldats, des ouvriers, voitures, etc., ne montait qu'à la somme de 15 000 livres fixée par le Roi pour le seul feu d'artifice.

M. Necker m'ayant demandé comment il pouvait obvier à ces propos, je lui ai répondu que cela était très aisé, et qu'il pouvait les faire tomber en en plaisantant, chez lui, à dîner, devant tout le monde. J'ajoutai que l'honneur de son administration était intéressé à ne pas laisser croire à une pareille déprédation dans les dépenses du Roi. M. Necker a cherché à me consoler en me faisant des compliments et en me demandant si je n'étais pas content, d'ailleurs, de ce qu'il avait fait solder les fournisseurs des Menus pour les années 1774, 75 et 76. Je lui ai répondu que je ne pouvais dissimuler le chagrin que j'avais de voir que les fournisseurs que j'avais réglés, il y a quatre ans, pour être payés comptant, suivant la promesse des ministres, fussent dans le cas de perdre actuellement la moitié de leurs capitaux, par le payement qui leur avait été fait en contrats; que je ne pouvais enfin lui cacher que plusieurs d'entre eux se trouvaient dans un état fort à plaindre, malgré le sacrifice des 80 000 livres que j'avais fait. Notre conversation sur ce sujet en est restée là.

Dimanche 24. — Il y a eu différents spectacles dans l'appartement de la Reine où nous avons été obligés de dresser un théâtre. Tout cela ne fait qu'augmenter la dépense. Il m'a fallu beaucoup négocier avec les officiers de la fruiterie qui refusaient de continuer à fournir le luminaire pour les spectacles de la Cour, à cause de la perte énorme qu'ils ont subie sur les contrats. Je suis cependant venu à bout de les déterminer à se contenter de 20 000 livres que M. Necker leur a accordées comme indemnité.

Lundi 22 février. — J'ai travaillé, ces jours-ci, au mémoire que m'ont demandé MM. les Premiers Gentilshommes de la Chambre pour la composition d'un nouveau corps de ballet, vu le goût de la Reine pour ces sortes de spectacles. Je l'ai fait de manière à ce qu'il en résulte quelque économie pour le Roi, sur le chapitre des gratifications et payements extraordinaires qu'on est obligé de donner aux sujets surnuméraires, surtout aux principaux, et qui excèdent de beaucoup les appointements qu'on leur accorderait. J'ai remis ce travail à M. le maréchal de Duras.

Mardi 1er mars. — J'ai travaillé, il y a deux jours, avec M. le maréchal de Richelieu. Je lui ai remis un mémoire pour soutenir le spectacle de la Comédie-Italienne, qui dépérit tous les jours. Je ne sais s'il y sera donné quelque suite. Le succès dépend absolument de la réunion et de l'accord de MM. les Premiers Gentilshommes de la Chambre. Ainsi il n'est pas malheureusement trop prochain.

Samedi 6. — J'ai fait un nouveau mémoire que m'a demandé M. de Richelieu, sur la position de la Comédie-Italienne. M. le maréchal de Duras a été obligé d'abandonner un grand projet de réforme qu'il avait fait pour la Comédie-Française, voulant fixer les parts et augmenter les feux des acteurs, ce qui aurait été une très bonne mesure. Mais la chose a souffert beaucoup de contradictions de la part des comédiens, surtout de ceux qui n'aiment pas à travailler.

Mercredi 31. — J'ai été depuis quelques jours très occupé des mémoires que MM. les maréchaux de Richelieu et de Duras m'ont demandés sur les moyens de soutenir la Comédie-Italienne qui va de mal en pis, et aussi d'un projet de salle plus commode pour ce spectacle. Ces Messieurs ont aussi voulu que j'exposasse dans un mémoire les griefs des deux Comédies contre les entreprises de M. de Vismes, régisseur de l'Opéra. Ces différents mémoires m'ont pris beaucoup de temps, car je n'ai rien voulu y hasarder qui pût déplaire à personne; je désire, pour l'avantage de tous les spectacles et pour la concorde, que mes idées puissent être utiles. Nous avons aussi travaillé aux arrangements des deux Comédies pour la réouverture des théâtres.

Samedi 24 avril. — Nous avons été très occupés, depuis huit jours, par les préparatifs des spectacles qui doivent avoir lieu à Marly. Il a fallu refaire en partie la salle qui, l'année dernière, n'avait été que provisoire. On l'a beaucoup augmentée, par ordre de la Reine, et couverte entièrement en ardoises. Tout cela sans argent. Il s'est élevé, depuis quelques jours, une discussion très vive entre les demoiselles Sainval et Vestris, au sujet de leurs emplois. La demoiselle Sainval refuse de reconnaître la validité de ce répertoire, fait en son absence, et met beaucoup de chaleur dans sa réclamation. Il y a apparence qu'elle y est excitée par quelques comédiens, de sorte que cette affaire pourrait avoir des suites si l'on ne prend un moyen de concilier ces deux actrices. J'ai eu plusieurs conférences avec M. le maréchal de Richelieu et M. le maréchal de Duras à ce sujet.

Samedi 1ᵉʳ mai. — L'affaire des demoiselles Vestris et Sainval devient plus embrouillée que jamais. M. le maréchal de Duras, au lieu de chercher à concilier ces deux femmes chez lui, a renvoyé, contre mon avis, le différend par devant l'assemblée des comédiens, espérant qu'ils confirmeraient ce qu'ils avaient dit chez lui en faisant le répertoire.

Mais tout le contraire est arrivé, comme je l'avais prévu; car la majeure partie des comédiens a confirmé la demoiselle Sainval dans son droit d'ancienneté et dans la possession des rôles qu'elle réclame. J'ai cherché vainement, en rappelant aux comédiens leur inconséquence, à concilier les esprits et à rapprocher les demoiselles Sainval et Vestris; mais la dispute s'étant envenimée, j'ai été forcé de quitter, au bout de trois heures, l'assemblée sans avoir pu rien conclure. J'ai été en rendre compte à M. le maréchal de Duras, qui m'a de nouveau chargé de faire un mémoire à ce sujet pour MM. ses camarades. Je le lui ai remis hier. Les spectacles de Marly ont commencé lundi dernier. On a été très content de la nouvelle salle et de sa décoration.

Vendredi 14. — Il y a eu plusieurs assemblées chez M. le duc d'Aumont, relativement à l'affaire des demoiselles Sainval et Vestris. Ces demoiselles y ont produit chacune des mémoires et des répliques fort vives; mais les choses en sont encore, pour ainsi dire, au même point, malgré tous les soins que se donne M. le duc d'Aumont. Je crois que rien ne se terminera si la demoiselle Vestris ne consent pas à se relâcher sur les rôles en question. M. le maréchal de Duras est fort piqué de ce que la demoiselle Sainval a répandu un mémoire à la main où elle se plaint des injustices qu'on lui ferait éprouver[1].

Samedi 22. — L'affaire des demoiselles Sainval et Vestris, qui n'est pas encore finie, fait beaucoup de bruit dans

---

1. « On parle d'un mémoire imprimé pour la justification de Mlle Sainval l'aînée, qui, n'ayant pu faire insérer au *Journal de Paris* sa réponse à Mme Vestris, a imaginé cette tournure. Les Gentilshommes de la Chambre ont été si outrés qu'ils ont fait exiler cette actrice. Par gentilshommes de la Chambre il faut entendre le maréchal de Duras, le seul qui mène actuellement le tripot comique. »] — *Mémoires secrets*, 1779.

le public, chacun prenant parti suivant son goût ou ses préjugés. Les spectacles de Marly se sont terminés par des danses de corde. Ce voyage a été fort animé. Il y a eu des jeux de barres qui nous ont encore occasionné des frais.

Jeudi 1ᵉʳ juillet. — J'ai pu m'occuper des dépenses du voyage de Marly et de la salle qui coûtera plus de 12 000 livres, sauf le règlement, et pour laquelle il n'a rien été donné par la Finance.

Vendredi 1ᵉʳ octobre. — On vient de prendre le parti de supprimer le genre des pièces italiennes qui ne peut plus subsister. On va, en conséquence, donner aux acteurs leur pension de retraite avec des gratifications, et on les remplacera par des acteurs français pour jouer les pièces de Marivaux, de Boissy et autres. Ce parti fait grand plaisir aux auteurs et au public. On aura ainsi un second théâtre français, chose intéressante pour les comédiens français[1]. J'ai eu aussi à m'occuper du renouvellement du bail de l'Opéra-Comique avec l'Opéra et j'ai, à ce propos, essuyé beaucoup de contrariétés de la part du Prévot des marchands[2], du bureau de la ville, de M. de Vismes, et même des comédiens. Il m'a fallu faire mémoires sur mémoires pour répondre à toutes les objections tant pour les clauses que pour le prix et la durée dudit bail. Enfin, après un nombre infini de conférences avec le ministre et M. le Prévot des marchands, d'assemblées chez MM. les Premiers Gentilshommes de la Chambre et à la Comédie-Italienne, il a

---

1. On ne conserva que Carlin Bertinazzi qui jouait les rôles d'arlequin dans les pièces françaises. Il appartenait à la Comédie-Italienne depuis 1742.
2. Messire Antoine-Louis Le Fèvre de Caumartin, en fonctions depuis 1778.

été convenu que le bail serait renouvelé pour vingt-quatre ans indépendamment des cinq qui restent à courir sur l'ancien bail, et ce, au prix de 40 000 livres par an au lieu de 60 000 livres que la ville exigeait. M. le Prévôt des marchands va s'occuper à présent, avec le bureau de la ville, de faire rédiger l'acte du bail. Je lui ai remis la soumission des comédiens qu'ils m'ont enfin donnée, non sans avoir fait auparavant beaucoup de difficultés.

A cette affaire en a succédé une autre non moins embarrassante et suscitée par M. Beaumarchais et les auteurs. Ils prétendent que les comédiens français leur font tort non seulement en ne les faisant point entrer dans le partage du produit des petites loges à l'année, mais encore par leur police intérieure relativement à la mise de leurs pièces. En conséquence, M. Beaumarchais a fait un projet de règlement pour soumettre les comédiens au tribunal du prétendu corps d'auteurs qu'ils ont formé. Il a présenté ce travail à MM. les Premiers Gentilshommes de la Chambre qui me l'ont remis à examiner. J'ai réuni chez moi les principaux sujets de la Comédie qui se sont récriés avec raison contre les prétentions déplacées de M. Beaumarchais. Les comédiens ont assuré que pas un d'eux ne resterait à la Comédie si l'on écoutait de pareilles propositions. Mais ils sont convenus, en même temps (d'après mes observations), de faire voir aux auteurs, d'après tous leurs registres de recettes et de dépenses, qu'on leur payait très exactement tout ce qui devait leur revenir, conformément aux règlements. En effet, si, d'un côté, on ne les faisait point entrer dans le produit des petites loges, d'un autre, on ne leur déduisait pas les frais excédant ceux fixés il y a plus de vingt ans; de telle sorte que l'un compensait l'autre. J'ai donc fait un mémoire où j'ai établi qu'il fallait commencer par rendre justice aux auteurs sur l'objet de leurs intérêts pécuniaires, les comédiens offrant de compter de tout avec eux de clerc à maître. Je suis entré, en conséquence, en détail sur la manière dont s'opérait le payement des auteurs, et j'ai fait part de ce travail à M. Beaumarchais en présence de MM. de Richelieu et de Duras. Après beaucoup de discussions, où M. Beaumarchais s'est plaint que M. le maréchal de Duras l'avait amusé pendant deux ans d'espérances, il a été décidé que je me ferais représenter tous les registres de la Comédie pour y faire un relevé exact de toutes les recettes et dépenses, ainsi que de la manière dont s'opérait le payement des auteurs. J'ai fait ce travail qui a été envoyé en communication à M. Beaumarchais, dont nous attendons actuellement les réflexions.

La Comédie-Française donne toujours beaucoup d'occupation à M. le maréchal de Duras. La demoiselle Sainval, ayant été renvoyée et exilée pour un mémoire imprimé et où il est fort compromis, le public est partagé; les uns se prononcent en faveur de la demoiselle Sainval, tout en condamnant son mémoire; les autres en faveur de la demoiselle Vestris. La demoiselle Sainval et ses partisans de la Comédie cabalent beaucoup. Le sieur Molé se trouve à la tête de son parti, et le sieur Préville à la tête de celui de la demoiselle Vestris, d'où il résulte que le public n'en est pas mieux servi, et que les affaires intérieures de la Comédie n'en vont pas mieux. M. le maréchal de Duras m'ayant demandé mon avis, je ne lui ai pas dissimulé que je craignais fort que le sieur Préville, dont il ne calme les menaces de retraite qu'en faisant ce qu'il veut, et en lui donnant des gratifications qui aigrissent d'autant le sieur Molé, ne le menât trop loin. M. le maréchal m'ayant enfin engagé à négocier avec les comédiens du parti opposé à la demoiselle Vestris, je les ai un peu ramenés, surtout à l'égard de la demoiselle Raucourt, qu'on a fait revenir pour remplacer la demoiselle Sainval dans l'emploi des reines. Mais la demoiselle Sainval cadette ayant cherché à faire des tracasseries à la demoiselle Raucourt, en prétendant jouer les rôles de reines, je me suis trouvé dans un nouvel embarras. Cette misère n'a pas laissé que de m'occasionner beaucoup de courses, de pourparlers, et de perte de temps. Cependant j'en suis venu à bout au moyen d'un arrangement entre ces demoiselles, et auquel j'ai déterminé la demoiselle Raucourt. Cet arrangement a été porté sur les registres à la satisfaction de la majeure partie des comédiens [1].

Nous avons eu, à l'occasion de la prise de La Grenade, des illuminations pour lesquelles je n'ai fait que l'indispensable. On s'est contenté d'éclairer les portes, sans nulle décoration. Aussi, la dépense n'a-t-elle été, pour tous les hôtels d'usage, qu'à 600 livres [2].

Tels sont, en partie, les objets qui m'ont occupé pendant les mois de juillet, août, septembre et octobre, indépendamment des choses journalières. Le voyage de Fontainebleau n'ayant pas eu lieu, je me suis mis à un travail considérable et que j'espère terminer avant la fin de cette année. C'est un nouvel arrangement dans les dépenses, à com-

---

1. Mlle Sainval, après avoir été exilée à Clermont, rayée du tableau des sociétaires, avec interdiction de jouer dans d'autres troupes, obtint, au bout de quelque temps, le relâchement de ces rigueurs exceptionnelles. Elle fut autorisée à jouer sur les théâtres de province et elle parcourut, en triomphatrice, toutes les grandes villes du Midi. Elle reparut en 1791 et 1792 à Paris au théâtre de Mme Montansier.

2. Ce beau fait d'armes du corps expéditionnaire français dans la guerre d'Amérique eut lieu le 4 juillet.

mencer de l'année 1770, en y joignant un relevé des différentes natures de dépense de l'Argenterie, Menus plaisirs, et affaires de la Chambre du Roi pendant les quinze premières années de ma gestion personnelle, c'est-à-dire depuis 1762. Ce travail, du plus grand détail, fera connaître ce que chaque objet en particulier a pu coûter. Si la peine que je prends pour cela n'est pas absolument utile, du moins ce travail sera curieux et pourra servir dans l'occasion à faire connaître en quoi consistent toutes les dépenses faites depuis quinze ans, et à étonner peut-être tous ceux qui déclament contre les dépenses prétendues excessives des Menus. S'il est aussi clair que je me le propose, il pourra être mis avec sûreté sous les yeux du Roi.

Je travaille en même temps à un projet d'arrêt du conseil et de règlement à faire pour la nouvelle société des comédiens italiens, à Pâques prochain; je viens de commencer à rétablir un peu d'ordre dans leurs assemblées; et, si on me laisse faire, j'espère venir à bout de rendre ce spectacle agréable au public.

Jeudi 22 novembre. — MM. les Premiers Gentilshommes de la Chambre ayant approuvé l'arrêt du Conseil que j'ai projeté pour casser l'ancienne société de la Comédie-Italienne et en former une nouvelle, je l'ai remis à M. Amelot pour le faire expédier. J'ai aussi fait le projet du nouvel acte de leur société, et j'ai préparé de même à l'avance le projet des lettres patentes que le Roi doit donner et qui doivent être enregistrées au Parlement. J'ai pris le parti de faire tout ce travail moi-même pour éviter les lenteurs des bureaux[1].

1. Ces lettres patentes ne furent cependant publiées que le 31 mars 1781. Elles supprimaient le genre italien. La nouvelle troupe était autorisée à exé-

Mercredi 1ᵉʳ décembre. — MM. les Premiers Gentilshommes de la Chambre m'ont fait part d'un projet de réforme qui doit, dit-on, porter sur toutes les parties d'administration de la Maison du Roi[1], ils m'ont témoigné quelque inquiétude à ce sujet; ne sachant point en quoi cette réforme pouvait consister, et demandé ce que j'en pensais. Ma réponse a été que le plan qui me paraîtrait le plus raisonnable, serait que le Roi fixât les dépenses de tous les départements de sa Maison et que ce serait peut-être le moyen d'empêcher qu'elles se multipliassent sous des prétextes quelquefois assez légers. Ces Messieurs ayant approuvé mes idées, m'ont chargé de les mettre par écrit. D'après mes calculs, j'ai trouvé qu'on pouvait fixer les dépenses dites extraordinaires et celles annuelles à un million par an. J'ai fait, en conséquence, un mémoire très détaillé et qui contient les conditions d'une pareille fixation. M. le maréchal de Duras a été chargé par MM. ses camarades de faire voir mon travail à M. le comte de Maurepas et à M. Necker; ceux-ci n'ont pas rejeté tout à fait mes idées, mais ils ont objecté qu'ils s'occupaient d'un projet général, moins en vue de l'économie qui en résulterait que pour satisfaire la fausse opinion publique. Au reste, ils ont promis à M. le maréchal de Duras de ne rien faire sur les Menus sans lui en avoir fait part. Du moins c'est ce qu'il a dit à MM. ses camarades.

Mercredi 19. — Il est, en effet, question d'un change-

---

cuter des comédies françaises, des pièces de chants et des parodies. La tragédie seule lui était interdite.

1. Cette réforme eut lieu, en effet, l'année suivante. Les intendants furent supprimés et remplacés par des commissaires formant « la commission du bureau général d'administration des dépenses de la Maison du Roi ». Il n'y eut plus qu'un trésorier pour toutes ces dépenses.

ment réel dans l'administration de la Maison du Roi, quoique ces Messieurs n'en aient voulu rien croire. Je suis même à peu près sûr que l'édit est sous presse [1], mais j'aurais cru qu'on aurait consulté au moins les personnes qui sont au fait de chaque département. Au reste, dans les différents mémoires que j'ai écrits, je suis entré dans le plus grand détail, et je me sais actuellement bon gré du travail immense que j'ai commencé il y a trois mois et dans lequel se trouvent détaillées toutes les dépenses, de quelque nature qu'elles soient, de l'Argenterie, Menus plaisirs, et affaires de la Chambre du Roi, à commencer de 1762, jusques et y compris 1776.

J'ai pris ce terme de quinze années, parce que cette époque, par un concours d'événements qui ne se représentera peut-être pas en plusieurs siècles, a rassemblé toutes les dépenses qu'il était possible de faire dans les Menus, puisqu'on y trouve même la construction et l'ameublement des différents hôtels et magasins des Menus. Ces dépenses diverses réparties en vingt-neuf chapitres s'élèvent, dans les dites quinze années, à la somme exacte de 32 269 373ˡ 13ˢ 11ᵈ, conformément aux états qui sont à la Chambre des Comptes au bureau de la Maison du Roi, chez le trésorier des Menus et chez les Intendants ; ce qui forme une année commune d'environ 2 150 000 livres.

Tel est le travail dont j'ai été sérieusement occupé depuis trois mois. Je désire qu'il soit utile à ces Messieurs et à l'administration. Au reste, je l'avais commencé, comme je l'ai dit, pour ma propre satisfaction.

Ce travail ne m'a pas empêché de faire plusieurs mémoi-

1. L'édit parut en janvier 1780.
2. Le tableau, résumé de ce travail, est à la fin de ce volume.

res relatifs aux comédiens français, et à leurs querelles avec les auteurs, ainsi que différents projets de règlement, lettres patentes et arrêts du Conseil qu'on m'a demandés pour les spectacles. Ainsi je n'ai pas perdu un instant depuis le mois de septembre.

ANNÉE 1780

EXERCICE DE M. LE DUC DE FLEURY

Lundi 10 janvier. — J'ai retranché, pour le compte du Roi, les étrennes chez les ministres. Cette petite économie n'a pas beaucoup plu aux valets de ces Messieurs.

On parle toujours de la réforme de la Maison du Roi, dont l'édit serait sous presse. MM. les Premiers Gentilshommes de la Chambre du Roi sont toujours persuadés qu'il n'y aura aucun changement dans leur administration, mais je crois que, si l'on se détermine à en faire dans les autres administrations de la Maison du Roi, celle des Menus ne sera pas exceptée.

Lundi 31. — Enfin, il est paru ce fameux édit concernant la réforme de la Maison du Roi, la suppression des charges des Intendants et Contrôleurs de la Bouche, des Écuries du Roi et de la Reine, du Garde-meuble, et des Menus. Ils sont remplacés par cinq commissaires, qui régleront, dans un bureau général, toutes les dépenses des différentes parties, et le choix n'en est pas encore fait. Nous sommes tous dans l'attente de notre sort. Tous les ordonnateurs sont très étonnés, ainsi que MM. les Premiers Gentilshommes de la

Chambre, qui doivent se repentir d'avoir fait si peu d'usage de tant de travaux et de mémoires qu'ils m'ont fait faire. M. le duc de Fleury a reçu la lettre de M. Amelot qui leur annonce la volonté du Roi. J'ai vu M. Necker qui m'a reçu avec beaucoup d'honnêteté, mais sans me dire rien de positif; ainsi je suis dans l'attente comme les autres.

Lundi 14 février. — MM. les Premiers Gentilshommes de la Chambre ont reçu, le 7 de ce mois, le règlement concernant la nouvelle administration de la Maison du Roi. J'ai aussi reçu une lettre du ministre pour ma nomination à la place de Commissaire général pour la partie des Menus[1]. J'ai vu M. Necker, en conséquence, jeudi dernier, lequel m'a accordé un très long travail en présence de M. Dufresne, premier commis des Finances. Je suis entré dans tous les détails des dépenses qui font partie des différents états des Menus. Je lui ai montré tout le travail que j'avais fait, et que MM. les Premiers Gentilshommes de la Chambre m'avaient rendu sans en avoir fait usage, et qu'ils m'avaient prié de lui communiquer, surtout celui de la dépense de chacun des états

---

1. Voici la lettre par laquelle de La Ferté fut informé de sa nomination comme commissaire :

« Le Roi, monsieur, très satisfait des services que vous lui avez rendus dans la charge d'Intendant et Contrôleur général de l'Argenterie, Menus plaisirs et affaires de sa Chambre, supprimée par son édit du mois de janvier dernier, m'ordonne de vous marquer qu'il a fait choix de vous pour remplir l'une des places de commissaire général du bureau que Sa Majesté a créé, par l'édit du même mois, pour l'administration des dépenses générales de sa Maison. Son intention est, en outre, que vous continuiez d'être chargé particulièrement du service des Menus, et receviez, pour tout ce qui y a rapport, comme par le passé, les ordres de MM. les Premiers Gentilshommes de la Chambre, ainsi et de la même manière que vous le faisiez avant la suppression de votre charge. Je vous ferai connaître incessamment, et plus en détail, les nouvelles fonctions que vous aurez à remplir en qualité de commissaire général.

« J'ai l'honneur d'être, etc.

« AMELOT. »

pendant quinze années, avec les tableaux. Je lui ai laissé le tout, Il m'a paru très satisfait, ainsi que M. Dufresne, qui ne se lassait pas de louer la précision et la clarté de cet ouvrage qui démontrait combien la dépense se trouvait au-dessous de tous les bruits répandus par les gens mal intentionnés.

Mercredi 23. — On attend avec impatience le moment de la première assemblée du bureau. MM. les Premiers Gentilshommes de la Chambre sont d'autant plus inquiets de ce qui peut arriver, qu'il paraît qu'on a inspiré à M. Necker le projet de supprimer le magasin des Menus de Paris, et de donner toutes les décorations et habits à l'Opéra, en faisant un forfait avec M. de Vismes pour le spectacle de la Cour. Ces Messieurs m'ont engagé à faire un mémoire à ce sujet, et, avec leur assentiment, je l'ai remis à M. le Directeur général. J'y prouve, article par article, que, loin qu'il y ait aucun avantage pour le Roi à faire un marché par entreprise pour donner des opéras à la Cour, il doit au contraire en coûter davantage, l'entrepreneur cherchant à se dédommager de ses peines et soins.

J'ai fait aussi un mémoire pour prouver que le Roi, loin de faire une économie par la suppression du magasin des Menus de Paris, y perdrait réellement. J'ai appuyé ce mémoire d'un relevé par extrait de tous les effets contenus audit magasin et dont la destruction entraînerait par suite une perte de plusieurs millions. Il est clair que tous ces effets, réunis et conservés avec soin, soit pour servir journellement, soit dans les occasions extraordinaires, se trouveraient dispersés de côté et d'autre, et que, n'étant plus sous la même inspection, ils seraient bientôt anéantis, même après les nouveaux frais de construction qu'on serait forcé de faire pour les placer soit au Louvre, soit ailleurs. Comme on avait dit d'avance que ce projet était moins fondé sur l'espoir d'une économie à laquelle on ne s'attendait pas, que pour satisfaire l'opinion publique, qui s'imaginait que cet établissement coûtait beaucoup, j'ai fait de mon côté tout mon possible pour détourner d'une pareille manière de voir la chose. J'ai prié M. Necker de vouloir bien prendre la peine de se transporter au magasin de Paris, pour se convaincre par lui-même de l'utilité ou de l'inutilité de cet établissement, et en connaître les frais de manutention.

Mardi 29. — Mon mémoire relativement à l'Opéra a fait son effet. D'après les plaintes du bureau de la ville sur les pertes que ce spectacle lui a occasionnées et notamment depuis deux ans, pertes qu'on fait monter à plus de 600 000 livres, M. Necker et M. Amelot m'ont prié de leur donner mon avis par écrit. J'ai fait, en conséquence, avec l'approbation de MM. les Premiers Gentilshommes de la Chambre, auxquels j'ai expliqué auparavant mes idées, un nouveau mémoire, où j'ai cherché à prouver que ce spectacle ne pouvait se soutenir ni par lui-même ni par entreprise, et que le seul moyen pour le conserver était que le Roi s'en chargeât directement en le réunissant à ceux de la Cour. Le Roi permettrait à l'Opéra de se servir des habits qui existent dans les magasins des Menus de Paris, où l'Académie royale de musique pourrait, en même temps, établir des écoles de chant et de danse. J'ai indiqué le sieur Le Breton comme en état de faire concourir les principaux sujets au bien de la chose, en les admettant au bénéfice qui pourraient résulter de leurs économies et de leurs travaux. Tel est le fond du mémoire que j'ai remis hier, de l'aveu de MM. les Premiers Gentilshommes de la Chambre, aux ministres. Je ne sais quel en sera le succès.

Mercredi 8 mars. — Nous avons eu la première assemblée des Commissaires, chez M. Amelot, le 1er de ce mois, où se sont trouvés M. Amelot, comme président, M. le Directeur général des Finances, M. de Lafosse, maître des Comptes, M. de Chouzy, M. de La Source, M. Tessier, M. de Fontanieu et moi, comme Commissaires, M. Dufresne, premier commis des Finances, et M. Leschevin, premier commis de la Maison du Roi. M. Amelot a ouvert le bureau par un discours qu'il nous a adressé, sur la manière dont chacun de nous devait faire un rapport historique des dépenses de nos départements particuliers, afin de connaître les différentes améliorations dont ils peuvent être susceptibles. M. de Chouzy, prévenu d'avance par le ministre, a commencé, dès ce jour, à faire son rapport de la dépense de la Maison Bouche du Roi, rapport très long, et qui a occupé le reste de la séance. La seconde assemblée, qui avait été indiquée pour hier, a eu lieu. On y a continué la lecture des différents rapports. Le mien sera présenté à la prochaine assemblée.

J'ai eu plusieurs conférences avec M. Necker au sujet de l'Opéra. Il avait d'abord tenté de me persuader de m'en charger pour mon compte, mais je lui ai fait sentir que cela ne pouvait nullement me convenir. M. Amelot a été de mon avis. Aussi je me suis borné à offrir gratuitement mes soins et mon travail pour régir à titre de confiance, sous M. Amelot, ce spectacle pour les intérêts du Roi, en veillant à ce que les dépenses n'excèdent point à l'avenir les recettes. J'ai donc demandé à n'être pas nommé dans l'arrêt, voulant me réserver la liberté de me retirer sans bruit, si mes soins ne réussissaient pas autant que je le désire. M. Amelot et M. Necker ont adopté mes réflexions, et doivent soumettre au Roi et à la Reine le plan que je leur ai proposé[1].

Lundi 20. — Les Commissaires du bureau de la Maison du Roi s'étant assemblés mercredi dernier, j'ai fait mon rapport tel que je l'avais projeté. On en a paru satisfait, et je l'ai laissé, à l'exemple des autres Commissaires, au greffier de la Commission.

Dimanche 2 avril. — L'arrêt du Conseil sur la nouvelle administration de l'Opéra ayant paru[2], j'ai été bien étonné de le trouver très différent du projet que j'avais donné. M. Necker n'a pas jugé à propos d'y faire intervenir, ainsi que je l'avais fait, MM. les Premiers Gentilshommes de la

---

[1]. Le bail passé pour 12 ans, avec de Vismes, en 1778, avait été résilié au bout d'une année. De Vismes, cependant, était resté directeur pour le compte de la ville. L'hostilité des sujets contre ce directeur ne fut point satisfaite par ce premier résultat et, en 1780, la nouvelle administration, ayant à sa tête de La Ferté, fut installée. Le Roi retirait à la Ville de Paris la concession du privilège de l'Opéra qui était désormais administré à son compte, sous la haute direction du ministre de la Maison du Roi. Le Roi accordait une subvention de 150 000 livres par an. Quant à la Ville, elle sortait de cette affaire ayant à payer un passif de 200 000 livres et 112 000 livres de pensions viagères.

[2]. L'arrêt du Conseil est du 17 mars.

Voici la composition du comité qui se réunissait les mercredi et samedi de chaque semaine.

M. Le Breton, surintendant de la musique du Roi, directeur général de l'Académie royale de musique.

M. Gossec, sous-directeur.

MM. Legros,
Tirot,
Lainez,
} représentants des acteurs.

Rey, représentant le corps de l'orchestre.

De la Suze, représentant les chœurs.

MM. Gardel,
Dauberval,
} représentant les premiers sujets et le corps de la danse

Bocquet, inspecteur.

M. de La Salle, secrétaire perpétuel, breveté du Roi, Inspecteur de la comptabilité.

Il y avait, outre les séances du comité, une assemblée générale tous les mois composée des sujets co-partageants, où le comité rendait compte de ses opérations et de tous les objets de comptabilité.

Chambre, ce dont ils sont fort mécontents et moi fort embarrassé. Cependant les sujets de l'Opéra m'en ont témoigné leur satisfaction à l'envi. Cette nouvelle position ne laisse pas d'ajouter beaucoup à mes occupations. J'ai assemblé les premiers sujets de l'Opéra chez moi, pour leur faire part du nouveau règlement que j'ai préparé. Ils se sont empressés de le signer tous. Ayant mis ainsi M. Amelot à couvert de toutes représentations de leur part, je lui ai fait arrêter définitivement ledit règlement, qui satisfait d'autant plus les sujets que je les ai fait admettre au partage des bénéfices qui pourraient résulter d'une meilleure administration.

J'ai employé cette quinzaine à examiner de nouveau les retranchements qu'on peut faire dans l'administration des Menus, sans nuire à la sûreté du service. J'ai travaillé à un nouvel arrangement de la musique du Roi, dont M. Hébert s'était emparé depuis vingt ans. Je suis en train de former un projet, après avoir consulté les gens de l'art, qui, sans nuire au service et sans rien ôter aux personnes actuellement en jouissance, pourra procurer par la suite une économie considérable. J'ai préparé, à cet effet, un projet d'arrêt du Conseil, où je suis entré dans le plus grand détail sur la nouvelle composition du corps de la musique du Roi, et la fixation du nombre des sujets nécessaires dans chaque partie. J'ai fait de mon mieux pour que mon travail à cet égard laissât le moins possible à désirer.

Lundi 1ᵉʳ mai. — J'ai vu M. Necker pour lui demander la conduite que je devais tenir pour les spectacles que la Reine se propose de donner sous peu à Trianon. Il m'a dit d'en faire mon affaire particulière, pour en arranger ensuite le payement avec lui. J'ai donné en conséquence les ordres nécessaires. Je vois fréquemment MM. les Premiers Gentilshommes de la Chambre, surtout pour les nouveaux règlements des Comédies. Tous ces objets réunis, avec les affaires de l'Opéra, qui va d'ailleurs à merveille, et qui me donne beaucoup de relations de vive voix et par écrit avec M. Amelot, m'occasionnent un travail très considérable et auquel on est étonné que je puisse suffire. Mais, grâce au ciel! ma santé, à l'âge près [1], n'en souffre pas.

Samedi 20. — J'ai été très occupé ces jours-ci par la mort du sieur Le Breton, qui n'a pas joui longtemps de sa place de directeur de l'Opéra. J'y ai fait nommer le sieur Dauvergne, surintendant de la musique du Roi, qui avait déjà été, il y a quelques années, à la tête de ce spectacle, avec le sieur Le Breton. J'ai fait assembler les principaux sujets pour les instruire du nouveau choix du Roi, et je leur ai fait rendre compte par le comité de toutes les opérations qui ont eu lieu, ainsi que de la recette et de la dépense du mois d'avril dernier. Ils ont été d'autant plus satisfaits que, d'après les pièces justificatives et les registres qui ont été mis sous leurs yeux, ils ont reconnu un grand ordre et beaucoup d'économie dans les dépenses. Si les choses continuent ainsi, il n'y aura rien à désirer dans la conduite de cette administration.

Hier, M. Amelot vint au magasin général des Menus de Paris. Il vit, avec autant d'étonnement que de satisfaction, la quantité immense d'effets en tous genres qu'il contient; il admira l'ordre et le soin avec lesquels ils étaient conservés, et sortit, après une visite très longue, convaincu de l'utilité d'un pareil établissement pour les intérêts du Roi. J'en ai

---

1. De La Ferté avait alors 53 ans.

fait part aujourd'hui à MM. les Premiers Gentilshommes de la Chambre, ce qui leur a fait grand plaisir.

Lundi 12 juin. — Mes occupations se multiplient, non seulement par la correspondance presque continuelle et journalière que je suis obligé d'entretenir avec le ministre et avec le comité de l'Opéra, mais encore pour disposer mon travail de manière à rendre compte, de clerc à maître, par quartier, des dépenses de l'Argenterie, Menus plaisirs et affaires de la Chambre du Roi. Il s'ensuit qu'il me serait impossible de continuer à tenir un journal exact de tous les petits objets et des tracasseries de tous les jours. D'ailleurs, comme il embrasserait trop d'objets différents, je ne tiendrai plus que le journal des affaires du bureau de la Maison du Roi, et j'en tiendrai un particulier pour celles de l'Académie royale de musique en laissant les détails des Comédies française et italienne à M. Des Entelles[1], mon aide, pour m'en rendre compte, me réservant les objets les plus intéressants à traiter avec MM. les Premiers Gentilshommes de la Chambre du Roi.

1. Ce Des Entelles, parent de l'auteur du « journal », avait été présenté par lui et agréé pour son survivancier.

RELEVÉ GÉNÉRAL DES DÉPENSES

DE L'ARGENTERIE, MENUS PLAISIRS ET AFFAIRES DE LA CHAMBRE DU ROI,

DE LA REINE, DES ENFANTS DE FRANCE

ET DE

MESDAMES TANTES DU ROI, PENDANT LE COURS DE QUINZE ANNÉES

Relevé général des dépenses de l'Argenterie, Menus, des Enfants de France, et de Mesdames tantes

		Livres.	Sols.	Den.
1	Toilette du Roi et de Mgr le Dauphin.	41 039	1	8
2	Toiles pour la cérémonie de la Cène.	29 409	»	»
3	Fêtes solennelles, processions, etc.	169 946	13	1
4	Gages, gratifications, récompenses.	1 792 812	16	8
5	Deuils du Roi et de Mgr le Dauphin.	70 010	»	»
6	Voitures de la Cour.	1 342 457	5	»
7	Menues fournitures de la Chambre.	1 052 729	2	6
8	Comédies et concerts.	3 130 879	9	4
9	Voyages de Compiègne.	491 491	11	1
10	Voyages de Fontainebleau.	3 188 485	7	6
11	Dépenses imprévues.	3 107 708	2	7
12	Magasins.	3 226 615	7	5
13	Renouvellement des toilettes et dentelles de Mgr le Dauphin.	128 080	11	6
14	Renouvellement du dais, de la garde-robe du Roi et de Mgr le Dauphin.	60 603	5	»
15	Renouvellement des coffres de Mesdames, etc.	118 039	15	4
16	Dépenses particulières de la Reine.	114 510	17	7
17	— — pour Mesdames.	141 916	10	8
18	Dépenses des Princes.	1 300 624	8	8
19	Lits de Justice, etc.	33 421	14	»
20	Pompes funèbres.	1 693 672	16	7
21	Habillements et ameublements de deuil.	200 442	4	4
22	Ornements donnés à des églises, etc.	221 898	13	»
23	Payement de l'École dramatique.	33 000	»	»
24	Bals à Fontainebleau en 1763.	70 994	2	4
25	Mariages au nombre de six.	6 410 275	5	7
26	Sacre.	825 509	15	7
27	Bâtiments, ameublements... 2 163 821 16 1 Construction du grand théâtre. 745 282 18 9	2 909 104	14	10
		31 806 578	11	10
	TAXATIONS.	462 795	2	1
	TOTAL.	32 269 373	13	11

ANNÉE 1780.

plaisirs et affaires de la Chambre du Roi, de la Reine, du Roi, pendant le cours de quinze années.

ANNÉES.	DÉPENSE GÉNÉRALE DES MENUS.		
	Livres.	Sols.	Den.
1762.........................	1 768 804	1	2
1763.........................	1 994 891	5	11
1764.........................	1 542 217	15	9
1765.........................	1 908 774	18	3
1766.........................	2 037 732	12	8
1767.........................	1 368 051	13	6
1768.........................	1 954 907	19	11
1769.........................	1 831 849	10	8
1770.........................	4 849 565	1	4
1771.........................	2 471 809	18	8
1772.........................	1 530 380	»	5
1773.........................	3 661 111	»	8
1774.........................	1 788 996	15	2
1775.........................	2 264 562	11	2
1776.........................	1 295 958	8	8
Les 15 dernières années..	32 269 373	13	11

TABLE

DES NOMS CITÉS DANS LE JOURNAL[1]

Adélaïde (Mme), fille aînée de Louis XV, — 254.
Aiguillon (duc d'), — 331, 342.
Allainval (d'), de la Comédie française, — 285, 294, 296, 376.
Allard (Mlle), danseuse de l'Opéra, — 117, 118.
Amblimont (comtesse d'), cousine de Mme de Pompadour, — 128.
Amelot, ministre de la Maison du Roi, — 397, 398, 405, 417, 432, 437, 439, 440, 442, 443.
Angevilliers (comte d'), directeur des Bâtiments, — 413.
Anseaume, auteur dramatique, — 361.
Antoine, de la musique du Roi, — 146.
Armand, de la Comédie-Française, — 177.
Arnoult, machiniste des Menus, — 151, 171, 213, 214, 215, 261, 265, 270, 271, 273, 275, 297.
Arnoult (Sophie), de l'Opéra, — 84, 122, 330, 332, 334, 336, 337.
Artois (comte d'), petit-fils de Louis XV, — 146, 355, 368, 394.
Artois (comtesse d'), — 349, 356, 367, 368.
Aubert, joaillier de la Couronne, — 349, 355, 363.
Auberval (d'), danseur de l'Opéra, — 103, 355.
Auberval (d'), de la Comédie Française, — 285.
Audinot, directeur de théâtre forain, — 244.
Aufresne, de la Comédie Française, — 168, 169, 173.
Auger, de la Comédie-Française, — 98, 121, 202, 205, 233, 303, 306.
Ayen (duc d'), capitaine des gardes en survivance, 255.
Baletti, acteur de la Comédie Italienne, — 70.
Beaujon, banquier de la Cour, — 305.
Beaumarchais, — 197, 218, 222, 223, 224, 225, 227, 408, 429, 430.
Beaumarchais (Mme de), veuve de Levêque, garde magasin des Menus, — 218, 219, 225, 227.
Beaumont (Christophe de), archevêque de Paris, — 71, 76, 77, 109, 110, 158.
Beaupré (Mlle), de la Comédie-Italienne, — 227.
Bellecour, de la Comédie-Française, — 96, 97, 134, 138, 139, 140, 160, 202, 215, 234, 240, 241, 243, 285, 328.

1. On n'a pas indiqué de renvois aux noms suivants :
Le duc d'Aumont, le duc de Richelieu, le duc de Duras qui se rencontrent à presque toutes les pages du Journal.

BELLECOUR (Mme), de la Comédie-française, — 202, 217, 249, 305, 361.
BELLOY (de), auteur dramatique, — 80, 156, 157, 243, 302, 303.
BELZUNCE (Mme de), — 106.
BERNAUT, de la Comédie-Française, — 72, 91, 98, 99, 107, 108.
BERRY (duc de) puis le Dauphin, — 87, 204, 206, 211, 247, 255, 268, 277, 293, 294, 300, 313, 349, 354, 355, 362.
BERTIN, contrôleur-général, — 88.
BERTIN (Mme), marchande de modes, — 416.
BEUDET, secrétaire du duc de Choiseul, — 120, 121.
BEZONS (Mme de), — 181.
BEZOZZI, hautbois, — 170.
BILLIONI (Mlle), de la Comédie-Italienne, — 245, 246, 296.
BIRON (maréchal duc de), colonel des Gardes françaises, — 74.
BLAINVILLE, de la Comédie-Française, — 159.
BOCCIARDI, sculpteur des Menus, — 155.
BOISSY (de), auteur dramatique, — 428.
BOMBELLES (comte de), capitaine des Gardes françaises, — 270, 279.
BONNEVAL, de la Comédie-Française, — 202, 328.
BOQUET, dessinateur des Menus, — 124, 149, 151, 171, 280.
BOROT, premier commis du ministère de la Maison du Roi, — 387.
BOULLONGNE (de), intendant des Finances, — 85, 89, 123, 125, 152, 177.
BOURBON (duc de), — 267.
BOURET, de la Comédie-Française, — 99.
BOURNONVILLE (de), — 104, 106.
BRANCAS (marquise de), — 105.
BRANCAS (duchesse de), dame d'honneur de la comtesse de Provence, — 299.
BRIARD, peintre, — 275.
BRIZARD, de la Comédie-Française, — 146, 243, 285, 305, 338, 341, 347, 420.
BUFFAULT, marchand de soieries, administrateur de l'Opera, — 124, 393.
CAILLOT, acteur de la Comédie-Italienne, — 66, 89, 90, 359, 361, 362.
CAMILLE (Mlle), de la Comédie-Italienne, — 79, 86, 138, 140, 141, 142.
CARLIN (Carlo Bertinazzi) de la Comédie-Italienne, — 250.
CAUMARTIN (de), prévot des marchands, — 428.
CHABANON (de), auteur dramatique, — 99, 349.

CHALGRIN, architecte, — 321.
CHALLE, peintre, dessinateur du Cabinet, — 149, 151, 156, 244, 413.
CHAMPFORT (de), auteur dramatique, — 401.
CHARLIER, échevin, 341, 342.
CHARTRES (duc de), petit-fils de Louis XV, — 246.
CHIMAY (Mme de), — 104, 106.
CHOISEUL (duc de), ministre de la Guerre, — 75, 81, 86, 89, 110, 121, 123.
CHOISEUL (comte de), ministre des affaires étrangères, — 90, 108.
CHOUZY (de), premier commis de la maison du Roi. — voyez Mesnard de Chouzy.
CHRISTIAN VII, roi de Danemark, — 231, 232, 238.
CLAIREMONDE (Mlle), comédienne, — 181.
CLAIRON (Mlle), de la Comédie-Française, — 73, 74, 75, 76, 77, 80, 81, 86, 90, 94, 98, 99, 100, 101, 157, 158, 161, 162, 164, 166, 167, 168, 183, 184, 185, 187, 188, 193, 197, 198, 210, 265, 266, 267, 277, 279, 280, 286, 310.
CLAIRVAL, de la Comédie-Italienne, — 326.
CLERMONT (comte de), — 104, 120.
CLOTILDE (Mme), petite-fille de Louis XV, — 381, 385.
COLBERT, — 65.
COLLÉ, auteur dramatique, — 93, 94, 98.
COLOMBE (Mlle), de la Comédie-Italienne, — 330, 392.
CONDÉ (prince de), — 105, 154.
CONTI (prince de), 78, 80, 99, 245, 246, 296.
CORBI, l'un des entrepreneurs de l'Opéra-Comique, — 67.
CORNEILLE, — 91.
COTTE (président de), directeur des Monnaies, — 267, 296.
CRÉBILLON père, — 75, 76.
CRÉBILLON fils, — 76.
CROMOT, premier commis au Contrôle général, — 138, 140, 142, 401.
CURIS (DE), ancien Intendant des Menus, — 63, 64, 84.
DALLAINVILLE, de la Comédie-Française, — 243.
DAMESME, architecte, — 191.
DANGEVILLE (Mlle), de la Comédie-Française, — 73, 80, 83, 86, 88, 90, 100, 101, 109, 110.
DARLEZE (le chevalier) premier valet de chambre du Dauphin, — 109.
DAUVERGNE, compositeur, — 174, 283, 294, 443.

DEHESSE, de la Comédie-Italienne, — 244.
DESBROSSES, compositeur, — 88.
DESENTELLES, Intendant des Menus en survivance, — 414.
DEZAIDES, compositeur, — 411.
DOLIGNY (Mlle), de la Comédie-Française, — 121, 165, 186, 249.
DORSONVILLE, de la Comédie-Italienne, — 106.
DROUIN (Mme), de la Comédie-Française, — 77, 203, 233, 282.
DU BARRY (comtesse), — 291, 301, 314, 315, 317, 319, 321, 330, 331, 334, 336, 337, 341, 342, 343, 346, 348, 349, 351, 355, 362.
DUBOIS, de la Comédie-Française, — 157, 158, 159, 161, 162, 164, 165, 166.
DUBOIS (Mlle), de la Comédie-Française, — 97, 152, 153, 161, 165, 194, 202, 204, 251, 280, 281, 282, 285, 328, 331, 346, 348.
DUFRESNE, premier commis au Contrôle général, — 437, 438.
DUGAZON, de la Comédie-Française, — 303, 305, 325.
DUGAZON (Mme), de la Comédie-Française, — 216, 217, 226, 227, 303.
DUMESNIL (Mlle), de la Comédie-Française, — 88, 204, 265, 266, 420.
DUNI, compositeur, — 174.
DUPRÉ, maître de ballets, — 280.
DURAMEAU, peintre, — 270, 413, 414, 415.
DURANCY (Mlle), de l'Opéra et de la Comédie-Française, — 193, 199, 292, 204.
DURAS (maréchale de), — 292.
DURAS (marquise de), — 104, 106.
DURFORT (duc de), ambassadeur à Naples, — 170.
EGREVILLE (d'), — 106.
ENTRAGUES (d'), — 104, 106.
EPINAY (Mlle d'), de la Comédie-Française, — 86, 190, 193, 194, 197, 199, 200, 205, 209, 240, 352, 353.
ESCARS (d'), — 106.
ESPARBÈS (Mme d'), — 105.
FALCO, de la musique du Roi, — 170.
FANIER (Mlle), de la Comédie-Française, — 190, 193.
FAVART, auteur dramatique, — 172, 174, 182, 229, 231, 355.
FEULIE, de la Comédie-Française, — 303, 306, 371.
FLEURY (duc de), l'un des Premiers Gentilshommes de la Chambre, — 64, 85, 90, 103, 123, 336, 337, 339, 365, 402.
FLEURY (Mlle), débutante à la Comédie-Française, — 236, 237.

FONSPERTUIS (de), Intendant des Menus, puis fermier général, — 61, 65, 66, 68, 70, 134.
FONTANIEU (de), directeur du garde-meuble, — 251, 369, 440.
FRANCŒUR, l'un des directeurs de l'Opéra, — 81, 84, 115, 155, 169, 171, 283, 284.
FRÉRON, journaliste, — 157, 158.
FRONSAC (duc de), Premier Gentilhomme de la Chambre en survivance, — 137, 138, 157, 161, 210, 290, 313, 314, 319, 377, 392, 408, 409, 410.
GABRIEL, architecte, — 81, 82, 114, 115, 150, 204, 213, 214, 230.
GARDEL, danseur de l'Opéra, — 103, 351, 354, 411, 416.
GELIN, musicien, — 417.
GERBIER, avocat, membre du conseil de la Comédie-Française, — 198.
GESVRES (duc de), l'un des Premiers Gentilshommes de la Chambre, — 64, 220.
GILLES, compositeur, — 76.
GIRAULT, machiniste des Menus, — 69, 82, 110, 117, 151, 251, 300, 313, 314, 315, 316, 317, 322, 371, 373.
GLÉON (Mme de), — 106.
GLUCK, compositeur, — 400, 410, 411.
GOSSEC, compositeur, — 319.
GRANDVAL, de la Comédie-Française, — 71, 96, 134, 136, 137, 139, 140.
GRÉTRY, compositeur, — 308, 356, 405.
GUÉRIN, de la musique du Roi, — 154.
GUÉMÉNÉE (de), — 104, 106.
GUIBERT (comte de), auteur dramatique, — 381.
GUIMARD (Mlle), danseuse de l'Opéra, — 332, 334, 336, 337.
HAMELIN, premier commis aux Finances, — 152.
HARCOURT (d'), — 104, 106.
HÉBERT, trésorier des Menus, — 75, 81, 99, 115, 117, 130, 218, 219, 220, 221, 222, 223, 224, 225, 231, 243, 272, 291, 295, 297, 310, 311, 312, 320, 393, 404, 415, 418, 442.
HÉNIN (prince d'), — 313.
HEYNEL (Mlle), danseuse de l'Opéra, — 301, 336.
HINNER, harpiste, — 405, 409.
HUS (Mlle), de la Comédie-Française, — 146, 217, 227, 233, 347.
JELYOTTE, de l'Opéra, — 101, 127.
JOSEPH II, empereur d'Autriche, — 406.
JOSÈPHE DE SAXE, dauphine, — 87, 89, 122, 125, 147, 150, 200, 201, 202, 212, 250, 322.

La Borde (de), compositeur, premier valet de chambre du Roi, — 119, 120, 148, 168, 311, 331.
La Chaine (marquis de), commandant des Mousquetaires, — 343.
Laconge, commis à la caisse de la Comédie-Française, — 322.
Lafosse (de), commissaire de la Maison du Roi, — 440.
Lagu (Mme de), — 106.
La Rive, de la Comédie-Française, — 286, 310, 392, 395, 396.
La Ponce (de) secrétaire du duc de Choiseul, — 120, 121.
Larrivée, chanteur de l'Opéra, — 331.
Larrivée (Mme), chanteuse de l'Opéra, — 331, 337.
Laruette, de la Comédie-Italienne, — 89.
Laruette (Mme), de la Comédie-Italienne, — 329.
La Source (de), commissaire de la Maison du Roi, — 440.
Lastic (de), exempt des gardes du corps, — 110.
La Touche (L'Escureuil de), Intendant des Menus, — 65, 219, 221, 227, 232, 272, 297.
Laujon, auteur dramatique, — 120, 381, 405, 412.
Laval, maître de ballets, — 84, 351, 354.
Laverdy (de), Contrôleur général, — 134, 135.
Le Bel, premier violon de la Comédie-Italienne, — 362.
Le Blanc, joaillier, — 363.
Le Blanc, auteur dramatique, — 121, 243.
Le Breton, (Montan Berton), compositeur, 175, 294, 337, 354, 361, 417, 439, 443.
Le Clerc, premier commis des finances, — 297, 300, 359.
Lefevre, auteur dramatique, — 400.
Le Fèvre, ancien Intendant des Menus, — 375.
Lekain, de la Comédie française, — 72, 80, 146, 147, 161, 167, 168, 203, 234, 241, 282, 317, 323, 325, 328, 338, 343, 347, 352, 354, 363, 390.
Lekain (Mme), de la Comédie-Française, — 82, 144.
Lempereur, graveur, — 415.
Lempereur, joaillier, — 363.
Le Noir, architecte, — 323.
Le Pot d'Auteuil, notaire, — 97, 218, 225, 227.
Leschevin, premier commis au ministère de la Maison du Roi, — 440.

L'Évêque, garde-magasin général des Menus, — 69, 75, 92, 97, 110, 116, 117, 119, 120, 122, 124, 126, 171, 211, 215, 218, 220, 221, 222, 223, 224, 225, 227.
Liégeon, architecte, — 315, 316, 318, 319, 320, 321, 322, 337, 338, 341, 342, 346.
Lillebonne (Mme de), — 104, 105.
Linguet, caissier de la Comédie-Italienne — 211.
Lomarie (Mme de), — 104.
Louis, architecte, — 315, 316, 317, 318.
Louis XV, — 86, 89, 90, 92, 100, 101, 106, 110, 122, 127, 128, 130, 131, 132, 133, 134, 146, 148, 150, 156, 158, 162, 173, 186, 187, 207, 247, 249, 251, 252, 254, 255, 258, 262, 263, 264, 266, 271, 272, 273, 274, 275, 276, 278, 284, 298, 299, 300, 301, 305, 307, 321, 322, 326, 330, 332, 340, 341, 346, 357, 358, 364, 365, 367, 373.
Louis (fils de Louis XV), dauphin, — 82, 87, 88, 90, 92, 125, 131, 137, 175, 176, 178, 179, 180, 182, 184, 185, 196, 201, 206, 230, 238, 246, 253, 254.
Louis XVI, — 365, 366, 367, 368, 369, 370, 372, 374, 375, 378, 381, 384, 385, 388, 389, 390, 393, 394, 400, 401, 402, 406, 421, 423, 433.
Louise (Mme), fille de Louis XV, — 283.
Luzzi (Mlle), de la Comédie-Française, — 72, 121, 190, 202, 205, 226, 227, 249.
Machaut (de), garde des sceaux, — 63.
Machy (de), peintre, — 414.
Mailly (Mme de), — 104.
Malesherbes (de), ministre de la Maison du Roi, — 386, 387, 393, 395, 396, 397.
Mansard, architecte, — 145.
Marie-Antoinette, dauphine, puis reine de France, — 254, 259, 265, 267, 271, 272, 274, 277, 297, 300, 309, 319, 359, 378, 379, 381, 384, 385, 386, 388, 389, 390, 395, 399, 400, 401, 404, 405, 409, 410, 415, 416, 417, 418, 421, 423, 424, 425, 426, 442.
Marie Leczinska, reine de France, — 87, 131, 132, 158, 228.
Marigny, (marquis de), directeur des Bâtiments, — 89, 92, 116, 204, 213, 214, 249, 261, 271, 323.
Marin, censeur de police, — 75, 76, 78, 79.
Marivaux, auteur dramatique, — 428.
Maurepas (comte de), — 366, 374, 395, 398, 419, 433, 437.
Maximilien (l'archiduc), frère de la Reine, — 379.
Mazarin (duchesse de), — 105.

MERCY (comte de), ambassadeur de l'empereur d'Autriche, — 411.
MESNARD DE CHOUZY, premier commis au ministère de la Maison du Roi, — 143, 144, 188, 191, 193, 200, 210 214, 312, 318, 319, 320, 321, 322, 330, 337, 338, 341, 375, 393, 440.
MOLÉ, de la Comédie-Française, — 146, 161, 168, 190, 191, 193, 197, 198, 199, 200, 202, 205, 209, 231, 240, 241, 243, 249, 285, 304, 317, 327, 332, 333, 334, 335, 336, 338, 347, 351, 352, 376, 377, 401, 430.
MOLÉ (Mme), de la Comédie Française, — Voir Épinay (Mlle d').
MOLIÈRE, — 64, 85, 144, 305, 308, 328.
MONDONVILLE, compositeur, — 168, 175, 302.
MONTANSIER (Mlle), directrice de théâtre, — 324, 346, 347.
MONTBOISSIER (marquis de), commandant des Mousquetaires, — 343.
MONCRIF (de), lecteur de la Reine, auteur dramatique, — 175, 176.
MONVEL, de la Comédie Française, — 395, 396.
MORAS (de), Contrôleur général, — 64, 65.
MOREAU, architecte, — 311, 342, 363.
MOREAU, dessinateur, — 413, 415.
MOREL, artificier, — 251, 252, 276.
MOZART, — 137.
NAINVILLE, de la Comédie Italienne, — 227.
NECKER, directeur général des Finances, — 402, 406, 407, 408, 409, 410, 416, 419, 422, 423, 424, 433, 438, 439, 440, 441, 442.
NÉELLE (de), caissier de la Comédie Française, — 322.
NEVEU, débutant à la Comédie Française, — 203.
NICOLET, directeur de théâtre forain, — 192, 236, 244.
NIVAL, musicien, — 390.
NOAILLES (duc de), capitaine des gardes, — 255.
NOAILLES (comtesse de), dame d'honneur de la Dauphine, — 265.
NOAILLES (duchesse de), dame d'honneur de la Reine, — 195.
ORLÉANS (duc d'), — 93, 94, 98, 105.
ORRY, Contrôleur général, — 145.
OUTREMONT (d'), administrateur des hospices, — 79.
PARIS, dessinateur, — 414, 415.
PAULIN, de la Comédie Française, — 263.
PEYRE (De), architecte, — 313, 314, 315, 316.
PHILIDOR, compositeur, — 361.

PICCINI, compositeur, — 394.
PICHINELLI (Mlle), de la Comédie-Italienne, — 86.
PICQ, danseur, — 400, 401.
PIN, de la Comédie Française, — 202.
PIVOIS, inspecteur des Menus. — 172.
POHORNI, corniste, — 192.
POLIGNAC (de), — 106.
POMPADOUR (marquise de), — 82, 85, 86, 88, 89, 90, 92, 100, 105, 108, 114, 116, 119, 123, 125, 128, 133, 136, 141, 142.
PONTEUIL, de la Comédie-Française, — 306, 308.
PRASLIN (duc de), — voyez Choiseul (comte de).
PRASLIN (duchesse de), — 90.
PRÉVILLE, de la Comédie-Française, — 72, 146, 192, 203, 208, 209, 215, 226, 232, 243, 244, 303, 306, 312, 313, 322, 324, 327, 328, 332, 333, 335, 336, 337, 346, 347, 375, 376, 377, 430.
PRÉVILLE (Mme), de la Comédie-Française, — 193, 194, 338.
PROVENCE (comte de), petit-fils de Louis XV, — 286, 293, 298, 300, 368, 401.
PROVENCE (comtesse de), — 298, 300.
PUFFENDORF (baron de), 106.
RAUCOURT (Mlle), de la Comédie-Française, — 340, 341, 345, 349, 396, 398, 399, 431.
RAZETTI, violon de l'Opéra, — 157.
REBEL, l'un des directeurs de l'Opéra, — 76, 115, 155, 169, 324.
ROBERT (Hubert), — peintre, 414.
ROCHARD, acteur de la Comédie-Italienne, — 70.
ROSAMBO (de), président au Parlement, —282.
ROUSSEAU (J.-J.), — 75, 87.
RUGGIERI, artificier, — 251.
SAINT-FLORENTIN (comte de), ministre de la Maison du Roi, — 63, 81, 85, 98, 103, 107, 109, 110, 112, 113, 114, 115, 118, 123, 125, 144, 145, 156, 157, 158, 170, 184, 186, 188, 191, 193, 209, 213, 237, 242, 249, 252, 253, 280, 294, 297, 305, 318, 319, 320, 321, 322, 334, 336, 337, 345, 347, 355, 365, 372.
SAINT-MARC (de), auteur dramatique, — 284, 411.
SAINVAL l'aînée (Mlle), de la Comédie-Française, —182, 195, 202, 204, 286, 426, 427, 430.
SAINVAL cadette (Mlle), de la Comédie-Française, — 326, 328, 329, 345, 346, 398, 399.
SALUCES (Mme de), — 104, 106.
SARTINES (de), lieutenant de police, — 71, 74, 76, 78, 79, 97, 110, 160, 161, 162, 164, 165, 191, 237, 244, 320, 351.

Séguin, artificier, — 251.
Seran (marquis de), — 104, 105.
Seran (Mme de), — 106.
Slodtz, sculpteur, dessinateur des Menus, — 148.
Soufflot, architecte, — 342.
Stainville (Mme de), — 106.
Stanislas, roi de Pologne, — 158, 182.
Terray (l'abbé), Contrôleur général, — 259, 292, 295, 370.
Tessier, commissaire de la Maison du Roi, — 440.
Torré, artificier, — 251, 252, 253, 276, 281.
Trial, compositeur, — 284, 294.
Trial, de la Comédie-Italienne, — 154.
Trial (Mme), de la Comédie-Italienne, —417.
Turgot, Contrôleur général, — 370, 373.
Vaines (de), premier commis au Contrôle général, — 370.
Vallier, auteur dramatique, — 174.
Vallière (duc de La), — 168, 174, 175.
Vaudreuil (de), — 104, 105.
Vauguyon (duc de La), gouverneur des enfants de France, — 87, 90, 262, 293.
Velaine, de la Comédie-Française, — 202, 249.

Véronèse, de la Comédie-Italienne, — 138, 140.
Vestris (Mme), de la Comédie française, — 217, 226, 227, 238, 240, 242, 251, 280, 281, 282, 303, 305, 306, 309, 325, 326, 327, 328, 349, 361, 420, 427, 430, 431.
Vestris, danseur de l'Opéra, — 112, 116, 147, 280, 351, 354, 390.
Vestris (Mlle), danseuse de l'Opéra, — 117, 118, 143.
Vestris fils, danseur de l'Opéra, —331, 417.
Victoire (Mme), fille du Roi, — 122, 136, 146, 158.
Villequier (duc de), Premier Gentilhomme de la Chambre en survivance, — 156, 195, 235, 236, 237, 244, 245, 247, 257, 267, 268, 271, 390, 414, 416, 418, 419, 420.
Villeroy (duchesse de), — 97, 98, 99, 106, 113, 210, 229, 230, 231, 261, 263, 277, 279, 280, 281, 283.
Vismes (de), directeur de l'Opéra, — 426, 428, 438.
Voisenon (abbé de), auteur dramatique,—302.
Vrillière (duc de la), ministre de la Maison du Roi, — Voir Saint-Florentin (comte de).
Wailly (De), architecte, — 261, 313, 314.

TABLE DES MATIÈRES

Introduction. 1
Années 1756 à 1761. 63
Année 1762. 71
Année 1763. 103
Année 1764. 136
Année 1765. 152
Année 1766. 180
Année 1767. 197
Année 1768. 213
Année 1769. 236
Année 1770. 261
Année 1771. 288
Année 1772. 317
Année 1773. 340
Année 1774. 360
Année 1775. 378
Année 1776. 392
Année 1777. 404
Année 1778. 413
Année 1779. 423
Année 1780. 436

Relevé général des Dépenses des Menus de 1762 à 1766. 446
Table des noms cités. 449

Paris. — Typographie Georges Chamerot, 19 rue des Saints-Pères. — 20688

www.ingramcontent.com/pod-product-compliance
Lightning Source LLC
Chambersburg PA
CBHW070221240426
43671CB00007B/724